行政事业单位内部控制建设概论与范例

XINGZHENG SHIYE DANWEI
NEIBU KONGZHI
JIANSHE GAILUN YU FANLI

张俊杰 李满威 ◎ 主编

中国财经出版传媒集团

经济科学出版社
Economic Science Press

图书在版编目（CIP）数据

行政事业单位内部控制建设概论与范例／张俊杰，李满威主编．
—北京：经济科学出版社，2018.10
ISBN 978－7－5141－9877－5

Ⅰ.①行…　Ⅱ.①张…②李…　Ⅲ.①行政事业单位－
内部审计－研究－中国　Ⅳ.①F239.66

中国版本图书馆 CIP 数据核字（2018）第 243306 号

责任编辑：侯晓霞
责任校对：郑淑艳
责任印制：李　鹏

行政事业单位内部控制建设概论与范例

张俊杰　李满威　主编
经济科学出版社出版、发行　新华书店经销
社址：北京市海淀区阜成路甲 28 号　邮编：100142
教材分社电话：010－88191345　发行部电话：010－88191522
网址：www. esp. com. cn
电子邮件：houxiaoxia@ esp. com. cn
天猫网店：经济科学出版社旗舰店
网址：http：//jjkxcbs. tmall. com
北京季蜂印刷有限公司印装
787×1092　16 开　23.5 印张　660000 字
2018 年 10 月第 1 版　2018 年 10 月第 1 次印刷
ISBN 978－7－5141－9877－5　定价：68.00 元
（图书出现印装问题，本社负责调换。电话：010－88191510）
（版权所有　侵权必究　打击盗版　举报热线：010－88191661
QQ：2242791300　营销中心电话：010－88191537
电子邮箱：dbts@ esp. com. cn）

编审专家委员会名单

参编人员名单

张俊杰　内蒙古泽信大华咨询管理公司总经理，注册会计师，正高级会计师

李满威　内蒙古泽信大华咨询管理公司副总经理，注册会计师，高级会计师

俞有光　内蒙古泽信大华咨询管理公司副总经理，注册会计师，高级审计师

王娇娜　内蒙古泽信大华咨询管理公司高级经理，注册会计师，高级会计师

李　欣　内蒙古泽信大华咨询管理公司项目经理，注册会计师

魏建文　内蒙古泽信大华咨询管理公司项目经理，注册会计师

姜立才　内蒙古泽信大华咨询管理公司高级经理

王子璐　内蒙古农业大学经济管理学院硕士研究生

张　鑫　内蒙古农业大学经济管理学院硕士研究生

前　言

迄今为止，我国《行政事业单位内部控制规范（试行）》颁布并实施已经4年多时间。4年多以来，全国各地区、各行业的大部分行政事业单位已经开始启动这项工作，以饱满的热情投入到行政事业单位内部控制建设的热潮之中，也有不少单位取得了阶段性建设成果。但是，从整体推进和实施效果来看，并不是十分理想，存在的诸多问题亟待解决。特别是很多基层的行政事业单位还处于迷茫与彷徨阶段。我们在从事行政事业单位内控建设咨询业务过程中，将调查与访谈中发现的情况，就内控建设整体推进与实施方面的相关问题，进行梳理和总结后，归纳为以下几个方面：一是认识不到位。如存在"内控是可有可无、可做可不做的工作""内控是财务等相关专业人员的工作"等错误认识。二是建设无力度。在内控建设过程中，如单位自行组织往往专业力量和人员投入不足；如聘用专业机构做，又存在资金不足等状况，最终导致内控建设整体推进工作不力。三是实施"两张皮"。有的行政事业单位内控体系基本建立，内控制度和内控规程印制成册后却束之高阁，在实际工作中，并没有完全按照制度执行。也有的单位在执行一个阶段或一部分制度后，觉得有难度就半途而废了。还有的单位在进行内控体系建设时，没有考虑本单位的实际情况，照抄照搬使得制度无法落地。总之，其结果是"内控有制度，工作走老路"。以上这些问题，在2017年度内控报告的编报过程中可以得到验证，有些区县市（县级市）的部分行政事业单位开始填报生成的评价结果是"差"。作为行政事业单位内控建设咨询服务机构，会计师事务所等相关专业机构的专业咨询服务人员，在进行专业咨询服务过程中，如何更好地解决上述问题，提炼内控建设过程中成功的经验，提高对内控建设方方面面的认识水平，提升内控建设咨询服务的专业水准，让"外脑外力"在行政事业单位内控建设过程中发挥更大的作用，这就是编写本书的初衷。

本书以《行政事业单位内部控制规范（试行）》条文规定为经，以内控是什么、为什么、做什么、怎么做为纬，经纬交织，斐然成章。与此同时，又以此经纬为脉络，将全书分为两大部分。第一部分为行政事业单位内控建设概论，分为四章（第一章至第四章）内容。这部分以《行政事业单位内部控制规范（试行）》为基础，概括论述了行政事业单位内控的定义、目标、原则、内容以及内控建设的意义、任务、方法和流程等，为进一步开展行政事业单位内部控制建设奠定了良好的专业基础。第二部分主要为行政事业单位内控实际操作例证，分为九章（第五章至第十三章）内容。按照第五章单位层面内控建设，第六章至第十一章业务层面内控建设，第十二章内控评价与监督，第十三章内部控制报告的管理进行排列。这部分内容整体以《单位内控规范》为主线，用"导入案例"提出问题，用《行政事业单位内部控制规范（试行）》解读回答问题，用"应用范例"解决问题，形成了"问题导向"内控建设的示范体例，进一步提升了实操例证在行政事业单位内控建设中的应用价值。

本书是由大华会计师事务所（特殊普通合伙）及内蒙古泽信大华咨询管理有限公司共同组织编写，其中的实操范例部分，是在数百家行政事业单位内控建设咨询服务案例的基础上，按照不同行政层级、不同行业和不同内容的三维角度精选的个案，再经过加工整理汇编而成。此外，又经过由国内高校教授、科研院所学者和实务界专家组成的编审委员会审定。为此，特别感谢本书采用案例的所有单位和参与本书编审的内控建设工作者们。

本书可作为行政事业单位领导及相关专业人员工作之用，也可作为会计师事务所和各类咨询机构内控专业人员工作的参考书籍，以及作为高校和各类培训机构的培训教材。

由于水平和时间有限，书中难免有纰漏和不足，甚至谬误之处，敬请使用者多提宝贵意见，给予批评指正。

编　者

2018 年 9 月

目　　录

第一章 行政事业单位内部控制概述

一、行政事业单位的概念及特点

（一）行政事业单位的概念

行政事业单位在我国通常有两种含义：一种是行政单位和事业单位的统称。由于中国特有的政治体制，也存在行政单位和事业单位不分家的现象，它包含了行政单位和事业单位。很多政府部门如房管局、规划局等，有的地区属于行政单位，而在另一些地区则属于事业单位，因此，一些地方政府发文往往统称为"市属行政事业单位""县属行政事业单位"。另一种是指具有行政管理职能的事业单位，其履行的是执法监督和一些社会管理职能，如部门所属的执法监督、监管机构等。当然，随着我国分类事业单位改革工作的推进，会逐步将行政单位和事业单位划分清楚。本书所述行政事业单位系指第一种解释，也是财政预算管理中使用的行政事业单位的概念。

行政单位是指国家为了行使其职能依法设立的各种机构，是专司国家权力和国家管理职能的组织。主要包括国家权力机关、行政机关、司法机关以及实行预算管理的其他机关、党政组织等。通常来说，行政单位的范围比较宽泛，广义的行政单位包括各级行政、党、团机关在内的各种行政类机构；狭义的行政单位仅指政府部门。本书所述的行政单位主要是财政上的概念，其人员实行公务员体制管理或参照公务员体制管理，经费、工资福利等全部由财政拨付。

根据 2004 年 6 月国务院颁布的《事业单位登记管理暂行条例》（国务院令第 411 号），事业单位是指为了社会公益目的，由国家机关举办或者其他组织利用国有资产举办的，从事教育、科技、文化卫生等活动的社会服务组织。《事业单位登记管理暂行条例实施细则》（2014）则进一步细化了事业单位的概念，该细则所称事业单位，是指国家为了社会公益目的，由国家机关举办或者其他组织利用国有资产举办的，从事教育、科研、文化卫生体育、新闻出版、广播电视、社会福利、救助减灾、统计调查、技术推广与实验、公用设施管理、物资仓储、监测助探与助察、测绘、检验检测与法律服务、资源管理事务、质量技术监督事务、经济监督事务、知识产权事务、公证与认证、信息与咨询、人才交流、就业服务、机关后勤服务等活动的社会服务组织。

（二）行政事业单位的特点

行政事业单位是履行公共管理和社会服务职能的主体，是政治制度的组织载体。我国国情和政治制度具有与西方国家不同的鲜明特色，这就决定了我国行政事业单位具有鲜明的中国特色。与西方国家公立非营利组织及我国的企业相比较，行政事业单位主要有以下方面的特点：

1. 行政事业单位机构、组织涉及领域宽泛

拥有数量众多的行政事业单位是我国的一大特色，其范围覆盖各个行业，从业人员数量仅次于企业，是我国第二大社会组织。与西方国家对比，西方国家的公立非营利组织相对较少。我国的事业单位大多是在计划经济体制下建立和发展起来的，是计划经济条件下的产物，主要提供教育、科研、文娱、医疗、体育等公共服务职能。产生于特定时期的事业单位，在巩固国家政权，发展国民经济，繁荣社会主义文化，满足人民群众基本生活需求等方面做出了特定贡献。

2. 行政事业单位经费来源渠道多样化

同世界各国一样，我国行政单位没有或者很少有自己的经费收入，特别是实行国库集中支付制度和"收支两条线"以后，行政单位的经费主要来自财政资金。事业单位的经费来源则呈现出多样化的特征：对于没有稳定的经常性业务收入或收入较少的事业单位，实行全额拨款；对于有一定数量的稳定的经常性业务收入，但还不足以解决本单位经常性支出的，需要财政补助的事业单位，实行差额拨款；对于有稳定的经常性收入，可以解决本单位的经常性支出，但尚未具备实行企业化管理条件的事业单位，实行自收自支。

3. 行政事业单位工作政治性较强

我国的行政事业单位的各项工作都必须以服从和服务于国家政治制度。必须无条件完成法规规定和上级布置的工作。我国行政事业单位的领导更多关注的是上级的指示和评价，而对预算管理和财务会计工作往往不够重视。

4. 行政事业单位在目标、绩效管理等方面与企业不同

与经营性企业相比，行政事业单位在管理目标、委托代理关系和绩效管理等方面存在较大的差异。行政事业单位的管理目标是追求社会价值最大化；而企业是以营利为目的，充分利用各种资源追求企业价值最大化。在委托代理关系方面，行政事业单位代理方是有较强的地位，委托方和代理方权利义务不直接对应；企业的委托方和代理方的双方地位平等，委托代理关系明晰。在绩效管理方面，行政事业单位正在全面推行预算绩效管理，在绩效目标的制定、预算执行的监控、预算完成的评价和评价结果的应用等方面均处于起步阶段。在绩效计划制定、绩效辅导和沟通、绩效考核评价、绩效结果应用和绩效目标提升等方面，企业的绩效管理应用比较广泛，绩效管理的体系相对成熟。

二、行政事业单位管理体制的改革

（一）行政单位管理体制的改革

1. 行政单位管理体制的改革历程

1982～2017 年，我国行政单位先后经历了 6 次大的改革。1982 年，部门缩减 39 个，人员减少 2.1 万人，废除了领导干部职务终身制，加快了干部队伍年轻化。1988 年，部门缩减 4 个，人员减少 9700 人，推动了政府职能转变，进行了"三定"方案改革，为推行国家公务员制度奠定了基础。1993 年，部门缩减 27 个，人员减少 20%，探索构建了政府宏观调控体系，开始推行国家公务员制度。1998 年，部门缩减 11 个，人员减少 50%，精简幅度是历次改革中最大的，基本确立了省级政府的机构设置格局，全面撤销了专业经济管理部门，在综合部门设置方面进行了有益的探索。2003 年，部门缩减 1 个，优化了政府组织结构，完善了宏观调控体系。2008 年，部门缩减 1 个，探索了"大部制"改革，减少了职能重复和交叉等现象。

2. 行政单位管理体制的改革方向

习近平总书记在党的十九大报告中指出，为适应新时代中国特色社会主义现代化，要进一步深化机构和行政体制改革，特别是要"统筹考虑各类机构设置，科学配置党政部门及内设机构权力、明确职责"，与此同时要"统筹使用各类编制资源，形成科学合理的管理体制，完善国家机构组织法"，要"赋予省级及以下政府更多自主权。在省市县对职能相近的党政机关探索合并设立或合署办公"，这些思想反映了政府机构和行政体制改革未来发展的三大方向，并为指导服务型政府建设提供了行动路线图。

首先，我国历次政府机构改革往往是对政府直属部门进行合并重组，而很少触及内设机构。以过去两届大部门制改革为例，各级政府合并的大部门仅对其综合管理的内设机构进行合并，如办公室、财务、信息、人事等，而很少针对职能机构加强重组。

其次，党的十九大报告指出要"统筹使用各类编制资源"，这为破解政府机构编制难题提供了思路。编制管理可以确保政府机构的人员安排得到有效控制，并避免机构膨胀和人浮于事。受制于刚性编制管理，还有许多部门存在"想要的人进不了，不想要的人赶不走"的情况。许多政府机构迫于工作需要，不得不引入大量编外人员，但是同工不同酬和其他人事管理问题也成为困扰人们的难题。因此，如何使各类编制资源"动起来"，并可以灵活有效地统筹使用，是推进行政体制改革的关键环节。此次报告特别指出编制资源的统筹使用思路，这就要求盘活既存人力资源并激活新增人力资源，从而可以实现政府编制管理的优化配置。

最后，党的十九大报告指出要使省级及以下政府拥有更多的自主权，并鼓励职能相近的党政机关合并设立或合署办公。这些新提法将有利于进一步理顺党政关系和上下级关系，并发挥各级政府的主观能动性。

正如党的十九大报告指出的，政府机构和行政体制改革归根结底是要"转变政府职能，深化简政放权，创新监管方式，增强政府公信力和执行力，建设人民满意的服务型政府。"此次报告明确了未来政府机构和行政体制改革的上述三大方向，有利于在巩固已有机构改革成果的基础上，进一步实现行政体制改革的提质增效。

（二）事业单位管理体制的改革

1. 事业单位管理体制的改革历程

改革开放以来，伴随着经济体制改革和行政管理体制改革的深化，我国事业单位体制改革也在不断推进，大体经历了四个阶段：第一阶段，1978～1992年。这一阶段主要是拨乱反正，恢复社会事业，适当下放各类事业单位的管理权，大多数事业单位实行行政首长负责制，行政首长对本单位有经营管理权、机构设置权、用人自主权和分配决定权。第二阶段，1992～2002年。对各类事业单位的改革都提出了具体政策，事业单位改革分领域不断推进。第三阶段，2002～2007年。加快推进事业单位分类改革，在2003年开始农村配套改革的乡镇机构改革中，将乡镇事业单位改革作为一个重要方面，结合乡镇行政机构一并进行改革。第四阶段，2007年至今。党的十七届二中全会通过的《关于深化行政管理体制改革的意见》对深化事业单位改革提出了具体要求，明确"按照政事分开、事企分开和管办分离"的原则，对现有事业单位分三类进行改革。

2. 事业单位管理体制的改革方向

事业单位是经济社会发展中提供公益服务的主要载体，是我国社会主义现代化建设的重要力量。我国尽管对事业单位管理体制进行过多次改革，但是在复杂的经济形势下，改革效果并不明显。2011年3月23日，国务院正式下发《关于分类推进事业单位改革的指导意见》（中发〔2011〕5号，以下简称《意见》），由此拉开了新一轮事业单位改革的序幕。《意见》确定了事业单位改革的总目标，即"到2020年，建立起功能明确、治理完善、运行高效、监管有力的管理体制和运行机制，形成基本服务优先、供给水平适度、布局结构合理、服务公平公正的中国特色公益服务体系"。同时提出在2015年完成事业单位分类，并基本完成承担行政职能事业单位和从事生产经营活动事业单位的改革，使从事公益服务的事业单位在人事管理、收入分配、社会保险、财税政策和机构编制等方面的改革取得明显进展。截至2015年下半年，事业单位分类改革基本完成，将事业单位按照其社会功能分为行政性单位、经营性单位和公益性单位。其中，行政性单位将逐渐归于行政机构或者转为行政机构；经营性单位逐步转为企业或者撤销；公益性单位留在事业单位序列，公益性单位又细分为公益一类和公益二类。事业单位分类如图1-1所示。

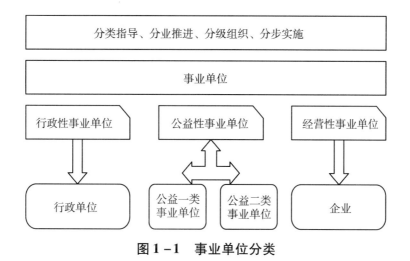

图1-1 事业单位分类

随着事业单位分类改革基本完成,对不同分类的事业单位提出了新的管理要求,分别如下:

(1)行政性事业单位。一要严格认定标准和范围。根据国家有关法律法规和中央有关政策规定,按照是否主要履行行政决策、行政执行、行政监督等职能,从严认定承担行政职能的事业单位。二要区分不同情况实施改革。结合行政管理体制改革和政府机构改革,特别是探索实行职能有机统一的大部门体制,推进承担行政职能的事业单位改革。涉及机构编制调整的,不得突破政府机构限额和编制总额,主要通过行政管理体制和政府机构改革中调剂出来的空额逐步解决。对部分承担行政职能的事业单位,要认真梳理职能,将属于政府的职能划归相关行政机构。在职能调整后,要重新明确事业单位职责、划定类别,工作任务不足的予以撤销或并入其他事业单位。对完全承担行政职能的事业单位,可调整为相关行政机关的内设机构,确需单独设置行政机构的事业单位要按照精简效能原则设置。已认定为承担行政职能,但尚未调整到位的事业单位,在过渡期内继续按照现行法律法规和政策规定履行职责,使用事业编制且只减不增,人事、财务、社会保险等依照国家现行政策规定实施管理。

(2)经营性事业单位。一要推进转企改制。周密制定从事生产经营活动事业单位转企改制工作方案,按照有关规定进行资产清查、财务审计、资产评估,核实债权债务,界定和核实资产,由同级财政部门依法核定国家资本金。转制单位要按规定注销事业单位法人,核销事业编制,进行国有资产产权登记和工商登记,并依法与在职职工签订劳动合同,建立或接续社会保险关系。事业单位转企改制后,要按照现代企业制度要求,深化内部改革,转变管理机制,并依照政企分开、政资分开的原则,逐步与原行政主管部门脱钩,其国有资产管理除国家另有规定外,由履行国有资产管理和出资人职责的机构负责。二要完善过渡政策。为平稳推进转制工作,可给予过渡期,一般为5年。在过渡期内,对转制单位给予适当保留原有税收等优惠政策,原有正常事业经费继续拨付。在离退休待遇方面,转制前已离退休人员,原国家规定的离退休待遇标准不变,支付方式和待遇调整按国家有关规定执行;转制前参加工作、转制后离退休（含返休）的人员，基本养老金的计发和调整按照国家有关规定执行。在医疗保障方面，离休人员继续执行现行办法，所需资金按原渠道解决；转制前已退休人员，转制后继续按规定享受职工基本医疗保险、补充医疗保障等待遇。有条件的转制单位，可按照有关规定为职工建立补充医疗保险和企业年金，要进一步做好离退休人员的服务管理工作。

（3）公益性事业单位。一要明确改革目的，强化事业单位公益属性，进一步完善机构健全制度，充分调动广大工作人员的积极性、主动性、创造性，真正激发事业单位的生机与活力，不断提高公益服务水平和效率，促进公益事业大力发展，切实为人民群众提供更加优质高效的公益服务。二要改革管理体制。实行政事分开，理顺政府与事业单位的关系，逐步取消行政级别，对不同类型事业单位实行不同的机构编制管理，科学制定机构编制标准，合理控制总量，着力优化结构，建立动态调整机制，强化监督管理。三要建立健全法人治理结构，提高运行效率，确保公益目标实现，不宜建立法人治理结构的事业单位，要继续完善现行管理模式。四要深化人事制度改革，以转换用人机制和搞活用人制度为核心，以健全聘用制度和岗位管理制度为重点，建立权责清晰、分类科学、机制灵活、监管有力的事业单位人事管理制度。五要深化收入分配制度改革，以完善工资分配激励约束机制为核心，健全符合事业单位特点，体现岗位绩效和分级分类管理要求的工作人员收入分配制度。六要推进社会保险制度改革，完善事业单位及其工作人员参加基本养老、基本医疗、失业、工伤等社会保险政策，逐步建立起独立于单位之外、资金来源多渠道、保障方式多层次、管理服务社会化的社会保险体系。七要加强对事业单位的监督，建立事业单位绩效考评制度，考评结果作为确定负责人奖惩与收入分配等的重要依据。八要全面加强事业单位党的建设，按照党章和有关规定，及时调整党的组织设置，理顺隶属关系。

党的十八大以来，以习近平同志为核心的党中央要求深入推进政企分开、政事分开，推进事业单位分类改革，将事业单位改革和公益事业发展引入崭新的历史阶段。作为全面深化改革的重要组成部分，事业单位改革的根本目的是促进公益事业发展、不断满足人民群众日益增长的公益服务需求。这是一项庞大的系统工程，需要破除制约公益事业发展的体制机制障碍，必须解决的是事业单位在管理体制、机构编制、财政投入、人事制度、收入分配、养老保险等方面的深层次问题。

（三）行政事业单位会计制度的改革

我国行政事业单位管理体制的改革聚焦于建设高效的政府、民主的政府以及公开的政府。政府会计和财务会计报告的改革是促进新公共管理改革的关键，先进的公共管理理念需要全面有效的政府会计体系的同步支持。

1. 行政事业单位会计制度的改革历史背景

（1）改革前的会计体系。改革前我国行政事业会计体系包括《财政总预算会计制度》

《行政单位会计制度》《事业单位会计准则》《事业单位会计制度》《医院会计制度》《基层医疗卫生机构会计制度》《高等学校会计制度》《中小学校会计制度》《科学事业单位会计制度》《彩票机构会计制度》《地质勘查单位会计制度》《测绘事业单位会计制度》《国有林场与苗圃会计制度（暂行）》《国有建设单位会计制度》等制度。2010 年以来，财政部适应公共财政管理的需要，先后对上述部分会计标准进行了修订，出台了各个行业的行政事业单位会计制度，基本满足了现行部门预算管理的需要。

但因现行政府会计领域多项制度并存，体系繁杂、内容交叉、核算口径不一，造成不同部门、单位的会计信息可比性不高，相同业务行政和事业单位的会计标准不同，会计政策不同，导致政府财务报告信息质量较低。因此，在新的形势下，必须对现行政府会计标准体系进行改革。

（2）实施会计体系改革的必要性。党的十八届三中全会提出了"建立权责发生制政府综合财务报告制度"的重大改革举措，2014 年新修订的《中华人民共和国预算法》（以下简称新《预算法》）对各级政府提出"按年度编制以权责发生制为基础的政府综合财务报告"的新要求。由于现行政府会计标准体系一般采用收付实现制，主要以提供反映预算收支执行情况的决算报告为目的，无法准确、完整反映政府资产负债"家底"，以及政府的运行成本等情况，难以满足编制权责发生制政府综合财务报告的信息需求。

因此，在新形势下，必须对现行政府会计标准体系进行改革。2015 年以来，财政部按照《国务院关于批转财政部权责发生制政府综合财务报告制度改革方案的通知》（以下简称《改革方案》）要求，相继出台了《政府会计准则——基本准则》（以下简称《基本准则》）和存货、投资、固定资产、无形资产、公共基础设施、政府储备物资、会计调整、负债 8 项政府会计具体准则，以及固定资产准则应用指南，政府会计准则体系建设取得了积极进展。

为了加快建立健全政府会计核算标准体系，经反复研究和论证，决定以统一现行各类行政事业单位会计标准、夯实部门和单位编制权责发生制财务报告和全面反映运行成本并同时反映预算执行情况的核算基础为目标，制定适用于各级各类行政事业单位的统一的会计制度。

制定出台《政府会计制度——行政事业单位会计科目和报表》（以下简称《政府会计制度》），是财政部全面贯彻落实党的十八届三中全会精神和《改革方案》的重要成果，是服务全面深化财税体制改革的重要举措，对于提高政府会计信息质量、提升行政事业单位财务和预算管理水平、全面实施绩效管理、建立现代财政制度具有重要的政策支撑作用，在我国政府会计发展进程中具有划时代的重要意义。

2. 行政事业单位会计制度的改革重大变化与创新

《政府会计制度》继承了多年来我国行政事业单位会计改革的有益经验，反映了当前政府会计改革发展的内在需要和发展方向，相对于现行制度有以下重大变化与创新：

（1）重构了政府会计核算模式。《政府会计制度》按照《改革方案》和《基本准则》的要求，构建了"财务会计和预算会计适度分离并相互衔接"的会计核算模式。

一是"双功能"。在同一会计核算系统中实现财务会计和预算会计双重功能，通过资产、负债、净资产、收入、费用五个要素进行财务会计核算，通过预算收入、预算支出和预算结余三个要素进行预算会计核算。

二是"双基础"。财务会计采用权责发生制，预算会计采用收付实现制，国务院另有规定的，依照其规定。

三是"双报告"。通过财务会计核算形成财务报告，通过预算会计核算形成决算报告。主要体现在：

第一，对纳入部门预算管理的现金收支进行"平行记账"。对于纳入部门预算管理的现金收支业务，在进行财务会计核算的同时也应当进行预算会计核算。对于其他业务，仅需要进行财务会计核算。

第二，财务报表与预算会计报表之间存在勾稽关系。通过编制"本期预算结余与本期盈余差异调节表"并在附注中进行披露，反映单位财务会计和预算会计因核算基础和核算范围不同所产生的本年盈余数（即本期收入与费用之间的差额）与本年预算结余数（本年预算收入与预算支出的差额）之间的差异，从而揭示财务会计和预算会计的内在联系。

（2）统一了现行各项单位会计制度。《政府会计制度》有机整合了《行政单位会计制度》《事业单位会计制度》和医院、基层医疗卫生机构、高等学校、中小学校、科学事业单位、彩票机构、地勘单位、测绘单位、林业（苗圃）等行业事业单位会计制度的内容。

一是在科目设置、科目和报表项目说明方面，一般情况下，不再区分行政和事业单位，也不再区分行业事业单位。

二是在核算内容方面，基本保留了现行各项制度中的通用业务和事项，同时根据改革需要增加各级各类行政事业单位的共性业务和事项。

三是在会计政策方面，对同类业务尽可能作出同样的处理规定。

通过会计制度的统一，大大提高了政府各部门、各单位会计信息的可比性，为合并单位、部门财务报表和逐级汇总编制部门决算奠定了坚实的制度基础。

（3）强化了财务会计功能。

一是《政府会计制度》在财务会计核算中全面引入了权责发生制，在会计科目设置和账务处理说明中着力强化财务会计功能，如增加了收入和费用两个财务会计要素的核算内容，并原则上要求按照权责发生制进行核算。

二是增加了应收款项和应付款项的核算内容，对长期股权投资采用权益法核算，确认自行开发形成的无形资产的成本，要求对固定资产、公共基础设施、保障性住房和无形资产计提折旧或摊销，引入坏账准备等减值概念，确认预计负债、待摊费用和预提费用等。

三是在政府会计核算中强化财务会计功能，对于科学编制权责发生制政府财务报告、准确反映单位财务状况和运行成本等情况具有重要的意义。

（4）扩大了政府资产负债核算范围。《政府会计制度》在现行制度基础上，扩大了资产负债的核算范围。除按照权责发生制核算原则增加有关往来账款的核算内容，还增加了其他几方面内容：

一是在资产方面，增加了公共基础设施、政府储备物资、文物文化资产、保障性住房和受托代理资产的核算内容，以全面核算单位控制的各类资产；增加了"研发支出"科目，以准确反映单位自行开发无形资产的成本。

二是在负债方面，增加了预计负债、受托代理负债等核算内容，以全面反映单位所承担的现时义务。

此外，为了准确反映单位资产扣除负债之后的净资产状况，《政府会计制度》立足单位会计核算需要、借鉴国际公共部门会计准则相关规定，将净资产按照主要来源分类为累计盈余和专用基金，并根据净资产其他来源设置了权益法调整、无偿调拨净资产等会计科目。

资产负债核算范围的扩大，有利于全面规范政府单位各项经济业务和事项的会计处理，准确反映政府"家底"信息，为相关决策提供更加有用的信息。

（5）改进了预算会计功能。根据《改革方案》要求，《政府会计制度》对预算会计科目及其核算内容进行了调整和优化，以进一步完善预算会计功能。在核算内容上，预算会计仅需核算预算收入、预算支出和预算结余。

一是在核算基础上，预算会计除按新《预算法》要求的权责发生制事项外，均采用收付实现制核算，有利于避免现在制度下存在的虚列预算收支的问题。

二是在核算范围上，为了体现新《预算法》的精神和部门综合预算的要求，《政府会计制度》将依法纳入部门预算管理的现金收支均纳入预算会计核算范围，如增设了债务预算收入、债务还本支出、投资支出等。

调整完善后的预算会计，能够更好贯彻落实新《预算法》的相关规定，更加准确反映部门和单位预算收支情况，更加满足部门、单位预算和决算管理的需要。

（6）整合了基建会计核算。按照现行制度规定，单位对于基本建设投资的会计核算除遵循相关会计制度规定外，还应当按照国家有关基本建设会计核算的规定单独建账、单独核算，但同时应将基建账相关数据按期并入单位"大账"。

《政府会计制度》依据《基本建设财务规则》和相关预算管理规定，在充分吸收《国有建设单位会计制度》合理内容的基础上对单位建设项目会计核算进行了规定。单位对基本建设投资按照本制度规定统一进行会计核算，不再单独建账，大大简化了单位基本建设业务的会计核算，有利于提高单位会计信息的完整性。

（7）完善了报表体系和结构。《政府会计制度》将报表分为预算会计报表和财务报表两大类。

一是预算会计报表由预算收入表、预算结转结余变动表和财政拨款预算收入支出表组成，是编制部门决算报表的基础。

二是财务报表由会计报表和附注构成，会计报表由资产负债表、收入费用表、净资产变动表和现金流量表组成，其中，单位可自行选择编制现金流量表。

三是《政府会计制度》针对新的核算内容和要求对报表结构进行了调整和优化，对报表附注应当披露的内容进行了细化，对会计报表重要项目说明提供了可参考的披露格式、要求按经济分类披露费用信息、要求披露本年预算结余和本年盈余的差异调节过程等。

调整完善后的报表体系，对于全面反映单位财务信息和预算执行信息，提高部门、单位会计信息的透明度和决策有用性具有重要的意义。

（8）增强了制度的可操作性。《政府会计制度》在附录中采用列表方式，以《政府会计制度》中规定的会计科目使用说明为依据，按照会计科目顺序对单位通用业务或共性业务和事项的账务处理进行了举例说明。

在举例说明时，对同一项业务或事项，在表格中列出财务会计分录的同时，平行列出相对应的预算会计分录（如果有）。通过对经济业务和事项举例说明，能够充分反映《政府会计制度》所要求的财务会计和预算会计"平行记账"的核算要求，便于会计人员学习和理解政府会计8要素的记账规则，也有利于单位会计核算信息系统的开发或升级改造。

三、行政事业单位内部控制的概念与要素

我国行政事业单位内部控制的研究与实践起步较晚。在改革开放之前，有关内部控制的理论几乎处于空白状态，行政事业单位没有内部控制，管理全凭经验。从20世纪90年代起，我国政府加大对企业内部控制的推动力度，先后颁布了若干指导性文件，1996年财政部发布《独立审计具体准则第9号——内部控制与审计风险》，1997年中国人民银行颁布《加强金融机构内部控制的指导原则》。1999年10月颁布修订后的《中华人民共和国会计法》，明确提出各单位应当建立、健全本单位内部会计监督制度，并做了不相容职位相互分离等若干具体规定。2001年6月财政部发布《内部会计控制规范——基本规范（试行）》以统驭和指导内部会计控制具体规范的制定。2007年财政部发布了《企业内部控制基本规范》，并陆续发布了具体规范和相关配套指引，专门用于指导企业内部控制建设。《中华人民共和国会计法》和《内部会计控制规范》是适用于所有单位的，这些制度的颁布实施为我国行政事业单位内部控制建设提供了明确的法规依据，也推动了我国行政事业单位内部控制建设的进程。2012年财政部发布《行政事业单位内部控制规范（试行）》（以下简称《单位内控规范》），对行政事业单位内部控制的目标、原则、风险评估和控制方法、单位层面内部控制、业务层面内部控制、评价与监督等作出了明确规范，这标志着我国行政事业单位内部控制建设又发展到一个新的阶段。

（一）行政事业单位内部控制概念

1. 内部控制

根据美国审计准则委员会（ASB）《审计准则公告》对内部控制的定义，内部控制是在

一定环境下，单位为了提高经营效率，充分有效地获得和使用各种资源，达到既定管理目标，而在单位内部实施的各种制约和调节的组织、计划、程序和方法。我国为了加强和规范企业内部控制，制定了《企业内部控制基本规范》和配套指引，该基本规范对内部控制也做了明确的界定，即内部控制是指一个单位为了实现其经营目标，保护资产的安全完整，保证会计信息资料的正确可靠，确保经营方针的贯彻执行，保证经营活动的经济性、效率性和效果性而在单位内部采取的自我调整、约束、规划、评价和控制的一系列方法、手段与措施的总称。

2. 行政事业单位内部控制

财政部于 2012 年 11 月颁布的《单位内控规范》对行政事业单位内部控制的概念作出了规定：行政事业单位内部控制是单位为实现控制目标，通过制定制度，实施措施和执行程序，对经济活动的风险进行防范和管控。

通过以上概念不难看出，构成行政事业单位内部控制的概念包含以下三个基本要素：

（1）内控主体。行政事业单位内控主体就是行政事业单位本身。而行政事业单位包括的范围在《单位内控规范》的第 2 条明确为"各级党的机关、人大机关、行政机关、政协机关、审判机关、检察机关、各民主党派机关、人民团体和事业单位"。

（2）内控对象。行政事业单位内控对象就是行政事业单位经济活动风险，是对单位内部所有经济活动的风险进行防范和管控。

（3）内控方法。行政事业单位内控方法就是对其经济活动风险防范和管控的手段，该概念中将内控基本方法概括为制定制度、实施措施和执行程序（具体方法在第四章中详述）。

（二）行政事业单位内部控制要素

行政事业单位内部控制要素可分为单位层面内部控制要素和业务层面内部控制要素。

1. 单位层面内部控制要素

单位层面内部控制要素是从整体层面上对行政事业单位内部控制加以规范，为内控运行构建良好的环境，是整个内部控制体系的基础。单位层面内部控制要素包括组织管理、决策与管理机制、岗位设置、人员配置、会计系统和信息系统等。

2. 业务层面内部控制要素

行政事业单位业务层面内部控制是"以预算为主线、资金管控为核心"，在具体业务层面详细介绍内部控制的构建和实施。根据行政事业单位的具体业务范围，业务层面内部控制要素包括预算业务控制、收支业务控制、政府采购业务控制、资产控制、建设项目控制、合同控制等。

（1）预算业务。行政事业单位预算由预算收入和预算支出组成。政府的全部收入和支出都应当纳入预算。行政事业单位的预算业务是指预算管理的整个过程，包括预算编制、预算审批、预算执行、决算、绩效评价等环节。这些业务环节相互关联，相互作用，相互衔接，构成了单位预算管理系统化体系过程。

行政事业单位应当建立健全预算编制、审批、执行、决算与评价等预算内部管理制度。合理设置岗位，明确相关岗位的职责权限，确保预算编制、审批、执行、评价等不相容岗位相互分离。在预算编制中应当做到程序规范、方法科学、编制及时、内容完整、项目细化、数据准确。同时，单位应当根据内设部门的职责和分工，对按照法定程序批复的预算在单位内部进行指标分解、审批下达，规范内部预算追加调整程序，发挥预算对经济活动的管控作用。建立预算执行分析机制。定期通报各部门预算执行情况，召开预算执行分析会议，研究解决预算执行中存在的问题，提出改进措施，提高预算执行的有效性。单位应当根据批复的预算安排各项收支，确保预算严格有效执行。加强决算管理，确保决算真实、完整、准确、及时，加强决算分析工作，强化决算分析结果运用，建立健全单位预算与决算相互反映、相互促进的机制。加强预算绩效管理，建立"预算编制有目标、预算执行有监控、预算完成有评价、评价结果有反馈、反馈结果有应用"的全过程预算绩效管理机制。

（2）收支业务。行政事业单位收支业务分为收入业务、支出业务、票据业务和债务业务。行政单位和事业单位的收入和支出业务各有不同，收入一般而言是指单位依法取得的非偿还性资金，支出指单位开展业务及其他活动发生的资金耗费和损失。行政事业单位收支业务的基本流程一般包括收支计划，收支执行和收支监督。行政单位收入包括财政拨款收入和其他收入。行政单位依法取得的应当上缴财政的罚没收入、行政事业性收费、政府性基金、国有资产处置和出租出借收入等，不属于行政单位的收入。事业单位收入包括财政补助收入、事业收入、上级补助收入、附属单位上缴收入、经营收入和其他收入等。行政事业单位支出是指行政事业单位在开展专业业务活动及其辅助活动发生的支出。主要包括人员经费支出和公用经费支出。

（3）政府采购。我国政府采购的法定概念是《中华人民共和国政府采购法》中第一章第2条所规定的，主体是各级国家机关、事业单位和团体组织，采购对象必须属于采购目录或达到限额标准，或《政府和社会资本合作项目政府采购管理办法》所规定的政府和社会资本合作项目的政府采购（即PPP项目采购）行为；在广义上是指利用财政（拨款、自有或融资）资金进行采购，对采购主体以及对采购对象是否属于集中采购目录或是否达到限额标准均无要求，或是利用社会资本进行PPP项目采购；在狭义上是指对货物和服务的政府采购。一般而言，行政事业单位政府采购业务包括采购计划、采购实施和采购监督三个阶段。主要涉及采购预算与计划管理、采购活动控制、采购项目验收等具体环节。

（4）资产管理。行政事业单位资产是指政事业单位过去的经济业务或事项形成的、由行政事业单位控制的、预期能够产生服务潜力或者带来经济利益流入的经济资源。一般而言，行政事业单位资产管理主要涉及货币资金资产管理、实物资产管理、无形资产管理及对外投资管理等。

（5）建设项目。建设项目是指行政事业单位自行或者委托其他单位进行的实物建造、安装活动。建造活动主要是指各种建筑的新建、改建、扩建及修缮活动，安装主要是指设备的安装工程。一般而言，行政事业单位建设项目控制主要涉及建设项目议事决策机制控制、建设项目审核控制、建设项目招标管理控制、建设项目资金管理控制、建设项目档案管理与洽商变更控制和建设项目竣工决算控制。

（6）合同管理。行政事业单位合同是指行政事业单位为实现一定的经济目的，与平等民事主体的法人、自然人，以及其他经济单位之间订立地明确相互权利义务关系的协议。合同是行政事业单位经济活动的重要组成部分，行政事业单位进行政府采购，开展工程建设都会涉及合同管理。合同管理控制主要涉及合同订立控制、合同履行控制、合同价款结算控制和合同归口管理控制及合同纠纷管理控制。

四、行政事业单位内部控制的目标

（一）合理保证单位经济活动的合法合规

行政事业单位经济活动必须在法律法规允许的范围内进行，严禁违法违规行为的发生，这是行政事业单位内部控制最基本的目标，是其他四个目标存在的前提和基础。因为行政事业单位一旦违反法律法规，轻则遭警告罚款，重则被撤销解散，丧失存续的基础。适用的法律法规确定了其最低的行为准则，行政事业单位不能超越法定的界限开展经营活动，更不能故意开展非法活动。行政事业单位必须将合法合规目标纳入内部控制目标之中，单位内部控制首先要保证单位经济活动合法合规。

（二）合理保证资产安全和使用有效

该目标强调了保证行政事业单位资产的安全有效，以保证资产的使用效率，是第二层次的目标。当前，我国行政事业单位资金、资产的安全问题一直是管理中的重点和难点问题。由于收付实现制造成资产的价值与实物脱离，如何加强单位资产管理，保证资产账实相符、安全完整、使用有效已成为行政事业单位内部控制的重要方面。要加强单位资产管理，保障资产的安全和完整，就必须从资产采购预算、资产配置标准、资产采购计划、资产采购实施、资产验收入账、资产使用和盘点到最后的资产处置各个环节入手，加强资产控制的过程管理。同时，实践反复证明，内部控制对于防止资金资产遭受盗窃、挪用和滥用等是行之有效的方法。因此，保证资产安全完整和使用有效是行政事业单位内部控制的重要目标。

（三）合理保证财务信息真实完整

提供真实可靠的财务信息是更进一步的内部控制目标，这要求管理者不仅妥善保管和有效使用受托的资金、资产，并且还要客观真实地报告相应的信息。该目标与会计报告和相关信息的可靠性有关，会计报告和相关信息反映了行政事业单位的运行管理情况和预算的执行情况，是行政事业单位财务信息的主要载体。行政事业单位具有承担公共服务职能和履行社会责任的特殊使命，利益相关者高度分散，其会计报告和相关信息尤为重要。行政事业单位必须合理保证会计报告和相关信息的真实完整，客观地反映部门的运行管理情况和预算的执行情况，为领导层的决策提供可靠依据，也为其解除受托责任提供依据。行政事业单位编制的会计报告既是管理的一种要求，也是一种有效的监督机制，有利于行政事业单位履行职责，完成工作任务。另外，预算执行报告是行政事业单位的重要报告之一，具有法定效力，这是行政事业单位和企业在报告上的很大不同。合理保证财务信息真实完整是行政事业单位内部控制的重要目标。

（四）有效防范舞弊和预防腐败

有效防范舞弊和预防腐败是一个明显有别于企业的内部控制目标。该目标是行政事业单位能否持续公平分配资源的有效保障，是行政事业单位内部控制实现最高目标的制度基础，作用于行政事业单位组织层级和业务层级。我国行政事业单位掌握了大量的社会公共资源，在进行资源和资金的分配过程中，如果管理者自身存在道德缺失，不能廉洁奉公，就很容易造成贪污腐败的发生。内部控制的最基本原则是权力制衡，行政事业单位应该充分运用内控的制衡原理，在单位内部构建决策权、执行权和监督权相互分离、相互制约的权力运行机制，建立事前防范、事中监督和事后惩治相结合的全方位监督机制，形成自我防范、自我纠正的财务舞弊免疫力，有效防范舞弊和预防腐败。因此，内部控制制度是反腐防腐制度的重要组成部分，有效防范舞弊和预防腐败也是行政事业单位内部控制的重要目标。

（五）提高公共服务的效率和效果

行政事业单位与企业的内部控制根本区别就是设立和运营目的不同。行政事业单位主要是行使行政职能和为社会提供公益服务。因此，行政事业单位内部控制目标就是要提高单位公共服务的效率和效果，完成行政事业单位的公共服务职能。在这个过程中，行政事业单位要平等地对待服务对象以及其他相关利益主体，将社会资源合理高效地分配给各利益主体。同时，为了保障单位公共服务职能的发挥，单位要对各公共服务业务所需资金和单位内部正常工作开展所需经费进行预算管理。只有将本单位的预算按照自身职能投向，公平、公正地批复给内部各单位（部门），才能有效地实现财权和事权的匹配，发挥预算的引导和监督作用，才能将有限的公共资源投向正当合理的方向，才能为行政事业单位提供公共服务的财力保障，从而发挥行政事业单位的公共服务职能。

总之，行政事业单位内部控制以有效防范舞弊和预防腐败目标替代了发展战略，将预防腐败和廉政建设提升到新的高度。行政事业单位内部控制更加关注公共服务的效率和效果。行政事业单位要通过公共服务效率的高低来评价其业务活动的绩效。行政事业单位内部控制其他三个目标虽然在形式和内容上与企业内部控制大致相同，但针对行政事业单位的特殊属性赋予了一定的新内容，要求单位重点关注经济活动的合法合规，在保证资产安全的基础上强调使用效率，真实完整地报告单位的财务信息，客观地反映预算执行情况，为单位领导决策提供可靠依据。

五、行政事业单位内部控制的原则

内部控制的原则是各单位在建立和实施内部控制过程中所必须遵循的基本要求。行政事业单位内部控制建设和实施的过程中，应当遵循全面性原则、重要性原则、制衡性原则和适应性原则四项原则，并以上述四个原则为导向，根据自己的实际情况，发挥主观能动性，开展内部控制建设并组织实施，以保证实现单位内部控制目标。

（一）全面性原则

全面性主要体现在三个方面：一是全过程控制，单位内部控制应当贯穿单位经济活动的决策、执行和监督全过程，实现对经济活动的全面控制。二是全方位控制，单位内部控制应当覆盖单位及其所属单位的各种业务和事项。三是全员控制，内部控制的关键是对人的控制，是对单位全体干部进行控制，包括领导班子成员及基层干部。

（二）重要性原则

在全面控制的基础上，内部控制应当关注单位重要经济活动和经济活动的重大风险。行政事业单位虽然不从事经营活动，不以营利为主要目标，但仍然面临各种风险，例如来自政治、经济、文化和自然等方面的外部风险、战略风险、财务风险和具体业务风险等。单位在开展内部控制建设时，应密切关注单位的职责使命、经济活动过程中面临的各种风险，但应突出重点，监控一般。即重视重要的交易事项和风险领域，对业务处理过程中的关键控制点以及关键岗位加以特别的防范。所谓关键控制点，是指业务处理过程中容易出现漏洞且一旦存在差错会给单位带来巨大损失的高风险领域。所谓关键岗位，是指单位内容易实施舞弊的职位。对于关键控制点和关键岗位，单位应花费更大的成本，采取更严格的控制措施，把内部控制风险降到最低。

（三） 制衡性原则

内部控制应在单位内部的部门管理、职责分工、业务流程等方面形成相互制约和相互监督。制衡性原则要求内部控制在行政事业单位机构设置及权责分配、业务流程等方面相互制约、相互监督，同时兼顾运营效率。从横向关系看，完成某项工作需要有来自相对独立的两个或两个以上平行部门或人员共同来完成，形成相互牵制、相互监督的机制；从纵向关系看，完成某项工作需经过互不隶属的两个或两个以上的岗位和环节，从而使下级受上级监督，上级受下级牵制。履行内部控制监督检查职责的部门应当具有良好的独立性。任何人不得拥有凌驾于内部控制之上的特殊权力。制衡性原则在一定程度上会牺牲效率性和效益性，但这是为构建完善内部控制而必须付出的交易费用，如果人人都是可信的，那么就不必进行牵制，也就不必建立内控，但这样的理想社会在现实中是不存在的，所以不能以效益性和效率性目标来否定制衡性原则。

（四） 适应性原则

内部控制应当符合国家有关规定和单位的实际情况，并随着外部环境的变化、单位经济活动的调整和管理要求的提高，不断修订和完善，具体体现在：一是内部控制应当与单位组织层级和业务层级相匹配；二是内部控制应当随着情况的变化及时调整。内部控制是一个不断变化的动态过程，内部控制应当随着国家法律法规、政策、制度等外部环境的改变，以及单位业务流程的调整、管理要求的提高等内部环境的变化，及时地进行修订和完善。

第二章　行政事业单位内部控制
建设的意义和任务

一、行政事业单位内部控制建设的意义

（一）内部控制建设是建立法制化国家的必然要求

党的十八届三中全会《中共中央关于全面深化改革若干重大问题的决定》指出："建设法治中国，必须坚持依法治国、依法执政、依法行政共同推进，坚持法治国家、法治政府、法治社会一体建设。"党的十八届四中全会《中共中央关于全面推进依法治国若干重大问题的决定》指出："依法治国，是坚持和发展中国特色社会主义的本质要求和重要保障，是实现国家治理体系和治理能力现代化的必然要求，事关我们党执政兴国，事关人民幸福安康，事关党的国家长治久安……全面推进依法治国，总目标是建设中国特色社会主义法治体系，建设社会主义法治国家。"

建设法制化国家，实现国家治理现代化的关键是要健全依法决策机制，构建决策科学、执行坚决、监督有力的权力运行机制，要加强对权力运行的制约和监督，让人民监督权力，让权力在阳光下运行，把权力关进制度的笼子，这就需要建立和健全内部控制制度。内部控制是关住权力笼子与预防腐败的重要基础性制度。完善的内控体系就是不能腐的防范机制、不易腐的保障机制。

内控制度与廉政风险防控机制理论上同出一脉，机制上互为补充，实施过程中形成新合力。廉政风险防控机制就是依据"风险防控"理论，也是把"有效防范舞弊和预防腐败"作为工作目标，这同时也是行政事业单位内部控制的工作目标。内控和廉政风险防控的核心手段都是制衡，对不相容岗位进行分离，对决策、执行和监督进行分离，决不允许一个人办理全部管理事项，用制度约束和制约人的私念、贪欲和懒惰。廉政风险防控机制提出的"PDCA"（即将质量管理分为四个阶段，计划（plan）、执行（do）、检查（check）、处理（act））工作机制与内控提出的"PDCA"工作机制在内容上是完全一样的。

廉政风险防控机制管控的重点对象是人，即管住有权力的人。通过管住有权力的人，达到防控风险的目的。内控管控的重点对象是预算资金、公共资产、公共资源，即管住政府的钱。通过规范预算资金的使用，强化公共资产的管理责任，合理节约使用公共资源，达到有效防范舞弊和预防腐败的目的。可以说，内控是从经济活动风险管控这一角度出发落实廉政

风险防控的要求。

（二） 内部控制建设是建立人民满意的服务型政府的有效方法

党的十八大指出："要深化行政体制改革，建设职能科学、结构优化、廉洁高效、人民满意的服务型政府。要求规范公共权力的运行，加强对公共权力的监督。"什么是人民满意的服务型政府？简单说就是为人民服务，一切从人民的利益出发，提供优质高效的服务。行政事业单位内部控制将"提高公共服务的效率和效果"作为内控的最高目标，就是基于为人民服务的目的。

内部控制通过管理和业务流程梳理（或流程再造），确定规范的工作流程，极大地方便为人民服务；通过对流程风险的查找，提前采取有效的防范措施控制风险，从而达到提供优质高效的服务目标，才能真正成为人民满意的服务型政府。

（三） 内部控制建设是贯彻新《预算法》的根本保证

新《预算法》要求遵循先有预算、后有支出的原则，严格执行预算，严禁超预算或者无预算安排支出，严禁虚列支出、转移或者套取预算资金。坚决惩治脱离法律监督的资金使用和"小金库"行为，坚决贯彻"预算公开"要求，规范预算编制、审批、执行、决算、绩效考核，接受社会监督；预算使用中必须贯彻勤俭节约的原则，加强监督检查，避免预算资金的浪费现象。内部控制就是"以预算管理为主线、以资金管控为核心"的新型管理模式，只有建立了有效的内控管理体系，严格执行内部控制流程，才能从根本上保证新《预算法》的实施效果。

（四） 内部控制建设是预防腐败和保护干部的有效工具

习近平同志指出："腐败问题愈演愈烈，最终必然会亡党亡国"，"物必先腐，而后生虫"。[1] 这些语录都警示大众要重视治理腐败制度建设的重要性。"坏人"是坏制度惯出来的，"好人"是好制度制约、引导出来的；与其寄希望于发现"好人"，不如多花工夫来建立和健全制度。邓小平同志指出："制度好可以使坏人无法任意横行，制度不好可以使好人无法充分做事，甚至走向反面。"[2] 内部控制通过事前、事中、事后全程控制，使得贪污舞弊成本提高，可能性不断降低，控制了贪污舞弊，也有效地保护了干部。

---

[1] 紧紧围绕坚持和发展中国特色社会主义学习宣传贯彻党的十八大精神 ［M］. 北京：人民出版社，2012.

[2] 引自邓小平1980年8月18日在中共中央政治局扩大会议上题为《党和国家领导制度的改革》的讲话。

二、行政事业单位内部控制建设的主要任务

（一）健全内部控制体系，强化内部流程控制

单位应当按照内部控制要求，在单位主要负责人直接领导下，建立适合本单位实际情况的内部控制体系，全面梳理业务流程，明确业务环节，分析风险隐患，完善风险评估机制，制定风险应对策略；有效运用不相容岗位相互分离、内部授权审批控制、归口管理、预算控制、财产保护控制、会计控制、单据控制、信息内部公开等内部控制基本方法，加强对单位层面和业务层面的内部控制，实现内部控制全面、有效实施。

已经建立并实施内部控制的单位，应当按照《单位内控规范》要求，对本单位内部控制制度的全面性、重要性、制衡性、适应性和有效性进行自我评价、对照检查，并针对存在的问题，抓好整改落实，进一步健全制度，提高执行力，完善监督措施，确保内部控制有效实施。

（二）加强内部权力制衡，规范内部权力运行

分事行权，分岗设权，分级授权和定期轮岗，是制约权力运行，加强内部控制的基本要求和有效措施。单位应当根据自身的业务性质、业务范围、管理架构，按照决策、执行、监督相互分离、相互制衡的要求，科学设置内设机构、管理层级、岗位职责权限、权力运行规程，切实做到分事行权、分岗设权、分级授权，并定期轮岗。分事行权，就是对经济和业务活动的决策、执行、监督必须明确分工，相互分离，分别行权，防止职责混淆，权限交叉；分岗设权，就是对涉及经济和业务活动的相关岗位，必须依职定岗、分岗定权、权责明确，防止岗位职责不清、设权界限混乱；分级授权，就是对各管理层级和各工作岗位，必须依法依规分别授权，明确授权范围、授权对象、授权期限、授权与行权责任、一般授权与特殊授权界限、防止授权不当、越权办事。同时，对重点领域的关键岗位，在健全岗位设置，规范岗位管理，加强岗位胜任能力评估的基础上，通过明确轮岗范围、轮岗条件、轮岗周期、交接流程、责任追溯等要求，建立干部交流和定期轮岗制度，不具备轮岗条件的单位应当采用专项审计等控制措施。对轮岗后发现原工作岗位存在失职或违法违纪行为的，应当按国家有关规定追责。

（三）建立内部控制报告制度，促进内部控制信息公开

针对内部控制建立和实施的实际情况，单位应当按照《单位内控规范》的要求积极开展内部控制自我评价工作。单位内部控制自我评价情况应当作为部门决算报告和财务报告重

要组成内容进行报告。积极推进内部控制信息公开，通过面向单位内部和外部定期公开内部控制相关信息，逐步建立规范有序、及时可靠的内部控制信息公开机制，更好发挥信息公开对内部控制建设的促进和监督作用。

（四）加强监督检查工作，加大考评问责力度

监督检查和自我评价，是内部控制得以有效实施的重要保障。单位应当建立健全内部控制的监督检查和自我评价制度，通过日常监督和专项监督，检查内部控制实施过程中存在的突出问题、管理漏洞和薄弱环节，进一步改进和加强内部控制；通过自我评价，评估内部控制的全面性、重要性、制衡性、适应性和有效性，进一步改进和完善内部控制。同时，单位要将内部监督、自我评价与干部考核、追责问责结合起来，并将内部监督、自我评价结果采取适当的方式予以内部公开，强化自我监督、自我约束的自觉性，促进自我监督、自我约束机制的不断完善。

第三章 行政事业单位内部控制建设的内容和基本流程

一、行政事业单位内部控制建设的主要内容

(一) 单位层面内部控制

单位层面内部控制是内部控制的保障机制和协同机制。通过单位层面内部控制的组织管理工作设计和管控模式设计，单位可以将自身的内部管控事项根据管理职能固化到具体的业务流程中，并对应到具体的工作岗位上。单位可以通过设置管理组织和明确岗位责任，对重点业务的薄弱环节进行补充完善；根据各项经济活动运行现状进行单位风险评估。通过科学的集分权管理和权责对等的归口管理，根据三权分离的原则对风险点加强制衡和审核。

单位层面内部控制一般包括组织框架和管控模式。在组织框架中，根据权力制衡原则，将不相容职能和岗位进行分离，区分行政组织和管理组织。其中行政组织是指一个目标组织行政编制方案中的组织结构组成，包括各个部门和部门之间的隶属关系；管理组织则是指根据某一专业业务领域的管理需要对专业业务进行管理的组织，如预算管理组织、采购岗、项目管理组等。同时，要明确职能分工，划分各个部门的制衡权限，规定各自的权力和责任边界，明确岗位责任，建立授权审批制度，特别要注意执行与监督的分离。对于管控模式，需要根据单位的具体情况，明确事项是否需要集中管理，本级与下属单位职责如何划分等问题，根据配比原则实行归口管理，同时保证决策、执行、监督三权分离。

单位要建立内部控制组织，如内部控制领导小组和内部控制办公室，应由"一把手挂帅"，担任领导小组组长；单独设置内部控制职能部门或者确定内部控制牵头部门，负责协调内部控制工作；在决策中，采用集体研究、专家论证和技术咨询相结合的议事决策机制，重大经济事项一定要通过集体决策，以保证决策的制衡性和科学性。同时，在单位内部控制体系运行过程中需要建立风险管理的"三道"防线，即业务部门、内部控制职能部门或者牵头部门、内部审计及纪检监察部门分别发挥不同的作用，更加注重业务部门参与内部控制，实现对经济活动的一体、全过程控制。

（二）业务层面内部控制

业务层面内部控制是指单位在经济活动中，在对各种业务进行风险评估后，根据风险评估结果所采取的风险控制措施。行政事业单位业务层面内部控制主要包括预算业务控制、收支业务控制、政府采购业务控制、资产控制、建设项目控制、合同控制六项控制内容。

1. 预算业务控制

主要内容包括建立预算业务内部管理制度、合理设置预算业务岗位、对预算编制的控制、对预算审核的控制，对预算批复的控制、对预算执行的控制、加强单位决算管理和加强预算绩效管理。其不同于预算控制，预算控制是一种控制方法，这一方法可用于收支、采购等业务中，从而有效控制单位经济风险。

2. 收支业务控制

主要是对单位收支管理制度、收入归口管理、非税收入管理、票据管理、支出审批、支出审核、支付控制、会计核算、债务控制等环节按照内部控制要求加以规范。

3. 政府采购业务控制

主要是对单位政府采购业务内部控制制度建立、采购业务岗位设置、采购预算与采购计划、采购活动管理、采购项目验收、采购业务记录以及采购项目的安全保密控制等环节按照内部控制要求加以规范。

4. 资产控制

是对行政事业单位资产管理制度、资产管理岗位设置、银行账户管理、货币资金核查、对实物资产和无形资产管理、对外投资等环节按照内部控制要求加以规范。

5. 建设项目控制

主要是对行政事业单位建立建设项目内部控制制度、建设项目业务岗位设置、建设项目议事决策机制、审核机制、招标机制、资金控制、档案控制、项目变更以及竣工决算八个方面按照内部控制要求加以规范。

6. 合同控制

主要是对单位合同内部管理制度、合同订立、合同履行、合同价款结算、合同登记、合同纠纷等环节按照内部控制要求加以规范。

（三）评价和监督

内部控制的评价和监督主要内容包括建立内部监督制度、对内部控制的内部监督、对内部控制的自我评价和对内部控制的外部监督。

行政事业单位内部控制评价是对内部控制有效性发表意见。因此，内部控制评价的对象即内部控制的有效性。由于受内部控制固有限制（如评价人员的职业判断、成本效益原则等）的影响，内部控制评价只能为内部控制目标的实现提供合理保证，而不能提供绝对保证。内部控制评价的有效性包括单位层面和业务层面内部控制设计和执行的有效性，还包括对内部控制缺陷的评价。

单位应当建立健全内部监督制度，明确各相关部门或岗位在内部监督中的职责权限，规定内部监督的程序和要求，对内部控制建立与实施情况进行内部监督检查和自我评价。内部监督应当与内部控制的建立和实施保持相对独立。

内部监督是单位对内部控制建立与实施情况进行监督检查，评价内部控制的有效性，形成书面报告并做出相应处理的过程。内部监督是内部控制得以有效实施的保障，具有十分重要的作用。在建立与实施内部控制的整个过程中，都离不开内部监督。内部监督帮助领导层预防、发现和整改内部控制设计和运行中存在的问题和薄弱环节，以便及时加以改进，确保内部控制系统能够有效运行。行政事业单位应当建立有效的内部监督制度，提高内部控制的效率和效果，实现内部控制的目标。内部监督的目标是检查并评价内部控制的合法性、充分性、有效性及适宜性。内部控制的合法性、充分性、有效性及适宜性，具体表现为其能够保障资产、资金的安全，即保障资产、资金的存在、完整、金额正确。内部监督既是单位内部控制机制的重要组成部分，又是监督与评价内部控制的有效手段，相对于单位外部监督而言，内部监督除了通过间接地执行监督业务来促进内控体系建设外，还能通过对内部控制的监督促进内部控制的完善。外部监督更具有基础性和根本性。

针对行政事业单位内部控制的外部监督，国务院财政部门及其派出机构和县级以上地方各级人民政府财政部门应当对单位内部控制的建立和实施情况进行监督检查，有针对性地提出检查意见和建议，并督促单位进行整改。国务院审计机关及其派出机构和县级以上地方各级人民政府审计机关对单位进行审计时，应当调查了解单位内部控制建立和实施的有效性，揭示相关内部控制的缺陷，有针对性地提出审计处理意见和建议，并督促单位进行整改。

二、行政事业单位内部控制建设的基本流程

（一）加强行政事业单位内控建设的宣传培训工作

2015 年 12 月 21 日，财政部印发《关于全面推进行政事业单位内部控制建设的指导意见》（财会〔2015〕24 号），要求全国各级各类行政事业单位于 2016 年年底前完成内部控制的建立和实施工作。为了进一步推动单位内部控制工作的开展，财政部于 2016 年 6 月 24 日发布《关于开展行政事业单位内部控制基础性评价工作的通知（试行）》（财会〔2016〕11 号），通过"以评促建"方式，明确下一步单位内部控制建设的重点和改进方向，指导和推动行政事业单位积极开展内部控制，确保在 2016 年年底前如期完成内部控制建立与实施工作。

为此，各单位应召开内部控制建设启动大会，通过专题培训对广大干部进行宣传和引导，使培训工作做到"全覆盖"和"无盲区"。启动大会应保证工作动员的受众范围，必要时还可以利用信息化手段召开电话会议、视频会议，便于无法参加现场会议的单位和个人参与会议。在会议上，项目领导小组可集中宣传贯彻项目实施的背景、意义、主要工作阶段、归口部门的权责及其他人员的义务等，增强各级人员对开展内部控制建设的认同感。单位可以采用会议传达、版报、知识竞赛、办公自动化系统及网络媒体等形式宣传内控知识，提供全员依照内部控制制度管职能履行、管后勤保障、管社会服务的思想意识。

对单位层面人员的宣传培训，应要求本单位各部门"一把手"必须参加，侧重于使他们了解国家全面推行建设内部控制的必要性和紧迫性，掌握内部控制的基本理念，明白为什么要开展内部控制建设，并使单位主要负责人明白自身承担内部控制建立与实施的重大责任，尤其要从思想上重视内部控制的建设。

对于业务层面的培训，可侧重于技术培训，同时加强继续教育的培训学习。包括内部控制知识、内部控制能力培训，对新准则、新制度及规范的培训等，使业务层面的成员对内部控制有清晰的认识和预期，并具备了推行内控的意识和主动性，从而最终形成了自上而下的整体氛围。

（二）建立行政事业单位内部控制建设的组织保障体系

内部控制的工作组织是内部控制建设与实施的重要组织保障，有效的工作组织有利于内部控制建设最终顺利完成。内部控制建设是"一把手"工程。根据《单位内控规范》第一章第6条规定："单位负责人对本单位内部控制的建立健全和有效实施负责"，财政部印发的《关于开展行政事业单位内部控制基础性评价工作的通知》中也明确把单位主要负责人承担内部控制建立与实施责任列入单位层面的重要考核指标。因此，为落实内部控制建设各项具体工作，单位内部控制建设应成立领导小组、工作小组、评价监督小组三个层面的工作组织。

1. 领导小组

内部控制建设领导小组应当由单位负责人（一把手）担任组长，党政班子成员担任副组长，相关管理职能部门领导参加。

（1）单位领导小组是单位内控体系建设的最高权力机构，全面负责单位内部控制建设工作的实施。其职责主要包括：批准单位内部控制实施方案、带头学习内控知识、布置内控培训、审批流程梳理结果、确定风险及管控措施、审批《行政事业单位内部控制手册》和《单位自我评价制度》、审批自我评价报告和整改报告等。

（2）单位领导小组要建立健全议事决策制度和规则。包括根据国家有关规定和本单位实际情况确定"三重一大"事项；建立健全集体研究、专家论证和技术咨询相结合的议事决策机制，单位领导班子集体决策应当坚持民主集中原则，单位经济活动的决策、执行和监督应当相互分离，防范"一言堂"或"一支笔"造成的决策风险和腐败风险；做好决策纪要的记录、流转和保存工作；加强对决策执行的追踪问效。

（3）单位领导小组应当指定内部控制建设实施牵头部门（有条件的可以单独设置内部控制建设职能部门），负责组织协调内部控制工作。

2. 工作小组

内部控制建设工作小组是单位内部控制建设实施机构。应当包括财会、内部审计、纪检监察、政府采购、基建、资产管理、人事、办公室等部门，具体负责制订单位内控规范实施方案、组织内控学习和培训、组织对各项管理和业务流程进行梳理或流程再造并对流程准确描述、查找风险点并编制风险清单、评估分析风险发生概率和风险等级、制订风险应对策略及管控措施、编制《行政事业单位内部控制手册》和《单位自我评价制度》。

3. 评价监督小组

内部控制建设评价监督小组是单位内部控制建设评价监督机构。行政事业单位应当建立评价监督机制，明确评价监督组织实施方案、人员组成和素质要求，确定评价监督程序、评价标准及各项指标、评价时间，规定评价监督报告报送程序、领导班子审批议程、反馈整改、考核处理等要求。单位领导小组应当指定除内部控制建设实施牵头部门以外的部门组成评价监督工作小组，独立实施评价监督工作，即内控制度制定与评价监督相互分离。适合开展评价监督的牵头部门主要包括：内部审计、纪检监察、人事、办公室等。内控评价监督必须保证每年至少进行一次。

评价监督的内容应当包括两个层次：第一个层次是内控要素评价，即将控制环境、风险评估、控制活动、信息与沟通、监督五大要素细分为必备条款作为评价标准，进行细分评价，重点对内部控制环境的单位治理结构、组织管理工作和权限管理进行细分。第二个层次是所有重要管理活动和业务活动的操作层次即流程层次评价，主要评价：控制目标是否适当；控制措施是否针对控制目标，通过充分识别管理过程和风险而设定合理的控制方法和程序，能否合理保证控制目标的实现；控制措施能否得到有效执行。

评价监督小组应当制订年度评价监督工作方案，报请单位内控领导小组批准。评价监督小组应当参照《行政事业单位内部控制手册》规定的内容和要求，开展针对本部门职责范围内的内部控制评价监督工作，选择适当的评价监督方法进行必要的测试，获取充分、相关、可靠的证据对内部控制的有效性进行评价，并做出书面记录，确认管控缺陷和不足。评价监督小组成员负责执行本部门的评价监督工作，如实记录和反映检查评价监督过程，编制工作底稿、评价监督报告和管理优化或改进实施方案，综合判断单位整体控制的有效性，并编制单位内部控制评价监督报告，提交单位领导小组审议。

单位领导小组应当将评价监督结果纳入对相关部门的绩效考核，对于内部控制评价监督报告中列示的问题，应当督促有关部门或单位采取适当的措施进行改进，对于重大缺陷应追究相关人员的责任。

（三）梳理经济活动业务流程，明确业务环节，确定内控对象

梳理经济活动业务流程，主要是梳理预算、收支、政府采购、资产、建设项目和合同六大经济业务流程。明确业务环节即细化各方面具体业务。

以预算管理业务为例，预算管理流程即预算的二级明细业务应包括：预算编制、预算审批、预算执行、决算与评价五个业务环节。再细化各环节具体业务，如预算编制环节的三级明细业务应包括：编制基础的确认、汇总和分类、预算审批、预算上报等。梳理时应尽量达到明细，最好末级明细业务内容能具体到对应的工作岗位，即该业务环节的流程关键点。例如预算编制环节三级明细业务的流程关键点应包括：财务部门部署预算编制工作后，根据下发的编制预算的通知召开预算编制工作会，将财政部门下发的项目数据分解，并下发给二级预算单位；之后各业务部门按照预算编制要求，根据下一年度的工作计划和资产配置情况，提出预算建议数，并提交申报基础数据等材料，报送财务部门；财务部门再对各业务部门提交的预算建议数及申报材料进行预审汇总形成预算单位预算建议数；同时财务部门负责人对预算建议数进行审核，确保无误后上报单位领导审议；然后单位领导审定单位预算建议数；若单位领导审核通过，将预算建议数交由财政部门审核提交的预算建议数，依据财政资金安排，及时下达资金控制数；若单位领导审核不通过，则将预算建议数交回财务部门重新审核。

在确定内控对象时，应根据不同的业务流程的各个业务环节确定，包括重要业务领域、重大业务事项和重点业务环节。

（四）系统分析经济活动风险，确定风险点，选择风险应对策略

1. 系统分析经济活动风险

系统分析经济活动风险，要经过的步骤如图3-1所示。

2. 确定风险点

要做好行政事业单位的风险识别工作，首先要了解行政事业单位的风险特点以及影响行政事业单位风险的各种因素。相对于企业来说，行政事业单位涉及领域更广，工作活动的内容更加丰富，面临的风险更加多样化。行政事业单位的风险识别应当重点关注下列因素：单位管理人员廉洁自律、职业操守和专业胜任能力等环境因素；单位组织机构、运营方式、资产管理、业务流程等管理因素；单位收支管理、财务状况等财务因素。

3. 选择风险应对策略

在风险分析、风险点确定的基础上，制定相应的风险应对策略，常用的风险应对策略主要有以下四种：风险规避、风险降低、风险转移和风险承受（具体如何运用，详见第四章相关内容）。

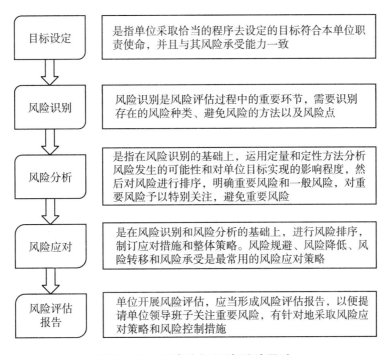

图 3 - 1 系统分析经济活动风险

（五）建立健全各项管理制度，优化内控体系设计

1. 建立健全各项管理制度

系统分析风险后，即可进入实质性的内部控制体系建设阶段。行政事业单位内部控制体系建设具体可分为单位层面和具体业务层面。首先，单位层面内部控制是业务层面内部控制的基础，为业务层面内部控制提供一个良好的"生存土壤"，直接决定了业务层面内部控制的有效实施和运行。行政事业单位在单位层面开展内部控制建设时，应该致力于形成一个科学高效、分工制衡的组织机构，建立健全科学民主的工作机制，对关键岗位和关键岗位人员进行科学有效地管理，关键岗位设置合理，关键岗位人员德才兼备，并且能够提供真实、完整的财务信息，借助于信息系统实现内部控制体系的信息化和常态化。其次，要对具体业务流程层面的内部控制进行制度梳理和流程的优化，以此来带动具体业务层面内部控制建设工作。当然，该项工作不同于我们过去因为某个问题的出现制定的规章制度，而是制度和流程的梳理，让制度变为流程真正地有效运行，而这正是内部控制建设的意义所在。

长期以来，各行政事业单位在长期发展过程中，均已建立了很多符合自身实际的内部管理制度、业务流程及控制措施。可以说，每个单位都有自己的内部控制系统，只是各单位内部控制的完善程度不一，缺乏统一的规范标准，有些甚至只是不成文的规则。具体业务层面的内部控制建设工作就是按照《单位内控规范》的要求梳理现有的制度体系、流程体系与控制措施，通过风险评估后的结果，根据应对策略建立相应制度与流程的过程。其对于制度的核心对标工作应重点关注以下几点：

（1）各经济活动内部管理制度是否满足国家法律法规及相关政策规定，制度文件之间是否存在内容重复、相互冲突的现象。

（2）各经济活动内部管理制度内容是否完整，经济业务各环节是否均有相应规定，是否满足《单位内控规范》的要求。

（3）各经济活动内部管理制度是否有相关配套制度，制度文件内容是否明确了具体执行要求且具有可操作性。

（4）各经济活动内部管理制度是否定期修订更新，授权审批及发布程序是否符合规定。

2. 优化内控体系设计

内部控制建设小组需要把各个业务流程划分为不同的环节，每个环节再进一步细分，细分的程度视管理需要而定，不是越细越好。之后根据各个业务的特点确定控制目标，识别主要风险点，设计控制活动，从而形成风险矩阵。这种从目标到风险到控制活动到整合的方法称为 ORCA 模式（Objective/Risk/Control/Alignment）。内控体系优化设计是比较复杂且难度比较大的工作，这最考验项目组成员的知识和能力。对于一项或若干项风险，通常需要采用完善制度、规定流程、设置控制措施、设置监督检查机制等方法来加以控制，这些就是优化内控设计体系的主要内容。在考虑应当建立什么样的制度、采取什么措施时，项目组成员可以参考《单位内控规范》的规定，还可以借鉴《行政单位国有资产管理办法》《中华人民共和国政府采购法》等法规的规定。

3. 持续优化内控体系

原有的内部控制体系无论多么完美，随着时间的推移、内外部环境的变化，都会出现某些问题，内控体系需要持续优化。具体实施部门发现的问题、内部审计及纪检监察部门发现的问题，应当汇集起来，反馈到内控部门或牵头部门，定期加以优化。内部控制体系从不规范到逐步规范，不是理想的完美过程，一般是先制定较为原则性的内部控制体系，在实践中不断优化完善，逐渐转化为详细的、规范的内部控制体系，最终形成部门和人员自觉遵循的内部控制体系。形成了自觉遵循的内部控制体系还不是终点，是一个新的起点，需要对新体系在更高层面上进一步优化，这就是 PDCA 循环。优化系统的节奏需要好好把握，不是发现了问题就修改内部控制体系，因为制度和流程只有相对固定才具有执行性，过度频繁地改变流程会让工作人员无所适从，定期优化内部控制体系才是可取的。

（六）组织实施内部控制体系，督促有关人员认真执行

组织实施内部控制体系，督促有关人员认真执行一般要经过以下步骤：

1. 实施动员

内部控制建设项目的实施首先要做动员，动员不能单单喊喊口号，表表决心，更重要的是做好工作部署和安排。动员应当由内部控制建设领导小组出面进行，动员的对象包括所有

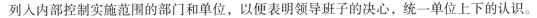

列入内部控制实施范围的部门和单位，以便表明领导班子的决心，统一单位上下的认识。

2. 试运行

项目实施可以先选择个别部门或者业务进行试运行，试运行成功之后再正式推开，有时正式实施的初期还保持原有系统同时运行，也就是新旧系统并行，并行一段时间之后再完全过渡到新的内部控制体系。内部控制建设项目是对原有体系的继承和发展，有可能为了管理的优化改变组织结构，修改原有流程和信息系统，也就是进行流程再造（BPR），这需要做好事前规划，统筹协调好保障日常工作正常运行和内部控制实施的关系。

3. 正式运行

项目试运行成功之后，就可以正式运行了。正式运行就是各种制度全面生效，各种控制措施发挥作用，风险不断被识别并被逐一化解。正式运行也意味着内控体系覆盖到单位的各部门、单位的各项经济活动。

（七）建立健全内部监督制度，做好内控的监督与评价工作

单位应当建立健全内部监督制度，明确各相关部门或岗位在内部监督中的职责权限，规定内部监督的程序和要求，对内部控制建立与实施情况进行内部监督检查和自我评价。内部监督应当与内部控制的建立和实施保持相对独立。内部审计部门或岗位应当定期或不定期检查单位内部管理制度和机制的建立与执行情况，以及内部控制关键岗位及人员的设置情况等，及时发现内部控制存在的问题并提出改进建议。单位应当根据本单位实际情况确定内部监督检查的方法、范围和频率。单位负责人应当指定专门部门或专人负责对单位内部控制的有效性进行评价并出具单位内部控制自我评价报告。

单位应当根据《单位内控规范》要求，结合本单位的评价与监督内容和流程，开展相应的内部监督与自我评价工作：

（1）建立单位内控自我评价机制。自我评价机制要明确自我评价组织实施方案、人员组成和素质要求，确定自我评价程序、评价标准及各项指标、评价时间，规定自我评价报告报送程序、领导小组审批议程、反馈整改、考核处理等要求。

（2）由单位审计部门、纪检监察部门牵头组织开展自我评价工作，必须保证每年最少开展一次，或根据实际需要安排。自我评价工作结束，应当出具书面自我评价报告。自我评价报告应当交由内控领导小组进行专题研究，并责成相关部门进行整改。整改结果应当作为自我评价报告的必要组成部分。

（3）单位应当充分利用廉政风险防控机制、外部审计、财政监督等检查形式和结果，及时充实完善《行政事业单位内部控制手册》。

（4）有条件的单位可以尝试聘请会计师事务所或其他中介机构开展内控审计，并由其正式出具具有法律效力的《内控审计报告》。

第四章　行政事业单位内部控制建设的风险评估与控制方法

一、行政事业单位内部控制建设的风险评估

（一）行政事业单位风险的种类

风险通常是指潜在事项的发生对目标实现产生的影响。行政事业单位经济活动风险表现为经济活动的实际结果与内部控制目标之间的差异程度，可做如下分类。

1. 根据风险来源分类

（1）外部风险。包括：①法律政策风险。行政事业单位行使国家公共管理权力，管理社会经济，提供社会公共服务。随着依法治国、依法行政进程的不断推进，社会公众更加关注行政事业单位在履行自身职责和提供公共服务的过程中是否合法合规，是否满足各项监管要求。②经济风险。行政事业单位在发挥管理和服务社会的各种职能中，不可避免地要从事各项经济活动。经济形势、产业政策、融资环境、资源供给等经济因素，技术进步、工艺改进等技术因素，市场竞争、信用风险等市场因素都会给行政事业单位带来风险。③社会风险。行政事业单位是在一定的社会环境中存在，因此受到安全稳定、文化传统、社会信用、教育水平、消费者行为等社会因素的影响。④自然灾害、环境状况等自然环境因素以及其他因素产生的风险。

（2）内部风险。包括：①管理风险。即组织机构的设置、运营方式、资产管理、业务流程等内部管理因素引发的风险。②道德风险。行政事业单位面临的道德风险是指单位内、外部人员利用掌握的权力和不对称信息，为自己或利益相关人牟取利益并损害单位利益的风险。③财务风险。财务风险是经济活动中由于各种原因，使单位无法偿还到期债务，资金无法保障单位正常运转等风险。行政事业单位财务风险突出表现为筹资风险、投资风险、资金调配风险等。④营运安全、员工健康、环境保护等安全环保因素以及其他因素产生的风险。

2. 根据风险管理层级分类

（1）单位层面的风险。主要关注：①内部控制工作的组织情况。包括是否确定内部控制职能部门或牵头部门；是否建立单位各部门在内部控制中的沟通协调和联动机制。②内部控制机制的建设情况。包括经济活动的决策、执行、监督是否实现有效分离；权责是否对

等；是否建立健全议事决策机制、岗位责任制、内部监督等机制。③内部管理制度的完善情况。包括内部管理制度是否健全，执行是否有效。④内部控制关键岗位工作人员的管理情况。包括是否建立工作人员的培训、评价、轮岗等机制；工作人员是否具备相应的资格和能力。⑤财务信息的编报情况。包括是否按照国家统一的会计制度对经济业务事项进行账务处理；是否按照国家统一的会计制度编制财务会计报告。

（2）经济活动业务层面的风险。主要关注：①预算管理情况。包括在预算编制过程中，单位内部各部门间沟通协调是否充分，预算编制与资产配置是否相结合、与具体工作是否相对应；是否按照批复的额度和开支范围执行预算，进度是否合理，是否存在无预算、超预算支出等问题；决算编报是否真实、完整、准确、及时。②收支管理情况。包括收入是否实现归口管理，是否按照规定及时向财会部门提供收入的有关凭据，是否按照规定保管和使用印章和票据等；发生支出事项时是否按照规定审核各类凭据的真实性、合法性，是否存在使用虚假票据套取资金的情形。③政府采购管理情况。包括是否按照预算和计划组织政府采购业务；是否按照规定组织政府采购活动和执行验收程序；是否按照规定保存政府采购业务相关档案。④资产管理情况。包括是否实现资产归口管理并明确使用责任；是否定期对资产进行清查盘点，对账实不符的情况及时进行处理；是否按照规定处置资产。⑤建设项目管理情况。包括是否按照概算投资；是否严格履行审核审批程序；是否建立有效的招投标控制机制；是否存在截留、挤占、挪用、套取建设项目资金的情形；是否按照规定保存建设项目相关档案并及时办理移交手续。⑥合同管理情况。包括是否实现合同归口管理；是否明确应签订合同的经济活动范围和条件；是否有效监控合同履行情况；是否建立合同纠纷协调机制。

3. 根据单位整体面临的风险综合分类

（1）权力运用或监控失控风险。①部门职责分离不够。如河南省交通厅曾经连续四任厅长因贪污腐败下马，交通系统贪污腐败案件多发。②缺乏独立监督机制。监督的效果取决于监督机构的独立性和权威性。独立性是监督的灵魂，是客观、公正的基础，是形成有效监督的前提。

（2）行政行为或决策不当的风险。行政行为是政府和行政人员依法依规履行基本职能和运行行政职能、对行政相对人乃至整个行政客体施加影响的具体行动。目前，我国在这一层面存在的突出问题主要有如下几个方面：①行政不作为或乱作为。②决策的不科学不民主。有些行政决策是根据领导的主观意志和特殊取向来进行的。群众或行政相对人基本不能参与，甚至旁听也不行。虽然个别地方和部门出台了诸如行政听证制度，在行政决策时让群众代表参加或旁听，但是由于纳入听证范围的事项较少，参与听证的代表性不足，一些关键行政决策没有纳入听证，所以这方面的进步很有限。③只顾眼前，不顾长远。很多地方领导在事关本地发展战略上思考不多、只盯住当前利益和政绩，部分地方大肆卖地、炒高地价，发行公债，竭泽而渔，用尽眼前的资源，不考虑可持续发展下的资源有限性，不考虑债务负担和资源枯竭将给后续各届政府以及子孙后代带来的沉重负担，其根源就在于不当的领导决策，在于没有在决策上切实落实科学发展观。

（3）舞弊及腐败的风险。①财务舞弊案件多发。违反财经法纪是普遍现象，财务舞弊案件一直处于多发期。中央单位假发票问题，正是财政部着手制定《单位内控规范》的直接原因。②贪污腐败案件高发。近年来，腐败案件时有发生，案值逐年增长。大量的财务舞弊、贪污腐败案件表明，一个行政事业单位发生了这类案件后，需要经过较长的时间和投入大量的工作，才能使这个单位的经济活动运转和相关工作开展，步入正常轨道。

（4）效率及效益低下的风险。①行政审批过多，行政效率低下。当前，有些部门和地方政府仍然没能完全适应市场经济中应当扮演的角色，政府管了很多不该管的事情。②财政资金浪费严重。

（二）行政事业单位风险的识别

风险识别就是指通过连续、系统、全面的判断与分析，确定风险管理对象的风险类型、受险部位、风险源、严重程度等，并且发掘风险因素引发风险事故导致风险损失的作用机理的动态行为或过程。风险识别的主要内容：一是查找风险源，分析风险类型、受险部位、风险损失程度；二是找出风险因素诱发风险事故而导致风险损失的原理。

1. 风险识别的原则

（1）实时性原则。要求风险管理部门根据实时信息随时关注金融风险的变化，连续识别金融风险，并及时调整金融风险管理策略。否则，滞后的金融风险管理系统将难以适应风险环境的瞬息万变。

（2）系统性原则。要求按照风险活动的内在流程、顺序、内在结构关系识别风险。经济主体经济活动的每一环节、每一项业务都可能带来一种或多种风险。除了对其进行独立分析外，还应特别注意各个环节、各项业务之间的紧密联系。经济主体面临的整体金融风险可能大于也可能小于其单个金融风险的总和。风险管理部门应根据实际情况及时调整资产结构，以充分分散风险，将整体风险控制在可接受的范围之内。

（3）重要性原则。是指由于风险管理的投入产出以及资源的稀缺性，风险识别应有所侧重：一是风险属性，着力把一些重要的风险即期望风险损失较大的风险识别出来，对于影响较小的风险可以忽略，这样有利于节约成本，保证风险识别的效率；二是风险载体，那些对整个活动目标都有重要影响的工作结构单元，必然是风险识别的重点。

（4）经济性原则。金融风险的识别和分析需要花费人力、物力和时间等，金融风险管理收益的大小则取决于因风险管理而避免或减少的损失大小。一般来说，随着金融风险识别活动的进行，识别的边际成本会越来越大，而边际收益会越来越小，所以，风险识别要遵循经济性原则要权衡成本和收益，从而选择和确定最佳的识别程度和识别方法。

2. 风险形成的要素

风险识别的主要依据就是风险形成机理，不同的风险具有相应的形成机理，但是形成机理具有一般性，可以指导我们分析具体风险的形成。影响风险的产生、存在和发展的因素可以归结为风险因素、风险事项和风险损失。

（1）风险因素。风险因素是指促使和增加损失发生的频率或严重程度的条件，它是事故发生的潜在原因，是造成损失的内在或间接原因。构成风险因素的条件越多，损失发生的概率或损失的幅度就可能越大，有些情况下还可能对二者都有影响。

风险因素根据其性质，可以分为有形风险因素和无形风险因素。①有形风险因素是指直接影响事物物理功能的物质性风险因素，又称实质风险因素。假设有两幢房屋，一幢是木质结构，另一幢是水泥结构，如果其他条件都相同，前者显然比后者发生火灾的可能性要大。②无形风险因素是指文化、习俗和生活态度等非物质的、影响损失发生可能性和受损程度的因素，它又可分为道德风险因素和心理风险因素两种。道德风险因素是与人的品德修养有关的无形的因素，指人们以不诚实、不良企图或欺诈行为故意促使风险事故发生，或扩大已发生的风险事故所造成的损失的原因或条件，如欺诈、盗窃、抢劫、贪污等。心理风险因素虽然也是无形的因素，但与道德风险因素不同，它与人的心理有关，是指由于人们的疏忽或过失，以致增加风险事故发生的机会或扩大损失程度的因素，并不是故意的行为。道德风险因素和心理风险因素均与人的行为有关，所以也常将二者合称为人为风险因素。由于无形风险因素具有很大的隐蔽性，往往可以隐藏很长时间，所以在许多情况下，等到人们发觉时已经酿成了巨大的损失。很多曾经无限风光的大型金融机构正是因为道德风险因素或心理风险因素而毁于一旦。例如，在巴林银行倒闭的案例中，尼克·里森的越权投机就是一种道德风险因素。因此，在对风险进行管理时，不仅要注意那些有形的危险，更要严密防范这些无形的隐患。

风险因素根据其来源，可以分为外部因素和内部因素。①外部因素：主要包括经济因素，如价格的变动、资本的可获得性，或者竞争性准入的较低障碍，它们会导致更高或更低的资本成本以及新的竞争者；自然环境因素如洪水、火灾或地震，它们会导致工厂、建筑物和人力资本的损失，限制原材料的获取；政治因素如采用新的政治议程的政府官员选举，以及新的法律和监管，它们会导致国外市场新的开放或限制进入，或者更高或更低的税收；社会因素如人口统计、社会习俗、家庭结构、对工作生活的优先考虑的变化以及恐怖主义活动，它们会导致产品或服务需求的变化、新的购买场所的产生，人力资源问题的产生及生产中断；技术因素如电子商务的新方式等，它会导致数据可取得性的提高、基础结构成本的降低以及以技术为基础的服务需求的增加。②内部因素：主要包括基础结构要素，如增加用于防护性维护和呼叫中心支持的资本配置、减少设备的停工待料期以及提高客户满意度；人员要素，如工作场所的意外事故、欺诈行为以及劳动合同到期等，它们会导致可利用的人员的流失、声誉性损失以及生产中断；流程要素，如没有适当变更管理规程的流程修改、流程执行错误以及对外包的客户送达服务缺乏充分的监督，它们会导致丢失市场份额、低效率以及客户的不满；技术要素，如增加资金以应对批量变动、安全故障以及潜在的系统停滞，它们会导致订货的减少、欺诈性的交易以及不能持续经营业务。

识别影响事项的外都和内部因素对于有效的事项识别是很有用的。一旦确定了起主要作用的因素，管理者就能够考虑它们的重要性，并且集中关注那些能够影响目标实现的事项。

（2）风险事项。风险事项是造成风险损失的偶发事件，又称风险事件。风险事项是造成损失的直接或外在的原因，它是使风险造成损失的可能性转化为现实性，以至引起损失结果的媒介，是从风险因素到风险损失的中间环节。风险只有通过风险事项的发生，才有可能导致损失。例如，汽车刹车失灵造成车祸与人员损伤，其中车失灵是风险因素，车祸是风险事项。如果仅有刹车失灵而未发生车祸，就不会导致人员伤亡。

除了识别主体层次的事项之外，还要识别活动层次的事项。这样有助于将风险评估集中于主要的业务单元或职能机构，如销售、生产、营销、技术开发以及研究与开发。有时风险因素与风险事项很难区分，某一事件在一定条件下是风险因素，在另一条件下则为风险事项。因此，应以导致损失的直接性和间接性来区分，直接原因是风险事项，间接原因则为风险因素。

（3）风险损失。风险损失是指非故意的、非预期的和非计划的经济价值的减少或消失。它包含两方面的含义：一方面，损失是经济损失，即必须能以货币来衡量。当然，有许多损失是无法用货币来衡量的；另一方面，损失是非故意、非预期和非计划的。上述两方面缺一不可。如折旧，虽然是经济价格的减少，但它是固定资产自然而有计划的经济价值的减少，不符合第二个条件。

损失可以分为直接损失和间接损失两种，前者指直接的、实质的损失，强调风险事项对于标的本身所造成的破坏，是风险事项导致的初次效应；后者强调由于直接损失所引起的破坏，即风险事项的后续效应，包括额外费用损失和收入损失等。

风险本质上就是由风险因素、风险事项和风险损失三者的构成的统一体，这三者之间存在着一种因果关系：风险因素增加或产生风险事项，风险事项引起损失。换句话说，风险事项是损失发生直接与外在原因，风险因素为损失发生的间接与内在原因。三者的串联构成了风险形成的全过程，对风险形成机制的分析以及风险管理措施的安排都以此为基础。

3. 风险识别方法

风险识别方法就是单位用于找出风险点的方法。风险识别方法多种多样，有直观的，也有通过对比分析的，还有通过逻辑推理的。由于行政事业单位经济活动相对简单，通常可以采用下列比较简单的风险识别方法。

（1）风险清单法。风险清单法是指由专业人员设计标准的表格和问卷，表格和问卷应当争取能够涵盖所有风险，受问者对照清单上的每一项进行作答的一种风险识别方法。风险评估小组分析这些问题的答案，基本上就能识别出单位的主要风险。风险清单法的局限性在于对清单设计的要求较高，不然很容易出现缺漏，特别是行政事业单位管理职能千差万别。比较常见的风险清单法有潜在损失一览表、保单检视表等。

（2）财务报表分析法。财务报表是以价值手段来反映行政事业单位管理和服务活动。通过对财务报表的结构分析和趋势分析，并与对标单位进行了对比，可以发现存在的风险。例如，分析公务车辆运行经费的历年数据，可以分析判断公务车辆运行经费的增长控制目标能否实现。

（3）流程图法。流程图法就是把行政事业单位的管理和服务流程按照"泳道图"的方式绘制出来，描绘出具体责任部门和工作内容。通过对流程图的分析，可以发现内部控制的薄弱点。

（4）小组讨论和个别访谈。这一方法就是通过组织小组讨论或者访谈单位领导、中层干部和普通员工，在交流过程中识别单位存在的风险。风险评估小组负责组织小组讨论，对单位各层级领导和普通员工进行访谈，尽可能讨论可能影响单位目标实现的事件并记录在案。

（5）实地检查法。要更完整地辨识风险，实地调查必不可少。很多行政事业单位都存在应付检查的情况，所以实地检查要注意被检查单位在检查期间和平时工作是否执行不同的管理标准。为此，可以结合采用事先不通知的突击检查，通过现场调查可以获得第一手资料，可以直接接触到基层工作人员。

（6）文件审查法。文件审查法是指对单位的文件，包括单位"三定"方案的文件、单位的内部管理制度、单位领导班子会议记录、工作计划、财务报告等进行系统和结构性的审查，从而识别单位存在的风险。

（三）行政事业单位风险分析

风险分析是指在风险识别基础上，运用定量和定性方法分析风险发生的可能性和对单位目标实现的影响程度，然后对风险进行排序，明确重要风险和一般风险，对重要风险予以特别关注，避免重要风险可能给单位带来损失。风险分析可以采取定性分析或定量分析的方法。

1. 风险分析的定性方法

定性分析方法是凭借经验和直觉把风险发生概率的大小或损失高低程度定性分级（见表4-1和表4-2），将各项风险的发生可能性和损失程度大小描绘在坐标图中，形成风险地图。

表4-1　　　　　　　　　　　**可能性的定性测评表**

序号	描述符	详细描述
1	几乎确定	在多数情况下预期会发生
2	很可能	在多数情况下很可能发生
3	可能	在某些时候能够发生
4	不太可能	在某些时候不太能够发生
5	很少	在例外情况下可能发生

表 4 - 2   影响程度的定性分析

序号	描述符	详细描述
1	不重要	不受影响，较低的损失
2	次要	轻度影响（情况立即受到控制），轻微的损失
3	中等	中度影响（情况需要外部支持才能得到控制），中度的损失
4	主要	严重影响（情况失控，但无致命影响），重大的损失
5	灾难性	重大影响（情况失控，给单位致命损失），极大损失

2. 风险分析的定量方法

定量分析法则是首先列出构成风险的所有要素（风险因子），然后确定所有风险要素发生概率和损失水平，最后计算累计各风险要素数值或货币金额。比较常用的定量评估的方法主要有：概率分析法、敏感性分析法、行业标杆比较法、情景分析法、压力测试法、风险坐标图法等。在管理科学中，由于影响风险发生的因素无法量化，因此采用纯定量分析方法的比较少。

（1）概率分析法。风险的某些方面可以用概率等数学方法加以测量。对周期性发生的事情，可以从其历史上的信息和走势中导出其概率。从传统意义上看，不利事件的风险都可以通过概率进行分析，常用的方法主要有概率，期望、方差等。

（2）敏感性分析法。敏感性分析不仅适用于风险识别，还适用于风险分析。敏感性分析在合理范围内，通过改变输入参数的数值来观察并分析相应输出结果。由于计算相对容易，敏感性度量方法有时用来补充概率方法。通过敏感度定量分析，可以帮助单位明确自身对相关风险的接受程度。

（3）行业标杆比较法。行业标杆比较法是通过将本单位与类似单位在某些具体领域的做法，指标结果等做定量的比较，发现差距并优化本单位管理。

（4）情景分析法。情景分析法可同时用于风险识别和风险分析，是一种自上而下"如果什么"的分析方法，可以分析某事件或事件组合对单位将会产生的影响。它通过想象、联想和猜想来构思和描绘未来可能的情况，从而为指定风险应对策略提供支持。情景分析的主要程序是：①确定分析的主题、明确分析的范围；②建立风险数据库，并将风险按其对主题的影响进行分类；③构思风险各种可能的未来图景；④设想一些突发事件，看其对未来情景可能的影响；⑤描述到未来各种状态的发展演变途径。

（5）压力测试法。压力测试是情景分析的特殊形式，是在极端情景下分析评估风险管理模型或内控流程的有效性，发现问题，制定改进措施的方法，目的是防止出现重大损失事件。具体操作步骤如下：①针对某一风险管理模型或内控流程，假设可能会发生哪些极端情景。极端情景是指在非正常情况下，发生概率很小，而一旦发生，后果十分严重的事情。假设极端情景发生时，不仅要考虑本单位或与本单位类似的其他单位出现过的历史教训，还要考虑历史上不曾出现，但将来可能会出现的事情。②评估极端情景发生时，该风险管理模型或内控流程是否有效，并分析对目标可能造成的损失。③制定相应措施，进一步修改和完善风险管理模型或内控流程。

（6）风险坐标图法。风险坐标图也称风险地图，是把风险发生可能性的高低、风险发生后对目标的影响程度，作为两个维度绘制在同一个平面上，绘制成直角坐标系（见图4-1）。对风险发生可能性的高低、风险对目标影响程度的评估有定性、定量等方法。定性方法是直接用文字描述风险发生可能性的高低、风险对目标的影响程度，如"极低""低""中等""高""极高"等。定量方法是对风险发生可能性的高低、风险对目标影响程度用具有实际意义的数量描述，如对风险发生可能性的高低用概率来表示，对目标影响程度用损失金额来表示。对风险发生可能性的高低和风险对目标影响程度进行定性或定量评估后，依据评估结果绘制风险坐标图。绘制风险坐标图的目的在于对多项风险进行直观的比较，从而确定各风险管理的优先顺序和策略。

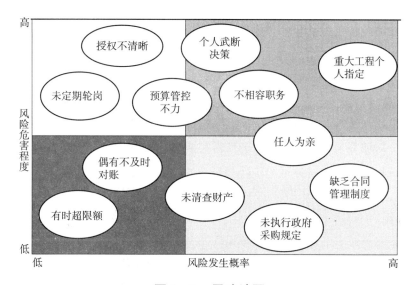

图4-1　风险地图

需要注意的是，编写一个风险地图是相对主观的过程。想要完全用量化的方法来测量所有的风险并不现实。精确并不是评估的目标，重要的是对风险的相对排序。这需要足够了解情况并具有一定风险管理经验的人员来进行评估。

（四）行政事业单位的风险应对

风险应对就是在风险识别和风险分析基础上进行风险排序，制订应对措施和整体策略。风险规避、风险降低、风险转移和风险承受是最常用的四种风险应对策略，可以单独或综合使用。

1. 风险规避

风险规避是以放弃或拒绝承担风险作为手段，来回避损失发生的可能性。风险规避的常用形态有两种：第一，弃除特定的风险活动。例如，单位取消原定的员工郊游活动、球赛，则可免除因此所导致的责任风险。第二，中止已经开展的行为。如交管部门规定要严惩"闯黄灯"现象，社会公众质疑其科学性的呼声很强，交管部门暂时不予处罚也属于中止。对于行政事业单位来讲，完全规避风险是不现实的，因为行政事业单位担负社会管理和服务职能，完全规避风险意味着无所作为，只能在实施某些行为之前多进行调查和论证，避免采取"亡羊补牢"的方式补救，出尔反尔会损害政府的公信力。

2. 风险降低

风险降低是指行政事业单位通过降低其损失发生的概率，缩小其损失程度时所采取的控制技术和方法。依据风险管理的目的，风险降低措施又可以分为损失预防和损失抑制两类。损失预防是指在损失发生前采取措施消除或减少可能导致损失的各项因素，主要目的是降低损失发生的概率，如限制高速公路车速减少了车祸发生概率。损失抑制是指在事故发生时或事故发生后采取措施减少损失发生范围或损失程度。损失抑制又可以细分为事前措施和事后措施两种。隔离风险是风险抑制的特殊形式，就是单位把风险因素进行最大限度的分割或限制，按照"不要把所有的鸡蛋放在一个篮子里"的原理，即便发生损失也只是在一定范围内发生损失。

3. 风险转移

风险转移是指行政事业单位通过合同或非合同方式把风险转嫁给外部单位或个人的风险应对方式。风险转移分为财务型和非财务型转移两类，而财务型风险转移又可以细分为非保险转移和保险转移两类。非财务型风险转移是指通过合同协议在不转移财产和活动的情况下转移风险。

4. 风险承受

风险承受是指行政事业单位自行承担风险事故所造成的损失。风险承受可能是主动的，例如，负责运动员培养和赛事组织是体育管理部门的职责所在，发生的一部分风险可以通过购买保险进行转移，但是剩余风险都要自行承受；风险承受也可能是被动的，例如，单位对于风险的严重性认识不足，没有对应措施，而最终造成损失由该单位承担。

行政事业单位应当综合评估各种风险应对策略：风险回避只有在其他应对措施都不能将风险降低到单位风险承受度以内的情况下采用；风险降低和风险分担的目标是使行政事业单位的剩余风险和该单位风险承受度相一致；风险承受必须是行政事业单位主动或被动承担的风险在可控和承受范围之内。行政事业单位应及时收集风险相关信息，识别和分析风险，根据客观情况变化调整应对策略。

（五）行政事业单位的风险分析报告

单位开展风险评估活动，应当形成风险评估报告，以便提请单位领导班子关注重要风险，有针对性地采取风险应对策略和风险控制措施。《单位内控规范》没有给出风险评估报告的具体要求。根据行政事业单位的实际情况，借鉴企业内部控制风险评估报告内容，风险评估报告应当包括以下内容：（1）风险评估活动组织情况，包括风险评估活动的工作机制，风险评估的范围，风险评估的程序和方法收集的资料和证据等情况。（2）发现的风险因素，包括单位层面：单位负责人的风险意识、组织结构是否健全、员工素质、单位文化、岗位分离和轮岗情况、关键岗位工作交接情况等。业务层面：预算执行重大差异、资金、资产管理薄弱环节、政府采购风险、建设项目风险等。（3）风险分析，从风险发生的可能性和风险影响程度对发现的风险因素进行分析，然后进行排序，指出重大和重要的风险因素，提醒单位领导班子重点关注。（4）风险应对措施建议，提出风险应对措施的建议，包括建立健全内部管理制度，实施关键岗位人员轮岗，加强关键岗位人员工作交接管理等。

二、行政事业单位内部控制建设的控制方法

（一）不相容岗位相互分离

岗位是组织要求个体完成的一项或多项责任以及为此赋予个体的权力的总和。不相容岗位是指从相互牵制的角度出发，不能由一人兼任的岗位。一般来说，不相容岗位相互分离包括：提出事项申请与审核审批该事项申请的岗位相分离、业务审核审批岗位与业务执行岗位相分离、业务执行岗位与信息记录岗位相分离，业务执行和审批岗位与内部监督岗位相分离等。不相容岗位相互分离控制是内部控制体系中最基本的控制手段，集中体现了相互制衡的基本原则。应当合理设置内部控制关键岗位，明确划分职责权限，实施相应的分离措施，形成相互制约、相互监督的工作机制。

1. 不相容岗位相互分离基本要求

不相容岗位相互分离的原理是相互牵制，其设计原理在于两个或者两个以上的人员无意识地犯同样错误的可能性很小，有意识地合伙舞弊的可能性也低于一人舞弊的可能性。不相容岗位相互分离控制要求行政事业单位要全面系统分析、梳理业务活动中所涉及的不相容职务，合理设置内部控制关键岗位，明确划分职责权限，实施相应的分离措施，从而形成相互监督、相互制衡的工作机制。首先，每类管理或服务活动的发生与完成，必须经过两个或两个以上的部门或人员，并保证相关部门和人员之间进行相互检查与核对。例如，支票签发必须经过支票申领人、支票签发人、支票核对人、支票盖章人、支票记录人等共同处理。其次，对管理或服务活动实施检查者的管理层级不能低于被检查者，体现"顺向监督"原理。最后，不相容岗位分离控制不能仅仅停留在纸面上，更要切实体现在单位的各个流程中。

2. 不相容岗位分离控制的设计

不相容岗位分离控制，首先要明确划分行政事业单位有哪些岗位，每个岗位的职能有哪

些。责任的分配与授权应根据行政事业单位规模大小和管理复杂程度而定，明确规定有关个人和部门的权力和责任。行政事业单位应当制定岗位责任书，明确各岗位应承担的职能和责任，并随着单位的发展及时进行维护和更新。通过对岗位职责描述的规范和完善，明确各岗位在处理有关业务时所具有的权力；单位授权人有权对受托人履行授权的行为进行监督、检查，发现受托人有不当行为时，应及时给予批评并纠正；情况严重的，应撤销对其的授权。在明确岗位职责基础上，单位要全面系统分析、梳理业务活动中所涉及的不相容职务，合理设置内部控制关键岗位，明确划分职责权限，实施相应的分离措施，从而形成相互监督、相互制约的工作机制。不相容岗位相分离控制主要包括：①决策、执行和监督要分离；②业务办理、资产保管和会计记录要分离。不相容岗位定期轮岗是杜绝舞弊、保证岗位新鲜血液的必要措施。

（二）内部授权审批控制

内部授权审批控制是指行政事业单位根据常规授权和特别授权的规定，明确单位内部各部门、下属单位、各岗位日常管理和业务办理的所授予权限范围、审批程序和相应责任。内部授权审批控制关系到单位内部的资源配置和资产使用效益，是行政事业单位内部控制的重要方法。完善的内部授权审批制度将有助于明确岗位权力和责任，层层落实责任，层层把关，有助于单位最大限度地规避风险。应当明确各岗位办理业务和事项的权限范围、审批程序和相关责任，建立重大事项集体决策和会签制度。相关工作人员应当在授权范围内行使职权、办理业务。

1. 内部授权审批控制基本要求

内部授权审批控制要求明确各岗位办理业务和事项的权限范围、审批程序和相关责任，建立重大事项集体决策和会签制度，相关工作人员应当在授权范围内行使职权、办理业务。行政事业单位的任何授权都应以法律、行政法规和单位的规章制度为依据，并予以书面化，通知到经济活动业务流程中的相关工作人员。授权一经确定，相关工作人员应当在授权范围内行使职权、办理业务，对于审批人超越授权范围的审批业务，经办人有权拒绝办理，并向上级授权部门报告。对与单位经济活动相关的重大问题决策，重要干部任免、重要项目安排及大额资金使用，即"三重一大"业务，还应当通过集体决策和会签制度，合理保证决策科学性，确保任何人不得单独进行决策或擅自改变集体决策意见。

2. 内部授权审批控制的设计

对"三重一大"（重大决策、重大事项、重要人事任免及大额资金支付）业务，行政事业单位应当实行集体决策审批制度，任何人不得单独进行决策或者擅自改变集体决策意见。授权审批控制要对事不对人，不能越权授权，要授权适度，被授权人不能危及授权人的利益，授权人还要对被授权人实施监督。授权批准的层次应当根据管理或服务活动的重要性和金额大小确定不同的授权批准层次，从而保证各管理层有权有责，避免越级审批。

（三）归口管理

归口管理是指行政事业单位按照管控事项的性质与管理要求，结合单位实际情况，在不相容岗位相互分离和内部授权审批控制的前提下，明确单位内部各个业务的归口管理责任单位的控制方法。应当根据本单位实际情况，按照权责对等的原则，采取成立联合工作小组并确定牵头部门或牵头人员等方式，对有关经济活动实行统一管理。

1. 归口管理的基本要求

行政事业单位的有些经济活动分散在各个业务部门具体开展，如果没有统一的管理和监控，就容易导致经济资源流失的风险和财务信息失真的风险。还有些经济活动涉及的内部部门较多，需要各部门协调完成，如果不进行统一管理，明确权力和相应的责任，一旦发生问题，各部门就可能互相推诿，影响经济活动的顺利开展。单位可以根据经济活动的业务性质，将同类的业务或事项由一个部门或者岗位进行统一管理，如收入归口管理、资产归口管理、合同归口管理等。

2. 归口管理的设计

对行政事业单位预算管理来说，"归口"主要用于预算的某些项目超出财务部门的审核能力，因此只能将这些项目给一些专业部门（即归口部门）去审核。例如，财务部门不可能详细了解能够满足工作需要的设备型号，为了避免"超配"情况的发生，以节约资金，财务部门就把电子设备采购型号的管理转移给信息部门。

（四）预算控制

预算是指单位根据工作目标和计划编制的年度财务收支计划，由收入预算和支出预算组成，反映了预算年度内单位的资金收支规模和资金使用方向，是单位财务工作的基本依据，为单位开展各项业务活动、实现工作目标提供财力支持。应当强化对经济活动的预算约束，使预算管理贯穿于单位经济活动的全过程。

1. 预算控制的基本要求

预算控制要求单位要强化对经济活动的预算约束，使预算贯穿于经济活动的全过程。需要注意的是，预算控制不同于预算业务控制。在该业务控制中可以选择不相容岗位相互分离等各种控制方法，而预算控制，本身是一种方法，在行政事业单位的经济活动中发挥着事先计划、事中控制、事后反馈的作用。所以对收支业务、政府采购、建设项目等各项经济活动，都需要强化预算约束，以规范和制约行政事业单位的经济行为。

2. 预算控制的设计

单位的各项经济活动都必须先编制预算，开展经济活动前先申请预算指标，没有预算指标不能开展经济活动。如某部门要办一次培训班，需要先申请培训费预算指标，预算指标批准了才能开展下一步工作；工作人员出差，也要先申请差旅费预算指标，并在指标限额内安排支出，超出部分应当按照规定程序报请追加预算，如果追加预算的申请不被批准，则必须由本人承担。要强化预算的控制作用，规范预算追加和调整的审批程序，严格控制预算追加调整。

（五）财产保护控制

财产保护控制是指行政事业单位在资产购置、配置、使用和处置过程中对资产予以保护，以确保资产安全和使用有效。应当建立资产日常管理制度和定期清查机制，采取资产记录、实物保管、定期盘点、账实核对等措施，确保资产安全完整。

1. 财产保护控制的基本要求

单位应该根据相关法律法规和本单位实际情况对资产进行分类管理，建立健全资产日常管理制度、定期清查机制、资产控制制度和岗位责任制，强化检查和绩效考评，采取资产购置、资产登记、实物保管、定期盘点、账实核对、处置报批等措施，确保单位资产安全和使用有效。

2. 财产保护控制的设计

财产保护控制的主要措施如下：（1）接触控制，严格限制无关人员直接接近相关财产，只有经过授权批准的人员才能够接触。（2）定期盘点，定期对实物资产进行盘点核查。（3）财产增减变动的记录及建档，对各种财产采购和处置等进行会计处理和备查登记，按照档案管理办法妥善保管，对计算机系统记录的财产相关信息要及时备份，异地存放。（4）财产保险，实物受损后获得补偿机会。（5）明确财产管理流程，做到财产领用、维修保养、出售以及报废流程都有章可循。

（六）会计控制

会计控制是指利用记账、对账、岗位职责落实和职责分离、档案管理等会计控制方法，确保单位会计信息真实、准确、完整，是实现合理保证信息真实完整目标的重要方法，为行政事业单位预算管理和财务管理工作提供基础保障。

1. 会计控制的基本要求

行政事业单位加强会计控制，要求建立健全本单位财会管理制度，加强会计机构建设，配备具有相应资格和能力的会计人员；合理设置会计岗位，确保各岗位权责明确，不相容岗位相互分离，强化会计人员岗位责任制；着力提高单位会计人员职业道德、业务水平，确保会计人员正确行使责权，规范会计基础工作，加强会计档案的管理，明确会计凭证、会计账簿和财务会计报告处理程序，确保会计基础管理、会计核算和财务会计报告编报有章可循，有据可依等。

2. 会计控制的设计

（1）会计凭证控制。财务部门要对取得的原始凭证实施严格的审查，对不符合要求的原始凭证坚决予以退回。行政事业单位应以法规为依据，设计符合本单位实际情况的凭证格式，做到内容及项目齐全，能够完整地反映管理或服务活动全貌。会计凭证要实行编号管理并保持编号连续。内部各个部门应当按照规定程序在规定期限内传递凭证，最后定期装订凭证并入档保管。

（2）会计账簿控制。行政事业单位应当按照规定设置会计账簿，并在启用时要填写"启用表"，登记时必须连续编号。登记账簿必须以审核合格的会计凭证为依据。严格按照《会计基础工作规范》及其实施细则的规定登记账务并进行错误更正及结账。

（3）会计复核控制。会计复核首先要进行凭证之间的复核，凭证真实有效，原始凭证和记账凭证对应一致。会计凭证与账簿和报表一致。此外，还可以建立事后稽核制度，由具有一定经验的财务人员对会计资料进行整理、审核和装订。

（4）财务报告控制。行政事业单位应当按照规定方法与时间编制及报送财务报告。会计报表必须由单位负责人、财务部门负责人以及会计主管签名并盖章，并装订成册，加盖公章等。

（七）单据控制

单据控制是指对单位经济活动中外部来源的报销凭证和单位内部形成的表单予以控制的方法，该方法是根据我国行政事业单位的实际情况提出的创新性的控制方法。要求单位根据国家有关规定和单位的经济活动业务流程，在内部管理制度中明确界定各项经济活动所涉及的表单和票据，要求相关工作人员按照规定填制、审核、归档、保管单据。

1. 单据控制的基本要求

单据控制从种类上或来源上可分为表单控制和票据控制。其中，表单通常是指行政事业单位开展经济活动所形成的内部凭证，票据通常是指行政事业单位开展经济活动过程中在报销环节使用的外部凭证，用以证实业务活动的真实性及具体发生金额。

2. 单据控制的设计

行政事业单位加强单据控制主要包括单据制度化、使用和管理单据规范化两个方面。单据制度化是指行政事业单位应当根据国家有关规定和单位的经济活动业务流程，在内部管理制度中明确各项经济活动所涉及的表单和票据；使用和管理单据规范化是指相关工作人员必须按照规定使用和管理表单和票据，具体包括填制、审核、归档、保管单据的全环节和全过程，避免单据使用不当、管理不善等情形的发生。包括：（1）报销单据控制。对于外来报销类单据，需要将外来单据作为报销单的附件，费用报销单填写外来单据内容、附件张数、日期、金额等，所有的报销单必须经报销人部门负责人、会计、财务部门负责人签字方为有效。（2）外来其他单据控制。外来单据应具备对方单位印章、收款人签字、日期、经济活动内容或摘要、金额；购销发票还应填列商品名称、规格、型号、单位、单价、金额。所有外来单据金额栏必须有大小写两种格式。（3）财产盘点单据控制。财产盘点表由资产保管人、部门负责人、盘点人、监盘人签字确认；年终盘点表应由资产保管人、部门负责人、盘点人、监盘人等核实并签字。所有记账凭证，随记账凭证按会计规定装订成册，所有电脑单据，同手工单据保管，各部门年终时应将所有装订成册的单据移交财务部门。（4）重要空白凭证与预留银行印鉴控制。空白支票、预留银行印鉴、支票密码或密码生成器、汇票委托书等要由专人负责管理，必须按照不相容岗位相分离的原则实施控制，避免管理空白支票和汇票委托书等工作人员同时掌管单位的公章、财务专用章、负责人名章或财务负责人名章、支票密码或密码生成器。

（八）信息内部公开

信息内部公开是指对某些与经济活动相关的信息，在单位内部的一定范围内，按照既定的方法和程序进行公开，从而达到加强内部监督，促进部门间沟通协调以及督促相关部门自觉提升工作效率的有效方法。"阳光是最好的防腐剂"，公开透明是监督的最好方式。信息公开也是一种内部控制的方法。

1. 信息内部公开的基本要求

行政事业单位应当建立健全经济活动相关信息内部公开制度。根据国家有关规定和单位的实际情况，明确信息内部公开的内容、范围、方式和程序。要进一步提高信息公开的主动性、自觉性和规范性，使信息公开工作做到主体明确、程序规范、方式灵活、反馈顺畅、回应及时。

2. 信息内部公开控制的设计

行政事业单位可以搭建信息公开平台，建立健全工作机制，建立信息公开责任机制，规范信息公开流程，细化信息公开内容，完善信息公开基础，拓宽信息公开渠道，创新信息公开方式，扩大信息公开覆盖面。以信息化为平台，及时收集各方的反馈意见，构筑行政事业单位与其工作人员的互动机制。内部信息公开可以有很多种形式，通过内部报告这种正式信息沟通方式向管理层传递信息，帮助管理层决策。需要注意的是内部报告的渠道要非常畅通，行政事业单位可以规定发生什么类型的风险必须在多长时间内向上级汇报，比如发生伤亡事故必须在一个小时内汇报到部门一把手及整个领导班子。内部信息沟通还应当建立举报体系。

第五章 单位层面内部控制建设

【导入案例】

领导集体贪腐触目惊心，单位层面内控如同虚无

单位层面的内部控制是通过设置内控组织领导，建立决策执行机制、建立健全关键岗位责任制、关键岗位人员配备、会计系统控制、信息系统控制等方面开展的管控活动。在上述任何环节内控设计无效，或执行不力都会导致内部控制无效。下面就是一个单位层面内部控制形同虚设的典型案例。

耒阳矿产品税费征收管理办公室，简称耒阳矿征办。这个单位被人们称为"史上最肥的科级单位"。两年间，上演了一场贪腐窝案，55人被立案调查，领导层全部落马。2011年10月，法院对这一案件的部分涉案人员作出了一审判决。那么，窝案为什么会发生？人们从中又能看到什么呢？

监控设施形同虚设

在湖南省耒阳市矿产品税费征收管理办公室，记者首先看到了一块宣传板，上面展示的是矿征办新的领导班子成员，包括一名主任六名副主任，所有这些领导都是一年前调入矿征办的。而矿征办前任领导班子成员因涉嫌贪污受贿，已全部被执法部门收押。此外在办公楼内还到处张贴着反腐倡廉标牌，所有这一切都告诉人们这里曾经经历过的巨大震动。

耒阳矿产丰富。矿征办的主要职责就是统一征收全市煤炭产品的税费，这些钱每年要占到耒阳市财政收入的40%以上，而收钱的地点就是验票站点。其实耒阳市矿征办一直有着非常严密的防腐措施和监控手段，比如，各验票站点都设有监控装置，在监控室里收费人员的一举一动可以看得一清二楚。

耒阳市矿征办下设46个验票站点，每一个验票站都会进行24小时不间断监控。验票站工作的各个细节比如压磅称重、刷卡交费，都在矿征办监控范围内。据介绍，该监控设备是2007年4月份安装的。

非常巧合的是，耒阳市矿征办的集体贪贿窝案就是从2007年开始的。仅大市验票站一个站点，就私分应上缴国家税费共计1204000元。令人不解的是，这个验票站点的监控设施很完备，也一直在正常运行，那么验票站是怎么躲过全程监控进行疯狂敛财的呢？

据大市验票站现任站长介绍，车辆进站后首先要做的就是进入地磅压磅称重量。过往煤车司机在压磅称重后，收费员就会根据当前1吨煤应缴的税费，计算出煤车司机这次过站应该交的总数额，然后由他们划卡支付。煤车司机缴费后，收费员会将磅单交给他们作为付费

依据。而大市站前任站长黄利国，就是先从磅单上打起了歪主意。

暗箱操作 集体贪腐

被私放的煤车在通过验票站时没有按程序过磅刷卡，做做样子就开走了。车辆不过磅，就无法打出磅单来，没有磅单这张收费凭据货车司机就属于欠税未交而无法继续通行。为了掩人耳目，黄利国等人私下印制了假磅单，2007年端午节他召开会议，串通站里其他管理人员、司磅员、收费监控人员等进行暗箱操作。

在大市站采访过往司机时记者了解到，他们大都来自耒阳市的小煤窑，隔几天都要拉煤过站，和验票站的工作人员之间慢慢总会熟悉起来，这也为黄利国等人的暗箱操作提供了有利条件。

大市站在放煤车通行的时候一个人专门打磅单，一个人专门收钱，每一个班下来以后把非正规磅单收的钱进行核对，然后3个班进行汇总。

黄利国等人的暗箱操作，都在验票站和矿征办监控器的监视范围内。耒阳市人民法院的判决书显示，利用上述方法，从2007年5月到2008年3月，黄利国所在的耒阳市矿征办大市站共私分国家税费1204000元。黄利国从中分得196000元，被耒阳市人民法院按私分国有资产罪判处有期徒刑4年。其他110多万元按照管理人员47%，普通站员28%，协调关系25%的比例瓜分。

黄利国的协调关系就是要拉更多的人下水，而他锁定的第一个目标就是矿征办的"一把手"罗煦龙，也就是当时耒阳市矿征办的主任。黄利国从2007年到2009年，以节假日看望老乡兼领导为名，分七次送给罗煦龙计164000元。

在作为"一把手"的罗煦龙被拉下水之后，耒阳市矿征办参与腐败窝案的管理层人员数量迅速增多。除了罗煦龙以外，矿征办副主任、征收大队长、稽查大队长等在内的二十多名管理人员和七名公安干警全部被拉下水。而大市站外的其他验票站点，也纷纷效仿起了黄利国的办法。

办案人员告诉记者，罗煦龙收受的贿赂远不止黄利国送的那164000元，而是458000元，外加181万元的财产来源不明。正是顺着这些巨额赃款，他们发现了在罗煦龙背后隐匿着的另外三个验票站长私放煤车截留税款的事实。

根据衡阳检察院提供的资料，截至2011年10月，耒阳矿征办贪贿窝案共涉案金额750万元，立案侦查55人，起诉39人，判决38人，尤其是管理层人员全部落马。

资料来源：湖南耒阳矿征办贪腐案55人涉案 领导层全部落马 [EB/OL]. 2011-11-12. http://qh. people. com. cn/GB/182802/182803/16225199. html.

透过这起集体贪腐窝案，人们看到的是一条上下勾结、利益均沾的腐败生态链，看到的是一张相互包庇纵容的关系网。这让耒阳矿征办单位内部所有岗位都成了被监管的盲区，单位层面所有的内控制度也就形同虚设。

一、单位层面内部控制规范解读

行政事业单位的内部控制包括单位层面内部控制与业务层面内部控制两个部分，单位层面内部控制是业务层面内部控制的基础和保障，良好的单位层面内部控制环境可以促进和保障业务层面内部控制的有效实现。《单位内控规范》第三章对单位层面内部控制建设进行了明确规范，这是行政事业单位内部控制建设的重要创新。单位层面的内部控制建设，其主要内容是单位内部控制组织体系、内部控制机制、关键岗位管理和人员配备、内部管理制度体系、会计系统控制和信息系统控制等。

（一）内部控制组织体系建设

《单位内控规范》第三章第 13 条规定："单位应当单独设置内部控制职能部门或者确定内部控制牵头部门，负责组织协调内部控制工作。同时，应当充分发挥财会、内部审计、纪检监察、政府采购、基建、资产管理等部门或岗位在内部控制中的作用。"该条款针对《单位内控规范》第二章第 10 条所指出的单位层面内部控制风险"（一）内部控制工作的组织情况。包括是否确定内部控制职能部门或牵头部门；是否建立单位各部门在内部控制中的沟通协调和联动机制"，就单位内部控制的组织体系建设工作作出了原则性规定。

1. 内部控制组织体系建设工作内容

内部控制的组织体系建设工作的主要内容是单位内部控制组织机构设置及权责配置、工作机制、主要业务部门或岗位的内控职能职责设置等。其中，内部控制组织机构包括内部控制决策机构、内部控制执行机构和内部控制监督机构。内部控制决策机构一般为单位内部的临时机构，负责单位内部控制相关事项的决策管理；内部控制执行机构为单位内部控制制度与流程的具体实施与落实机构，这些机构包括但不限于内部控制的归口管理部门、牵头部门、经济业务部门等；内部控制的监督机构为单位内部控制的监督检查部门，主要负责对单位内部控制建设与实施的全过程的监督管理，这部分工作一般由单位内部的审计部门、纪检监察部门等监督机构承担。为了保证内部控制的有效性，内部控制组织体系中的决策机构、执行机构与监督机构之间应保持相互分离、相互监督，形成相互制约的工作机制。同时，为了保证单位内部控制乃至整个行政管理的效率和效果，单位内部控制的执行机构与监督机构应借助单位常设的组织机构，包括但不限于业务机构与职能管理机构发挥作用，无须增设新的机构，只需在现有常设机构的基础上根据机构职能属性与特点嵌入内部控制职能职责，增加内部控制职能即可。

因此，单位内部控制组织机构体系，如图 5-1 所示。

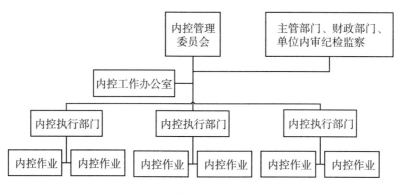

图 5 – 1 内部控制组织体系

内部控制组织体系建设工作还包括机构职能职责配置问题。单位应当根据国家有关法律法规和单位规章制度，结合内外部环境，对单位内部组织机构的职能职责进行机构效能评估与重新定位，在明确界定部门与岗位职能配置的前提下，嵌入内部控制职能职责，明确单位内部各部门、各岗位在内部控制体系中的职能职责，使内部控制从组织体系上与常设业务职能机构实现有机融合，以保障单位的内部控制植入日常业务，融入日常管理，发挥积极有效作用。

在内部控制组织体系中，除了内部控制工作本身的组织机构外，各主要经济活动业务事项还应建立适合本项业务的内部控制组织体系，如预算管理委员会（由单位主要领导、财务负责人和各职能部门的负责人组成，负责对预算和资金使用方面的重大事项决策）、政府采购领导小组（由单位分管领导、采购管理部门负责人和财务负责人等相关人员组成，负责政府采购活动中的重大事项决策）、内部控制监督委员会或小组（由单位分管领导、审计部门和纪检监察部门负责人组成，负责对单位各项经济业务活动中的内部控制的设计缺陷、运行缺陷进行监督检查）等，各委员会或领导小组在对各专项业务进行管理决策时，同时执行内部控制的制度与流程，在专业管理中发挥内部控制的积极作用。

内部控制组织体系在内部控制体系中处于基础地位，是单位开展风险评估、实施控制活动、促进信息沟通、强化内部监督的基础环境因素，一个机构健全、体系完整的组织体系，可以使单位自上而下、从左到右构筑起纵向到底、横向到边、纵横交错的组织网络，保障单位的内部控制决策、执行、监督逐层递延、逐项落实、逐级保证有效运行。

2. 内部控制组织体系建设控制目标

内部控制组织体系建设应达到以下目标：

（1）设计和建立完备有效的内部控制组织体系，强化内部控制组织保障。单位应建立内部控制的决策、执行与监督等组织机构，保障内部控制工作得到重视，得以落实。

（2）严格按照单位"三定（定职能、定机构、定编制）"方案规定的部门职能以及单位内部规定的岗位职责，明确各部门与岗位的内部控制职责与职权，划分内部控制工作边界，落实内部控制责任范围。

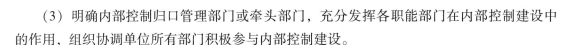

（3）明确内部控制归口管理部门或牵头部门，充分发挥各职能部门在内部控制建设中的作用，组织协调单位所有部门积极参与内部控制建设。

3. 内部控制组织体系建设风险评估

对单位内部控制组织体系控制开展风险评估时，主要应关注以下几个方面的风险。

（1）单位内部控制组织体系是否建立，组织架构设计中是否遵循了决策、执行、监督等不相容职务相互分离的原则。

（2）内部控制组织体系是否完备，内部各部门及岗位的内部控制职能配置是否合理，责权是否对等。

（3）是否建立或者明确了内部控制建设的归口管理部门或牵头部门。

4. 内部控制组织体系建设控制措施

行政事业单位是以执行国家行政管理、组织经济建设和文化建设、维护社会公共秩序为目的，为社会提供公共服务产品，以满足社会福利、文化、教育、科学、卫生等方面的公共需要的国有机构组织。根据财政部 2012 年 11 月 29 日下发的《关于印发〈行政事业单位内部控制规范（试行）〉的通知》（财会〔2012〕21 号），要求行政事业单位自 2014 年 1 月 1 日起全面推行《行政事业单位内部控制规范（试行）》，此后，财政部又于 2015 年 12 月 21 日下发了《关于全面推进行政事业单位内部控制建设的指导意见》（财会〔2015〕24 号），进一步强调了加快内部控制的具体意见，建立并实施内部控制已成为行政事业单位提高单位管理水平，建立廉政风险防控机制的重要举措。为此，单位必须从内部控制的组织体系建设做起，高度重视，扎实有效地推进。

（1）高度重视，建立健全单位内部控制组织体系。《单位内控规范》第一章第 6 条规定，单位负责人对本单位内部控制的建立健全和有效实施负责。这就要求单位的主要负责人应肩负起内部控制的责任，并积极参与到单位内部控制的建设中来。单位应成立以主要负责人牵头或挂帅，吸收分管领导和相关部门负责人参与的内部控制管理委员会或领导小组，全面负责单位内部控制的制度审定、流程审批、重大问题决策，涉及单位全局的内部控制问题解决处理等；在现行常设组织机构体系中明确内部控制的执行机构和作业岗位、监督机构和监督岗位，赋予相应机构和岗位的内部控制工作职权，明确其内部控制责任，建立起单位内部控制决策、执行、监督的独立组织体系，并使其保持相互分离、相互监督的制约机制。

（2）坚持原则，保证内部控制组织体系的有效性。行政事业单位在进行内部控制组织体系设计时，应遵循制衡性原则、适应性原则及协同性原则。

制衡性原则作为核心原则，要求单位确保决策机构、执行机构、监督机构相互分离，并进行合理的权责分配，在单位内部的部门管理、职责分工、业务流程等方面形成相互制约、相互监督的机制。

适应性原则包括两方面：一方面是指单位的内部控制组织体系设计应当根据自身的功能定位与职能任务，结合单位实际资源要素条件，设置相应的部门机构和岗位，并与现行的常设机构工作体系进行职能与组织体系融合，协调运行内部控制的建立、实施及日常工作；另一方面，适应性原则要求单位内部控制组织体系应保持动态优化机制，随时关注内外环境因素的变化，并及时作出快速反应，以保持内部控制组织体系的动态优化和持续有效。

协同性原则是指行政事业单位在设计内部控制组织体系时要立足于整体，全面考虑单位经济活动的决策、执行和监督全过程，覆盖预算、收支、政府采购、资产管理、工程建设、合同等各项经济业务领域。在此基础上，关注重要经济活动和经济活动的重大风险，做出整体性、系统性的统筹组织安排。这种点面结合的内部控制组织体系设计有利于提高控制的协同性，降低控制成本。

（3）明确内部控制组织的职能职责与工作机制，保证内部控制组织的科学合理。单位的内部控制组织体系是由临时性的决策机构和常设性的执行与监督机构组成的，临时性的决策机构（内部控制管理委员会或领导小组）是跨部门的议事协调机构，负责单位内部控制的方案审批、制度与流程审定、内部控制绩效结果审定与改进决策、跨部门内部控制重大事项解决处理。内部控制的执行机构包括内部控制的归口管理部门和具体业务执行部门，归口管理部门主要负责内部控制决策事项的组织落实、督促执行和进展跟踪，以及部门间内部控制相关问题的协调处理。单位财会部门和其他经济管理部门应发挥重要作用；执行部门主要负责内部控制制度与流程、措施的具体执行与落实，其中政府采购、资产管理、工程建设、合同管理等各经济业务部门应承担主要职责；监督部门主要负责内部控制建设与运行全过程的监督检查，其中内部审计、纪检监察等部门应该结合本职工作任务，发挥重要作用。

（4）明确内部控制的归口管理部门或牵头负责部门，落实内部控制主体责任。根据《单位内控规范》规定：单位应当单独设置内部控制职能部门或者确定内部控制牵头部门，负责组织协调内部控制工作。为了保证内部控制扎实有效地开展，单位应根据实际条件单独设置或具体指定某个部门，归口管理或者牵头负责单位的内部控制工作，专门负责单位内部控制的方案制定，政策、制度、流程拟定，有关内部控制的决定、决议、通知等决策事项的组织落实、督促执行和结果反馈报告，协调处理内部控制的相关工作。从而保证内部控制组织有效、责任落实。

（5）发挥政府财政、审计等相关部门的监督管理作用。进一步加强行政事业单位内部控制组织体系建设的督促检查，将内部控制组织体系建设与运行作为单位廉政建设的重要内容予以强力推进，并纳入单位负责人业绩考核指标和管理追责范畴，以引起单位领导对内控工作的重视，并能对单位内部控制工作的建设与实施提供必要的人力、财力与物力支持，积极参与、大力推动，身体力行，率先垂范，保证内部控制建设的有效开展和实施。

（二）内部控制机制建设

《单位内控规范》第三章第14条规定："单位经济活动的决策、执行和监督应当相互分离。单位应当建立健全集体研究、专家论证和技术咨询相结合的议事决策机制。重大经济事项的内部决策，应当由单位领导班子集体研究决定。重大经济事项的认定标准应当根据有关规定和本单位实际情况确定，一经确定，不得随意变更。"该条款针对《单位内控规范》第二章第 10 条所指出的单位层面内部控制风险"（二）内部控制机制的建设情况。包括经济活动的决策、执行、监督是否实现有效分离；权责是否对等；是否建立健全议事决策机制、岗位责任制、内部监督等机制"，就单位内部控制的控制机制建设工作作出了原则性规定。

1. 内部控制机制建设工作内容

所谓机制，是指单位组织要素的组合、链接、运行的方式与机理，内部控制的核心机制就是要使部门之间、岗位之间、组织要素之间建立起有机连接、相互制约、相互制衡的动态平衡系统。单位内部控制机制应该包括不相容职务相互分离的制衡机制，以事赋权、以权定责、责权对等的权责平衡机制，集体决策与专家决策相结合的科学决策机制，全流程管控的监督保障机制等。

不相容职务相互分离的制衡机制。不相容职务是指那些由一个人担任，既可能发生错误和舞弊行为，又可能掩盖其错误和弊端行为的职务。如决策与执行、执行与监督、申请与审批、审批与办理、管钱与管物等，这些岗位之间存在着利益关联性，如果允许这些岗位由一人兼任，就可能造成职务漏洞，产生职务舞弊和疏忽差错的机会，如果把这些岗位进行有效分离，就会在这些岗位之间形成职责相悖和利益冲突，进而从制度安排上减低舞弊与差错概率。具体工作中就是要强调不能由一个部门（岗位）或一个人独立完成或处理一件完整的工作事项，以在工作处理中保持有效的"内部牵制"。因此，行政事业单位在组织机构的建立以及部门（岗位）职能职责的配置、运行机制的设计时，不仅要做到决策、执行、监督职务相互分离制约，还要做到同一环节或同一事项处理中的不相容岗位的相互分离制衡。需要特别强调的是，不相容职务相互分离原则，不仅要在机制设计时坚持，更需要在人员配置与岗位管理中得以坚持与执行，现实中大量的违背不相容职务相互分离原则的违法违规行为，多数出现在人员配置和岗位管理环节。

以事赋权、以权定责、责权对等的权责平衡机制。行政事业单位的内设部门或岗位是单位职能任务的具体承担环节与节点，单位的职能任务只有通过不同部门分块承担，再经过各部门的不同岗位逐级分解落实，才能做到从上到下任务逐级分解落实，从下至上目标逐级保证实现。这就不仅需要按照"以事赋权"的原则授权部门执行单位决策，处理单位事务，并明确划定部门工作范围，以保证工作效率；同时要遵循"以权定责"的原则，明确工作责任，形成权力制衡，建立责任追究制度，防止权力滥用；而且需要本着"责权对等"原则，建立权责平衡机制，防止有权无责的权力放任，也要避免有责无权的权力失衡，以便形成部门或岗位之间，分工明确，责任清晰，各司其职、各负其责、相互协调、相互监督的工作机制。

集体决策与专家决策相结合的科学决策机制。对于单位事关全局或影响重大的重要事项决策，要充分发挥领导成员的集体智慧与才能，并在领导成员间形成相互制约的决策机制，以防止"一言堂"、个人武断决策带来的个人偏见性错误决策或个人私利性舞弊决策问题，保证决策的客观性和准确性。对于技术性、专业性较强的决策，需通过专家论证、技术咨询等多种方式，吸收专家意见，再行集体决策，以保证决策的科学性和正确性。

全流程管控的监督保障机制。内部监督是内部控制有效的重要保证措施，有效的内部控制不仅要保持对决策与执行等各环节进行全程监督，还应保持对预算、收支、政府采购、资产管理、工程建设、合同管理等各项经济业务领域进行全面监督，通过有效地监督防止内部控制风险的发生，也可以促进内部控制的持续优化与不断改进。

2. 内部控制机制建设控制目标

内部控制机制的建设应实现以下控制目标：

（1）保证单位经济活动的决策、执行和监督环节相互分离制约，实现各环节内部不相容职务的相互分离制衡，堵塞职务设计与运行漏洞。

（2）建立健全重大事项集体决策，疑难事项专家决策辅助决策的议事决策机制，以保证决策的科学性和准确性。

（3）规范部门与岗位职能配置，建立分工明确、责任清晰、权责对等的责任机制和内部协调运行机制。

（4）建立贯穿决策、管理、作业各环节，覆盖预算、收支、政府采购、资产管理、工程建设、合同管理等各项经济业务的全方位、全过程的监督管理制度，保证各项权力都在有效的监督制约机制下正常运行。

3. 内部控制机制建设风险评估

内部控制机制建设的风险评估主要应关注以下几个方面：

（1）单位经济活动的决策、执行、监督是否主体明确，责任落实，并实现有效分离。单位在办理经济活动的业务和事项前是否经过适当的授权审批，决策和监督角色是否缺失。

（2）单位组织职能配置与人员配备和岗位运行管理中是否坚持了不相容职务相互分离。

（3）单位部门职责和岗位职责是否清晰明确，是否做到了以事设权、以权定责、权责对等，有无权力失衡现象。单位各部门、各岗位信息沟通是否顺畅，各个业务流程环节衔接是否良好，部门与岗位效能发挥是否正常有效。

（4）单位是否建立健全科学的议事决策机制，决策机构职权职责是否明确，重大事项是否实行集体决策，技术性、专业性较强的疑难复杂决策事项，是否实行了专家论证、技术咨询等先行辅助决策程序，涉及社会公众重大利益的决策事项，是否充分听取并征求了群众意见。单位是否存在规避集体决策、个人武断决策或者随意决策的风险。

（5）单位内部是否建立了多方位、全过程的监督管理机制，单位内部监督机构是否健全，监督机构的权威性、独立性、专业性、严肃性如何，单位信访与投诉机制是否完备有效。

4. 内部控制机制建设控制措施

为了确保内部控制机制的有效运行，针对内部控制机制建设的风险因素，行政事业单位应坚持做好以下工作：

（1）建立健全单位组织架构管理制度，确立单位管理体制，明确主要经济活动的决策、执行与监督机构，具体规定各机构的功能作用、工作权利、工作责任、工作标准相互之间的工作关系等，并使之相互分离、相互监督制衡，形成独立决策、规范执行、自我监督的制约机制。要求行政事业单位在经济活动过程中涉及的决策权、执行权和监督权相互分离，就是要求单位在进行权力分配时有意识地将这三种权力归属到三个不同的机构，达到权力制衡的效果。将决策权、执行权、监督权三权分离是实现科学决策、有序执行和有效监督的基本保障。单位决策者客观地评估经济活动的风险，根据资源配置最优化要求做出科学的决策，这一科学决策将起到从起点上控制和约束执行的作用；单位执行者根据已有的决策，进一步细化执行过程中的职责和权限，协调有序地执行决策，同时及时将执行情况反馈给决策者，以实现决策的优化调整；单位监督者以独立于决策者和执行者的身份，对决策者是否做出了科学合理的资源配置决策，执行者是否严格执行已有决策进行监督，以便及时发现单位内部控制中存在的问题，促进单位完善内部控制体系。只有决策、执行、监督三权相互分离，才能起到有效制衡的效果。任何两种或者三种权力的合并都可能导致权力滥用，成为滋生腐败的温床。

（2）建立健全部门与岗位职责，确保不相容职务相互分离，实行谁决策（谁办理）、谁负责的责任机制。岗位是指某项工作细化分解到某个工作环节上的节点位置，单位依据上级政府核定的"三定""五定"方案，具体落实内设机构职责，设置机构内部工作岗位，并进行部门职能细化，明确各岗位工作职权职责，根据岗位功能、职责与性质，划分不相容职务，明确规定不相容职务相互分离的政策与制度；根据岗位所承担工作责任的重要性程度，定义普通岗位和关键岗位，制定规范明确的岗位职责和关键岗位管控政策与措施，构建岗位责任机制。部门职能与岗位职责说明书格式如下（见表5-1和表5-2）：

表5-1　　　　　　　　　　　某部门职能说明书

机构名称：	机构领导：
直接上级：	
下属机构：	
工作简述：	
机构职责	一、工作职权 二、工作责任 三、工作标准

组织结构图（编制：　　人）

表 5 – 2 岗位职责

工作描述		
职位名称：	所属部门：	
直接上级：		
直接下级：		
工作简述：		
主要职责	一、工作任务 二、工作职权 三、工作责任	
任职资格		
年龄	学历	
健康	专业	
职称要求：		
职业培训：		
资历和经验：		
特殊要求：		

（3）实行重大事项集体决策制度。行政事业单位的重大决策应当实行领导班子集体决策制度，以保证决策的科学性，降低决策失误风险。行政事业单位的集体决策制度见表 5 – 3。

表 5 – 3 行政事业单位集体决策制度

基本步骤		主要内容
决策成员		一般由单位领导班子组成，针对不同的决策事项，可机动地加入与具体决策事项相关的分管领导或专家
决策范围		重大问题决策、重要干部任免、重大项目投资、大额资金使用、大宗设备采购等
决策原则	民主集中制原则	集体领导、民主集中、个别提案、会议决定
	科学高效原则	在集体决策之前必须经过民主程序，加强调查研究，广泛听取意见，充分进行论证，实行科学决策，并提高决策效率
	责任追究原则	坚持谁决策、谁负责，责任与过错相适应，确保权力正确行使、决策正确贯彻执行，防止权力失控、决策失误、行为失范
决策程序		如图 5 – 2 所示
表决形式		口头、举手、记名或无记名投票；少数服从多数的原则；经出席会议的成员半数以上同意等

行政事业单位决策机制应该包括三个方面：第一，科学的决策议事制度。让每个领导班

图5-2 集体决策一般程序

子成员都能够充分行使职权，充分发表意见，坚持少数服从多数的民主集中制原则，建立健全集体研究、专家论证和技术咨询相结合的议事决策机制。"三重一大"事项实行单位党政领导集体审议决策制度。第二，详尽的决策记录制度，集体决策会议应指定专人翔实记录反映每一个领导班子成员的决策过程和意见，并经参会人员核实签字妥善归档管理，以备会后核查。第三，建立决策问责制度，将决策的效果与相关决策人员的工作绩效和职务升迁降免挂钩。在此过程中，要正确处理好集体决策和个人负责的关系，集体决策不意味着要集体负责，因为集体担责的结果往往会是无人担责，要建立健全责任追究制度，把责任具体落实到每个人身上，凡因不作为或者因错误表决意见导致决策错误的，决策者应该承担决策责任，这样才能有效防避随意决策、盲目决策的风险。第四，对于技术难度较大、专业性较强的决策事项，应先经过必要的专家论证、技术咨询，然后进行集体决策，对于跨部门决策事项需要经过联合审批或集体会审，以保证决策的科学性和正确性。

为此，对于重大事项的集体决策，应重点强调做好以下几项具体工作：

①明确规定应该由单位领导集体决策的重大事项范围，如"三重一大"事项，即重大干部任免决策、重大问题决策、重大项目投资决策和大额资金使用等。

②明确规定集体决策议事人员组成，单位集体决策机构一般由党委、行政和纪检部门的主要领导组成。

③坚持民主集中制原则，同时要正确处理好集体决策和个人负责的关系。

④对于技术难度大、专业性强的重要决策，在领导集体决策前应经过专家论证、技术咨询等专家辅助决策，涉及社会公众重大利益的决策事项，应充分征求群众意见，再行决策。行政事业单位的专家论证制度，即对业务或项目的可行性进行分析论证，并将论证结果作为决策的依据之一。行政事业单位专家论证制度的建立如表5-4所示。

表5-4 　　　　　　　　　　　**行政事业单位专家论证制度**

基本步骤		主要内容
确定专家成员	成员来源	根据具体情况选择从单位自行调配有关人员组成专家组或设立专职机构或委托单位外专业机构
	成员结构	在知识结构方面，必须考虑为了解决问题而需要的多重知识，同时必须考虑不同专家的利益立场，尽可能使受决策影响的各方都能有专家参与，从而通过相互制约获得平衡
确定制度建立的主要原则	独立性	对某业务或项目进行专家论证时，应当保持客观，就业务或项目本身进行可行性论证，不受其他影响论证客观性因素的干扰；专家应独立于决策者和执行者，弱化专家意见的主观倾向性，增强论证结果的科学性

续表

基本步骤		主要内容
确定制度建立的主要原则	有效性	为避免专家论证流于形式，应当通过程序的规范来抑制专家论证被吸收的随意性，即要求决策机构慎重处理论证专家的意见，除非特别且合理的理由，否则不得违反专家论证结果。决策机构在最后决策过程中，不采纳专家的论证意见，必须说明理由，并允许论证专家的陈述申辩；发生争议的，该争议也必须向公众公开，以征求更广泛的意见
	责任性	专家论证对决策的最终敲定有着重要影响，专家应当对论证结果的合理性承担责任，避免无责论证引起的敷衍了事现象

⑤做好记录备案，会议记录要如实反映每位班子成员的决策过程和意见，会议记录应由与会人员签字确认，保持记录的客观性和真实性，注重决策落实。

⑥要建立健全议事决策问责机制，将决策责任具体落实到个人，让决策效果与相关责任人的升迁降免和经济奖惩相挂钩，使决策得到严格落实与执行。

⑦任何人不得违背集体议事规则擅自做出决定或者擅自改变集体决定，个人武断独行。

⑧应该公开的决策信息应当及时公开，以接受社会和群众监督。

（4）跨单位或跨部门决策事项实行联合审批或集体会审制度。审核审批是从决策到执行的重要环节，审核审批控制直接关系着财政资金的使用效率和效果，对控制目标的实现产生直接影响。行政事业单位应当根据权责对等原则建立分级授权审核审批制度，跨单位或跨部门协作事项需实行跨单位或跨部门联合审批或者组成跨单位跨部门的联合决策小组进行集体审议决策，涉及"三重一大"重大事项，需由单位党政领导成员集体会商审议决策，需要多单位、多部门联合决策或会审的决策事项，任何单位或部门不得擅自单独决策、单独审批办理，或者不顾协作单位的意见擅自行事，也不得故意规避联合决策，变通独自决策行事。

行政事业单位审核审批一般流程如图5-3所示。

（5）构建全方位、全过程的监督检查机制，发挥内部监督的保证作用。内部监督是单位对内部控制建立与实施情况进行监督检查，评价内部控制的有效性，对于发现的内部控制缺陷及时加以改进。它是实施内部控制的重要保证，是对内部控制的自我控制。内部监督处于内部控制五要素金字塔的顶端，它是针对内部控制其他要素的、自上而下的单向检查，是对单位内部控制质量进行评价的过程。内部监督以内部环境为基础，以信息和沟通为支持，与风险评估、控制活动共同形成三位一体的闭环式控制系统。

行政事业单位监督机制应当包括三个方面：第一，单位内部审计监督。单位应当设置内部审计部门或内部审计岗位，并确保机构设置、人员配备和工作的独立性。内部审计部门或内部审计岗位负责对行政事业单位的预算执行情况、会计报告的编制和披露情况进行监督检查，是对内部管理控制、内部会计控制和财务控制的再监督。内部审计机构对监督检查中发现的内部控制缺陷，应当及时向单位领导班子进行报告。第二，党委纪检和单位监察部门监

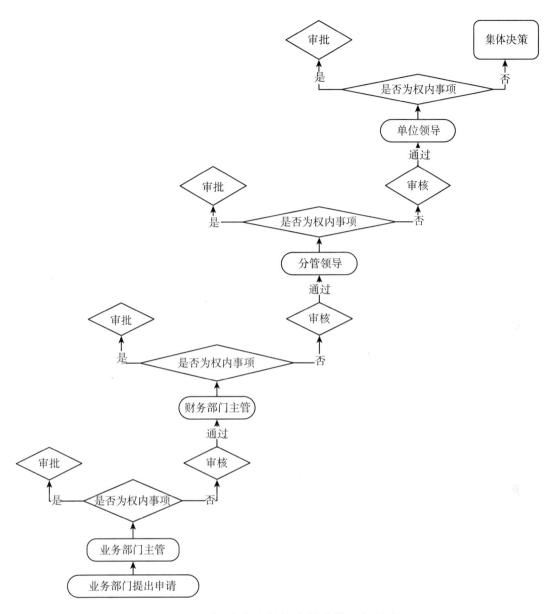

图 5 - 3　行政事业单位审核审批一般流程

督。党委纪检部门负责对党员进行监督，严格执行党的纪律，抓好党风廉政建设，坚决同腐败现象作斗争。监察机构负责对国家行政机关和国家公职人员监督检查、政令畅通，促进监察对象正确履行职责、依法办事、廉洁奉公、恪尽职守、勤政高效地为人民服务。第三，上级主管部门监督。上级主管部门对本单位各项业务的内部控制情况进行总体监督。

①日常监督制度。行政事业单位的监督不能仅依赖于特定时间、特定部门、特定项目的监督，应将监督机制贯穿于日常经济活动中。单位在实施日常监督过程中，首先，要做到完善本单位的财务等内部监督制度，建立起单位领导班子对国家负责、财务会计人员等各主管人员对本单位领导班子负责的内部控制监督机制，从而在根本上保障各项会计等相关信息的

完整与真实；其次，要在财务会计人员进行常规会计核算的基础之上，对单位内部各岗位、各业务实施常规性和周期性的检查；最后，要以本单位的审计、纪检监察等部门为主体，建立起以防为主的内部监督机制，从而化解各类常规风险。

②内部审计制度。内部审计制度是行政事业单位内部监督体系的重要组成部分，有效的内部审计制度可以及时发现并纠正内部控制缺陷，将行政事业单位的风险控制在可接受的范围内。内部审计是一项独立的、客观的确认和咨询活动，目的是改进单位工作质量，提高效益。它通过系统化、规范化的方法，评价和改进单位的控制和管理的效率。行政事业单位建立内部审计制度应当重点做好两个方面的工作：一是保证内部审计的独立性。首先，内部审计部门的设置应独立于决策机构和执行机构；其次，内部审计机构的成员不应当参与与审计事项相关的决策或执行过程。二是保证内部审计的权威性。内部审计机构成员应被授予足够的权力来公正、客观地开展审计工作，同时通过提升内部审计机构在组织管理工作中的层次来增强内部审计工作的权威性。

③绩效考评制度。绩效考评是指行政事业单位运用特定的标准，采取科学的方法，对承担职责的各级管理人员工作成绩做出价值评价的过程。绩效考评的重点是全面、客观、公正、准确地考核领导干部政治业务素质和履行职责的情况，加强对领导干部的管理与监督、激励与约束。建立健全科学的绩效考评制度，是推进干部工作科学化、民主化、制度化的重要举措，对于建设有活力、有纪律的领导班子具有重要意义。另外，绩效考评可以和岗位责任制结合使用，充分发挥两者优势互补的作用。单位可建立起绩效考评机制，每年组织纪检监察、财务、审计人员，依据制定的考评实施细则对本单位、所属单位的内部控制建设和财务管理情况，尤其是内部控制的薄弱环节及容易产生损失的失控点，进行跟踪检查。对于严格落实内控制度的，给予表扬和鼓励；对于内控制度不落实造成的决策失误、保障不及时、供应不到位、开支不合理等，坚持追究有关领导及相关人员的责任，确保财务管理规定、内部控制制度的高效落实。

④党委纪检和监察制度。党委纪检和监察制度是行政事业单位内部控制区别于其他单位内部控制的重要方面，其具体职责如表5-5所示。

表5-5　　　　　　　　　行政事业单位党委纪检和监察制度

名称	组织性质	监管对象	主要职责	监督方式
党委	部门内部的共产党组织	党组织和党员	规划、领导、组织、管理行政事业单位的党务活动，具体包括：对党员进行教育和管理，督促党员履行义务；做好行政事业单位干部职工的思想政治工作，了解、反映干部为主职工的意见；加强党内监督和党风廉政建设	以教育学习、自检与互查结合方式为主

名称	组织性质	监管对象	主要职责	监督方式
监察委（纪检）	党内纪律检查组织	党组织和党员	针对行政事业单位的党风和党纪，尤其是单位内部可能存在的滥用职权、贪污腐败等违法乱纪甚至是犯罪行为	要求行政事业单位定期汇报内部管理工作，尤其是提供内部控制执行情况和执行结果的书面报告。针对纪检监察部门在日常监督中发现的问题，可视具体情况进行专项监督
监察委（监察）	履职失职监察组织	国家行政机关和国家公务人员	依法对监察对象履行职责方面，贯彻执行国家法律法规、决定、命令中的问题的监督检查及违法失职行为的查处	

（三）关键岗位管理和人员配备建设

《单位内控规范》第三章第15条规定："单位应当建立健全内部控制关键岗位责任制，明确岗位职责及分工，确保不相容岗位相互分离、相互制约和相互监督。单位应当实行内部控制关键岗位工作人员的轮岗制度，明确轮岗周期。不具备轮岗条件的单位应当采取专项审计等控制措施。内部控制关键岗位主要包括预算业务管理、收支业务管理、政府采购业务管理、资产管理、建设项目管理、合同管理以及内部监督等经济活动的关键岗位。"第16条规定："内部控制关键岗位工作人员应当具备与其工作岗位相适应的资格和能力。单位应当加强内部控制关键岗位工作人员业务培训和职业道德教育，不断提升其业务水平和综合素质。"这两个条款主要是针对《单位内控规范》第二章第10条所指出的单位层面内部控制风险"（四）内部控制关键岗位工作人员的管理情况。包括是否建立工作人员的培训、评价、轮岗等机制；工作人员是否具备相应的资格和能力"，就单位内部控制的关键岗位管理建设工作所作出的原则性规定。

1. 关键岗位管理和人员配备建设工作内容

关键岗位是指在行政事业单位的业务处理、内部管理和内部控制等工作中承担重要工作任务与责任，发挥主要功能作用的岗位，这类岗位在单位工作中起着举足轻重的关键作用，具有职能任务重、工作责任大、工作要求高等特点，是单位职能任务得以落实和实现的重要且关键环节，关键岗位职能作用发挥得好坏，既直接影响到单位任务目标的实现，又会关系到单位内部控制的效果。所以单位应重视关键岗位的管理，重点做好以下几项工作：一是明确界定单位的关键岗位，以实现关键岗位与普通岗位的区别管理；二是应当根据关键岗位在单位经济活动中的作用，制定关键岗位职责说明书，明确关键岗位的职责分工、管理权限、工作标准和任职条件等，确保关键岗位权责匹配；三是具体规定与关键岗位需求相适应的上岗条件与要求，为选配合格的符合胜任能力条件的关键岗位人员奠定基础；四是建立关键岗位的定期轮岗、定期休假、专项审计、培训教育等专项管理制度，实现关键岗位的重点管理；五是强化关键岗位的绩效管理，保证关键岗位的效能发挥；六是严格执行关键岗位的不相容职务相互分离、专项管理等各项制度，确保关键岗位管理制度设计合理、执行有效，防范职务舞弊和腐败风险。

2. 关键岗位管理和人员配备建设控制目标

关键岗位管理应实现以下控制目标：

（1）根据单位的业务特点和实际情况以及内部控制的具体要求，合理识别并确定本单位的关键岗位，建立关键岗位责任制，实现关键岗位重点管理。

（2）按照权责对等的原则科学配置关键岗位职能职责，制定关键岗位管理制度，明晰关键岗位胜任能力条件，根据岗位职责和上岗条件并遵循不相容职务相互分离的原则选配合格的工作人员，以保证关键岗位工作效能的充分发挥。

（3）建立健全关键岗位的定期轮岗、专项审计、工作交接、职业培训、道德教育等专项管理制度，强化关键岗位管理，克服关键岗位人员长期重复劳动的"疲劳效应"，保持关键岗位人员的工作干劲，消除长期值守关键岗位形成的职业垄断和利益关系链风险。

（4）强化关键岗位的绩效管理，将绩效考核与关键岗位责任制相结合，将关键岗位的绩效考核结果与个人奖惩、职务晋升、职业发展等个人利益相挂钩，确保奖惩措施落到实处，使关键岗位责任制起到鼓励先进、激励后进、提高工作效率的作用。

3. 关键岗位管理和人员配备建设风险评估

关键岗位管理和人员配备的风险评估主要应关注以下几个方面：

（1）单位是否明确划分关键岗位，或者即使明确了本单位的关键岗位，但是关键岗位职能职责划分是否清晰。

（2）单位是否建立了关键岗位的专项管理制度，是否实现了关键岗位重点管理；是否建立了关键岗位定期轮岗、定期休假、专项审计、职业培训、道德教育等重点管理措施，是否明确了关键岗位的具体上岗条件。

（3）单位关键岗位管理是否坚持了不相容职务相互分离的原则，是否存在不相容岗位之间的混岗、兼任现象；是否坚持了按条件上岗原则，关键岗位人员配置是否符合相应资质要求，是否具备胜任能力条件，是否符合具有良好的职业道德素质。

（4）关键岗位管理是否与绩效管理有机结合，关键岗位的工作任务是否明确，工作标准是否客观具体，绩效目标是否充分体现了关键岗位的价值标准，绩效考核是否对不同人采用双重标准，使考核缺乏客观公正，进而导致关键岗位奖惩不合理，无法起到监督、激励和约束的作用。

4. 关键岗位管理和人员配备建设控制措施

（1）坚持不相容职务相互分离的原则。为了加强关键岗位管理，单位应当按照岗位价值、岗位重要性程度、岗位复杂程度、岗位任职要求等合理识别并界定关键岗位，依据单位组织体系设置要求，制定关键岗位职能说明书，本着权责对等的原则合理配置关键岗位职能职责，明确关键岗位责任。同时，行政事业单位在设置关键岗位时，应确保关键岗位的不相容职务相互分离、相互制约和相互监督，以保证关键岗的关键效应。一般而言，行政事业单位的关键岗位主要有：授权批准岗位、业务经办岗位、财产保管岗位、会计记录岗位和稽核检查岗位等，实行不相容岗位相互分离的职务主要包括单位经济业务的决策审批与执行分离，执行、记录与监督分离，财产物资的保管、使用与记录分离。此项原则既要在制度设计中坚持，又要在关键岗位的人员配置、岗位运行管理中坚持。

行政事业单位内部控制关键岗位主要包括预算业务管理、收支业务管理、政府采购业务管理、资产管理、建设项目管理、合同管理以及内部评价与监督等与经济活动相关的岗位。各种岗位之间的分离和制约机制如图 5 - 4 所示。

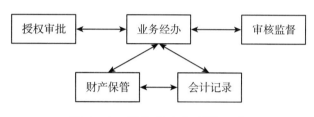

图 5 - 4　岗位分离与制约示意

单位应建立各部门和岗位之间的沟通协调机制，明确各部门和岗位在内部控制中应该发挥的职能作用，并明确相互之间的分工、协作与制约关系。

（2）严格把关关键岗位上岗条件，确保关键岗位胜任能力。根据《单位内控规范》第三章第 16 条规定，关键岗位是事关业务事项成败的重点岗位环节，行政事业单位人员配备特别是关键岗位的人员配备，其岗位胜任能力，直接决定了风险管控水平。行政事业单位中承担关键岗位工作的人员也称关键人员，关键人员包括预算业务管理、收支业务管理、政府采购业务管理、建设项目管理、合同管理以及内部监督等关键岗位的人员。有效的内部控制体系是以关键人员的专业胜任能力和职业道德水平为基础的。如果没有专业人才，再科学、再合理的制度都难以得到落实。因此，严格设置关键岗位的上岗条件，具体明确关键岗位的知识能力、业务能力、道德品行等条件；严格把控关键岗位的人员配备，选择恰当的方式和程序，遵循"公开、平等、竞争、择优"的原则，确保选拔任用的人员具备与其工作岗位相适应的资格和能力；严格管理关键岗位的运行，确保关键岗位的胜任能力，就成为保证内部控制有效的重要前提与基础。

行政事业单位在选拔任用内部控制关键人员时将职业道德修养和专业胜任能力作为选拔任用的重要标准，确保选拔任用的人员具备与其工作岗位相适应的资格和能力，包括专业知识、技能、专业背景和从业资格等，切实把好关键人员的入口关。一般来说，关键人员的选拔任用包括社会公开招录、其他单位调配、内部民主推荐等方式，大多采用专业化考试和综合面试的选用程序，单位要结合关键岗位的业务特点合理选取选用方式，将人员选用程序和标准规范化，客观评价面试人员，保证关键人员的选拔任用遵循"公开、平等、竞争、择优"的原则，确保选择出符合任职条件的关键人员。此外，为了方便单位内部选拔，行政事业单位应当建立单位人员信息卡或者人员信息档案，统计分析单位人员的基本状况、教育背景、专业技术能力、工作经验等信息，为单位在内部选拔任用人才提供充足的信息。

（3）坚持关键岗位定期轮岗制度。实践证明，关键岗位定期轮岗，有利于尽早发现内部管理中存在的问题和隐患，也有利于克服人员管理的"疲劳效应"，保持关键岗位工作人员的工作干劲，也能够防止长期值守形成岗位垄断和舞弊，并促使其牢固树立风险防范意识和拒腐防变的思想道德防线，自觉依法履行职责。

行政事业单位首先应当在关键岗位管理制度中明确轮岗的方式、周期、条件和要求等内容，使单位关键岗位轮岗制度化、规范化；其次，单位应通过定期开展关键岗位评估工作，监督检查各关键岗位轮岗具体执行情况，确保单位关键岗位轮岗工作执行到位。对于规模小、人员少不具备人员轮岗条件的行政事业单位，应当采取专项审计、部门互审等替代控制措施，确保关键岗位得到有效监控。对于特别重要的关键岗位还可以实行强制休假制度，以使长期连续工作暂时性中断，通过替代工作交接到达验证监督的作用。

（4）实行关键岗位专项审计制度。《单位内控规范》要求不具备轮岗条件的单位应当采取专项审计等控制措施。关键岗位的专项审计制度是指专门针对关键岗位所从事的经济业务所开展的特定范围、特定事项的内部审计。需要开展专项审计的关键岗位，包括预算业务管理、收支业务管理、政府采购业务管理、资产管理、建设项目管理、合同管理以及内部评价与监督等经济活动的关键岗位。关键岗位的专项审计应有明确的审计目标、审计内容和审计方法，专项审计结果将作为关键岗位履职结果和绩效考核结果的重要依据。

（5）加强关键人员的业务培训，强化关键人员的职业道德教育。加强关键人员的业务培训，更新和提升专业技能和业务水平，同时也要强化职业道德教育和监督，增强关键人员职业道德感，整肃道德风气，提高关键人员的职业道德素质，使关键人员做到德才兼备。

加强业务培训。与行政事业单位经济活动相关的法律法规包括有关预算管理、政府采购、基建管理、国库集中支付、财务管理和会计管理等方面的法律法规，具有规定多、更新快、要求高的特点。因此，行政事业单位应当保证单位内部控制关键人员能够及时、全面、准确地掌握国家有关法律法规政策，进而确保单位公共服务的效率和效果。具体来说，行政事业单位应当根据单位的培训需求，有针对性地制定具体的培训计划，使其及时了解和认真执行国家有关法律法规政策，督促相关工作人员自觉更新和提升专业技能的业务水平，单位还可以结合职务交流、参观考察以及人员帮带等多种方式来加强单位关键人员的教育辅导，不断提升关键人员的技能水平。

强化职业道德教育。除了重视业务水平和专业技能，行政事业单位还要重视职业道德教育。单位应通过制定内部控制关键岗位职业道德准则等多种方式，明确什么行为是可接受的，什么行为是不可接受的，当遇到不当行为或存在利益冲突时应采取什么措施。一方面，单位要加强职业道德教育，使工作人员了解和掌握职业道德要求；另一方面，单位要定期检查关键人员对职业道德要求的遵循情况，及时惩戒违反职业道德的行为，整肃道德风气，提高关键人员的职业道德素质。

（6）强化关键岗位绩效管理与奖惩激励机制。建立关键岗位绩效管理制度，强化关键岗位激励约束机制。通过建立关键岗位绩效目标的设计、绩效计划的执行、执行结果的考核评价、评价结果的应用，形成有一个良性循环的关键岗位激励约束机制，进而营造出奖勤罚懒、能上能下、奋发争先、互相促进、竞争创优的工作环境，是确保关键岗位职能作用发挥的重要措施。在具体工作中，一是应将关键岗位的工作任务纳入单位绩效管理目标，融入绩效管理体系进行重点考核管理；二是应将关键岗位工作职责与其绩效管理紧密结合，保持工作职责与绩效目标的方向一致、目标一致、行动一致；三是依据既定的绩效考核标准、程序、方式客观、公正、合理地进行绩效考评，保证考评结果的合理性、公平性，避免考核管理有失公平，挫伤关键人员的工作积极性；四是严格奖惩兑现，强化关键岗位的工作激励，有效提升关键人员工作效率与效果。

（四）内部管理制度体系建设

《单位内控规范》第一章第7条规定："单位应当根据本规范建立适合本单位实际情况的内部控制体系，并组织实施。具体工作包括梳理单位各类经济活动的业务流程，明确业务环节，系统分析经济活动风险，确定风险点，选择风险应对策略，在此基础上根据国家有关规定建立健全单位各项内部管理制度并督促相关工作人员认真执行。"此条款主要是针对《单位内控规范》第二章第10条所指出的单位层面内部控制风险"（三）内部管理制度的完善情况。包括内部管理制度是否健全；执行是否有效"，所作出的原则性规定。

1. 内部管理制度体系建设工作内容

《单位内控规范》第一章第3条规定："本规范所称内部控制，是指单位为实现控制目标，通过制定制度、实施措施和执行程序，对经济活动的风险进行防范和管控"。由此可以看出，制定单位的管理制度与流程体系是内部控制建设的重要且基础性任务，是营造良好的单位内部控制环境的重要举措，是单位层面内部控制建设的重要工作内容。

单位内部管理制度体系一般是由管理制度、业务流程、流程表单组成的，内部管理制度体系为内部控制制度化、流程化、标准化、信息化奠定基础，提供依据，具体工作内容大体包括：梳理各类经济活动的业务流程，明确业务工作环节与岗位，确立业务活动控制目标，系统分析经济活动风险，选择风险应对策略，制定业务控制规范等。

2. 内部管理制度体系建设控制目标

内部管理制度体系建设应实现以下控制目标：

（1）建立健全单位内部管理规章制度与业务流程，规范单位经济活动行为，为单位依章进行科学公平管理提供制度保障。

（2）坚持规范与适宜相结合、全面与重点相结合、简化与安全相结合的原则，保证制度与流程体系的规范性、实用性和有效性。

（3）营造良好的制度管理氛围，培养制度管理意识与行为，克服人治管理的随意性，增强制度管理的客观性与公正性，确保内部控制取得实效。

3. 内部管理制度体系建设风险评估

内部管理制度体系建设需要关注的风险主要有以下几个方面：

（1）单位内部管理制度体系是否健全，是否存在重要制度的缺失现象。

（2）单位内部管理制度体系是否规范，有无与现行法律法规和政策制度抵触之处。

（3）单位内部管理制度体系是否适宜，是否符合本单位的实际情况和业务特点。

（4）单位内部管理制度是否得到了有效执行，是否存在制度虚置或执行不力的情况。

4. 内部管理制度体系建设控制措施

内部管理制度体系建设是单位内部管理工作的重要组成部分，构建单位内部管理制度体系，要按照业务流程梳理—业务环节确定—岗位职责划分—控制目标确立—风险识别与评估—风险应对策略选择—业务控制措施设定等步骤和程序进行。具体应做好以下几方面的工作：

（1）建立健全单位内部管理制度，使单位内部管理有章可循，有据可依。保证单位内部管理的健康有序进行，必须制度先行，靠流程规范业务，靠规矩看守组织，使单位的各项经济活动都能沿着流程规定的路径运行，在制度规定的范围内活动，朝着预期的方向与目标前进。

行政事业单位应当根据单位所承担的职能任务和工作计划，结合当前的人力、物力、财力等经济状况，制定单位内部制度体系建设的规划方案，明确单位内部管理制度体系建设的范围、内容、程序、方法、步骤和保障措施，分阶段、按步骤、有计划地构建单位的内部管理制度体系。一般而言，行政事业单位的内部控制管理制度应该包括但不限于单位组织架构管理制度、道德文化建设管理制度、会计控制管理制度、信息系统管理制度、预算业务管理制度、收支业务管理制度、政府采购业务管理制度、资产管理制度、工程建设管理制度、合同管理制度、内部控制报告制度、内部控制评价制度等，同时还应制定与各项制度相配套的具体作业流程及流程使用表单，进而形成以业务流程为基础、以业务管理制度为保证、以业务表单为信息载体的内部管理制度体系。

（2）坚持制度建设的基本原则，保证内部管理制度的规范性、适宜性、有效性。《单位内控规范》第一章第5条明确要求：单位建立与实施内部控制，应当遵循全面性、重要性、制衡性和适应性原则。因此，单位构建内部管理制度必须在坚持上述原则的前提下，依据国家的有关法律法规，结合单位的实际情况，正确处理好保持规范的严肃性与适合单位实际的灵活性、保持制度的全面性与突出重点的关键性、保持制度的效率性与保证内部控制的安全性之间的相互关系，以保证单位内部管理制度与流程体系的规范性、实用性和有效性。

确保制度体系的规范性，一是要求单位内部管理制度应该符合国家的法律法规与政策制度，不得有任何违法违规的制度内容；二是要求单位的内部管理制度应该符合《单位内控规范》的基本原则与要求，不得背离、不得缺省、不得无限放大；三是制度内容应当遵循"目标—风险—措施"的基本思路，围绕控制目标，针对识别的风险，恰当应用内部控制的基本方法，制定切实可行的制度措施，以保证制度的科学有效。

确保制度体系的适宜性，就是强调单位内部管理制度应与单位实际需要和可能的实现条件相符合，保证制度确立的控制目标与实际业务目标相一致，保证制度关注的风险为单位目标实现过程中确实存在且应该积极应对的关键风险，保证风险应对的措施是针对本单位的现实风险，且具有现实能力条件的可操作、可实现的有效措施。

确保制度体系的有效性，就是强调单位应当经常评估经济运行中的风险动态，及时关注外部环境（如社会环境、法律环境、政策环境、文化环境等）的重大改变，以及内部要素（如工作任务的调整与改变、突发事件、组织管理体制调整等）的重大变化，评估内、外部变量因素的变化对单位内部管理制度的影响，对于客观情况改变引起的重大管理变革，应及时响应，积极调整内部管理制度，以保持管理制度的动态优化和持续有效。

（3）创造先进的单位文化，营造良好的内部管理氛围。单位文化是单位在存续和发展过程中形成的共同思想、理念、作风、价值观念和行为准则，是一种具有单位个性的信念和行为方式。单位文化包含三个要素：物质文化、制度文化和精神文化。这三者相互影响、相互作用，共同构成单位文化的完整体系。单位文化代表了单位的风范，表现为单位的追求与理想，作为一种无形力量，影响着单位成员的思维和行为方式，决定着单位员工的凝聚力。创建先进的单位文化是行政事业单位实现制度化管理的环境基础。领导班子，特别是单位主要负责人要以身作则，带头遵守单位各个层面的文化规则，以自己的品德、行为感染人、鼓舞人，要不断改进工作作风，执行党的群众路线，密切联系群众，自觉接受群众监督。要充分发挥宣传教育的功能，通过宣传教育，将单位各个层面的文化理念，深入人心，根植灵魂，贯彻在思想中，落实在行动上，转化成全体员工的行为准则，让单位文化在内部控制环境中发挥出最大的功效。

（4）领导重视、全员参与，共同维护制度的严肃性。行政事业单位实现制度化管理，重在制度建设，关键在于制度意识的培养和制度行为习惯的实践，确保制度的全面落实与有效执行：一是要加强单位的制度意识教育，培养全员的制度意识与行为习惯，教育全体职员要学会依靠制度管理，自觉接受制度约束，主动监督制度贯彻执行；二是单位领导应高度重视制度管理，既要自己身先士卒，率先垂范，带头忠实执行制度；又要积极参与，依靠制度进行科学管理，还要发动并授权其他人员积极推动制度管理，执行制度管理，从而使单位的内部管理保持刚性和理性，有效地防范人为管理的主观随意性风险。

（五）会计系统控制建设

《单位内控规范》第三章第17条规定："单位应当根据《中华人民共和国会计法》的规

定建立会计机构，配备具有相应资格和能力的会计人员。单位应当根据实际发生的经济业务事项按照国家统一的会计制度及时进行账务处理、编制财务会计报告，确保财务信息真实、完整。"该条款主要针对《单位内控规范》第二章第 10 条所指出的单位层面内部控制风险"（五）财务信息的编报情况。包括是否按照国家统一的会计制度对经济业务事项进行账务处理；是否按照国家统一的会计制度编制财务会计报告"，就单位如何建立会计机构，配备会计人员，加强会计核算，正确编制会计报告等方面作出了原则性规定。

1. 会计系统建设工作内容

会计系统是以货币为计量单位，对单位的经济活动进行连续的核算和监督的一个管理系统。其控制内容为会计机构控制；会计人员配备的会计队伍建设控制；会计记录、计量、确认、报告等业务系统控制；会计监督系统控制；会计其他管理、协调、制衡等控制。通过进行会计系统控制，以实现提高会计信息质量，保护财产安全完整，保证法律法规及规章制度的贯彻执行等会计控制目标。

2. 会计系统建设控制目标

会计系统控制建设主要应实现以下目标：

（1）按照相关法律法规设置会计机构，为会计管理工作有序运转提供组织保障，同时配备符合岗位要求的工作人员，建设一支思想素质高、业务水平过硬的财务会计工作队伍，确保行政事业单位会计系统高效运转。

（2）单位应按照不相容职务分离的原则，合理设计会计及相关工作岗位，并实行关键岗位定期轮岗制度，建立层次分明、职责明确的会计人员岗位责任制体系，形成相互分离、相互制约的工作机制。

（3）规范会计行为，对单位的所有经济业务都要及时、准确、系统、完整地予以反映并进行监督，从而保证财务信息的质量。

（4）建立健全会计档案管理制度，妥善保管单位会计档案，保证单位会计档案的安全、完整和经济活动记录的追溯可查。

（5）建立财会部门与其他业务部门的沟通协调机制，保持财务与业务的融合、协作与监督制约，充分发挥会计对单位经济活动和财务收支的核算与监督职能，进一步提高单位会计控制效能。

3. 会计系统建设风险评估

单位对会计系统控制进行风险评估时，主要应从以下方面考虑：会计机构或职能缺失；会计人员配备不齐全、胜任能力差；会计账务体系不完整，核算流程不规范，会计信息质量差；会计监督不到位，控制不力。

（1）单位会计组织是否缺失，单位会计机构是否健全，不具备独立设置会计机构的单位是否指定专门岗位负责单位的会计工作。

（2）单位会计岗位设置是否规范合理，会计人员岗位条件是否明确，胜任能力是否合格，不相容职务是否分离，是否建立了会计人员岗位责任制，关键岗位是否实行了专项管理制度。

（3）会计账务体系是否完整，核算流程是否规范，会计账簿、报表信息是否真实、准确、完整。

（4）是否建立了财务与业务部门的沟通协调机制，业务与财务的相互协作是否融洽，相互监督是否有效。

4. 会计系统建设控制措施

（1）依法设置会计机构，配备会计从业人员。会计工作是由会计人员执行的，为了保证会计系统的有效性，国家法律法规对会计工作机构和会计人员的设置与配备作了相应的规定。《中华人民共和国会计法》第36条规定："各单位应当根据会计业务的需要，设置会计机构，或者在有关机构中设置会计人员并指定会计主管人员；不具备设置条件的，应当委托经批准设立从事会计代理记账业务的中介机构代理记账。"根据行政事业单位的机构建制和经费领拨关系，行政事业单位的会计组织系统分为主管会计单位、二级会计单位和基层会计单位三级。其中，主管会计单位是指向财政部门领报经费，并发生预算管理关系，有所属会计单位的会计单位。二级会计单位是指向主管会计单位或上一级会计单位领报经费，并发生预算管理关系，有下一级会计单位的会计单位。三级会计单位是指向上一级会计单位领报经费，并发生预算管理关系，没有下级会计单位的，视同基层会计单位。不具备独立核算条件的，实行单据报账制度，作为"报账单位"管理。此外，行政事业单位应根据单位财务工作需要，配备会计业务水平较高，道德素质较好的人员从事会计工作。同时在日常业务中应加强会计人员专业技能的培训，强化会计人员的岗位意识，确保单位会计人员具备相应的岗位胜任能力，真正建设一支思想素质高、业务水平过硬的财务会计工作队伍。

（2）落实岗位责任制，确保不相容岗位相互分离。单位应按照不相容职务分离的原则，合理设计会计及相关工作岗位，明确职责权限，形成相互制衡机制。一般来说，会计工作岗位可以一人一岗、一人多岗或一岗多人，但《中华人民共和国会计法》和《会计基础工作规范》都明确规定出纳人员不得兼任稽核、会计档案保管和收入、支出、费用、债权债务账目的登记工作，所以行政事业单位应当依法合理设置会计工作岗位，为每个岗位编写岗位责任书，明确每个岗位的权利义务，并由相应会计人员签字确认，以责定权、责权分明，严格考核，有奖有惩，切实做到事事有人管、人人有专责、办事有要求、工作有检查，建立层次分明、职责明确的会计人员岗位责任制体系。会计部门的关键岗位还应实行关键岗位的专项管理制度。

（3）加强对会计信息质量的控制。《单位内控规范》第17条第二款规定："单位应当根据实际发生的经济业务事项按照国家统一的会计制度及时进行账务处理、编制财务会计报告，确保财务信息真实、完整。"《中华人民共和国会计法》第9条明确规定："各单位应当根据实际发生的经济业务事项进行会计核算，填制会计凭证，登记会计账簿，编制财务会计报告。任何单位不得以虚假的经济业务事项或资料进行会计核算。"加强会计信息质量控制是行政事业单位财务信息真实、完整、准确的重要保证。

根据国际标准化组织 1994 年颁布的 ISO8402—94《质量管理和质量保证——术语》中有关质量的定义，会计信息质量是会计信息满足明确和隐含需要能力的特征总和。会计信息质量控制要求对单位的所有经济业务都要及时、准确、系统、完整地予以反映并进行监督，从而保证会计信息的质量。会计信息质量控制的内容包括通过收付记账控制、标准会计处理控制、会计凭证控制、会计账户和会计账簿控制、财务会计报告控制等手段，确认、汇总、分析、分类、记录和报告单位发生的经济业务，保证会计资料的真实和完整。

（4）加强会计档案的规范管理工作。会计档案是单位经济活动在会计核算中的综合反映，是促进单位管理合理化、现代化的重要手段。单位财务部门要结合本单位实际，根据《会计档案管理办法》规定建立健全本单位的《会计档案管理制度》，设立会计档案管理岗位，配备会计档案管理人员，认真做好单位会计档案的收集、整理、鉴定、编目、查阅、交接、销毁等档案管理工作，加强会计档案管理，防止档案毁损或灭失带来的舞弊风险。

（5）建立部门沟通协调机制，发挥会计控制的有效作用。行政事业单位的各项经济活动均与会计工作密切相关，单位经济业务活动需要得到会计部门的资金支持，会计部门的工作需要服务业务工作的需要，并对业务部门的经济活动实行会计监督。所以会计部门应当与其他业务部门之间建立信息传递与沟通的网络渠道，并要保持信息渠道的互联互通，加强信息沟通，及时传递经济业务票据，以保证会计业务处理的及时性，实现重要经济活动信息共享，定期核对相关账簿，以保证会计信息的准确性。例如，财会部门与资产管理部门要定期对账，以确保资产账实相符；会计部门要定期与银行核对账单，以确保单位资金的安全完整；会计部门与各业务部门要定期核对预算执行情况，提高预算执行的有效性等。只有加强沟通协调，才能使各相关业务部门形成内部控制合力，充分发挥会计对单位经济活动和财务收支的核算和监督职能，进一步提高单位内部控制效能。

（六）信息系统控制建设

《单位内控规范》第三章第 18 条规定："单位应当充分运用现代科学技术加强内部控制。对信息系统建设实施归口管理，将经济活动及其内部控制流程嵌入到单位信息系统中，减少或消除人为操纵因素，保护信息安全。"该条款对行政事业单位内部控制信息化、系统化、常态化作出了原则性规定。

1. 信息系统建设工作内容

信息系统是一个以人为主导，利用计算机硬件、计算机软件和数据资源，及时、正确地收集、加工、存储和提供信息，以实现组织中各项活动的管理、调节和控制的人造系统。其中，计算机信息处理系统硬件是指有形的物理设备，它是计算机信息系统各种装置的总称，主要由中央处理器、存储器、输入/输出设备等组成；软件是用户和硬件之间的接口界面，一般是指计算机系统中的程序及有关文档，可分为系统软件和应用软件两大类。

随着信息技术在内部控制方面的广泛应用，行政事业单位内部控制的信息化也成为一种必然趋势。内部控制的信息化系统是指将内控理念、控制活动、控制手段等要素通过信息化的手段固化到信息系统，将内部控制植入业务，融入日常管理，实现内部控制体系的系统化与常态化。

行政事业单位的信息系统控制建设主要应包括：

（1）积极应用现代科学技术推进单位的信息化建设，提高单位内部管理水平。

（2）将单位的内部控制制度与流程嵌入信息系统中，与业务处理系统、内部管理系统融为一体，实现内部控制的常态化与信息化，避免业务处理与内部控制两张皮现象。

（3）借助信息化作业，强化内部控制的客观性与严肃性，减低或消除人为因素对内部控制的干扰。

（4）加强信息系统规划、开发建设、运行与维护、安全作业、档案管理等方面的自身管理，严防信息化中的舞弊与差错风险。

2. 信息系统建设控制目标

行政事业单位信息系统内部控制的目标是：

（1）建立健全信息系统管理制度，确保信息规划、建设、运行管理有章可循，合法有效。

（2）将内控制度嵌入信息系统，植入单位业务、融入日常管理，确保单位内部控制借助信息化手段得以落实与实现，消除人为因素影响，提高内部控制效果。

（3）强化信息系统的监督机制，确保信息系统的安全与效率。

3. 信息系统建设风险评估

行政事业单位信息系统内部控制应当重点关注如下风险：

（1）信息系统内部控制管理制度缺失，信息管理秩序不良，存在漏洞。

（2）信息系统规划不合理，可能造成信息孤岛或重复建设，导致单位资源浪费或信息传递与沟通效率低下。未能结合单位的工作计划，缺乏和单位经济活动的协调性；单位高估或低估自身的状况，盲目进行系统开发，导致开发半途而废，给单位带来损失；系统设计缺乏专业性和科学性，设计完成的系统不能满足单位的实际需求，未经测试和验收即投入使用，系统在运行中频繁出错，影响单位经济活动效率，甚至使单位决策不当，给单位带来巨大损失。

（3）系统开发不符合内部控制要求，或者与单位业务活动、日常管理不匹配、不融合，可能形成内部控制与单位业务活动的冲突或分离，容易导致内部控制的失效或效率降低。

（4）单位对信息系统安全的认识不足，对信息系统的安全缺乏科学合理的规划，未建立相应的安全管理体系，系统运行维护和安全措施不到位，缺乏信息安全教育，进而导致单位无法保证信息系统的物理安全和技术安全，可能导致信息泄露或毁损，致使信息系统失常、管理风险加大。

4. 信息系统控制措施

（1）积极推广应用现代信息技术，扩大单位管理信息化程度，提高内部管理水平。当今世界，信息已经成为社会、经济发展的"血液""润滑剂"；现代信息技术广泛地渗透和改变着人们的生活、学习和工作习惯，极大地促进了工作和管理效率的优化与提高，现代信息技术的高速发展，拓展了行政事业单位管理的理论与实践，为行政事业单位管理拓宽了领域，减轻了劳动强度，大大提高了行政事业单位的劳动生产率以及管理的科学性、准确性、效率性，并且还加强了社会公众的参与监督力度，行政事业单位的信息化是行政事业单位内部控制的重要支撑，是单位内部管理走向科学化的必经之路。

因此，行政事业单位应当按照《国家信息化发展战略纲要》的基本要求，根据单位实际，制定信息化管理的规划方案，明确单位信息化建设的组织、范围、内容、目标、方式、步骤与措施等，有计划、分步骤地引进或开发利用现代信息技术，实现单位内部作业系统和管理系统的信息化，扩大信息处理覆盖面，整体改进和优化单位内部管理。

（2）建立健全信息系统内部控制管理制度，规范信息管理行为。单位信息系统是一个技术性强、密级程度高、涉及面广的作业与管理系统，单位应当根据管理工作的实际需要，及时制定规范科学的信息系统管理制度，这些制度应该包括信息建设规划、信息项目建设、信息系统运行维护以及信息安全管理。信息建设规划管理制度是指依据单位信息建设发展需要而制定的，专门用于指导信息建设工作的纲领性文件。信息项目建设管理制度是指专门针对具体信息系统的开发、建设过程所作出全程管理规范。信息系统运行维护管理制度是指针对信息系统使用与维护所制定的具体操作规范。信息安全管理制度是指对已建成信息使用的系统，明确规定通过实施一系列管理和技术控制手段，以确保信息系统安全、可靠、有效。

为了保证单位信息系统的健康运行，单位信息系统管理制度还应对信息系统作业与管理岗位的设置、职能配置、责任划分作出明确的制度安排，并坚持不相容职务相互分离，关键岗位重点管理的原则，规范信息系统岗位管理，实行信息管理岗位责任制。为了加强信息系统应急管理，提高应对紧急情况的能力，确保信息系统安全，单位还应该制定《应急预案》《应急操作手册》，以保证突发事件、紧急事件的有效应对控制。

（3）把握单位内部控制需求，实现内部控制与业务处理和日常管理的有机融合。行政事业单位的内部控制是针对经济业务活动的风险管控，虽然内部控制自成系统，但是如果在信息化运作中将内部控制与业务处理和单位日常管理各自分离运行，势必会增加成倍的管理环节与成本，将会极大地减低单位的控制与管理效率。因此，在单位内部控制信息化过程中，应当充分研究业务流程与日常管理流程的特点，把握内部控制的基本需求，将内控制度嵌入信息系统，植入单位业务、融入日常管理，实现三者的有机融合和并轨运行，确保单位内部控制借助信息化手段得以落实与实现，消除人为因素影响，提高内部控制效果。

在实际工作中，一是要成立由单位业务部门、职能管理部门、信息技术部门、内部控制归口管理部门等共同组成的信息化工作领导小组，共同研究决定单位一体化信息规划与建设方案，统一设计思想，统一管理思路，统一业务流程；二是要选定需要融合或植入内部控制的业务处理体系或内部管理体系，并对此进行详细梳理，通过内部控制流程的融合，合并重复流程，简化冗余流程，优化变更原有业务处理程序和内部管理程序，将内部控制思想、方法与措施植入其中；三是规范和修订原有的业务处理、日常管理、内部控制规程，使其相互融合为一体，形成一个统一的业务处理与管理控制规范。

（4）做好信息系统的开发建设工作，努力提高单位信息化程度和水平。一是要根据单位工作计划与实际做好信息系统建设的规划工作，使单位经济活动与信息系统协调统一，确保单位信息规划具有科学性、前瞻性和适应性。系统开发符合单位的资源和条件，系统需求清晰准确，软件获取方式符合单位实际情况，设计科学合理，并对完成的系统进行了科学的测试和评审，系统初始数据转换准确完整，系统能够正常运转高效；二是要严格管控信息系统设备质量，确保系统硬件和软件以及整个信息系统能够正常、可靠、安全运行，充分发挥信息系统的作用；三是综合考虑技术、法律、制度和人员等实际条件，构建信息系统安全体系，加强信息安全教育，对信息系统安全进行科学规划，确保信息系统的物理安全、网络安全、数据安全、信息内容安全、信息基础设备安全和公共信息安全。

（5）加强信息系统运行与维护工作，确保信息工作质量。信息系统运行是指信息系统硬件和软件的日常运行工作，一般而言，信息系统运行具有计算机操作、服务水平管理、监控资源的有效利用、问题处理程序、程序变更控制、质量保证、技术支持/服务台等基本功能如表5-6所示。

表5-6　　　　　　　　　信息系统运行功能介绍

功能	详细介绍
计算机操作	计算机操作包括控制台操作、系统命令和参数、系统备份、数据文件备份方法、磁带处理、磁带清洁和消磁、预防性维护、系统日志和服务台等活动
服务水平管理	IT部门是对最终用户的业务需求。组织需要对服务的正确性、完整性、及时性和对应用程序结果分发的适当性等进行度量。目前，用于监督IT部门人员提供服务的效率和效果的工具主要包括系统异常报告；操作员问题报告；输出、分发报告；控制台日志；操作员安全等
监控资源的有效利用	像组织的其他资产一样，组织也应对计算机资产进行控制。这些计算机资产包括硬件、软件、远程通信和数据等。对这些资源的控制有时也称为一般控制
问题处理程序	由于硬件和软件及其相互关系的复杂性，组织在处理异常情况的检查、记录、控制、解决和报告时，应当设计一套检查和记录任何异常现象的机制，既可以通过自动日志，也可以是自动日志
程序变更控制	程序变更控制程序是内部更广的变更管理的组成部分，单位建立程序变更控制程序来控制应用，从用于开发和维护的测试环境，转移到全面测试的中试环境，控制并最终转移至生产环境
质量保证	质量保证用于确认此变更是在进入生产环境前已经在受控方式下得到授权、测试和实施。同时，借助于库管软件，对程序版本、源目标代码一致性的适当维护进行监督
技术支持/服务台	技术支持主要用于提供运营系统的技术支持并协助解决系统问题。技术支持人员有责任评估整体操作的现行技术的管理。服务台的主要目的是服务用户，服务台人员必须将所发生的硬件或软件问题全部记录下来，并依照优先顺序规定向上汇报

信息系统维护是管理应用系统变更的过程，其目的是保证软件产品源代码和执行代码的完整性。无论是组织自行开发的软件，还是购买的商品化软件，在使用的过程中都可能对其进行变更，因此，单位应做好确定变更计划、实施变更计划和评估变更计划等环节的审核审

批等管理工作，以保证系统变更的合理性、必要性和可行性。

做好信息系统的运行和维护工作，具体应做到以下几点：一是要开展信息作业人员的岗前作业培训工作，确保信息作业人员的作业技术水平与能力，防止信息作业差错。二是信息作业人员必须得到相应的授权，方可上机作业，信息作业必须按照规定的程序进行，不得违规作业，数据输入必须凭据录入，不得有遗漏和重复，从源头保证信息数据的完整性、准确性。三是单位应采用预防性措施确保计算机信息系统的安全持续运行，以保证信息数据处理的准确性和安全性，不得有数据丢失和随意修改漏洞。常见预防性措施包括但不限于：日常检测、设立容错冗余、编制应急预案等。四是加强信息传递与处理的时效管理，明确规定信息作业环节的工作时限，以保证信息应用的及时性。五是做好数据存储的定期备份和安全存放管理工作，防止系统损坏后信息无法恢复，或者恢复时间过长，给单位带来损失。六是加强对信息系统资源利用的有效监管和监督检查，建立系统检查维护的经常化、制度化措施，确保系统的实时监控和及时维护，并根据技术进步进行不断升级更新，保持系统的先进性，有效提高信息系统的利用效率，避免资源损失浪费。

（6）做好信息系统安全控制，防止信息安全事故风险。信息系统安全管理是一个复杂的系统工程，它的实现不仅需要技术方面的支持，还需要法律、制度和人的素质因素的配合。行政事业单位应从信息系统安全体系、人员安全教育、信息系统安全管理三个方面加强单位信息安全控制。

首先，单位应该构建信息系统安全体系，该体系主要由技术体系、组织机构体系和管理体系共同构成。其中，技术体系是全面提供信息系统安全保护的技术保障系统，主要分为物理安全技术和系统安全体系；组织机构体系是信息系统的组织保障系统，由机构、岗位和人事三个部分构成；管理体系是信息安全的灵魂，由法律管理、制度管理和培训管理组成。

其次，单位应该采用多种形式加强对那些与信息系统安全有关的人员安全教育。教育形式包括现场培训、网上教育、自学等多种形式。教育对象主要包括领导与管理人员、计算机技术人员及信息系统应用人员和其他有关人员等。教育内容包活法律知识、安全基础知识和职业道德等。

最后，单位要从人员安全管理、环境安全、设备和资料安全等环节全面加强本单位的信息系统安全管理。一要加强信息作业人员的授权管理和保密管理工作，任何人未经授权不得接触和处理信息化业务，已经获得授权的信息化作业人员应与单位签署保密协议，必须承担保守单位机密的义务。二要加强单位信息化作业环境安全管理，单位应单独设置统一的计算机工作室，所有硬件服务器统一放置在机房内，由信息安全管理部门承担管理职责，由专人负责服务器杀毒、升级、备份，机房实行严格的门禁管理制度和定期例行检查制度，以保持良好安全的作业环境。三要加强信息化设备与资料的安全管理，信息化设备是指用于从事信息化工作的硬件设备，以及支撑单位正常运作的网络和服务器设备等，主要包括：台式计算机、笔记本电脑、服务器、网络交换机、防火墙、路由器以及各类软件应用平台和软件开发环境等。信息资料包括公司计算机重要信息资料和数据资料。信息系统管理员应加强防火墙、路由器等网络安全方面管理，防范外网对信息系统造成损害；定期对硬件进行检查和维护，以确保其性能稳定；计算机设备送外维修，必须经过信息管理部门负责人批准，并登记备案；使用单位要严格遵守计算机设备使用及安全操作规程和正确的使用方法，任何人不允许私自处理或找非本单位技术人员对信息化设备进行维修及操作，不得擅自拆卸、更换或破坏信息化设备及其部件。

单位信息系统中的信息、数据为单位资产，禁止未经授权的操作人员使用存储介质存储。信息管理部门应定期对本单位重要信息包括软件代码进行备份，管理人员实施备份操作时，必须有两人在场，备份完成后，立即交由备份管理部门封存保管。所有备份介质必须明确标识备份内容和时间，并实行异地存放。计算机重要信息资料和数据存储介质的存放、运输安全和保密由单位指定的备份管理部门专人负责，保证存储介质的物理安全。任何非应用性业务数据的使用及存放数据的设备或介质的调拨、转让废弃或销毁必须严格按照程序进行逐级审批，以保证备份数据安全完整。

二、应用范例——某省文化厅内部控制制度（节选）

（一）某省文化厅单位层面内部控制制度

1. 组织管理工作内部控制制度

（1）总纲。

第一条　为了提高单位内部管理水平，规范内部控制，加强廉政风险防控机制建设，明确某省文化厅（下称本单位）组织机构的设置方式、工作原则、管理办法，实现单位组织机构设置与运行工作的规范化，特制订本制度。

第二条　本制度由某省文化厅依据《单位内控规范》，结合厅机关及所属单位工作实际制定，适用于厅机关各处室及直属单位。

第三条　本制度所称的组织管理工作，是指根据《某省人民政府办公厅关于印发省文化厅主要职责、内设机构和人员编制规定的通知》的规定，参照文化部内设机构"三定"方案，结合本单位实际制定的关于省文化厅的内部部门设置、职能与职位配置、职权职责、运行机制等的制度安排。

第四条　本单位组织管理工作管理中主要应关注和防范以下风险：

①机构设置不符合单位实际需要，不利于组织职能的实现；

②机构设置、调整、撤并未按规定程序审批办理，容易导致组织功能失效或效能减低；

③职权职责不明确，可能导致职能缺位或交叉错位现象；

……

第五条　本单位组织管理工作管理中的关键控制点包括但不限于：

①组织机构设置：根据单位实际工作需要健全必要的组织机构，防止机构臃肿与机构缺失；

②"三定"方案落实：认真落实"三定"方案，严格遵守省政府的组织管理规定，按程序和要求开展组织管理工作管理工作；

③机构职能配置：应明确、规范、科学、合理地配置机构职责，防止职责不清、关系不顺，行为不规、机制紊乱；

……

第六条　单位组织机构管理的控制目标是：

①建立规范的组织管理工作和管控模式，明确决策、执行、监督等方面的职责与权限，并使之相互约束、相互监督、相互制约，形成科学有效的制衡机制；

②本着精简、效能的原则，按照"三定"方案，结合单位实际，合理设置内部职能机构，明确机构职能职责，形成各司其职、各负其责、相互制约、相互协调的工作机制；

③建立健全员工岗位职责，形成单位、部门与个人逐级负责、紧密联系的组织责任体系。

第七条　本内部控制制度是单位内部控制管理体系的重要基础，业务归口部门为人事处。

（2）决策机构与议事规则。

第八条　根据《某省人民政府办公厅关于印发省文化厅主要职责、内设机构和人员编制规定的通知》的相关规定，某省文化厅的主要职责是：

第一，贯彻执行党和国家有关文化工作的方针、政策和法规，研究、制定全省文化政策和事业发展规划并负责监督执行。

第二，拟定省文化工作的地方性法律法规草案，或对涉及文化工作的地方性法律、法规提出修正案，并依法提请省立法机关审议。

……

第九条　厅领导工作制度。本单位实行厅党组领导下的厅长负责制：

①本单位实行厅长负责制，厅长负责文化厅全面工作。副厅长、巡视员、副巡视员协助厅长工作，按各自分工负责其他方面的工作或专项任务，并可代表文化厅进行各类内、外事活动。对于工作中的重要事项，应及时向厅长报告。

②某项工作同时涉及两个或两个以上副厅长，有关副厅长应事先沟通后，向厅长汇报，由厅长指定负责该项工作的副厅长牵头安排部署。

……

第十条　单位决策制度。

①厅领导班子坚持民主集中制的集体决策原则，对涉及全厅重大事项，必须经厅党组会议或厅务会议集体研究决定。与会成员必须勤勉尽责地履行职责，会前认真调查研究、广泛听取各方面意见，会上坚持原则，坚定立场，积极发表意见，正确行使表决权，防范"一言堂"造成的决策和腐败风险。

②本厅需要领导班子集体研究的事项包括……（略）

③除遇重大突发事件和紧急情况外，需列入会议决策的重大事项必须通过召开会议的方式集体决策，不得以传阅、会签、个别征求意见、主要负责人和分管负责人碰头会等形式代替集体决策。因重大突发事件或紧急情况未召开会议决策的，主要负责人要在应该通过会议决策的同类型决策会议上说明决策情况。

④对于业务复杂、专业性、技术性较强的重大决策，应建立专家论证、技术咨询先行研究制度。（略）

⑤所有会议必须指定专人负责会议记录，完整记录会议的全部过程，并经与会人员签字确认后及时归档，妥善保管，以备查阅。

第十一条　厅党组会议、厅务会议。

本厅党组会议、厅务会议的人员组成、主要任务、会议规则、会议纪律、会议成果按文化厅会议制度的相关规定执行。

第十二条　重大经济事项的决策程序。对于重大经济事项，按以下程序提出：

①提出事项：（略）

②列入议题：（略）

③会议决策：（略）

④形成决议：（略）

第十三条　单位本着"谁决策、谁负责"的原则实行决策责任追究制度。（略）

（3）内部机构与职能。

第十四条　本单位的内部机构是省政府赋予文化厅职能的具体执行部门，根据"三定"方案规定，单位共设有××个管理处室、××个业务处室，在厅长的领导下开展行政管理工作。

第十五条　本单位建立垂直指挥的权力系统。（略）

……

第十七条　本单位内部机构的职能职责界定为（详见附表：《某省文化厅内部机构职责说明书》）：

办公室

主要负责文书文秘工作、会议会务安排、对外宣传交流、日常事务处理。

人事处

主要负责文化艺术人才队伍建设工作，以及机关和直属单位机构编制、干部考核、人事管理、教育培训、劳动工资等工作。

财务处

……

第十八条　本单位的内部组织机构调整，实行分级分类管理。

……

第十九条　为了保证实现省政府赋予的职能任务，本单位按照"厅单位、内部处室、工作岗位"三级层级关系逐层递延分解落实职能任务，并按工作任务分工设置不同的工作岗位及人员编制。

第二十条　各处室内部工作岗位设置由处室领导负责，报人事处备案。

第二十一条　本单位实行岗位责任制，各处室内设岗位的人员编制、岗位职责、任职条件等由所属部门依据本制度规定的部门职责分解制定，并报经同级人事处备案。各工作岗位的职责按本制度所附《省文化厅岗位职责说明书》执行。

第二十二条　本单位实行"关键岗位重点控制责任机制"。关键岗位及其职责如下：

①预算管理岗：（略）

②决算编报岗：（略）

③资金管理岗：（略）

④会计岗：（略）

⑤出纳岗：（略）

⑥政府采购管理岗：（略）

⑦资产管理岗：（略）

⑧基建管理岗：（略）

⑨合同印章管理岗：（略）

第二十三条　本单位关键岗位和关键人员应遵循以下管理制度：

①关键岗位轮岗制度。为了鼓励单位工作人员通过多岗位锻炼迅速提高自身素质，促进快速成长，同时预防工作厌倦、岗位舞弊，本单位对关键岗位工作人员实行交流轮岗制度。具体轮岗规定为：（略）

……

第二十四条　本单位实行关键岗位人员定期培训制度。为了不断提高人力资源素质，充分发挥人力资源效用，人事处应根据人力资源规划，编制人力资源培训计划和年度培训预算，有计划地做好关键岗位人员的培训工作。

第二十五条　本单位实行关键岗位强制休假制度。凡是在本单位从事关键岗位工作的人员，必须按公务员管理制度规定实行年休假制度，并不得以补发薪酬等其他形式替代强制休假。关键岗位人员休假期间必须将自己的分管工作临时移交他人代办，不得以休假为由影响正常对外工作。

第二十六条　对于确实因工作需要不能按期休假的工作人员，必须经厅长同意批准，如连续两年未离岗休假，则必须对该岗位进行一次专项审计或专项工作检查。

第二十七条　本单位实行关键岗位持证上岗或有条件上岗制度。为了确保关键岗位工作质量，所有关键岗位都必须制定明确的上岗条件，坚持按条件上岗制度，凡要求持有相应资质上岗的必须持证上岗。

……

（5）组织管理工作的运行。

第二十八条　单位应当根据"三定"方案和组织管理工作的设计规范，定期对现有管控体系和内部机构设置进行全面梳理，确保本单位内控体系、内部机构设置和运行机制等符合内部控制制度的要求。

第二十九条　单位根据工作需要适时开展组织管理工作运行的自我检查评估工作，对组织管理工作的健全性、组织职能的功能性、管理人员任职的合规性及其履职的胜任性、组织机构运行的秩序与效率等方面进行全面的检查测试和评价评估。发现组织管理工作设计中的缺陷和问题，应当按照组织管理工作调整程序及时进行优化调整；发现组织管理工作运行中的问题，及时予以解决或改进。

第三十条　单位应当建立科学的决策管理制度，通过合法有效的形式履行职责，正确行使行政权力。年度财务预决算、重大财务收支、重大人事任免、重大问题决策、大额资金使用、主要资产处置、内部控制体系建设等重要事项的决策、执行与监督必须相互分离、相互制约、相互监督。

第三十一条　单位纪检监察、内部审计部门负责本单位组织管理工作运行效能监督审计，每年至少开展一次组织管理工作内部审计工作。根据工作需要，单位也可委托社会审计机构对单位的组织管理工作运行进行社会审计。组织人事处根据审计结果及整改意见，及时提出组织管理工作改进计划，按程序报经相关领导或部门批准后执行。

……

（6）附则。

第三十二条　本制度经厅务会审议批准后执行。

第三十三条　本制度解释权归单位内部控制领导小组。

2. 会计系统控制制度

（1）总则。

第一条　为了建立健全单位会计控制系统，规范会计工作行为，完善会计业务处理程序，强化会计监督机制，确保单位内部控制目标的实现，根据《单位内控规范》，结合单位实际，特制定本制度。

第二条　本制度所称的会计系统，是指单位会计机构、会计人员和会计工作的有机组合，是对单位经济业务活动过程与结果进行财务计划、记录、审核、报告的组织、制度、程序、措施等一系列工作体系。包括建立健全财务会计机构、配备称职的财务会计人员、规范会计核算程序、制定财务管控措施等。

第三条　本单位会计系统管理中主要应关注和防范以下风险：

①会计机构不健全，人员不到位，会计职能作用发挥不充分；

②会计岗位设置不合理，容易导致有人无事做，有事无人做，造成会计人力资源浪费和违规风险；

③会计不相容职务未相互分离，或者授权不规范，容易导致会计差错和会计舞弊；

④会计核算程序不规范，容易导致会计秩序混乱，造成会计信息失真、决策失误、财产

流失；

······

第四条　本单位会计系统内部控制中的关键控制点包括但不限于：

①会计机构的设置；

②会计工作岗位的设计与职能配置；

······

第五条　本单位会计系统的内部控制目标是：

①认真贯彻执行国家的财经方针、政策与制度，确保单位财务活动的合法性和合规性，防止财务违法风险；

②规范单位会计行为，保证会计信息的真实性、准确性、完整性；

······

第六条　本制度适用于厅机关各处室及直属单位，业务归口部门为财务处。

（2）会计机构与会计人员。

第七条　根据自治区人民政府下发的《关于印发某省文化厅主要职责、内设机构和人员编制规定的通知》，本单位设立专门负责单位财务核算与管理的财务处，在厅长领导下具体负责本单位的财务会计工作，单位内部的其他非独立部门或机构不得脱离本单位的监督另设财务、出纳，不得另立账户从事会计核算。

第八条　财务处的基本职责是：

①贯彻执行国家和省文化经济政策，负责协调建立全省公共文化服务经费保障机制；

②拟定会计核算与财务规章制度并负责组织执行；

······

第九条　本单位会计系统由三级岗位组成，即厅长—财务处长—财务工作人员。其各自职责分别是：

①厅长（副厅长）职责：（略）

②财务处长（副处长）的基本职责：（略）

③财务工作人员职责：（略）

第十条　单位财务处应按"三定"方案的职责分工，认真履行本部门职责，同时应加强与其他相关部门的协作，正确处理好财务会计部门与其他部门的关系：（略）

第十一条　本单位会计系统的岗位全部为单位的关键岗位，必须严格执行单位《组织管理工作内部控制制度》中关于"关键岗位管理"的基本规定，（略）

第十二条　本单位实行会计回避制度。出纳以外的人员不得经管现金、有价证券和票据；出纳人员不得兼任稽核、会计档案保管和收入、支出、费用、债权债务账目的登记工作；单位的负责人不得兼任本单位的会计或者出纳；单位负责人、其他主要负责人的近亲不得在本单位担任会计机构负责人；（略）

第十三条　本单位实行会计人员岗位责任制，要求所有会计人员必须做到：

①会计人员必须具备相应的知识胜任能力；

②财会人员应积极参加会计专业继续教育，不断更新财会理论知识和会计法律法规、制度，不断提高业务素质。

③会计人员应遵守职业道德，做到廉洁奉公、坚持原则、实事求是、一丝不苟、热忱服务。

……

（3）会计核算规程。

第十四条　本单位会计核算一般采用收付实现制，特殊经济业务和事项采用权责发生制核算；单位采用借贷记账法记账。

第十五条　本单位采用科目汇总表记账程序，会计核算的基本程序是：审核原始凭证—汇总原始凭证—编制记账凭证—审核记账凭证—登记明细账簿—编制科目汇总表—登记总分类账簿—编制财务报表。

第十六条　本单位根据《行政单位会计制度》的规定，结合本单位业务特点，设置会计科目和明细科目，规定科（子细）目的核算范围，科（子细）目的设置由承担会计核算岗位的工作人员提出方案，报经分管会计核算的财务处领导批准后执行。

第十七条　本单位根据《行政单位会计制度》的规定，结合本单位业务特点，确定本单位会计凭证、会计账簿、会计报表的种类、格式、内容、记录、传递、保管要求，具体设置方案由财务处分管会计核算领导组织相关人员共同制定。

第十八条　单位财务系统应建立内部牵制制度，确保财务与业务分离牵制、不相容职务分离牵制、管钱与管账分离牵制、管账与管物分离牵制，经办与审核审批分离牵制。

第十九条　单位财务系统应加强内部稽核制度。（略）

第二十条　财务部门受理的原始凭证必须符合以下要件：

①原始凭证各项要素齐全。包括出具凭证单位名称、纳税识别号码、接受凭证单位名称、纳税识别号、凭证日期、凭证编号、经济业务内容、经济事项明细、数量、单价、金额、经办人、单位印章等；

……

第二十一条　单位会计人员应根据审核无误的原始凭证，正确、及时地填制和审核记账凭证，做到原始凭证齐全，使用会计科目准确，反映内容真实，数据记录正确，凭证统一编号、审核审批手续完备，凭证传递及时。

第二十二条　单位会计人员应根据审核无误的记账凭证，及时登记总账、明细账、日记账和备查账，按时结账、定期对账、按照规定编制有关财务报表和内部管理报表。做到会计账目清楚、准确，会计报表内容真实、体系完整、数据正确。

第二十三条　单位应建立财产清查盘点和往来账项的定期核对与清收管理责任制度。（略）

第二十四条　单位应建立健全财务分析制度，积极发挥财务报表的决策参考作用。

①单位应利用内部财务报表和财务决算报表，定期分析财务预算执行情况，分析预算执行偏差，总结预算执行经验，发现预算执行问题，提出预算改进意见；

②单位应定期分析经费收支执行情况，检查分析单位收入与支出管理及财力资源的利用和使用效率与效果。

……

第二十五条　单位应建立健全会计电算化管理制度。单位应根据《中华人民共和国会计法》和财政部《会计电算化工作规范》的规定，制定本单位的会计电算化管理制度。（略）

（4）会计管控。

第二十六条　单位经济活动应该以真凭实据为基础，实现单据控制。单位开展任何经济活动均需按规定取得或填制相应的业务表单或票据，并通过及时传递、关键审核、专业记录、妥善归档和保管，使各项经济行为做到"留印"和"有痕"，确保经济活动的有据可查、有证可溯。

第二十七条　单位应建立健全预算业务内部控制制度，强化单位预算管理。单位的各项财务收支都需纳入预算统一管理，根据预算内控制度规定，按预算目标组织收入，以预算目标控制开支。各部门应在年度预算限额内自行掌握开支，原则上超预算不得开支，若有特殊需要，须经业务经办部门和财务部门审核同意，报经厅长或厅务会审查批准，先调整部门预算，后办理开支。预算经费支出数额较大的，须经厅务会集体讨论决定。

第二十八条　本单位应加强现金管控，确保现金资产的安全。（略）

第二十九条　单位应加强银行存款的管控，严防银行存款风险。（略）

第三十条　单位应加强印鉴、印章管控，防范印鉴、印章失控风险。（略）

第三十一条　单位应建立健全财产物资的管控制度，以保证单位财产的安全和有效使用。（略）

第三十二条　单位应加强往来款项的管控，严格控制借款，及时清收欠款，确保单位资金的有效使用。（略）

第三十三条　单位应建立健全收入管理制度，单位所取得的各项收入都应及时缴存财务处，由财务处统一核算、统一归口管理。（略）

第三十四条　单位应建立严格的开支审批制度，防止在资金使用、费用报销当中的舞弊、腐败与浪费现象。（略）

第三十五条　单位应加强对各项支出的监督控制。监督的主要内容是：

①各项支出是否精打细算，厉行节约、讲求经济、实效、有无进一步压缩的可能。

②各项支出是否按照国家规定的用途、开支范围、开支标准使用；支出结构是否合理，有无互相攀比、违反规定超额、超标准开会、配备豪华交通工具、办公设备及其他设施。

……

第三十六条　单位应建立健全财务公示制度，对于单位财务收支应在一定的范围、时期内进行公开公示，以接受群众和社会的监督。

第三十七条　单位应根据《会计档案管理办法》规定建立健全会计档案管理制度。（略）

（5）附则。

第三十八条 本制度经厅务会审议批准后执行。

第三十九条 本制度解释权归单位内部控制领导小组。

3. 信息系统内部控制制度（略）

（二）某省文化厅内部机构职能说明书（见表5–7）

表5–7 **机构工作说明书**

机构名称：办公室	机构领导：
直接上级：	
下属机构：	

工作简述：

　　拟订全省文化发展规划、年度工作计划；负责机关文书、文电、机要保密、档案资料；承办机关依法行政、行政复议等法律事务；负责全厅应急管理、社会治安综合治理工作；综合协调、督查机关和直属单位业务开展；协调处理对外工作及文化交流活动；负责牵头协调"两会"提案、议案办理工作

机构职责	1. 组织、协调拟定全省文化发展战略规划； 2. 负责协调安排厅党组会、厅务会、厅长办公会的召开； 3. 协助厅领导处理日常事务； 4. 牵头负责文化法规建设和普法工作； 5. 负责承办机关依法行政、行政复议等法律事务； 6. 负责拟定文化厅年度工作计划； 7. 综合协调机关和直属单位业务开展，督查厅重大事项的落实； 8. 牵头负责厅各类会务、政务公开、政风行风、安全生产、信访工作； 9. 负责机关文电、机要保密、档案资料工作； 10. 负责厅应急管理工作职责；负责厅社会治安综合治理工作； 11. 负责文化信息编辑印发工作； 12. 负责牵头协调"两会"提案、议案办理工作； 13. 协调管理《中国文化报》驻省记者站工作； 14. 指导、协调机关电子政务建设； 15. 负责全省对外文化交流项目、活动的审核审批、文化厅对外文化交流项目的协调、组织、实施、对外文化宣传工作； 16. 负责协调全省大型文化活动的审核、审批上报工作； 17. 负责文化厅（文物局）各类社会团体、协会、学会、文博行业协会和民办非企业的审核、审批工作

组织机构图及人员编制

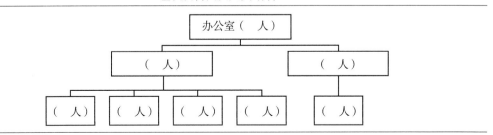

（三）内部岗位职责说明书（见表 5 -8）

表 5 -8 ＊＊＊＊＊＊岗位职责

工作描述		
职位名称：	所属部门：	
直接上级：		
直接下级：		
工作简述：		
主要职责	一、工作任务 二、工作职权 三、工作责任	
任职资格		
年龄	学历	
健康	专业	
职称要求：		
职业培训：		
资历和经验：		
特殊要求：		

第六章　预算业务控制建设

【导入案例】

叫停包头修地铁，重视预算管风险

行政事业单位内部控制是以预算管理为主线的一种管理。党的十八大以来，党中央、国务院特别重视预算管理，多次强调地方各级党委和政府要遵循经济规律，规范政府收支行为，加强财政承受能力论证和预算评审，地方政府所有建设项目的财政支出要全部依法纳入预算管理，绝不允许脱离预算约束在法定限额外违法违规或变相举债。下面这个案例就是一个通过重视预算约束，来管控政府债务风险的典型例证。

距离包头市政府不远的地方，被高墙和路障围起来的包头地铁首开站，冷清得一如冬日的包头，全然看不出几个月前锣鼓喧天的热闹景象，只有红底白字的"振包头雄风"高高矗立，红得扎眼。"8月初就停工了，这里早就没有工人了，更没有领导，都回项目部了。"看守场地的中铁建工作人员说道。作为首个被叫停的案例，"地铁"是当下包头极度敏感的词。

包头地铁筹谋已久。2010年，包头地铁指挥部成立；2012年，包头地铁前期规划开始，实地勘察、草拟规划工作陆续展开；3年后的2015年，规划草案上报。2016年，国家发改委向内蒙古发改委传达通知表示，按照国务院批复要求，为支持包头市城市总体规划目标，完善城市综合交通体系，同意包头市建设城市轨道交通。2017年5月，包头四大领导班子齐聚，为包头地铁开工剪彩。网络上有关"地铁将带热哪些楼盘"的帖子，热度居高不下，被点名的楼盘的业主满怀期待，但他们并不知道，此时被批复的一批略有争议的地铁项目，包头正是其中之一。

事实上，人口不到300万的包头，并不符合修建地铁的要求。按照国务院"81号文"规定，建设城市轨道交通有几道门槛，包括城市GDP超过1000亿元、财政收入超过100亿元、市区主城区人口超过300万人、预测客流量强度每千米3万人以上。2016年，包头GDP超过3000亿元，但全市总人口只有280多万，市区主城区人口更是远远不够。经济实力达标，被认为是放宽红线的重要原因。近几年，地铁建设热潮在全国铺开。截至2016年年末，全国开通运营轨道交通的城市已达27个，另有20多个城市已获准建设轨道交通或正在积极争取。

动辄投资上百亿的地铁建设能有效带动钢铁、水泥、电力、装备制造等上下游产业链，同时能大力促进就业。在地铁建设"大跃进"的背后，是一些地方政府在用扩大基建的方法来保、促经济增长。根据《包头轨交一期建设规划》，地铁1号线和2号线项目总投资为305.52亿元。在中国把"防风险、提振实体经济"作为经济发展的主基调时，以基建为主的投资策略就显得不合时宜了。

以包头市 2017 年财政收支情况来看，全年一般公共预算收入 137.6 亿元，一般公共预算支出 330.3 亿元，根本无力安排补充地铁项目的资本金，贷款归还更是难以指望，包头地铁项目投资预算严重脱离了包头市的实际财力状况，违背了新《预算法》的基本要求，因此，中央建议把地铁工程停下来，节省的资金用于支持企业发展。中央的"叫停令"，充分证明预算管控已成为中央管控地方经济的重要手段。

但是，凡事都要有个度。我们常说，既要积极，又要稳妥；既要尽力而为，也要量力而行。这里的"既要……又要……"，是一种能力，一种方法，也是一种原则。现在看来，就投资建设上项目而言，一些地方政府普遍存在的主要问题恐怕是，"尽力而为"有点用力过度，"量力而行"有点控制不住。这跟粗放发展、下意识地追求功成在我的政绩观是有关联的，跟投资拉动的惯性思维，是分不开的。

所谓债务风险，说到底，是群众利益的风险。因此，加大政府债务风险的管控，保证不发生金融风险，是各级政府重要责任，也是一条底线，各级政府理应带头"去杠杆"，真正把群众的利益放在心上、抓在手上。

资料来源：人民网评：叫停包头举债修地铁值得一赞 ［EB/OL］. 2018 - 01 - 08. http：//opinion. people. com. cn/n1/2018/0108/c1003 - 29752542. html；《新闻 1 + 1》20171122 包头地铁，为何叫停 ［EB/OL］. http：//cen. ce. cn/more/201711/23/t20171123_26973828. shtml.

内蒙古主动叫停包头地铁项目，是理性的、明智的，是实事求是的，是负责任的，因此，应该给予点赞。内蒙古的"刹车"行动，具有示范和普遍的意义。不仅是地铁，城市的其他大型基础设施项目，也必须加强债务风险的控制。有的时候，有些事情，"做"可能是一种"破坏"，"不做"反是一种"保护"和"建设"。这个项目的叫停，就是一种通过硬化预算约束，控制政府债务风险的"保护"举措。

一、预算业务控制规范解读

《单位内控规范》第四章第一节对预算业务控制进行了规范，要求单位应当建立健全预算编制、审批、执行、决算与评价等预算内部管理制度。单位的预算编制应当做到程序规范、方法科学、编制及时、内容完整、项目细化、数据准确。单位应当根据内设部门的职责和分工，对按照法定程序批复的预算在单位内部进行指标分解、审批下达，规范内部预算追加调整程序，发挥预算对经济活动的管控作用。单位应当根据批复的预算安排各项收支，确保预算严格有效执行。单位应当建立预算执行分析机制。单位应当加强决算管理，确保决算真实、完整、准确、及时。单位应当加强预算绩效管理。部门预算是行政事业单位各项经济活动的起点，预算业务控制在整个内部控制体系中发挥着举足轻重的作用，预算引导经济活动的方向与目标，管控经济支出的进度与标准，预算完善与否直接影响到内部控制的效率和效果。

预算是指单位根据所承担的部门职能任务、工作目标和计划编制的年度财务收支计划。行政事业单位预算一般由收入预算和支出预算组成，它反映了预算年度内单位的资金收支规模和资金使用方向，是单位财务工作的基本依据，为单位开展各项业务活动、实现工作目标提供财力保障。

行政事业单位预算按照预算管理权限分为三个级次：①一级预算单位。一级预算单位是直接从同级财政部门领取预算资金和对所属单位分配、转拨预算资金的单位预算，也称主管部门预算。②二级预算单位。二级预算单位是从一级预算单位领取预算资金，又向所属单位分配转拨预算资金的单位预算。③基层预算单位。基层预算单位是仅与上级单位或财政部门发生领取预算资金关系的预算单位。有些主管部门虽然直接从财政部门领取预算资金，但下面无所属单位预算的，也视同基层预算单位。

（一）预算业务控制管理制度与岗位设置控制

《单位内控规范》第四章第19条规定："单位应当建立健全预算编制、审批、执行、决算与评价等预算内部管理制度。单位应当合理设置岗位，明确相关岗位的职责权限，确保预算编制、审批、执行、评价等不相容岗位相互分离。"该条款从预算业务的组织管理与制度管理角度对行政事业单位的预算业务流程管理、组织管理、岗位设置、职责权限划分等作出了原则性规定。

1. 预算业务控制管理制度与岗位设置控制内容

（1）预算业务控制管理制度控制内容。预算管理是一个系统工程，不仅仅是财务部门的工作，而是单位全局、单位内部各个部门共同性的工作，需要单位各部门、全体员工的共同参与。这就需要建立一套完整的预算管理制度，明确预算管理的工作流程、工作部门与岗位、工作职权与责任、工作标准与要求等，以此规范单位的预算管理行为，统一预算管理思想与业务。

《单位内控规范》第四章第19条的规定，单位的预算管理制度应当包括预算编制、审批、执行、决算与评价等多个方面的内容，单位应全面梳理预算管理工作流程，根据本单位的实际业务流程制定内部预算管理制度，明确预算管理的内容、体制、分工、职责、目标、风险、措施等，提出预算执行与监督的制度要求和监督检查方式方法，实现以规章制度规范单位预算管理全过程，保证预算管理工作的规范、合法、完善、有效。

（2）预算业务控制岗位设置控制内容。

①设置预算业务管理机构。不同的行政事业单位因所处的环境不同、承担的工作任务不同、工作性质不同、内部组织机构不同，单位应根据自身业务活动特点与收支规模，建立符合本单位实际的预算管理组织体系，以保障预算工作的有效执行。在一般情况下，预算业务管理机构都应包括预算业务决策机构、预算业务归口管理机构、预算业务执行机构和预算业务监督机构这四个环节的机构组成。

第一，预算业务决策机构。行政事业单位可以根据单位规模大小、业务性质等实际情况设立预算管理委员会或预算管理领导小组作为预算业务决策机构。由其承担该单位预算业务的决策工作。预算管理委员会（或领导小组）成员应该由单位的主要领导班子成员、财务部门负责人以及其他相关部门的负责人组成。预算管理委员会一般为非常设机构，主要通过定期或不定期召开预算工作会议审议决定预算工作的重大决策，协调处理预算工作中的重大问题，预算管理委员会（或领导小组）为单位预算业务的最高决策机构。

第二，预算业务归口管理机构。预算业务归口管理机构亦称预算归口管理部门，一般设置在财务部门。单位财务部门是负责单位会计核算与财务管理工作的专业职能部门，是单位预算管理工作的归口管理机构，履行日常的预算管理职能。预算业务归口管理机构作为预算业务的直接管理机构，其在预算业务的管理中主要负责拟定预算决策文件，落实预算决策机构的决定与措施，审核、平衡与汇总预算执行单位的预算方案，监督、检查、分析、报告预算执行情况等。

第三，预算业务执行机构。预算业务执行机构主要是单位内部的各个业务部门，其利用所分配到的财政资金开展业务工作，执行预算并完成工作任务，实现预算目标。预算业务执行机构是预算业务工作的具体承担者和执行者，具体负责各项预算指标的落实执行。

预算业务执行机构也包括单位内部的业务归口管理部门，如办公室负责"三公"经费的预算执行、人事部门负责培训费用的预算执行等。业务归口管理部门的预算执行，主要就是对于单位内部跨部门的同类经济业务以及相应的预算经费支出，由负责该项归口业务管理的部门具体执行。

第四，预算业务监督部门。单位负责内部审计的机构或岗位承担预算的监督管理工作，具体负责对单位预算编制、审核、分解、执行、调整、调剂等预算管理的全过程监督，参与预算考核评价监督，开展单位预算执行的内部审计。

预算业务管理机构的主要职能如表6-1所示。

表6-1　　　　　　　　　　　预算业务管理机构的主要职能

预算业务 管理机构	主要职能
预算业务 决策机构	审定预算业务内部管理制度
	确定单位预算管理的政策、办法和要求
	审定年度预算编制总体目标和总体要求
	研究审定单位预算草案，特别是重大项目立项和经费分配使用计划
	协调解决预算编制和执行中的重大问题
	听取预决算执行情况分析报告，组织召开预算执行分析会议，督促各执行机构按照进度执行预算并改进预算执行中存在的问题
	审批预算追加调整方案
	审定单位决算和绩效评价报告
	其他相关决策事项

续表

预算业务 管理机构	主要职能
预算业务 归口管理 机构	草拟预算业务内部管理制度，报预算管理委员会审定后，督促各相关单位和岗位落实预算业务内部管理制度
	拟定年度预算编制程序、方法和要求，报预算管理委员会审定
	组织和指导各预算业务执行机构开展预算编制情况
	汇总审核各预算业务执行机构提交的预算建议数，经过综合平衡，形成预算草案报经预算管理委员会审定后对外报送同级财政部门审批
	组织各预算业务执行机构根据职能分工和工作计划对同级财政部门下达的预算控制数进行指标分解、细化调整
	将单位按照法定程序批复的预算分解细化后的预算指标报经预算管理委员会审批后，下达至各预算业务执行机构
	跟踪、监控、定期汇总分析预算执行情况，向预算管理委员会提交预算执行分析报告
	汇总审核各预算业务执行机构提交的预算追加调整申请，行政预算调整方案，报预算管理委员会审议
	协调解决预算编制和执行中的有关问题
	编制单位决算报告和相关绩效评价报告，开展决算分析工作，报经预算管理委员会审定后对外报送同级财政部门审批
	做好其他相关工作
预算业务 执行机构	提供编制预算的各项基本资料，根据本部门或本岗位的工作计划提出预算建议数
	按照预算业务归口管理机构的要求及本部门或本岗位的工作计划对预算控制数进行分解、细化，落实到本部门的具体工作及相关岗位
	严格按照审批下达的预算及其相关规定执行预算
	根据内外部环境变化、工作计划的调整及单位的预算业务内部管理制度，提出预算追加调整申请
	配合预算业务归口管理机构做好预算的综合平衡和执行监控，及时按要求解决本部门或本岗位预算执行中存在的问题
	执行其他相关任务
预算业务 监督机构	负责预算编制、审核、分解、执行、调整、调剂等全过程的监督；参与预算考核评价监督；负责预算执行的内部审计

②设置预算业务管理岗位，合理配置岗位职责，强化预算责任落实。根据规范要求，行政事业单位应当在建立健全预算业务管理机构的基础上，进一步细化各岗位在预算管理中的职责、分工和权限，明确预算管理关键岗位，并确保预算编制与预算审批、预算审批和预算执行、预算执行与分析评价等不相容岗位相互分离。因此，各单位应根据工作实际需要，明确各级预算管理岗位，本着"因事赋权、权责一致"的原则，合理配置预算岗位职责，明

确权力，落实责任，并严格执行"不相容岗位相互分离，关键岗位重点管理"的内控要求。

2. 预算业务控制管理制度与岗位设置控制目标

预算业务控制管理制度与岗位设置控制目标包括以下几个方面：

（1）建立符合单位实际且具有可操作性的预算管理制度和流程，确保单位预算管理各环节的工作有章可循、规范有序。

（2）设置合理的预算管理组织体系，保证单位预算管理组织体系完备，分工明确、责任落实。

（3）科学设置预算业务管理机构和岗位，明确预算管理授权审批权限和岗位职责、关键岗位管理规范，确保岗位设置规范、人员配备合理。

（4）建立合理的组织领导和工作协调机制，确保预算管理运行机制健全有效，保障预算管理工作有效开展。

3. 预算业务控制管理制度与岗位设置控制风险评估

行政事业单位对预算业务控制管理制度和岗位设置开展风险评估时，可以从以下几个方面进行：

（1）预算管理意识薄弱，工作重视程度不够，制度不健全，流程不完备。

（2）预算管理组织机构、预算岗位未设置或者设置不合理、职责分工不明确，可能导致预算管理组织不落实，责任不明晰，工作不到位。

（3）预算相关部门和岗位缺乏有效沟通，可能导致单位内部各机构之间在预算管理上工作不协调、相互推诿责任，整体降低预算管理效率。

（4）单位支出定额标准体系不完善，单位预算管理无据可依，可能导致预算违法违规或造成国有资产损失浪费。

（5）单位预算不公开透明，没有根据国家相关法律法规拓展和细化公开内容，不能增强单位公信力，不利于促进社会监督。

4. 预算业务控制管理制度与岗位设置控制措施

（1）建立健全预算业务流程与管理制度。各单位应根据《单位内控规范》要求，结合本单位实际，建立健全预算管理制度与业务流程，明确规定预算编制、审核审批、预算执行、预算调整与调剂、决算与评价等各预算环节的管理内容、工作部门、岗位职责、业务流程、风险与控制措施等，为单位加强预算管理控制提供制度保障。

（2）建立科学高效的预算组织保障体系。各单位应根据业务工作任务和内部组织机构设置的实际情况，建立健全预算管理组织体系，设立跨部门的预算管理协调决策机构，负责预算管理的决策事项，明确预算管理的归口管理部门或专门负责预算管理的工作岗位。具体负责单位预算业务的组织、协调、督查事务，同时在现有常设机构的基础上，明确预算业务的执行部门与监督部门及其相应的预算执行与监督职责，根据部门职责进一步细分落实预算管理的岗位职责，以保证单位预算业务得以全方位、全过程的全面落实。

预算岗位是行政事业单位的关键岗位，单位应建立预算岗位责任制，坚持预算岗位中的不相容职务分离控制和重点控制制度，确保预算编制与预算审批、预算审批和预算执行、预算执行与分析评价等不相容岗位相互分离。预算岗位应实行依条件上岗、定期轮岗、持续培训、专项审计等特别管理措施，严防预算管理的职务舞弊与工作差错风险。

（3）健全预算管理协调机制。预算业务覆盖面广、涉及环节多且又是一项基于业务基础的部门之间互相关联协作的系统性工作，单位应当健全预算管理的协调机制，沟通部门之间的业务联系，平衡部门之间的经济资源，统筹部门之间的经济合作。预算编制服从于服务与业务工作的需要，应量入为出，根据财力状况安排预算支出，反过来又会以预算目标控制与制约业务活动的执行，防止预算超支风险，这就需要加强部门之间的工作协调。而且有限的财力资源如何在不同部门或项目之间进行平衡协调，更需要权衡轻重缓急，在部门之间进行有效的沟通协调。所以，预算管理并非仅仅需要做好表面的数字计算与记录，更需要做好数字背后各项经济资源的动态平衡、协调与管理，设立预算管理委员会，建立预算协调管理机制，统筹协调管理单位全局的预算管理工作。

（4）健全预算标准体系。单位应完善基本支出定额标准体系，明确规定各项支出的开支范围、定额标准、审核审批程序与权限、支出责任等，以保证预算编制与管理客观、公正、准确。严格机关运行经费管理，制定机关运行经费实物定额和服务标准。加强人员编制管理和资产管理，完善人员编制、资产配置与预算收支相互匹配的管理机制。完善政府收支分类体系，按经济分类编制部门预决算和政府预决算。

（5）积极推进预算公开。目前为止，我国已经初步形成了以新《中华人民共和国预算法》、政府信息公开条例为统领，以《国务院关于深化预算管理制度改革的决定》和中办、国办《关于进一步推进预算公开工作的意见》为指南，涵盖政府预算、部门预算和转移支付预算多层次、多方位、具有中国特色的预算公开法定模式。同时形成了由财政部门公开政府预算、转移支付预算，各部门公开部门预算的预算公开体系。在此基础上，各级财政部门、业务主管部门应按照"谁制作、谁公开"的要求，主动公开预算管理法规和政策、预算编制办法及流程、预算指标与结果等，以更好地接受社会监督。

行政事业单位的预算公开工作，应进一步细化公开内容，由一般预算拓展到政府性基金预算、国有资本经营预算，由单独公开部门收支预算拓展到公开部门职责、机构设置、机关运行经费安排、政府采购、国有资产占用、预算绩效等情况，公开"三公"经费预算。此外，单位也要逐渐完善预算公开方式，形成以表格、文字、视频等为主要公开内容，以政府网站为主体，政府公报、报刊、广播、电视、实体政务服务中心为补充，政府网站与新闻网站、商业网站等合作协同的多平台、多渠道公开格局，使得预算公开更加快捷、便利。

（二）预算编制业务控制

《单位内控规范》第四章第 20 条规定："单位的预算编制应当做到程序规范、方法科学、编制及时、内容完整、项目细化、数据准确。（1）单位应当正确把握预算编制有关政策，确保预算编制相关人员及时全面掌握相关规定。（2）单位应当建立内部预算编制、预算执行、资产管理、基建管理、人事管理等部门或岗位的沟通协调机制，按照规定进行项目评审，确保预算编制部门及时取得和有效运用与预算编制相关的信息，根据工作计划细化预算编制，提高预算编制的科学性。"该条款从预算编制的程序、方法、时效、内容、项目、数据到预算编制的组织管理、沟通协调、信息使用等方面全方位就预算编制管理工作作出了原则性规定。

1. 预算编制业务控制内容

（1）预算编制业务控制基本流程。预算编制业务的基本流程为：①由预算业务决策机构（预算管理委员会）部署预算编报工作；②由预算业务归口管理机构（财务部门）组织预算编报工作；③预算业务执行机构（业务部门）提出本部门预算建议数，经部门负责人审核后上报预算归口管理部门；④由预算业务归口管理机构（财务部门）进行初审，然后汇总、平衡、编制单位预算建议数，报预算委员会审核审定；⑤预算业务决策机构（预算管理委员会）审核审定单位预算建议数，审核通过后报财政部门审批；⑥财政部门进行审核，批复单位的预算控制数；⑦单位预算归口管理部门根据财政部门批复的预算控制数，分解下达内部各预算执行部门；⑧各预算执行部门根据收到的预算控制数编制本部门的预算草案，经部门负责人审核后报单位预算归口管理部门；⑨预算业务归口管理机构（财务部门）进行初审，然后汇总、平衡、编制单位预算草案，报预算委员会审核审定；⑩预算业务决策机构（预算管理委员会）审核审定单位预算草案，审核通过后报财政部门审批；⑪财政部门初审各部门单位预算草案，报经预算审批机构审议批准后，正式批复下达单位部门预算；⑫单位预算归口管理部门根据财政部门批复的正式预算，分解下达到内部各预算执行部门执行。

（2）预算编制业务关键控制环节。行政事业单位的预算编制业务由众多业务环节组成，其中较为关键的控制环节及内容是：

预算业务执行机构（业务部门）提出本部门预算建议数：预算执行部门应根据本部门下年度的工作任务与计划，结合财政部门的预算编制政策与要求和本部门当年预算执行、预算结余情况，认真测算，客观准确地提供本部门的预算建议数，不得随意估报、瞒报、虚报，以保证预算建议的真实性、准确性、可靠性。

预算业务归口管理机构（财务部门）进行初审，然后汇总、平衡、编制单位预算建议数：预算业务归口管理机构应在充分调查研究、了解各部门业务计划情况的基础上，根据财政部门的预算编制政策认真审核各部门的预算建议，按照单位总体工作任务与计划，结合单位的人力、财力、物力资源状况，匹配、平衡、统筹各部门的预算建议，最终汇总编制本单位的预算建议数。

预算业务决策机构（预算管理委员会）审核审定单位预算建议数：单位预算决策机构应以满足单位全局的工作任务需要为前提，以财政部门预算编制政策为依据，兼顾全局，保证重点，严格把关，保证预算建议数真实、准确、可靠，防止造成国家资金的损失浪费。

预算业务归口管理机构（财务部门）编制单位预算草案：预算业务归口管理部门在对预算执行部门编制的预算草案进行初审、汇总、平衡的基础上，根据单位总体工作目标任务，统筹编制单位预算草案，确保预算草案完整详细、真实准确，避免给预算审批部门造成预算审批的决策失误。

2. 预算编制业务控制目标

预算编制业务控制目标包括以下几个方面：

（1）明确预算编制的要求、内容、程序，做到预算编制合法、合规、及时、完整、详细、准确。

（2）预算编制过程中单位内部各部门间沟通协调充分，确保预算符合单位年度目标和工作计划，确保方案符合单位实际。

（3）实现预算与资产配置相结合、与具体工作相对应，根据工作计划细化预算编制，合理设计预算目标及指标体系，提高预算编报的科学性。

（4）严格按时间进度编制预算，确保预算草案编制工作在预算年度开始前如期完成。

3. 预算编制业务控制风险评估

开展预算编制业务控制风险评估时，主要从以下几个方面进行：

（1）预算编制违背财政部门的预算编制原则与要求，预算编制业务方法不科学，可能导致预算数据缺乏科学性、合理性，影响预算管理效果。

（2）预算编制业务依据不充分，预算编制与国家的方针政策相背离，与单位发展规划、工作任务和工作计划相脱节，与单位实际财力状况不匹配，导致预算编制结果错误或存在较大偏差。

（3）单位预算编制不规范、不完整，没有根据政府收支分类科目编制预算，编制内容缺失，使得预算缺乏完整性和系统性。

（4）预算编报各个环节衔接不紧密，导致预算不准确、不合理。

（5）预算编制马虎应付，没有进行足够的信息收集、调查、研究和论证工作，导致预算编制基础不实，质量不高。

4. 预算编制业务控制措施

（1）明确规定预算编制业务原则、要求和方法，保证预算编制结果的合法性、真实性、准确性。行政事业单位预算编制应与国家的路线、方针、政策相符合，以单位承担的职能任务和工作计划为依据，根据单位内部各部门提供的工作计划与预算建议，进行充分的调查研究、分析论证、准确测算、反复平衡，制定出内容完整、切合实际、符合要求的预算草案。预算编制一般应遵循以下原则：

①遵守原则，依法编制：预算编制一定要依据财政部门的编制原则与要求，按照规定的格式、内容、时限，编制上报单位预算，保证预算的合法性。

②切合实际，量入为出：单位预算的编制必须以单位的实际财力状况、物力状况、人力资源状况为基础，量入为出，不得高估冒算，偏离实际，保证预算的真实性、可靠性。

③保证重点，兼顾一般：在单位资源状况有限的情况下，预算编制应根据单位业务的轻重缓急，集中有限力量保证重点项目，兼顾一般业务，合理统筹安排预算资金，保证国家资金的有效使用。

预算编制的一般方法包括零基预算法、比率预算法、滚动预算法、弹性预算等。零基预算法是指不考虑历史期预算及实际经济活动的项目及金额，以零为起点，一切从实际需要和可能出发，分析预算期经济活动的合理性，进而在综合平衡的基础上形成单位整体预算的预算编制方法；比率预算法是指通过预算指标与其他相关经济指标的比例关系来确定目标预算的方法；滚动预算法是指根据上一期预算执行情况和新的预测结果，按既定的预算编制周期和滚动频率，对原有的预算方案进行调整和补充，逐期滚动，持续推进的预算编制方法；弹性预算法是指在分析业务量与预算项目之间数量依存关系的基础上，分别确定不同业务量及相对应的预算项目所耗资源，进而形成单位整体预算的预算编制方法。

当前，国家倡导行政事业单位推行零基预算法，其目的与意义在于：第一，有利于提高"投入——产出"意识，零基预算是以"零"为起点观察和分析所有业务活动，并且不考虑过去的支出水平，因此，需要动员全体人员参与预算编制，从投入开始减少浪费，通过成本——效益分析，提高产出水平；第二，有利于合理分配资金，每项业务经过成本——效益分析，对每个业务项目是否应该存在、支出金额若干，都要进行分析计算，能使有限的资金流向富有成效的项目，所分配的资金能更加合理；第三，有利于发挥基层单位参与预算编制的创造性，零基预算的编制过程中，单位内部情况需要不断沟通和协调，有助于调动基层单位参与预算编制的主观能动性；第四，有利于提高预算管理水平，零基预算极大地增加了预算的透明度，预算支出中的人头经费和专项经费一目了然，整个预算的编制和执行也能逐步规范，预算管理水平会随之得以提高。

（2）明确预算编制依据，夯实预算编制业务基础。政府及各部门、各单位预算编制的基本依据如表6-2所示。

表6-2　　　　政府及各部门、各单位编制年度预算草案的依据

级别	编制依据
各级政府	新预算法： 年度经济社会发展目标、国家宏观调控总体要求； 上级政府对编制年度预算草案的要求； 中期财政规划、有关的财政经济政策以及跨年度预算平衡的需要； 本级政府的预算管理职权和财政管理体制确定的预算收入范围和支出责任； 上一年度预算收入情况、对本年度经济形势的预测、收入政策调整以及上级政府提前下达的转移支付预计数等； 最近年度决算和有关绩效评价结果、上一年度支出预算执行情况和本年度支出政策调整等

级别	编制依据
各部门、各单位	新预算法： 本级政府的要求以及本级政府财政部门的部署； 本部门、本单位的法定职责、工作任务、事业发展计划、中期项目规划； 本级政府财政部门依照财政部规定制定的预算支出标准、资产配置标准； 本部门、本单位最近年度决算和有关绩效评价结果、上一年度预算执行情况、结转和结余资金情况以及本年度预算收支变化因素； 编制预算涉及人员情况、存量资产情况

在表 6－2 中，预算支出标准是指对预算事项合理分类并分别规定的支出限额，包括基本支出标准和项目支出标准。地方各级政府财政部门应当根据财政部制定的预算支出标准，结合本地区经济社会发展水平、财力可能和实际工作任务的合理需要，制定本地区或者本级的预算支出标准。绩效目标是指预算资金在一定期限内计划达到的产出目标和效果。绩效目标应当指向明确、细化量化、合理可行，建立健全与预算管理相关的资产管理制度。各部门、各单位在编制预算草案时，应当结合存量资产情况，根据资产配置标准等要求编制新增资产配置计划，报本级政府财政部门审核。

（3）明确规定预算编制的项目内容和收支科目分类。行政事业单位在预算编制过程中，应该明确规定预算编制的具体内容和项目，预算编制的内容应当包括收入和支出。其中，收入包括本级预算拨款收入、预算拨款结转结余、其他各项收入；支出包括基本支出、项目支出。各部门、各单位的预算支出，按其功能分类应当编列到项，按其经济性质分类应当编列到款。按功能分类编列到项的支出应当与按经济性质分类编列到款的支出相互衔接。

①各级政府、预算单位预算编制的基本内容如表 6－3、表 6－4 和表 6－5 所示。

表 6－3　　　　　　　　　中央和地方一般公共预算内容

级别		编制内容
中央	收入	本级一般公共预算收入、从政府性基金预算和国有资本经营预算调入资金，地方上解收入、从预算稳定调节基金调入资金
	支出	本级一般公共预算支出、偿还政府债务本金支出、对地方的税收返还和转移支付，补充预算稳定调节基金
地方	收入	本级一般公共预算收入、从政府性基金预算和国有资本经营预算调入资金、上级税收返还和转移支付、下级上解收入、从预算稳定调节基金调入资金、其他调入收入
	支出	本级一般公共预算支出、偿还政府债务本金支出、上解上级的支出、对下级的税收返还和转移支付、补充预算稳定调节基金

注：中央财政本年度举借的国内外债务和还本数额应当在本级预算中单独列示。

表6-4　　　　　　　　　　　**中央和地方政府性基金预算编制内容**

级别		编制内容
中央	收入	本级收入、上一年度结余、地方上解收入
	支出	本级支出、对地方的转移性支付、向一般公共预算调出资金
地方	收入	本级收入、上一年度结余、下级上解收入、上级转移支付
	支出	本级支出、上解上级支出，对下级的转移支付、向一般公共预算调出资金

表6-5　　　　　　　**国有资本经营预算和社会保险基金预算具体编制内容**

级别		编制内容
国有资本经营预算	收入	本级收入、上一年度结余、上级转移支付
	支出	本级支出、向一般公共预算调出资金、对下级的转移支付
社会保险基金预算	收入	社会保险费收入、利息收入、投资收益、一般公共预算安排补助收入及其他收入
	支出	社会保险待遇支出及其他支出

②政府收支分类科目。政府收支分类科目是编制预算、决算，组织预算执行以及相关会计核算的基本工具。具体分类办法按《财政部关于印发〈2018年政府收支分类科目〉的通知》（财预〔2017〕106号）执行。随着政府收支分类改革的不断深入，财政部根据预算管理需要，可以对政府收支分类科目作出调整并予以公布，中国人民银行基本上每年都会出台当年的政府收支分类科目，不断对收支分类科目进行细化。行政事业单位在编制预算时要及时根据最新规定更新其分类科目。

（4）规范单位预算编报程序和要求。单位应根据新《预算法》《预算法实施条例》《行政单位财务规则》《事业单位财务规则》等相关规定，按照"两上两下、上下结合、分级编制、归口审核"的要求规范单位预算编制业务程序，明确预算编制业务要求。一般来说，单位预算可按照以下程序编制：①单位财务部门根据同级财政部门下达的预算编制业务规定和要求，制定本单位预算编制业务时间安排和要求，对单位内设机构预算编制业务人员进行预算编制业务培训，准备预算编制业务模板，部署预算编制业务工作；②单位各内设机构按照预算编制业务规则和要求，依据自身职能履行和工作计划需要，并结合上期预算执行情况编制本机构预算计划，使其与实际工作相对应；③业务归口部门对单位各内设机构提出的三公预算、采购预算、资产预算、信息预算和工程修缮预算等支出需求，进行汇总初审并在内部平衡实际需要，同类事项统一标准，政策流程统一把关，避免多头重复申报；④单位财务部门进行汇总审核和综合平衡收支预算，确定单位收支总盘子，测算、提出单位预算建议数，提交单位领导审批；⑤单位领导班子对预算建议数进行审批，内部审批通过后由单位财务部门在上级相关部门规定的时间内报同级财政部门审核，财政部门对预算建议数审核无误后，下达预算控制数；⑥单位财务部门根据财政部门下达的预算控制数，组织单位内设机构进行预算指标的分解细化，明确各内设机构、各业务的具体预算额度；⑦预算控制数分解完成后由单位领导审批，并经上级主管部门审批通过后报送同级财政部门审核，经财政部门审批的预算方案，单位正式下达各内设机构。同时单位应按照基本支出预算编制业务实行定员定额管理，项目支出预算实行项目库管理，项目支出预算滚动管理，细化基本支出和项目支出预算编制业务要求，切实做好项目考察论证、筛选和最终确定，按轻重缓急将有限的资金优先安排到最急需的项目，把预算编细、编实、编准。

（5）合理设计预算目标及指标体系。各单位应当按照"财务指标为主体、非财务指标为补充"的原则设计预算指标体系，根据单位职能发展规划、年度工作目标任务设定预算目标，将单位各项经济活动的各个环节、各个方面的内容都纳入预算指标体系当中，并确保与绩效评价指标协调一致，按照各责任主体在工作性质、权责范围、业务活动特点等方面的不同，设计不同或各有侧重的预算指标体系。

（6）强化预算编制业务的时间要求。地方各级政府、各部门、各单位应当于每年6月30日前启动下一年度预算草案编制工作。各单位应当根据自身规模大小、组织结构和经济活动的复杂性、预算编制业务工具和熟练程度、预算开展的深度和广度等因素，确定合适的预算编制业务时间，并严格按时间进度编制预算，确保预算草案编制工作在预算年度开始前如期完成。县级以上地方各级政府各部门应当根据本级政府要求和本级政府财政部门的部署，结合本部门的具体情况，组织编制本部门及其所属各单位的预算草案，按照规定期限报本级政府财政部门审核；县级以上地方各级政府财政部门审核本级各部门的预算草案，编制本级政府预算草案，汇编本级总预算草案，经本级政府审定后，按照规定期限报上一级政府财政部门；省、自治区、直辖市政府财政部门汇总的本级总预算草案，应当于下一年1月10日前报财政部。

（三）预算审核审批业务控制

《单位内控规范》第四章第21条规定："单位应当根据内设部门的职责和分工，对按照法定程序批复的预算在单位内部进行指标分解、审批下达，规范内部预算追加调整程序，发挥预算对经济活动的管控作用"，就单位内部的预算审批业务控制作出了原则性规定。

1. 预算审核审批业务控制内容

（1）预算审核审批控制内容。预算的审核审批包括单位内部的审核审批与财政部门的审核审批，单位内部审核审批包括：①预算业务归口管理机构（财务部门）审核预算执行部门的预算建议数；②单位预算业务决策机构（预算管理委员会）审定单位预算建议数；③预算业务归口管理机构（财务部门）审核预算执行部门提交的部门预算草案；④预算业务决策机构（预算管理委员会）审定单位预算草案。

财政部门审核审批包括：①财政部门批准下达预算控制数；②财政部门正式批复下达单位预算方案。

（2）预算审核审批关键控制环节。预算业务归口管理机构（财务部门）审核预算执行部门的预算建议数：单位预算执行部门的预算建议数是基层预算执行部门根据本部门工作实际需要提出的原始计划，是全部预算形成的基础和总体控制目标。基层预算执行部分预算建议的准确与否，直接关系到单位预算的准确性、可靠性、可行性，关系到财政部门和本级人民代表大会预算审批决策的正确性。所以基层预算执行部门提出的预算建议即成为预算编制的入口，预算业务归口管理机构（财务部门）必须在充分调查研究，掌握了解实际情况与需要的前提下，选择适当的预算方法，反复测算核对，认真审核基层预算执行部门的预算建议，保证预算建议切合实际，与财政部门的预算编制政策相一致，与工作任务相协调，与财力状况相匹配，与人力条件相适应，在此基础上，形成本单位切实可行的预算控制数。

单位预算业务决策机构（预算管理委员会）审定单位预算建议数：在单位预算归口管理机构（财务部门）初审基层预算执行部门的预算建议并编制单位预算控制数后，预算业务决策机构（预算管理委员会）应依据财政部门的预算编制政策，结合本单位的工作实际，统筹全盘工作任务的轻重缓急，平衡单位全局的资源条件状况，综合审核单位全局预算控制数的合法性、真实性、准确性、可行性，确定本单位的预算总目标。

预算业务决策机构（预算管理委员会）审定单位预算草案：单位预算归口管理机构（财务部门）在分解下达财政部门批准的预算控制数、初审预算基层执行部门据此编制的预算草案后，综合平衡并汇总编制单位预算草案，此为单位预算执行的具体依据，一经财政部门正式批准不得随意调整、变更或改变用途，单位预算业务决策机构（预算管理委员会）需高度重视，审慎审核决策。单位预算业务决策机构（预算管理委员会）审定单位预算草案时，一要认真审核预算草案是否符合财政部门的预算编制要求，确保预算草案的合法性；二要审核预算草案编制依据的充分性与合理性，确保预算草案真实性；三要审核预算草案与单位预期工作任务与计划和财力、物力、人力等资源状况的匹配性，确保预算草案的可行性；四要审核预算编制方法的科学性和预算内容的完整性，确保预算草案的正确性。

2. 预算审核审批业务控制目标

预算审核审批业务控制目标包括以下几个方面：

（1）预算审批依据科学。根据以前年度的业务支出实际和本年度的业务工作计划为依据，运用专门方法进行测算评估，在确保预算准确性的前提下审批下达。

（2）应在规定的时限内审批下达预算，以保证预算管控的持续性和有效性。

（3）应按照法定程序和适宜的方法审核批复预算，保证单位预算批复合法性和科学性。

3. 预算审核审批业务控制风险评估

开展预算审核审批业务控制风险评估时，主要从以下几个方面进行：

（1）预算批复责任主体不清晰，没有设置专人专岗对预算批复进行管理，审批责任不清晰；没有专门的预算管理工作机构，导致预算审核审批业务环节管理疏松，可能存在违纪、舞弊行为。

（2）预算控制数的分解不合理，批复下达程序不规范，可能导致预算差错或不能得到有效执行。

（3）预算未经审核批准或超越授权审批以及批复下达方式不当，可能造成预算管理的违法违规风险。

（4）预算的审核审批不认真，可能会导致预算指标不完整、不真实、不准确、不可行，造成预算管理失效或功能弱化。

4. 预算审核审批业务控制措施

（1）明确预算审批业务的责任主体。各单位应当明确规定预算审核、审批工作岗位及其工作职责，严明审核审批纪律，强化审核审批责任，发挥审核审批关键环节的内控作用。

（2）规范预算批复的程序和要求。预算批复是单位按照财政部门或上级部门预算批复结果，在单位内部根据部门、下属单位的业务职能和分工，以预算指标的方式进行逐级分解，批复下达。具体来说，单位应按照以下程序开展内部预算批复下达。第一，单位收到财政部门或上级单位下达的年度批复预算后，由财务部门根据单位内部管理需要进行内部预算分解，并提交单位预算决策机构审定。第二，财务部门根据单位预算决策机构审定的内部预算分解方案，将预算批复至各业务部门，归口预算批复至归口统筹部门，同时明确内部预算的收入指标任务和支出指标的开支范围和执行方式。第三，归口统筹部门根据单位内部实际情况一次性统筹批复或逐步调度批复其归口管理事项的预算指标，达到归口统筹的管理目标。单位应根据批复的年度预算，围绕工作计划和任务对单位各业务部门提出管理目标、要求和责任，分解预算指标，落实管理责任，保证年度预算完成。单位财务部门应将内部预算批复至具体的指标名称和具体内容，并严格按照预算批复用途，在允许开支范围内明确具体经济科目，按收支管理办法明确各事项的预算执行方式和支出类型。

（3）合理选用预算批复的方式。内部预算指标的批复，可以根据实际情况综合运用总额控制、逐项批复、分期批复、上级单位统筹管理、归口部门统一管理等下达方式。内部预算批复下达时，应结合实际预留机动财力，对于在预算批复时尚无法确定事项具体内容的业务，可先批复下达该类事项的总额，在预算执行过程中履行执行申请与审批管理；由上级单位统筹管理的预算，可一次性或分次分批下达预算指标，以保留适当的灵活性，从而避免内部预算频繁调整。

（4）分解平衡、细化调整预算控制数。增加对预算控制数的分解与细化调整的论证，寻求专业人士的支持和帮助，避免由于专业性的不足和沟通的缺乏，而导致最终的预算控制数的分解平衡、细化调整不合理。

（5）预算审批应做到工作质量与工作时效双确保，在确保预算审核审批程序规范、科学准确的前提下，确保预算在规定的时间内审批下达，以保证预算单位的经济活动正常开展和预算管控的持续有效。

（四）预算执行业务控制

《单位内控规范》第四章第22条规定："单位应当根据批复的预算安排各项收支，确保预算严格有效执行。单位应当建立预算执行分析机制。定期通报各部门预算执行情况，召开预算执行分析会议，研究解决预算执行中存在的问题，提出改进措施，提高预算执行的有效性。"该条款针对《单位内控规范》第二章第11条规定："单位进行经济活动业务层面的风险评估时，应当重点关注以下方面：（一）预算管理情况。……（略）是否按照批复的额度和开支范围执行预算，进度是否合理，是否存在无预算、超预算支出等问题"的预算执行风险，就预算执行业务的具体控制作出了原则性规定。

1. 预算执行业务控制内容

（1）预算执行业务控制基本流程。预算执行业务的一般程序是：①预算业务执行机构（业务部门）确定该预算是否需要申请执行；②如果不需要执行申请，但是有借款则进入资金支付流程；③如果需要执行申请则填写预算执行申请单交由预算业务归口管理机构（财务部门）进行审核，由预算业务决策机构（预算管理委员会）进行审批，若有采购则进入到政府采购流程，再进入资金支付流程，若无采购则直接进入到资金支付流程中。资金支付流程控制内容如下：①预算业务执行机构（业务部门）确定是否需要借款，若不需要借款则直接提出报销申请并审核；②若需要借款则提出借款申请并提交借款申请单上报于预算业务决策机构（预算管理委员会）进行审核，通过后付款并进行相应的会计核算。

（2）预算执行业务关键控制环节。预算执行业务的关键控制环节包括：业务部门申请预算执行、财务部门审核、预算管理委员会审批、资金支付。

业务部门申请预算执行：预算业务执行机构（业务部门）的执行预算业务时，首先应根据批复的预算，选择正确的预算执行方式，如直接报销、借款执行、执行申请、政府采购等，然后按照相应的程序提出申请，履行相应的审核审批手续。需要注意的是，一要严格按照批复的执行方式申请预算执行，不得擅自改变预算执行方式；二要依照授权开展业务，不得未经授权或超越授权开展预算执行业务；三要严格按照规定的业务流程执行预算业务，保证预算执行合法有序。

财务部门审核：预算业务归口管理机构（财务部门）对预算执行部门的执行申请应严格把关，认真审核，确保预算的有效执行。一要审核预算执行申请是否为预算批准的开支范围，是否在预算控制的额度或标准内；二要审核预算执行方式、列支渠道等是否符合已批准的预算；三要审核是否按相应的预算执行方式的授权审批程序与权限履行审批手续。

预算管理委员会审批：预算业务决策机构（预算管理委员会）依据单位的授权审批权限对于属于权限范围内的重大预算审批事项进行执行审批。审批的重点包括：是否符合已批复的预算规定，如开支范围、开支标准或限额、执行方式等；预算执行与业务进度以及合同约定是否相符；是否执行了相应的预算执行方式业务流程等。

资金支付：完成单位内部预算执行审批程序的事项，依据预算批复和相关经费支出规则，进入资金支付流程。资金支付环节包括业务部门提出借款申请或报销（资金支付）申请，然后按单位授权审批程序履行审核审批手续，办理资金支付。办理资金支付业务，一要严格履行审核审批手续，未经审批的支付申请不得办理，超越授权的审批拒绝受理，并应向越权审批的上级主管报告；二要严格按照财务收支内部控制的制度与流程办理资金支付；三

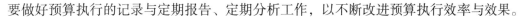

要做好预算执行的记录与定期报告、定期分析工作，以不断改进预算执行效率与效果。

2. 预算执行业务控制目标

预算执行业务控制目标包括以下几个方面：

（1）预算执行主体明确，责任划分清晰，业务活动开展前经过适当授权审批。

（2）预算执行过程可控，实施全程监控，全面掌握预算执行的进展和结果，建立预算执行情况预警机制，确保单位根据审批的预算安排各项收支，杜绝资金挪用现象。

（3）财政借垫款得到全面清理，加强暂付款和权责发生制核算管理。

（4）资金拨款和支付顺序、原则、审批程序符合国家相关规定，资金支付及时、充足，不存在"以拨代支"等违规现象，能够及时分配资金以保证单位正常运行以及工作目标的实现。

（5）优化预算考核机制，通过重点督查、随机检查、定期考核等方式，加强预算绩效管理工作，从而为预算源头不出错、执行过程无漏洞、预算结果公开透明提供保障。

3. 预算执行业务控制风险评估

预算执行业务控制风险评估既存在于预算执行申请中，也存在于资金支付过程中。开展预算执行业务风险评估时，主要从以下几个方面进行：

（1）预算执行申请环节的风险包括：①预算执行方式选择错误，可能导致执行时机错失，或者预算执行混乱，影响预算执行进度与效果。②预算申请执行的授权审批程序不明确，易导致预算执行审批的混乱，弱化预算控制力。③未按批准的预算严格执行，执行中随意调整预算、无预算随意支出，基本预算支出和项目预算混用，容易造成资金使用的损失浪费或低效。④未按规定进行预算执行分析，可能导致预算执行进度出现较大偏差或者未能及时发现问题、化解控制风险，导致预算执行损失或失败。⑤未将单位预算收支纳入预算执行考核范围，缺乏对执行进度的监督控制，导致预算执行监控不力，效果不佳。⑥预算执行中各自为政，部门间沟通欠缺、协调配合不够，导致在预算执行效率与效果弱化。⑦缺乏预算预警，无法及时发现预算执行出的问题，导致预算执行偏差越来越大，事后监督滞后。

（2）资金支付环节的风险包括：①未按规定的程序和原则办理资金支付，容易导致违法违规使用资金或者舞弊，造成资金损失浪费风险。②资金取得、调度不力，准备不充分，导致资金不能按时足额拨付，影响正常业务的开展与进行。③审批权限不明确，容易出现未经审批或越权越级审批现象，进而产生腐败与舞弊行为。④单位债权债务管理不力，借垫款控制不严，清收不及时，资金被长期占用，容易形成呆坏账和资金损失。⑤借款和报销审核不严格。资金报销或者借款拨付的制度办法缺失、标准不明确或者不执行，导致支付审核随意性大，容易滋生贪污腐败，危害单位资产安全，甚至导致资金流失。

4. 预算执行业务控制措施

预算执行业务控制措施按照预算执行环节可分为预算执行申请环节的控制措施和资金支付环节的控制措施：

（1）预算执行申请方面的控制措施包括：

①单位应当制定明确的预算执行申请标准。预算业务执行部门必须在明确的预算指标下提出执行申请，凡预算批复时确定为"一事一议"方式的，在未经过指标申请和审批前，不能提出执行申请。执行申请受预算指标当前可用额度控制，不能超可用额度提出申请。执行申请时，必须将指标、支出事项和执行申请一一对应，必须符合指标批复时的业务范围以及经费支出管理办法和细则的相关规定。

②单位应当合理安排预算执行申请的审核审批。执行申请提出后，交业务执行部门负责人审核证明该项业务执行的真实性和必要性，单位设置预算归口部门的提交归口部门进行归口审核。归口审核时，按经费支出管理办法中的审批权限规定，不同类型费用由相应归口部门进行审核，之后由预算业务归口管理机构审核，并按规定的授权审批权限进行审批。单位还应根据业务部门的情况，按照不同类型业务，区别业务金额、性质、种类，分类设定多层级的预算指标申请审批权限。

③单位应当明确预算执行的方式。预算执行一般包括三种方式：直接支付、执行申请、政府采购执行。业务部门应根据经费支出事项的分类，选择预算执行方式，财务部门应当给予指导和审核。其中，直接执行适用于在预算内部审批下达阶段就已明确预算指标、支出标准和支出防线的业务，如支付物业费、水电费等，直接执行的审批程序相对简化，相关业务部门应当严格按照预算指标、支出标准和支出方向办理；执行申请适用于支出总额明确但具体内容需随着工作开展才能进一步明确的业务事项，如课题研究等专项经费等，对于这类事项一般采取一事一议的方式，在总额度之内提出预算指标申请和预算执行申请，经过审核和审批之后，才能办理相关业务事项和支付款项；政府采购执行是指按照政府采购有关政策规定和政府采购预算及计划，办理政府业务采购。

④单位应当建立预算执行监控机制。单位应实施对预算执行过程的有效监控，随时跟踪了解预算执行的实际情况，并反馈给相关部门，防止预算执行进度偏快或偏慢，及时发现问题并予以纠正。同时，预算归口管理部门、内部审计部门应定期或者不定期对单位预算执行情况进行监督检查，及时通报预算执行检查中发现的问题，并及时予以纠正或提出改进意见，对于检查中发现的重大问题应及时向单位领导报告，并提出解决处理意见。对于预算执行过程中形成的文档资料进行妥善保管，便于为后期检查监督提供依据。

⑤单位应当建立预算执行分析机制。行政事业单位应当建立完善预算执行情况分析制度，定期组织召开算执行分析会议，研究分析预算执行中存在的问题，对财政拨款规模较大的重点单位、重点项目进行重点分析，加强对垂直管理下级单位的指导。各级财政部要及时掌握预算执行动态，深入分析预算执行中反映出的各类问题，特别是要加强对预算收支执行、国库存款、结转结余、暂付暂存款和财政专户资金的分析。为确保预算分析结果客观公正、准确有效，单位应当规范预算分析流程、方法，选择那些对单位目标实现有重要影响的预算项目，根据不同情况采用定量分析和定性分析相结合的方法，充分反映预算执行单位的现状、发展趋势及潜力，分析预算执行中存在的问题及其产生原因，落实预算责任，并及时

提出改进措施与建议纠正偏差。预算分析流程一般包括确定分析对象、收集资料、确定差异及分析原因、提出措施及反馈报告等环节。

⑥为全面掌握预算执行的动态和结果，单位应当建立健全预算执行情况反馈与报告工作机制，确保预算执行信息及时、畅通和有效的传输。预算归口管理机构应当加强与本级内设机构及下属各预算执行单位的沟通，运用财务信息和其他相关资料监控预算执行情况，采用恰当方式及时向单位领导、预算最高决策机构、本级内设机构及下属各预算执行单位报告反馈预算执行进度、执行差异及其对预算目标的影响。单位可通过采取定期召开预算例会、定期编报预算差异分析报表或预算反馈报告等主要形式反馈预算执行情况。预算信息反馈和报告应简洁、明晰，注重信息内容的真实性、及时性、系统性和有用性。针对预算执行中存在的问题，单位预算归口管理机构应在报告中提出改进措施和建议，经单位领导批准后协调各内设机构、下属各预算执行单位解决，确保年度预算目标的全面实现。

⑦单位要建立健全预算支出考核制度，明确考核指标。同一部门通过不同预算分别安排的支出，都要纳入执行进度考核范围。对于所属单位当年预算执行进度低于平均进度且无正当理由的，核减下一年该单位项目经费；对某一预算年度安排的项目支出连续两年未使用，或者连续三年仍未使用完形成的剩余资金，视同结余资金管理。各级财政部门要建立预算执行与预算编制挂钩制度，对本级部门和下一级地区的预算执行进度进行考核，建立以减小存量资金、提高资金使用效率为核心的预算执行考核评价体系，对于支出进度较低、存量资金数额较大的部门或地区，在安排下年预算和分配转移支付资金时，也要予以适当核减。

⑧通过有效地沟通协调、督促改进，保障单位预算执行进度。各级财政部门对于预算执行不力的本级部门和下一级地区，应采取通报、调研或约谈等方式，提出加快预算执行的建议，推动有关部门或地区查找原因并改进工作。上级财政部门要继续完善地方支出进度月度通报机制，对排名靠后的下一级财政部门，将支出进度情况通报同级政府分管财政工作的领导，下一级财政部门要撰写情况说明报送上级财政部门。

⑨建立预算执行情况动态预警机制。单位应当结合自身特点，根据预算执行过程中记录的数据资料，科学选择预警指标，合理确定预警范围及标准，通过观察指标变化及时发出预警信号，单位根据指标数据对业务活动进行预测和诊断，积极采取相应对策，避免潜在的风险和问题，达到防患于未然的作用。

（2）资金支付环节的控制措施包括：

①单位应当明确预算资金拨款和支付顺序、原则。预算年度开始后，各级预算草案在本级人民代表大会批准前，可以提前安排的支出包括：第一，上一年度结转的支出；第二，参照上一年同期的预算支出数额安排必须支付的本年度部门基本支出、项目支出，以及对下级政府的转移性支出；第三，法律规定必须履行支付义务的支出，以及用于自然灾害等突发事件处理的支出。

②单位应当做好支取的前期准备工作。各部门和单位应根据工作和项目发展计划，做好预算执行的前期准备，特别是重大项目的准备工作。要根据年度预算安排和项目实施进度等情况，认真编制分月用款计划，及时提出支付申请。地方各级财政部门要会同有关部门做好转移支付资金拨付的前期准备，力争做到资金一旦下达，及时分配使用。

③单位应当严格控制资金支付审批。资金支付之前，必须履行审批程序，并在报销时附上相应的事前审批文件。单位应对各项经费支出的审批权限进行金额上的详细规定，按照经费支出性质，分别由业务部门负责人、财务部门负责人审批，超过限额则由更高级别的单位领导审批。二级单位也要对各项经费支出的审批权限进行相应的限定。各级财政部门要加快资金审核和支付，内设相关机构要各司其职、各负其责。要认真审核各部门和单位的用款申请，对重点和大额支出项目，审核后要跟踪后续进展；要及时下达用款额度并办理资金支付，对基本支出按照年度均衡性原则支付，对项目支出按照项目实施进度和合同约定支付，对据实结算项目根据实际需要引入预拨和清算制度。

④单位应当加强借垫款和权责发生制核算管理。单位应严格规定借垫款的范围、条件与标准，并严格控制管理借垫款业务，一般情况下不得对外借垫资金。规范会计核算，全面清理已发生的财政借垫款。对符合制度规定的临时性借垫款，应及时收回核销；对符合制度规定应当在支出预算中安排的款项，按规定列入预算支出；对不符合制度规定的财政借垫款要限期收回。严格权责发生制核算范围，地方各级财政应按规定使用权责发生制，不得超范围列支。

⑤借款和报销控制。报销必须履行报销手续，并经合理审批方能付款。未经审批或越权审批事项，拒绝办理。对单位提交的借款申请或报销申请审核时，重点审核经费支出事前审批程序是否完整；借款额度或报销额度是否超过部门预算指标；借款额度或报销额度是否超过可执行预算额度；借款或报销的支出范围和方向是否符合预算指标使用范围及方向；是否据实提供了合法、有效的报销票据，报销票据是否与支出方向保持一致等问题。借款申请或报销申请审核完毕后，单位财务部门会计岗应明确部门借款或直接报销的国库指标以及对应的账户类型，业务办理完成后应及时进行会计核算，定期编制资金收支报告。

（五）决算业务控制

《单位内控规范》第四章第23条规定："单位应当加强决算管理，确保决算真实、完整、准确、及时，加强决算分析工作，强化决算分析结果运用，建立健全单位地方预算与决算相互反映、相互促进的机制。"该条款针对《单位内控规范》第二章第11条规定"单位进行经济活动业务层面的风险评估时，应当重点关注以下方面：（一）预算管理情况。包括……决算编报是否真实、完整、准确、及时"的决算风险，就单位决算管理工作作出了原则性规定。

1. 决算业务控制内容

（1）决算业务控制基本流程。单位的决算工作包括以下流程环节：①预算业务归口管理机构（财务部门）根据日常的预算台账记录，整理汇总准备决算数据；②预算业务执行机构（业务部门）统计预算的执行情况，交于预算业务归口管理机构（财务部门）进行决算编制并形成决算报告草案；③预算业务决策机构（预算管理委员会）对其进行审定，审核通过后提交财政部门审批；④财政部门审批单位上报的决算报告；⑤预算业务归口管理机构（财务部门）向预算相关机构反馈决算报告；⑥预算业务决策机构（预算管理委员会）组织开展预算绩效评价。

（2）决算业务关键控制环节。决算业务关键控制环节包括财务部门进行决算编制、预算管理委员会审定决算报告、预算管理委员会组织开展绩效评价。

预算业务归口管理机构（财务部门）进行决算编制：决算是对预算执行结果的总结报告，做好年终决算的重要工作基础是建立预算执行台账，逐项逐笔记录日常发生的每一笔预算支出，年终决算前，财务部门应根据预算台账记录，结合预算执行部门提交的本部门预算执行统计报表，整理、分析、汇总预算执行情况，按照财政部门要求的格式与内容编制单位决算报告。为了保证决算的真实、准确、完整、及时，财务部门年终决算时，一要财务部门预算管理岗位的执行记录和执行部门的预算执行统计报表为依据，准确计算编报，不得估报、谎报、测算编报；二要按照财政部门规定的格式与内容编报决算报告，不得擅自改变决算格式或内容；三要将决算与预算相互对应验证，确保决算与预算的一致性；四要按规定的程序与时限编制决算报告，避免决算报告延误影响财政部门的决算编报。

预算管理委员会审定决算报告：决算报告编制的准确与否，既关系到对单位预算执行情况的真实反应，也关系到下一年度预算的准确与否，最终影响到国家资金的合理安排与有效使用。所以，单位预算管理决策机构（预算管理委员会）应高度重视对决算报告的审核审定。审核时，既要审核决算依据是否充分，决算程序与方法是否正确；又要审核决算的内容是否完整、数字是否准确，还要审核决算与预算是否一致。

预算业务决策机构（预算管理委员会）组织开展预算绩效评价：绩效评价是确保预算有效执行的重要保证，是激励预算单位（部门）认真执行预算，约束与惩罚预算执行不良单位或部门的重要手段。单位决算报告批准后，预算业务决策机构（预算管理委员会）应及时组织相关部门人员成立预算绩效考评小组、制定预算考评方案，对单位内部各部门预算执行情况进行综合考评，考评结果经预算管理委员会审定后及时反馈各预算执行单位，针对不足及时改进，并将考评结果纳入单位绩效考评体系予以奖惩兑现，以保证预算制度的严肃性。

2. 决算业务控制目标

决算业务控制目标包括以下几个方面：

（1）确保决算真实、完整、准确、及时，决算分析工作全面有效，决算分析结果体现单位预算编制与执行情况。

（2）严格审核决算报告，确保上报的决算数据真实、完整、准确。

（3）加强决算分析和结果运用，建立健全预决算协调机制，使决算和预算有效衔接、相互映衬，从而进一步提升单位的内部管理水平，提高财务资金使用效益。

3. 决算业务控制风险评估

开展决算业务控制风险评估时，主要从以下几个方面进行：

（1）决算与预算脱节。决算与预算口径不一致，不能及时反映预算执行情况；行政事业单位日常会计核算科目设置与预算收支科目不一致，导致日常核算不能及时反映预算执行情况；年终经过调整，仍可能存在决算与预算不符，影响预算与决算的严肃性和准确性。

（2）决算审核方式单一、审核形式不合理、审核内容不全面，导致决算审核流于形式；决算不符合规定，存在漏报、重报、虚报、瞒报、错报以及相关数据不衔接等错误和问题。

（3）忽视对决算数据的分析和应用。弱化了决算对预算的促进与反馈作用，不利于预算管理的循环改进。

（4）缺乏与业务部门的沟通协调，使得决算缺乏预算执行部门的实际基础，容易导致决算的差错，影响决算信息的质量。

4. 决算业务控制措施

（1）单位应以年度预算为基础编报年度决算报告。每年年终，行政事业单位要按照财政部门的工作部署，制定所属各单位决算报告的具体编制办法，明确决算报告的编制范围、编制内容、工作组织、填报审核、汇总上报、质量核查及数据资料管理等方面的工作规范，在规定的时间内编制和报送决算。第一，行政事业单位应当在全面清理核实收入、支出、资产、负债，并办理年终结账的基础上编制决算。首先，应当按照行政事业单位财务会计制度规定及财政部门对部门预算的批复文件，及时清理收支账目，来往款项，核对年度预算收支和各项缴拨款项，各项收支应当按规定要求进行年终结账。其次，应当按照综合预算管理规定，如实反映年度内全部收支，不得隐匿收入或虚列支出。凡属本年的各项收入应当及时入账，本年的各项应缴国库款和应缴财政专户款应当在年终前全部上缴。属于本年的各项支出，应当按规定的支出渠道如实列报。最后，应当根据登记完整、核对无误的账簿记录和其他有关会计核算资料编制决算，做到数据真实正确、内容完整，账证相符、账实相符、账表相符、表表相符。第二，各单位应当按照主管部门的布置，认真编制本单位决算草案，决算必须符合法律、行政法规，做到收支真实、数额准确、内容完整、报送及时。决算草案应当与预算相对应，按预算数、调整预算数、决算数分别列出。一般公共预算支出应当按其功能分类编列到项，按其经济性质分类编列到款。

（2）明确审核方式和形式，认真做好决算审核。各单位应当认真做好决算报告的审核工作，根据实际情况采取自行审核、集中会审、委托审核等多种形式，综合运用人工审核与计算机审核相结合的方法，确保上报数据资料真实、完整、准确。第一，决算审核方式应当采取人工审核和计算机审核相结合方式进行，审核方法主要包括政策性审核、规范性审核等。政策性审核主要依据部门预算、现行财务会计制度和有关政策规定，对部门决算进行审核；规范性审核侧重于决算编制的正确性和真实性及勾稽关系等方面的审核。第二，决算审核形式可根据单位的实际情况采用自行审核、集中会审、委托审核等多种形式。自行审核是指各部门在报送部门决算前自行将本部门纸质报表、电子介质数据以及相关资料，按规定的审核内容进行逐项审核。集中会审是指各地区、各部门组织专门力量对本地区、本部门行政事业单位编制的决算纸质报表、电子介质数据以及相关资料，按照财政部门的标准及要求集中进行审核。委托审核是指各地区、各部门在遵循有关法律法规的前提下，可委托中介机构对本地区、本部门行政事业单位编制的决算纸质报表、电子介质数据以及相关资料进行审核。第三，决算报告审核的主要内容包括审核编制范围是否完整，是否有漏报和重复编报现象；审核编制方法是否符合国家统一的财务会计制度；是否符合行政事业单位会计决算报告的编制要求。审核编制内容是否真实、完整、准确；审核单位账簿与报表是否相符，金额单位是否正确，有无漏报、重报以及虚报和瞒报项目等现象；决算纸介质数据和电子介质数据，分户数据和汇总数据是否保持一致；审核决算数据年度间变动是否合理，变动较大事项是否附有相关文件依据；对报表与上年数据资料进行核对，审核数据变动是否合理。第四，单位应当认真做好部门决算审核工作，凡发现决算编制不符合规定，存在漏报、重报、虚报、瞒报、错报以及相关数据不衔接等错误和问题，应当要求有关部门立即纠正，并按限期重新报送。

（3）重视对决算数据的分析和结果运用。行政事业单位编制决算的目的不仅在于反映单位的预算执行情况，更重要的是提供可供分析的数据，以此来考核内部各部门的预算执行情况、资金和实物资产的使用情况、为履行职能所占用和耗费资源的情况，针对存在的问题提出改进建议，从而进一步提升单位的内部管理水平，提高财务资金使用效益。单位决算分析的主要内容包括：预算与决算差异分析；收入、支出、结余年度间变动原因分析；财政资金使用效益分析；部门资产、负债规模与结构分析机构、人员及人均情况对比分析；以及满足财政财务管理与宏观经济决策需要的各项专题分析等。单位应当综合运用多种方法进行分析，主要包括：分类比较法、趋势分析法、比率分析法、因素分析法等。决算数据分析流程一般包括：收集数据资料、确定差异、分析原因、提出措施、反馈报告等环节。其中，数据资料包括财务数据和非财务数据，分析方法包括定量分析法和定性分析法。行政事业单位通过比较分析法确定当年的预算执行结果和预算目标的差异后，应采用比率分析法、因素分析法等方法分析预算指标的完成程度和偏离预算的原因，通过定性分析法对差异原因进行深入分析，找出造成预决算差异的关键问题和原因，落实责任部门的责任人，并将分析结果报告给预算管理委员会、反馈给各业务部门（预算业务执行机构），以便于督促各业务部门自觉提高预算执行的规范性、有效性，维护预算的权威性和约束力。此外，还可以运用趋势分析法进行历史数据比对，找出单位财务收支的变化规律和趋势，重点分析各项支出安排是否合理、项目支出是否达到了预期的效果，为以后年度的预算编制提供重要参考依据。单位也要充分利用网络等方式，推动部门决算数据共享工作，提高决算数据的利用效率。

（4）建立健全预决算协调机制。单位应建立健全决算和预算有效衔接、相互反映、相互促进的协调机制。决算编制人员根据预算执行计记录和统计如实编制决算报告，并应将决算与预算进行对比检查，发现决算编制错误应及时改正，发现预算执行导致的重大误差，应查找原因、说明情况、逐级上报；决算分析应结合预算执行部门参与；决算结果及分析说明应及时反馈预算执行单位，以便及时改进优化；当年决算应为次年预算提供有价值的参考，并为预算绩效管理提供评价依据。

（5）按规定公布决算报告，接受社会监督，强化预算约束力。单位决算报告经批准后，应按政府部门规定，在一定范围、以一定形式进行公布，以广开渠道，充分接受社会监督，听取公众对单位预算执行情况的意见和建议，及时改进单位的预算管理。

（六）预算绩效管理业务控制

《单位内控规范》第四章第24条规定："单位应当加强预算绩效管理，建立'预算编制有目标、预算执行有监控、预算完成有评价、评价结果有反馈、反馈结果有应用'的全过程预算绩效管理机制"，就单位预算绩效管理业务作出了原则性规定。

1. 预算绩效管理业务控制内容

（1）预算绩效管理的基本流程。预算绩效管理的基本流程包括：①预算业务决策机构（预算管理委员会）审定预算绩效管理方案，布置预算绩效考评工作；②预算业务归口管理机构（财务部门）牵头组织单位内部预算绩效考评；③预算业务归口管理机构（财务部门）牵头负责编制预算绩效考评报告；④预算业务决策机构（预算管理委员会）审定预算绩效考评报告；⑤单位预算绩效考评奖惩兑现。

（2）预算绩效管理业务的关键控制环节。预算绩效管理业务的关键控制环节包括：预算业务归口管理机构（财务部门）牵头组织单位内部预算绩效考评；预算业务决策机构（预算管理委员会）审定预算绩效考评报告。

预算业务归口管理机构（财务部门）牵头组织单位内部预算绩效考评：预算绩效考评是行政事业单位预算管理的重要组成部分，是预算执行有效的重要保障，预算绩效考评是由预算管理委员会组织成立的预算考评小组以预算目标为导向，以决算结果为依据，以预算考评方案为标准，对各预算执行部门的预算执行结果所进行的综合考核评价。对预算绩效考评时，一要全面，考核评价内容应覆盖所有预算指标，做到全面考评；二要客观，应事先确定预算指标的考评标准与指标权重比例和考评计分办法，依据决算结果客观评定；三要公正，对所有预算部门都执行相同的考评程序与标准，公平、公正地进行考评，从而保证预算绩效考评结果的真实、准确、公正。

预算业务决策机构（预算管理委员会）审定预算绩效考评报告：预算绩效考评结果的准确与否关系到单位预算改进的方向与目标，也关系到单位内部预算执行部门的预算执行积极性。预算业务决策机构（预算管理委员会）应把预算绩效考评工作作为预算管理的保障性工作，及早准备，认真安排部署，严格审核审定考评结果。第一，应组织成立由财务部门牵头，相关部门参与的预算绩效考评小组，制定预算绩效考评方案与措施，确保预算绩效考评工作主体明确、责任落实、标准客观、措施得力。第二，应按照预算执行部门自我评价和预算考评小组独立评价相结合的原则，对预算执行单位的预算绩效进行多方位综合考评，以保证考评结果的全面性。第三，预算管理委员会应对考评小组提交的考评报告从考评程序、考评依据、考评办法、考评结果等多个方面进行全面审核，根据考评小组的考评报告，参考预算执行单位的预算执行情况说明意见，综合审定考评结果，并进行绩效考评结果反馈与应用。

2. 预算绩效管理业务控制目标

预算绩效管理业务控制目标包括以下几个方面：

（1）加强预算绩效管理，建立起"预算编制有目标、预算执行有监控、预算完成有评价、评价结果有反馈、反馈结果有应用"的全过程预算绩效管理机制。

（2）预算绩效考评应做到过程公开透明、标准客观公正、结果真实准确、奖惩公平合理，以充分发挥绩效管理的激励约束作用。

3. 预算绩效管理业务控制风险评估

开展预算绩效管理业务控制风险评估时，主要从以下几个方面进行：

（1）预算绩效考评机制不健全，单位仅仅将绩效管理应用于年终决算之后，而不能在预算管理的整个过程中充分利用绩效管理来促进预算管理工作的改进，尤其是缺乏对预算执行过程的监控，导致对预算执行情况的评价存在不规范、不科学的地方。

（2）单位没有对预算资金的使用效益（经济效益和社会效益等）进行跟踪考评，预算评价内容不完整、考核过程不透明，可能导致奖惩不到位，严重降低了单位预算约束力，预算管理效率低下。

（3）预算的绩效考评结果被束之高阁，没有反馈到相应的人员和部门，导致绩效管理工作的效能弱化、评价资源浪费。

（4）绩效考评结果的未能及时反馈，绩效管理的真实作用难以发挥，预算绩效不能得到持续改进。

4. 预算绩效管理业务控制措施

（1）建立科学完善的预算绩效管理制度。单位应当依据《财政支出绩效评价管理暂行办法》（财预〔2011〕285号）制定本单位的具体预算绩效管理办法及工作流程，指导本单位的预算绩效管理工作，保证预算绩效管理效果，促进绩效管理的提升。

（2）成立专门的预算绩效考评机构，制定预算绩效考评方案，保证预算绩效考评的准确性。单位在预算执行中期或年终，应定期组织成立专门机构对单位内部预算执行情况进行考核评价。预算绩效考评应按照事先确定的评价范围、内容、方法、程序进行，以保证考评工作的客观性和公正性；考评范围应覆盖全部预算指标，以体现考评工作的全面性；考评指标设置应突出预算管控重点，尤其应突出涉及财政资金的使用情况的指标，如预算资金的使用效益、资金利用率等；考评工作应以决算结果为依据，准确考核，客观评价。

（3）要注重绩效考评结果的运用，强化预算的约束力。要充分发挥绩效评价报告的作用，依据评价报告结果，奖优罚劣，鼓励预算执行良好的单位或部门，惩罚预算执行不佳的单位或部门，并对预算执行中存在的问题进行跟踪督促改进。同时，预算绩效结果还应与单位或部门后期的预算分配相挂钩，对于预算执行不好的单位应压缩或收回预算指标，限制其预算资金使用。对于预算执行良好的单位或部门，在预算管理中应给予相对宽松的政策鼓励与支持。

（4）加强评价结果的反馈。预算管理委员会审定的预算绩效考评结果要及时反馈给各预算执行单位及其他相关部门，反馈结果包括评定结果、考评情况说明、存在的问题及改进意见等。同时，应跟踪督促存在问题的单位或部门，认真落实改进意见，积极改进本单位或部门的预算管理。

二、应用范例——某市教育局内部控制制度（节选）

（一）某市教育局预算业务内部控制制度

1. 总则

第一条　为了强化某市教育局（下称本单位）内部控制，建立健全预算管理体系，规范预算的编制、审核、审批、执行、调整、决算与考评等管理程序，提高预算的科学性和严肃性，促进内控目标的实现，依据《行政事业单位内部控制基本规范》，特制定本制度。

第二条　预算是指为保障单位行政业务正常开展及工作计划的圆满实现，根据所承担的工作职能与职责所作出的有关本单位财务收支的全面安排，包括收入预算和支出预算。

第三条　本单位的预算业务应遵循以下原则：

（1）坚持"全口径预算"的原则，实行收支统一管理。

（2）坚持"先预算后支出"的原则，严格控制超范围、超限额开支。

（3）坚持"量入为出、收支平衡"的原则，量力而行，保障重点，兼顾一般。

（4）坚持"结余结转规范使用"的原则，防止预算资金损失浪费风险。

第四条　本单位预算管理的关键环节如图6-1所示。

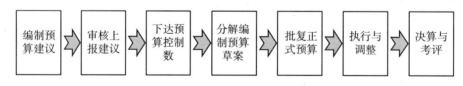

图6-1　本单位预算管理的关键环节

第五条　本单位在开展预算管理过程中，主要应关注以下风险：

（1）责任不明确风险，主要表现为预算管理体系不健全、分工不明确、责任不清晰，导致单位预算管理不落实。

（2）编制不规范的风险，主要表现为未按预算编制的内容、要求、程序与方法进行预算编制，使预算缺乏统一性、合理性、准确性和可行性。

······

第七条 本单位预算管理的关键控制点及控制要求是：

（1）目标确定：以工作计划为根据，以上年实际为参考，量入为出，切实可行。

（2）编制程序：严格按照规定的程序、方法和要求编制预算。

······

第八条 本单位预算管理的内控目标为：

（1）依法建立并实施规范的预算管理体系。

（2）确保预算编制程序规范、依据充分、数据准确、符合实际。

（3）确保预算审核审批及时、合理、严肃、有效。

······

第九条 预算管理范围。本单位的全部经济活动（包括经济收入与经济支出）均应纳入预算编制范围。（略）

2. 预算管理岗位规范

第十条 本单位按照"权责分明、分工控制、相互制约、相互监督"的原则，设立预算管理岗位，预算管理的具体责任岗位有：预算管理委员会、规划财务科预算岗位、归口管理部门预算岗位。（略）

第十一条 本单位预算业务管理环节的不相容职务为：

（1）预算方案的制定与审核审批；

（2）预算审核审批与预算执行；

（3）预算执行与预算检查考核（审计）；

······

第十二条 本单位预算管理权限如表6-6所示。

表6-6　　　　　　　　　　本单位预算管理权限

预算事项	下达编制要求	编制建议与草案	建议与草案审核	建议与草案审批	执行与调整调剂	决算	监督考核
财政局	下达			批准/批复	审批	备案	
预算委员会			审定	审定内部分解方案	调整审核		审定考核结果
规划财务科							
......							

第十三条　财政局的预算管理职权是：

（1）审核下达预算控制数。

（2）根据某市人民代表大会按程序审议批准的财政预算，正式批复部门预算。

（3）对各单位的部门决算报告进行备案管理，为编制下一年的预算提供参考。

（4）审批预算调整方案。

……

第十四条　预算管理委员会的预算管理职权是：

（1）决定单位预算管理政策。

（2）审核预算建议方案、预算草案以及预算调整方案。

（3）审定预算分解方案。

（4）审定预算考核评价结果及奖励意见。

（5）决定预算相关的其他重大事项。

……

第十九条　内审机构的预算管理职权是负责对单位预算管理的全程监督检查，并负责单位内部预算执行情况的定期审计与专项审计。

3. 预算编制规范

第二十条　本单位的预算编制应遵循"二上二下"的基本程序，即预算编制阶段的基本程序为：下达编制要求、编制预算建议、审核上报预算建议、批准下达预算控制数，分解控制数编制预算草案、审核上报预算草案、批复下达预算方案。预算编制工作从每年的 7 月份开始，到 10 月底前正式上报年度预算建议方案。

第二十一条　单位预算编制的依据。（略）

第二十二条　本单位的预算分类：

（1）按照编制时间划分为年度预算和季度预算两种形式。

（2）按照预算内容划分为收入预算和支出预算两种形式。

（3）按照预算固定性划分为常规预算和临时预算两种形式。

第二十三条　本单位的预算收入分为行政单位预算收入和事业单位预算收入。（略）

第二十四条　根据预算资金支出的性质，本单位预算支出分为以下八类：

（1）人员经费支出。

（2）重点管理经费（"三公"经费）。

（3）机构运行经费。

……

第二十五条　本单位收入预算、支出预算的格式、内容和要求，按照市财政局统一要求的预算编制系统的具体规定编写上报。

第二十六条　本单位预算编制环节的工作内容及要求是：

（1）下达预算目标。

①每年年中，某市财政局下发预算编制通知；

②每年7月，规划财务科根据财政局下发的预算编制通知，以及本单位下年度工作计划，部署本单位的预算编制工作。

……

第二十八条 各相关科室及归口部门应在规划财务科下达年度正式预算后30日内，自行分解季度预算，报规划财务科备案。

第二十九条 临时预算编制程序。

（1）临时预算是针对某些特殊事项、临时性业务或项目编制的一事一议预算，由项目负责人根据管理需要临时提出预算方案。

（2）临时预算由项目主管直接上级和规划财务科在其各自的权限范围内审查，超出其审批权限以外的项目，报经局长批准。

（3）凡未列入常规预算的项目，原则上在临时性业务发生之前必须列入临时预算进行管控，临时预算经审批通过后，方可启动项目或完成项目。

……

4. 预算执行规范

第三十一条 本单位预算执行环节的工作内容和要求是：

（1）规划财务科根据财政局批复的预算，正式分解下达各相关科室及归口部门预算。

（2）各相关科室及归口部门按照正式批复的预算项目、内容、规模和规则，执行预算。

……

第三十二条 本单位应加强预算收入管理，及时足额组织预算收入，做到应收尽收，确保预算收入的真实性和完整性。

第三十三条 预算支出应遵循以下基本原则：

（1）优先保证重点预算资金支出。

（2）严格按预算范围及额度控制各项资金支出，原则上禁止各类超预算开支。

（3）严格控制预算外资金支出。预算外项目必须按规定程序进行预算追加后方可执行。

……

第三十四条 本单位预算一经批准下达，各相关科室及归口管理部门必须认真组织实施。（略）

第三十五条 本单位预算执行一般包括直接报销、政府采购、执行申请三种方式，具体流程应按照单位相关经济业务的内部控制制度执行。

第三十六条 预算执行情况报告。

……

第三十七条 资金使用审批程序。

报销人员填写费用报销单/差旅费报销单/资本性支出报销单/借备用金证明书——经办

科室领导审批——归口管理部门领导审批——规划财务科负责人审批——分管财务局长（需要时）审批——局长（需要时）审批——党委会（需要时）审批。

资金审核审批权限按收支业务内部控制制度规定执行。

第三十八条　预算的调整管理。

（1）本单位正式下达的预算方案，一般情况不予调整。但由于国家政策法规、客观情况发生重大变化以及上级部门的特定要求，致使预算编制的基础不成立，或导致预算执行结果产生重大偏差的情况下，可以调整预算。调整时间一般为每年年中或必要时。

……

（4）对于预算执行单位提出的预算调整事项，单位决策时，一般应当遵循以下原则。（略）

（5）预算执行单位应当建立内部弹性预算机制，对于不影响单位总体预算目标的内部预算调整、调剂，单位领导班子即可批准执行。对于影响单位总体预算目标的预算调整、调剂，需按照原预算编制的程序逐级上报财政局审批执行。

5. 预算执行分析与控制规范

第三十九条　预算执行分析就是通过对实际执行结果与预算目标进行比较，确定是否存在执行差异，为进行预算调整、预算修正提供依据。

第四十条　预算执行分析的责任单位为：

（1）预算管理委员会为预算执行分析的决策机构。

（2）规划财务科为预算分析执行机构。

（3）各相关科室及归口管理部门为预算执行分析的配合机构。

第四十一条　本单位应通过定期报告、定期预算执行分析会议等形式，通报预算执行情况，研究、解决预算执行中存在的问题，提出改进措施。

……

第四十三条　预算执行分析应按以下规定进行：

（1）预算执行过程中，各相关科室及归口管理部门设专人及时检查、追踪本单位预算的执行情况，及时收集整理相关信息，为预算执行分析报告的编制做好准备。

（2）各相关科室应定期向规划财务科和归口管理部门上报预算执行情况，对于预算执行中发生的新情况、新问题及出现偏差较大的重大项目，应当责成相关科室查找原因，提出改进的措施和建议。

（3）规划财务科应当定期主持召开预算分析会，各相关科室、归口管理部门分别对预算完成情况进行分析总结，并提出指导性意见。

……

第四十四条　预算执行分析报告分临时性报告和定期报告。对重大差异和问题要编制临时报告，定期报告分为季度和年度分析报告，要全面分析本单位的预算执行情况。

第四十五条　编制预算执行分析报告应符合以下要求：

（1）通过定量分析和定性分析相结合的方式开展预算分析。

（2）适当采用比率分析、比较分析、因素分析等多种分析方法，增强分析的科学性。

……

第四十六条　会后事项。

（1）规划财务科、归口管理部门应及时传达领导或会议所做出的决议、决定。

（2）各相关科室严格执行预算分析会议的各项决定与决议。

（3）规划财务科应跟踪监督单位相关决议、决定的落实情况。

……

6. 决算与监督考核规范

第四十七条　本单位决算环节的主要工作内容是：

（1）规划财务科应及时收集、整理相关预算资料，按规定编制年度决算报告。

（2）年度决算报告经局领导审核后上报财政局备案。

（3）年度决算报告按规定在一定范围内以适当的形式对外公布。

第四十八条　本单位预算检查与考评环节的工作内容是：

规划财务科应定期组织相关部门进行预算执行情况检查监督，发现不足及时建议改进，严防预算失控情况。

年终，规划财务科应向单位报告预算执行情况，并依据预算完成情况和预算审计情况对相关科室进行考核。

……

第四十九条　预算考核是发挥预算约束与激励作用的必要措施，主要是通过对上一考核周期各单位的预算目标完成情况进行对比检查，及时发现预算执行偏差，评定预算执行结果，同时为修正和完善预算提供决策依据。

第五十条　单位预算考核应遵循以下原则：

（1）目标原则：以预算目标为基准，按预算完成情况评价预算执行者的业绩。

（2）刚性原则：预算目标一经确定，不得随意变更调整。

……

第五十一条　预算考核的具体内容包括：编制预算的合规性；预算控制制度的遵循性；预算目标的实现程度；预算分析的正确性；预算执行的效果与偏差。

第五十二条　预算考核分日常进度考核与年终结果考核。日常进度考核为季度考核，季度考核由预算执行单位自行组织进行，考核结果报规划财务科备案；年度考核由规划财务科组织相关部门进行，考核结果报预算管理委员会审定。

第五十三条　年度预算的考核程序如下：

（1）各相关科室编写本科室的预算执行总结报告，提交规划财务科审核。

（2）规划财务科组织归口管理部门以及其他相关科室联合考核，年终考核以规划财务科制定的考核指标为依据，同时要参考季度预算考核结果和审计部门出具的预算审计结论。

......

第五十四条 预算审计。单位内部审计部门应会同规划财务科定期组织预算审计，纠正预算执行中存在的问题，充分发挥内部审计的监督作用，维护预算管理的严肃性。审计工作结束后，审计部门应当形成审计报告，作为预算调整、改进和考核的一项重要参考。预算审计可以是全面审计，或者抽样审计。在特殊情况下，也可组织不定期的专项审计。

7. 附则

第五十五条 本制度经单位内部控制领导小组审议批准后执行。

第五十六条 本制度解释权归单位内部控制领导小组。

（二）某市教育局预算业务控制流程、指引

1. 预算编审

（1）流程图（见图6-2）。

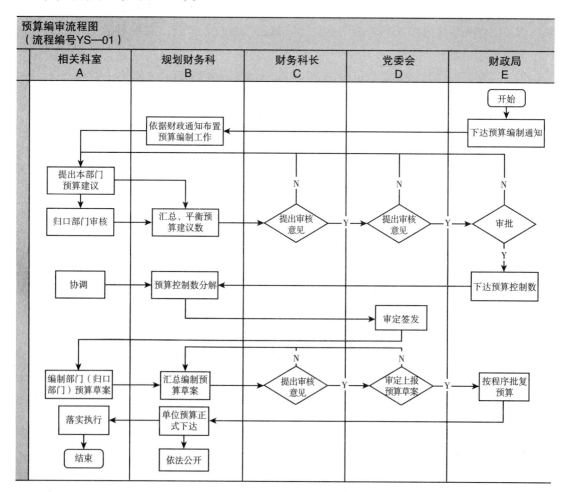

图6-2 预算编审流程

（2）管控流程指引（见表6-7）。

管控流程：预算编制与审核审批。

业务范围：预算编制通知、预算编制、预算分解、预算审核、预算审批。

管控目标：预算编制合法合规，依据充分，数据合理，真实准确。

内控制度：《本单位预算业务内部控制制度》。

表6-7　　　　　　　　　　　　预算编审管控流程指引

流程序号	流程环节	机构/岗位	工作职责	主要风险	业务表单
E1	下达编报预算通知	财政局	下达下年度预算编报通知		
B1	部署预算编制工作	规划财务科	根据财政局预算编报通知，结合单位工作计划，部署预算建议编制工作	部署不及时、目标不明确、要求不具体，导致预算编制准确性、可行性、时效性差	
A1	编制预算建议	业务科室、归口管理部门	……	略	部门预算建议表
B2	汇总、平衡预算建议	规划财务科	审核汇总各业务科室、归口管理部门提交的预算建议数	对预算的真实性、准确性、合规性审核不够认真细致，对预算的平衡性检验不到位，专项支出未经过相应审核审批，导致预算不合理、不科学、不可行	单位预算建议书
C1	审核预算建议	财务科长	对财务处汇总编制的单位预算建议方案进行综合审核，提出审核意见	审核不及时或者未经过审核把关，导致审批控制失效	
D1	审定上报预算建议	党委会	审议决定单位预算建议方案	未经局务会审议直接上报导致预算编制决策控制无效	
E2 E3	审批、下达预算控制数	财政局	审核下达预算控制数	下达不及时影响预算执行，下达不正式弱化预算权威性	
B3	预算控制数分解	规划财务科	与各相关科室协调提出预算控制数分解方案	分解不及时、不详细、不准确，导致预算责任不落实，执行不到位	预算控制数分解表
D2	审定预算控制数分解方案	党委会	审核决定规划财务科提出的预算控制数分解方案	审核不及时或未经审核，容易导致预算违规作业，错误决策	

流程序号	流程环节	机构/岗位	工作职责	主要风险	业务表单
A2	编制预算草案	业务科室	根据局务会签发的预算控制数分解方案，分项目编制本部门（单位）预算草案	未设专人负责预算编制，未以单位实际和计划为依据，重大预算未经过相应的评审程序，预算编制程序不规范、方法不科学，都会导致预算编制错误，误导经济活动方向	
B2	汇总编制单位预算草案	规划财务科	在审核各科室预算草案的基础上，编制本单位的预算草案	未对科室预算进行认真审核平衡，未以预算控制数为限编制预算草案，会导致预算草案不合理、不可行	单位预算草案
C2	审核预算草案	规划财务科长	对规划财务科汇总编制的单位预算草案进行综合审核，提出审核意见	审核不及时或未经审核，容易导致预算编制违规作业，错误决策	
D3	审定单位预算草案	局务会	审议决定单位预算建议方案	未经局务会审议直接上报导致预算编制决策控制无效	
E4	批复预算	财政局	按程序审核批复单位预算	批复下达不及时影响预算执行，下达不正式弱化预算权威性	
B5	正式下达预算	规划财务科	根据财政局批复的单位预算，正式下达单位内部的部门（单位）预算并依法公开	批复预算与控制数不一致时未及时调整内部预算，影响预算执行效果	
A3	落实执行预算	业务科室	根据正式下达单位内部的部门（单位）预算，落实执行	未按下达的预算落实执行，影响执行效果	

（3）权限指引表（见表6-8）。

表6-8　　　　　　　　　　　　　　预算编审权限指引

流程编号及名称	事项	业务科室、归口管理部门	规划财务科		党委会
			会计	负责人	
预算编审流程	预算编审	编制预算建议 编制预算草案 落实执行预算	部署预算编制工作； 汇总、平衡预算建议； 预算控制数分解； 汇总编制单位预算草案； 正式下达预算	审核预算草案； 审核预算建议	审定上报预算建议； 审定预算控制数分解

2. 预算执行申请

（1）流程图（见图6-3）。

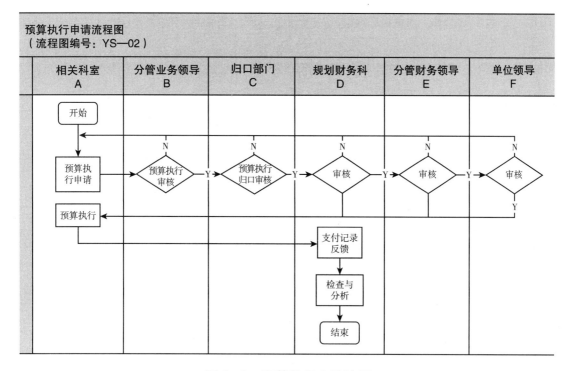

图6-3 预算执行申请流程

（2）管控流程指引（见表6-9）。

管控流程：预算执行—预算执行申请。

业务范围：预算执行申请、预算归口审核、预算执行审批、预算执行、支付记录、检查分析。

管控目标：严格按照预先批准的预算指标适时提出、按时执行预算申请。

内控制度：《本单位预算业务内部控制制度》。

表6-9 预算执行管控流程指引

流程序号	流程环节	机构/岗位	工作职责	主要风险	业务表单
A1	填写预算执行申请	经办部门负责人/业务经办人	业务经办人根据预算指标填写预算执行申请；经办部门负责人审核签字	预算执行申请与预算指标不一致，预算执行申请不真实、不必要、不可行，直接导致预算执行错误，造成预算资金损失浪费	预算执行申请单

续表

流程序号	流程环节	机构/岗位	工作职责	主要风险	业务表单
B1	预算执行审核	分管业务领导	对预算执行申请事项进行专业审核	未经领导审核，或者对申请的真实性、必要性、可行性审核不严不细，容易导致预算执行错误	
C1	预算执行申请归口审核	业务归口管理部门	对归口统筹范围内的预算执行申请进行对口审核	对预算执行申请的范围、项目、规模是否符合归口统筹预算规定，单据手续是否齐全，支出是否合规审核不严，导致预算执行不力	
D1 E1 F1	审批预算执行申请	规划财务科/分管财务领导/单位领导	按照授权审批权限综合审批预算执行申请	未经授权审批或越权审批、未按标准审批，导致预算控制混乱、失效	
A2	执行预算申请事项	业务部门	根据批准的预算执行申请，具体办理各类申请事项	未按执行申请批准的范围、额度、进度掌握执行，未遵循相关业务流程与授权审批规定，导致控制无效	
D2	办理资金支付、进行经济活动记录	规划财务科	略	略	资金支付申请单，预算台账，会计账簿
D3	开展预算检查分析	规划财务科	组织相关部门定期开展预算执行情况检查分析	未定期检查分析预算差异，未及时提出改进建议，容易掩盖损失浪费、弄虚作假、营私舞弊风险	

（3）权限指引表（见表6-10）。

表6-10 预算执行权限指引

流程编号及名称	事项	相关科室	规划财务科	分管业务领导	分管财务领导	单位领导
预算执行申请流程	预算执行申请	填写预算执行申请；执行预算申请事项	审批预算执行申请；办理资金支付、进行经济活动记录；开展预算检查分析	审批预算执行申请	预算执行申请归口审核	预算执行申请归口审核

3. 预算调整调剂流程及指引（略）

4. 决算流程及指引（略）

5. 预算绩效考评流程及指引（略）

第七章 收支业务控制建设

【导入案例】

单位内控形同虚设，女会计挪用巨额公款

收支业务控制是行政事业单位资金管理的核心内容。其收入管理、票据管理、支出管理、债务管理等管理制度的制定和执行都是内控能否有效的关键所在。下面的案例可以看出该单位在收支业务控制方面的管理制度漏洞百出，形同虚设。

今年33岁的陈敏是无锡某中学的一名出纳会计，小日子本过得有滋有味，谁知她却沉迷上网络博彩。2015年7月至2016年1月，她利用职务之便，先后13次擅自挪用学校公款960多万元用于网络博彩，结果越陷越深。至案发时，陈敏还有660万元未能归还。该案在无锡市梁溪区人民法院开庭审理。

陈敏称，2013年起她开始炒白银期货，先后亏了六七十万元，这些钱都是家里的积蓄。后来炒白银期货的群里有人推荐她在网上买彩票。2014年陈敏开始网上博彩，起初也赚了些钱，后来就不停输钱。到2015年7月左右，陈敏已经输掉160多万元。家里的钱都被输光了，还欠了银行和贷款公司不少钱。陈敏心理压力很大，一心想要翻本。陈敏想到所在学校的基建账目上资金较宽裕，而且基建账目上的钱不是每个月都要支出，做账是到每年年底，于是陈敏就动起歪脑筋，决定将学校基建账上的公款挪用来救急，进行网络博彩翻本后再还回去。

陈敏称，她找到一个炒白银时认识的网友，谈好将学校账上的钱转到这名网友公司账上，对方留下一定的好处费后，再将钱转到陈敏的个人账户上。利用此手法，陈敏先后多次成功挪用单位基建账户上的资金用于网络博彩。但网络博彩输得越来越多，她就还不上了。至案发时，陈敏还有660万元未能归还。2016年年初，陈敏选择向检察院投案自首。

资料来源：根据江苏公共·新闻频道新闻空间站栏目新闻报道整理。

该案件的发生，说明这个中学财务方面的印章管理、票据管理、收付款管理等基础管理工作薄弱，内控管理严重缺失，造成的严重后果引人深思。

一、收支业务控制规范解读

行政事业单位的收支业务与预算业务紧密关联，但从内部控制角度看，两者之间管控重

点不同、管控方法有别。预算业务控制主要是从计划的角度来对单位的经济收支进行事先约束控制。而收支业务控制是从资金实际流转的角度对单位经济收支进行的事中管理控制。

行政事业单位收支业务是行政事业单位运行中频繁发生的日常业务，也是财务部门的主要工作内容，更是行政事业单位内部控制的核心业务。行政事业单位的收支业务分为行政单位收入和行政单位支出；事业单位收入和事业单位支出。

行政单位收入是指行政单位依法取得的非偿还性资金，包括财政拨款收入和其他收入。行政单位支出是指行政单位为保障机构正常运转和完成任务所发生的资金耗费和损失，包括基本支出和项目支出①。

事业单位收入是指事业单位为开展业务及其他活动依法取得的非偿还性资金，包括财政补助收入、事业收入、上级补助收入、附属单位上缴收入、经营收入、其他收入等。事业单位支出是指事业单位开展业务及其他活动发生的资金耗费和损失，包括事业支出、经营支出、对附属单位补助支出、上缴上级支出、其他支出等②。

（一）收支业务控制管理制度与岗位设置控制

《单位内控规范》第四章第 25 条规定："单位应当建立健全收入内部管理制度。单位应当合理设置岗位，明确相关岗位的职责权限，确保收款、会计核算等不相容岗位相互分离。"第 29 条规定："单位应当建立健全支出内部管理制度，确定单位经济活动的各项支出标准，明确支出报销流程，按照规定办理支出事项。单位应当合理设置岗位，明确相关岗位的职责权限，确保支出申请和内部审批、付款审批和付款执行、业务经办和会计核算等不相容岗位相互分离。"这两项条款，分别从收入和支出的管理制度建立，岗位设置，职权职责配置，不相容岗位相互分离等方面，就加强单位收支业务控制作出了原则性规定。

1. 收支业务控制管理制度与岗位设置控制内容

（1）收支业务控制管理制度控制内容。单位的各项经济业务活动最终都会集中到收支业务上来，收支业务涉及单位内部各个部门与环节，直接关系到单位内部控制目标（确保单位资产安全和有效使用）的实现。收支业务是单位内部控制的核心，所以收支业务内部控制制度就成为单位内部控制制度体系的核心组成部分。构建收支业务内部控制制度，就是要对单位内部收入事项和支出事项的范围、内容、控制目标、重要风险、业务流程、岗位职责、授权审批程序、管控标准与措施等所作出的具体规范，以此规范单位的收支业务行为，实现收支业务控制目标。

单位应遵循《单位内控规范》第四章第 25 条和第 29 条的要求，在梳理分析本单位的收支业务流程、识别与评估收支业务风险的基础上，根据国家现行法律法规与政策制度，结

---

① 财政部于 2012 年 2 月 6 日发布的《行政单位财务规则》。
② 财政部于 2012 年 2 月 7 日发布的《事业单位财务规则》。

合单位实际，建立健全本单位的《收入内部管理制度》和《支出内部管理制度》以及相应的收入和支出业务流程。

行政事业单位的收入流程一般是：收入预算与计划—收入登记与执行—收入确认与核算；支出流程一般是：支出申请—支出审核—支出审批—支付办理—支出核算—支出评价。

（2）收支业务控制岗位设置控制内容。

①收入业务控制岗位设置控制内容。单位应当根据国家的有关财政财务会计制度，结合本单位"三定"方案和单位的实际情况合理设置收入业务岗位，包括但不限于收入标准制定岗位、收款岗位、收入审核审批岗位、票据管理岗位、收入会计核算岗位、印鉴章保管与领用岗位、票据保管与领用岗位、收入监督岗位等，配置相应的岗位职权职责，明确收入授权审批机制，确保收入收款与会计核算、收款与开票、收款与收入监督检查等不相容岗位相互分离，并明确收入管理的关键岗位及其重点管理办法。

②支出业务控制岗位设置控制内容。行政事业单位应根据国家有关财政财务会计制度，结合本单位"三定"方案和单位的实际情况，按照支出业务的类型，合理设置支出业务相关岗位，包括但不限于支出申请岗位、支出审核审批岗位、支付办理岗位、支出会计核算岗位、支出监督岗位等，配置相应的岗位职权职责，明确支出业务的内部授权审批机制，确保支出申请和内部审批、付款审批和付款执行、业务经办和会计核算不相容岗位相互分离。此外，还应明确规定支出业务控制的关键岗位及其重点管理办法。

2. 收支业务控制管理制度与岗位设置控制目标

收支业务控制管理制度与岗位设置控制目标包括以下几个方面：

（1）建立符合单位实际且具有可操作性的收支管理制度和收支业务流程，确保单位收支业务管理有章可循，收支业务流程规范有序。

（2）设置科学合理的收支业务管理岗位，明确收支业务授权管理审批权限和岗位职责，建立关键岗位管理制度，确保人员配备有相应专业胜任能力。

（3）明确收支业务归口管理部门，建立收支业务管理相关部门和岗位之间的沟通协调、联动制约机制，确保收支业务多部门联动合作，规范有序运行。

3. 收支业务控制管理制度与岗位设置控制风险评估

开展收支控制管理制度与岗位设置控制风险评估时，主要从以下几个方面进行：

（1）收支管理组织体系是否健全，人员配备是否合理优化。

（2）收支管理制度是否健全、规范、有效，制度是否能够有效执行。

（3）收支业务管理机构和岗位设置是否科学、合理，工作分工与岗位职责是否明晰，不相容岗位是否相互分离，互相制衡监督到位。

（4）收支业务授权审批范围、标准、程序与权限是否明确具体。

4. 收支业务控制管理制度与岗位设置控制措施

（1）建立健全收支业务内部管理制度及其业务流程，确保单位经济收支业合法、真实和准确。行政事业单位的资金收支内容繁多，但从管控性质特点来看，收支业务内部控制一般包括收入控制、票据控制、支出控制、债务控制四类。因此，在构建收支业务内部控制制度时，应当建立《收入业务内部控制制度》《票据业务内部控制制度》《支出业务内部控制制度》《债务业务内部控制制度》四项制度及其相应的业务流程。

构建收入业务内部控制制度，应以实现收入控制目标为目的，以收入业务流程为主线（即：收费许可取得—收入项目与标准确定—收入计划—票据开具—执行收款（收入退付）—收入登记—收入核算与报告—收入监督评价），针对收入业务风险控制作出收入业务的具体控制规范。一是应按照国家有关规定取得业务收入许可，并办理收入许可登记，以保证单位收入业务的合法合规；二是应明确制定收费项目与标准，并经审批后按规定进行公开公示，以接受社会监督，保证收费的公平合理；三是根据收入预算制定收入工作计划，落实预算执行；四是按照以票管收的原则，规范使用票据，凭票收款，以票控收，防止收入流失；五是按照开票与收款分离控制的原则，加强收款管理，未经授权不得接触收款，收款时见票收款，凭票退付，保持票款一致，妥善保管库存资金，保证资金的安全；六是做好收入的及时登记与票据传递工作，以保证收入记录的及时、准确、完整；七是及时、规范办理收入会计核算，保证收入财务报告的真实、准确、完整；八是加强收入业务的监督检查，确保收支两条线运行，防止坐支、挪用、挤占等不法行为发生。

构建票据管理内部控制制度，要重点强调以下工作：一是明确票据管理责任部门与岗位，明确职责，专人管理、专人负责；二是明确票据购领、发放、使用、作废、档案管理等关键管理环节的作业规范，防止票据违法违规风险；三是明确开票与收款岗位分离作业，防止职务舞弊；四是建立票据管理台账，详细记录票据购、领、用等全程记录，以备检查复核；五是加强票据的定期稽核工作，保证票账一致、票款一致。

构建支出业务内部控制制度，应以实现支出控制目标为目的，以支出业务流程为主线（即：支出项目与标准确定—支出计划—支出申请—支出审核—支出审批—支付办理—支出核算与报告—支出监督评价），针对支出业务风险控制作出支出业务的具体控制规范。一是应按照国家现行的财务规则，制定本单位的支出项目内容、标准、授权审批程序与权限、岗位职责等，明确支出管控政策与依据；二是应根据已批准预算，制定支出工作计划，以及时筹集资金，满足经费支出的需要，保证单位正常高效运转；三是要求业务经办人在办理资金支付前，必须按规定如实填写支付申请书，列明支出事项内容、业务事由、支出金额，并附有相关费用票据，履行审核审批程序；四是要求业务经办部门负责人对支付申请书进行审核，并对其审核内容的真实性、必要性与合理性负责；五是要求财务部门负责人按规定权限对支付申请书进行审核审批，并对其审核内容的合法性、正确性、合理性负责；六是要求单位相关领导按照规定的授权审批权限，对支付申请书进行综合审批，并对其审批事项负责；七是资金支付办理岗位根据已经审核批准的申请书，在复核无误的情况下，办理资金支付业务。未经授权或超越授权的批准事项，不得受理，并应及时向上级领导报告；八是要求财务会计部门根据支付业务凭据，及时、规范地办理会计核算，定期上报财务报告，保证财务报告的真实、准确、完整；九是要加强支出业务的监督检查和绩效评价工作，确保财政资金的合理、合规、有效使用。

构建债务管理内部控制制度，要重点强调以下工作：一是要明确债务业务的政策界限，防止债务业务的违法违规风险；二是要规范债务决策、执行与监督行为，防止举债过度、举债失误导致的资产安全风险；三是要明确债务业务的归口管理部门及其部门职能职责，合理设置债务管理岗位，建立债务管理岗位责任制，确保债务管理不相容岗位相互分离；四是要规范债务核算，准确核算债务成本，详细记录债务增减变动情况，确保债务核算报告的真实准确；五是加强债务监督管理与绩效评价，防止债务违约、债务舞弊以及债务损失风险。

（2）完善收支业务管理组织体系和工作机制，保障资金收支的效率与效果。收支业务既关系到单位资金的安全和有效使用，又关系到单位职能任务目标的顺利实现，是事关单位全局的核心经济业务。行政事业单位的经济收支需要按照领导层决策、业务部门经办、财务部门执行、内审部门监督的组织保障体系开展业务。单位领导层主要负责经济收支制度的审定、重大经济收支事项的审批（一般收支可由单位授权财务部门审批，重要经济收支需经单位分管领导审批，重大经济收支需经单位领导集体审议决定，属于"三重一大"范围的大额资金使用还需由党政领导联合审议审批）、重大经济收支问题的协调处理等；业务经办部门主要负责已批准的具体经济业务的执行办理，需要资金支付时需向财务部门提出申请，并经业务部门负责人审核确认资金支付的真实性和合理性；财务部门作为收支业务的主办部门和收支业务内部控制的归口管理部门，参与单位经济收支决策，具体负责单位经济收支的制度拟定、收支业务的审核审批、收支业务办理、会计核算等工作；内部审计部门或岗位负责收支业务的监督检查与绩效评价，以强化单位对收支业务的自我监督、自我约束管理。

单位的经济收支源于业务活动，又服务于业务活动，财务收支与业务活动紧密相连、密切相关，所以单位内部应建立业务部门与财务部门的联动合作机制，业务部门签署收支合同必须同时知会财务部门，以便财务部门及时筹措资金，满足业务活动的需要。财务部门发现财务收支不符合相关规定，应拒绝受理；发现收支错误，应予退回更正后重新审批；通过财务收支发现经济业务活动的问题，应及时通报业务部门，并提出改进建议，发现经济活动的重大问题应及时向单位领导报告。内部审计部门应对业务部门的经济活动及财务部门的财务收支进行全程跟踪监督，及时反馈监督意见，帮助相关部门改进工作方式与提高绩效。

（3）合理设置收支业务管理岗位，配备专业胜任能力强、道德品行好的合格人员上岗，以保证收支业务的合法性和财政资金的安全性。收支业务岗位是行政事业单位的关键岗位，单位在设置收支业务岗位时，不仅要保持开票与收款、收款与核算、收款、核算与监督岗位的相互分离，还要明确各岗位的工作职权职责，未经单位授权，任何人不得接触单位资金，不得处理单位收支业务。要明确收支业务岗位的专业胜任能力条件和道德品行条件，严格按条件选配收支业务岗位工作人员，确保关键岗位作用的有效发挥。同时，应建立收支业务岗位的定期轮岗、休息休假、专项审计、定期培训等管理制度，防止长期值守同一岗位带来的职务疲劳风险和职务垄断风险。

（二）收入业务控制

《单位内控规范》第四章第 26 条规定："单位的各项收入应当由财务部门归口管理并进行会计核算，严禁设立账外账。业务部门应当在涉及收入的合同协议签订后及时将合同等有关材料提交财务部门作为账务处理依据，确保各项收入应收尽收，及时入账。财务部门应当定期检查收入金额是否与合同约定相符；对应收未收项目应当查明情况，明确责任主体，落实催收责任"。第 27 条规定："有政府非税收入收缴职能的单位，应当按照规定项目和标准征收政府非税收入，按照规定开具财政票据，做到收缴分离、票款一致，并及时、足额上缴国库或财政专户，不得以任何形式截留、挪用或者私分"。这两项条款是针对《单位内控规范》第二章第 11 条规定："单位进行经济活动业务层面的风险评估时，应当重点关注以下方面：（二）收支管理情况。包括收入是否实现归口管理，是否按照规定及时向财会部门提供收入的有关凭据……"的收入管理风险，就单位的各项收入、归口管理和非税收入收缴管理方面作出了原则性规定。

1. 收入业务控制内容

根据财政部的规定，政府收支分类体系由"收入分类""支出功能分类""支出经济分类"三部分构成。同时，我国目前在财政收支管理上执行的是国库集中收付制度，即由财政部门代表政府设置国库单一账户体系，所有的财政性资金均纳入国库单一账户体系收缴、支付和管理的制度。财政收入通过国库单一账户体系，直接缴入国库。财政支出通过国库单一账户体系，以财政直接支付和财政授权支付的方式，将资金支付到商品和劳务供应者或用款单位。未支用的资金均保留在国库单一账户，由财政部门代表政府进行管理运作，提高了政府资金的利用率，节约了政府筹资成本，为实施宏观调控政策提供了可选择的手段。

（1）收入业务的构成。行政事业单位的收入可分为：

①行政单位收入。行政单位收入包括财政拨款收入和其他收入：财政拨款收入是指行政单位从同级财政部门取得的财政预算资金。其他收入是指行政单位依法取得的除财政拨款收入以外的各项收入。行政单位依法取得的应当上缴财政的罚没收入、行政事业性收费、政府性基金、国有资产处置和出租出借收入等，不属于行政单位的收入。

②事业单位收入。事业单位收入包括：第一类，财政补助收入，即事业单位从同级财政部门取得的各类财政拨款。第二类，事业收入，即事业单位开展专业业务活动及其辅助活动取得的收入。其中，按照国家有关规定应当上缴国库或者财政专户的资金，不计入事业收入；从财政专户核拨给事业单位的资金和经核准不上缴国库或者财政专户的资金，计入事业收入。第三类，上级补助收入，即事业单位从主管部门和上级单位取得的非财政补助收入。第四类，附属单位上缴收入，即事业单位附属独立核算单位按照有关规定上缴的收入。第五类，经营收入，即事业单位在专业业务活动及其辅助活动之外开展非独立核算经营活动取得

的收入。第六类，其他收入，即上述规定范围以外的各项收入，包括投资收益、利息收入、捐赠收入等。

（2）收入业务基本流程。

①财政拨款收入基本流程：

a. 行政事业单位提交用款计划：单位根据批复的指标控制数或预算指标向财政部门提交用款计划，用款计划提交时应当平衡用款的时间进度，选择批准的支付方式。

b. 财政部门审核用款计划，拨付批准的款项。财政部门根据批复的预算控制数或预算指标，根据单位经纪业务的实际需要，审核批复单位用款计划，按规定的支付方式拨付财政资金。

c. 单位财务部门确认收入到账，进行收入会计核算。单位财务部门在收到财政部门批复的直接支付凭证入账通知单或者授权支付凭证入账通知单时，确认财政拨款收入，及时、准确地登记预算收入台账，完成财政拨款收入的会计账务处理。

②非税收入征收业务基本流程：

a. 非税收入项目与标准确定：行政单位应当依法取得相关收费许可并严格按法定程序、权限和《收费许可证》规定的标准与范围收费。同时单位应当公示非税收入征收依据和具体征收事项，包括项目、对象、范围、标准、期限和方式等。

b. 业务部门开具收费通知：业务部门依据规定的收费项目与标准向交费单位或个人开具收费通知单据，不得多征、少征或者擅自缓征、减征、免征。

c. 缴费单位或个人按照缴费通知缴费，并取得收款收据。

d. 收入上缴国库或者财政专户。行政事业单位应当严格执行收支两条线原则，将征收的非税收入及时、足额上缴国库或者财政专户，不得以任何形式截留、挪用、占用非税收入。

e. 单位财务部门登记非税收入台账，定期核对收费票据，并与财政部门核对非税收入到账情况。

③事业收入和事业单位经营收入基本流程：

a. 收入项目与收费标准的确立：事业单位应当依法取得相关收费许可并严格按法定程序、权限和《收费许可证》规定的标准与范围收费。同时，单位应当公示非税收入征收依据和具体征收事项，包括项目、对象、范围、标准、期限和方式等。

b. 业务部门开具缴费通知：业务部门依据规定的收费项目与标准向交费单位或个人开具收费通知，不得多开或少开，通知缴费单位或个人缴费。

c. 财务部门出纳员收款并开具收款收据。单位收费必须使用财政部门统一印制的收费票据并保证票据的连续性。单位取得的货币资金收入应当建立现金日记账、银行日记账，并逐笔序时登记，做到日清日结。单位各项财务收入均需由收入归口管理部门（财务部门）统一收款并进行会计核算，其他部门和个人未经批准不得办理收款业务，不得另行开设银行账户或以个人名义存放单位资金。

d. 财务部门会计人员根据收款原始凭证登记收入台账，以便与财政部门核对，及时进行收入账务处理并定期编制收入报表和收入分析报告。

2. 收入业务控制目标

收入业务控制的目标包括以下几个方面：

（1）建立收入内部管理制度及收入业务流程，健全收入管理组织体系，明确收入业务归口管理部门，合理设置收入业务相关岗位，保证收入管理制度健全，组织体系完备，分工合理、责任落实。

（2）加强收入预算管理，严格按收入预算组织收入，保障单位机构运转的正常资金需要。

（3）依法取得收费许可，确定非税收入项目范围和标准，征收非税收入，确保各项非税收入应收尽收，及时、足额上缴国库或财政专户，严格遵守收支两条线管理制度，不得以任何形式截留、挪用或者私分非税收入。

（4）建立和落实收费公示制度，进一步规范收费行为，实现收费透明、公开、有序、规范。

（5）建立健全收入分析和检查制度，定期分析和检查收入征收状况，发现问题，及时纠正解决，确保各项收入合法合规、及时足额取得。

3. 收入业务控制风险评估

开展收入业务控制风险评估时，主要从以下几个方面进行：

（1）未建立健全收入内部管理制度，收入业务操作不规范，单位收入管理工作无章可循、无据可依，容易导致收入管理主观随意，进而存在人为干预和舞弊风险。

（2）收入业务相关岗位设置不合理，岗位职责不清，开票、收款与会计核算等不相容岗位未有效分离，可能导致收入差错或职务舞弊，造成资金流失风险。

（3）各项收入未按照法定项目和标准征收，未公开公示接受社会监督，导致收费不规范或者乱收费，容易出现收入违规风险。

（4）未严格执行"收支两条线"管理，容易出现资金被截留、挤占、挪用和坐收坐支风险。

（5）未由财务部门统一办理收入业务，其他部门或个人未经批准办理收款业务，可能导致财务舞弊或私设小金库的违法违规行为。

（6）各项收入退付未经适当授权与审批，会存在错误退付与舞弊风险。

（7）未按规定进行收入核算，可能导致财务报告不真实、不完整、不准确风险；未定期检查分析收入情况，容易产生收入监管漏洞，发生收入不法行为。

4. 收入业务控制措施

行政事业单位的收入业务大致分为收入业务预算阶段、收入业务登记阶段和收入业务到账确认阶段三个阶段。

在收入业务预算阶段，单位应根据国家的方针政策和本单位的发展规划与职能任务需要，实事求是、积极稳妥地合理预测本单位收入规模，准确编制收入预算。第一，财政经费拨款收入和政府性基金收入按财政部门定员定额标准和单位工作计划需要据实编制，不得编报虚假数据。第二，政府非税收入应根据预期业务状况，参考以前年度的征收情况，编制年度非税收入征收计划；单位在年中预算调整时根据实际收入情况，及时做好非税收入调整计划。第三，事业收入、经营收入等应全部纳入单位预算编制范围，全面反映单位实际收支情况。

在收入业务登记阶段，单位在实际收入发生时，需及时进行收入登记，并按月编制收入报表。第一，财政经费拨款收入和政府性基金收入应在国库指标下达时进行收入登记并确认资金来源，匹配财政批复的预算指标，以跟踪财政预算资金的实际到账情况。第二，非税收入应根据缴入国库或财政专户的资金进行收入上缴并登记台账，注意做好应缴未缴的银行存款和现金存量与非税票据的核对工作，严格执行"收支两条线"管理。第三，事业收入和事业单位经营收入应根据开具发票金额进行收入登记，注意做好应收款项的登记、催收等工作。

在收入到账确认阶段要做好以下工作：第一，财政经费拨款收入和政府性基金收入应根据国库额度到账情况进行收入确认。第二，非税收入按返还额确认到账收入的可使用资金。第三，事业收入和事业经营收入根据《中华人民共和国会计法》《事业单位财务规则》的具体规定确认收入实现。第四，各单位应保证收支平衡，在预算执行发生资金支付时，需要明确资金支出所使用的预算到账资金。综合上述收入关键控制环节的主要工作内容，行政事业单位应该采取以下措施，加强收入管理控制工作。

（1）建立健全收入业务内部管理制度和业务流程，强化收入业务制度化管理。行政事业单位应该在梳理收入业务流程，分析收入风险的基础上，根据国家的有关财经政策制度，结合单位实际，建立健全单位收入内部管理控制制度与业务流程，将收入内部控制制度嵌入到收入业务处理和日常管理中融合执行。收入内部管理制度应当明确：收入业务的归口管理部门；收入业务的岗位及其职责权限；各类收入业务的工作流程、审批权限和责任划分；分类收入业务的风险与管控措施；与收入相关的票据、印章的保管责任、领用程序；与收入相关的财务核算和监督检查责任。要确保收入业务中的不相容岗位相互分离，开票、收款等关键岗位应强化管理。

（2）加强收入业务归口管理，明确岗位职责，强化责任落实。行政事业单位收入的类型和来源渠道比较多，极可能发生收入金额不实、应收未收、甚至产生私设"小金库"的风险，《单位内控规范》第 26 条正是针对这一实际情况进行规定的。所以，单位的收入业务应由财务部门归口管理，收入预算由财务部门根据业务部门提交的预算建议集中编制，收入内部管理制度由财务部门以专业化角度统一拟定，收入的执行、收入的核算、收入报告、收入管控均由财务部门统一办理，以体现财务部门归口管理财务收入的集中性、统一性和专业性特点。当然，对行政事业单位的各项收入实施归口管理，并不意味着单位所有的收入事务全部由财务部门独家包办，而是以单位的经济业务活动为基础，以财务收入管理为核心，以内部审计监督为保证，需要业务、财务、内部审计等部门协调联动，共同配合，才能保证单位收入控制目标的有效实现。

（3）采取多种收入控制方法，加强收入业务的科学管控。收入业务的控制方法主要包括：①不相容职务相互分离控制。不相容职务主要包括收入项目与标准的制定与审核审批；收入办理与收入会计核算；收入票据开具与收款；印鉴章的保管与领用、票据的保管与领用；印章管理与票据管理等。单位应在合理设置收入岗位，建立岗位责任制，明确授权审批机制的基础上，确保不相容岗位相互分离。②授权审批控制，主要包括银行账户的开立、变更、撤销的授权与审批，收入范围与标准确定的授权与审批，收入退付的授权与审批等。任何人未经授权不得办理收入业务，超越授权审批的收入业务不得办理。③定期对账控制，财会人员应当定期核对会计账簿，检查财务部门的收入账、表、证是否相符；定期与财政部门核对拨款收入、非税收入上缴入库情况，检查各项收入与财政记录是否相符；经常核对收费票据使用与收款情况，检查收入票款是否一致。发现问题及时查找原因，及时解决处理，重大问题及时报告单位领导。④文件记录控制，经济收入发生时，单位应及时取得收入凭据，并做好收入登记或记录，作为对收入业务环节的单据控制依据。

（4）加强政府非税收入管理。非税收入是指除税收以外，由各级国家机关、事业单位、代行政府职能的社会团体及其他组织依法利用国家权力、政府信誉、国有资源（资产）所有者权益等取得的各项收入，是政府财政收入的重要组成部分。为了加强政府非税收入管理，规范政府收支行为，财政部于2016年3月15日印发了《政府非税收入管理办法》（财税〔2016〕33号），行政事业单位应根据相关办法，并结合单位的实际情况，提出关于单位非税收入的控制措施。

①明确界定收入项目范围、标准、适用对象以及单位职责。非税收入管理范围具体包括：行政事业性收费收入、政府性基金收入、罚没收入、国有资源（资产）有偿使用收入、国有资本收益、彩票公益金收入、特许经营收入、中央银行收入、以政府名义接受的捐赠收入、主管部门集中收入、政府收入的利息收入、其他非税收入。需要注意的是，社会保险费、住房公积金（计入缴存人个人账户部分）不纳入非税收入管理范围。一般来说，非税收入可以由财政部门直接征收，也可以由财政部门委托的部门和单位（简称执收单位）征收，法律另有规定的除外，执收单位改变需经财政部门批准。执收单位应该履行的职责包括：第一，公示非税收入征收依据和具体征收事项，包括项目、对象、范围、标准、期限和方式等。第二，严格按照规定的非税收入项目、征收范围和征收标准进行征收，及时足额上缴非税收入，并对欠缴、少缴收入实施催缴。第三，记录、汇总、核对并按规定向同级财政部门报送非税收入征缴情况。第四，编制非税收入年度收入预算。第五，执行非税收入管理的其他有关规定。

②规范非税收入的设立和征收。行政事业单位应该依据相关法律法规，结合自身的业务特点，规范不同种类非税收入的设立和征收。非税收入征收权限如表7-1所示。

表 7 – 1   非税收入征收权限

非税收入分类	征收权限
行政事业性收费	按照国务院和省、自治区、直辖市（简称省级）人民政府及其财政、价格主管部门的规定设立和征收
政府性基金	按照国务院和财政部的规定设立和征收
国有资源有偿使用收入、特许经营收入	按照国务院和省级人民政府及其财政部门的规定设立和征收
国有资源有偿使用收入、国有资本收益	由拥有国有资产（资本）产权的人民政府及其财政部门按照国有资产（资本）收益管理规定征收
彩票公益金	按照国务院和财政部的规定筹集
中央银行收入	按照相关法律法规征收
罚没收入	按照法律、法规和规章的规定征收
主管部门集中收入、以政府名义接受的捐赠收入、政府收入的利息收入及其他非税收入	按照同级人民政府及其财政部门的管理规定征收或者收取

任何部门和单位不得违反规定设立非税收入项目或者设定非税收入的征收对象、范围、标准和期限，不得随意取消、停征、减征、免征或者缓征非税收入以及调整非税收入的征收对象、范围、标准和期限。取消法律、法规规定的非税收入项目，应当履行法定的审批程序。

③建立健全收费公示机制。根据国务院办公厅印发的《2016 年政务公开工作要点》（国办发〔2016〕19 号）规定："实行收费目录清单管理，公布行政事业性收费、政府性基金以及实施政府定价或指导价的经营服务性收费目录清单，明确项目名称、设立依据、标准等，公开对清单之外乱收费、乱摊派等行为的查处结果。具体执收单位要在收费场所公示收费文件依据、主体、项目、范围、标准、对象等，主动接受社会监督。"为此，行政事业单位应该明确收费公示要求，进一步规范收费行为，完善监督管理措施，增加透明度，加强乱收费治理。具体收费公示要求如表 7 – 2 所示。

表 7 – 2   收费公示要求

公示项目	公示要求
收费公示	①凡未经国家和省批准的收费均属乱收费，不得公示。②国家、省已明文取消的收费项目，不再公示。③现行合法批准的项目，不得随意扩大范围和擅自提高标准公示。④经营服务性收费原则，不得混入行政事业性收费项目进行公示。通过坚持以上四项原则，避免将越权收费、扩大范围收费、超标准收费、自立项目收费等乱收费行为通过公示"合法化"
收费公示内容	公示的内容包括：收费单位、收费项目、收费标准、计量单位、政策依据（授权单位名称批准机关及文号、优惠措施等）、收费单位监督电话、价格部门投诉举报电话"12358"等，还应将各种收费项目的减免政策一并公示，切实保证公示内容的全面完整，便于服务对象全面了解各项收费优惠政策。公示内容不能随意更改、删减。公示内容实行动态管理，对于变更的收费项目和标准，应当及时变更公示内容

续表

公示项目	公示要求
收费公示方式	收费公示可采取多种形式进行，设立公示栏、公示牌、价目表（册）或电子显示屏、电子触摸屏、灯箱屏（统称为"公示牌"）等方式公示，开设互联网的单位还应在其网站上醒目位置公示规定的收费内容。公示牌的设立要以"看得清、留得住、易更改"为原则，做到项目齐全、内容真实合法、标示醒目、字迹清晰，长期固定设置在收费场所或方便群众阅知又不易损坏的位置

同时，单位也要加强收费公示的监督检查，监督检查的重点包括单位收费标准的执行情况；单位的收支情况、缴费公民、法人和其他组织的反映；制定收费的标准、形式和方法是否符合变化的实际情况等。此外，在工作中消极对待、敷衍应付、落实不力，不按时公示的行为将通报批评，限期改正；对拒不公示或者不按公示项目和标准收费的，一经查实，将依法严肃处理。

④规范其他政府非税收入管理。实行主管部门集中收入方式的行政事业单位应当统一将其纳入非税收入管理范围，实行"收支脱钩"管理；有关支出纳入部门预算，实行统一安排。以政府名义接受的捐赠收入，必须坚持自愿原则，不得强行摊派，不得将以政府名义接受的捐赠收入转交不实行公务员管理的事业单位、不代行政府职能的社会团体或者其他民间组织管理。政府财政资金产生的利息收入（税收和非税收入产生的利息收入）应按照中国人民银行规定计息，统一纳入政府非税收入管理范围。

（5）严格执行"收支两条线"管理。"收支两条线"控制建设和改进是一项复杂的工作，行政事业单位应在宏观上把握好五个重点：一是要将各部门的全部收入纳入预算管理，任何部门不得"坐收""坐支"；政府非税收入应当按照规定项目和标准征收，按照规定开具财政票据，做到收缴分离、票款一致，并严格执行财政部"收支两条线"管理规定，及时足额上缴国库和财政专户，不得通过"收入直接转支出"等方式进行截留、挪用或者私分；二是部门预算要全面反映部门及所属单位全部资金收支状况，提高各部门支出的透明度，合理核定支出标准，并按标准足额供给经费；三是应当指定专人负责收集、整理、归档并及时更新与政府非税收入有关的文件，定期开展培训，确保相关人员及时全面掌握政策规定，防止政策执行偏差；四是加强收入退付管理，单位收入和收入退付均应经过适当的授权和审批，各项收入退付必须按照退付流程和规定的审批权限先审批后办理，不得未经审批办理或者先办后批，严防收入退付的差错和舞弊行为；五是加强银行账户的开立、变更、撤销的审核审批和使用监督管理，确保所有的收入均及时足额地收缴到指定账户。

（6）加强收入会计核算与分析检查工作。行政事业单位发生业务收入必须同时取得收入单据，及时规范地编制会计凭证，登记会计账簿，定期与业务部门、财政部门核对账簿，编报会计报表，确保财务报表信息的真实、准确、完整。同时，还应重视财务报表的分析使用，应对收入征收情况进行分析，对照收入预算、收入合同，分析收入征收状况的规范性与准确性，判断有无异常情况，并针对差异查找原因，提出意见，改进处理。单位内部审计部门要加强对收入业务的检查与审计，定期检查收入款项是否及时、足额缴存到规定银行账户，收入金额是否与合同约定相符，收入款项是否遵守了收支两条线管理原则，有无应收未收、多收少收乱收情况，一旦发现问题，立即提出建议或报告处理。

（三）支出业务控制

《单位内控规范》第四章第 29 条规定："单位应当建立健全支出内部管理制度，确定单位经济活动的各项支出标准，明确支出报销流程，按照规定办理支出事项。单位应当合理设置岗位，明确相关岗位的职责权限，确保支出申请和内部审批、付款审批和付款执行、业务经办和会计核算等不相容岗位相互分离。"第 30 条规定："单位应当按照支出业务的类型，明确内部审批、审核、支付、核算和归档等支出各关键岗位的职责权限。实行国库集中支付的，应当严格按照财政国库管理制度有关规定执行。（一）加强支出审批控制。明确支出的内部审批权限、程序、责任和相关控制措施。审批人应当在授权范围内审批，不得越权审批。（二）加强支出审核控制。全面审核各类单据。重点审核单据来源是否合法，内容是否真实、完整，使用是否准确，是否符合预算，审批手续是否齐全。支出凭证应当附反映支出明细内容的原始单据，并由经办人员签字或盖章，超出规定标准的支出事项应由经办人员说明原因并附审批依据，确保与经济业务事项相符。（三）加强支付控制。明确报销业务流程，按照规定办理资金支付手续。签发的支付凭证应当进行登记。使用公务卡结算的，应当按照公务卡使用和管理有关规定办理业务。（四）加强支出的核算和归档控制。由财务部门根据支出凭证及时准确登记账簿；与支出业务相关的合同等材料应当提交财会部门作为账务处理的依据。"这两项条款分别从支出内部管理制度及组织保障体系建设和支出业务的审核、审批、支付、核算管理等关键环节控制方面，就如何加强支出控制作出了原则性规定。

1. 支出业务控制内容

（1）支出业务控制内容。行政事业单位的支出业务包括行政单位支出和事业单位支出两类：

①行政单位支出。一般分为基本支出和项目支出。其中，基本支出是指行政单位为保障机构正常运转和完成日常工作任务发生的支出，包括人员支出和公用支出。项目支出是指行政单位为完成特定的工作任务，在基本支出之外发生的支出。

②事业单位支出。一般分为以下四类：第一类，经营支出，即事业单位在专业业务活动及其辅助活动之外开展非独立核算经营活动发生的支出。第二类，对附属单位补助支出，即事业单位用财政补助收入之外的收入给附属单位补助发生的支出。第三类，上缴上级支出，即事业单位按照财政部门和主管部门的规定上缴上级单位的支出。第四类，其他支出，即上述规定范围以外的各项支出，包括利息支出、捐赠支出等。

为了实行支出业务的分类控制管理，行政事业单位在构建支出业务内部控制体系时，一般可将单位支出业务划分为：人员经费、基本机构运转业务经费、重点管理经费（"三公"

经费）、基本建设项目经费、工程修缮经费、信息化项目经费、购置项目经费、一般行政管理经费和专项业务经费等九大类，根据支出业务的性质特点，实行区别管理、区别控制。

（2）支出业务控制基本流程。行政事业单位办理支出业务，一般应遵循以下基本流程：

①业务部门提出支付申请：业务部门在发生经济支出时，应提出经费支出申请，填写经费支出审批单，根据业务性质和支出数额大小，按照授权审批权限上报审批。

②业务部门审核：业务部门负责人应对本部门经办人员填写的支出申请事项的真实性、合理性和必要性进行审核，超越部门负责人审核权限的支出申请还需要提交单位分管业务领导复核确认。

③财务部门审核审批：日常支出的审批由财务部门负责人在授权范围内审批，审批重点是经济支出凭据是否齐全、内容是否合规、数额是否正确等，超越部门授权审批范围的，应提交单位分管财务领导审批。

④单位领导审批：对于单位重点管控的费用项目支出或者数额较大的支出，应由单位领导（包括分管领导）按照授权审批权限进行综合审批，并对自己审批的支出负责。

⑤集体决策会议审定：对于"三重一大"范围的重大支出事项，需提交单位党政集体决策会议，按照"三重一大"议事决策制度进行集体决策审批。

⑥财务支付办理：财务部门资金支付岗位对审核批准的支付申请进行复核审查，复核内容包括票据是否合法完整、数字计算是否正确，审批手续是否齐全等，复核无误，按照规定的支付方式办理支付业务。

⑦会计核算与档案管理：财务部门会计岗位根据资金支付凭证进行支出业务的会计处理，并及时登记账簿，定期核对账务、编制会计报表、分析财务支出情况，同时应妥善保管支出凭证及相关会计档案，以保持会计记录的完整性。

⑧支出监督评价：单位内部审计等相关部门应加强财务支出的监督检查力度，基本经费支出应定期进行支出绩效评价，项目支出应在项目结束后及时进行绩效评价，单位的所有支出都应进行内部审计监督，以保证单位支出行为的合法和资金支出的效果。

2. 支出业务控制目标

支出业务控制的目标包括以下几个方面：

（1）建立健全支出内部管理制度，合理设置支出业务岗位及其工作职责，明确关键岗位管理办法，保持不相容岗位相互分离。

（2）严格执行支出预算，专款专用，从严从简，勤俭节约，确保财政资金的合理高效使用。

（3）完善支出业务流程和授权审批制度，规范支出行为，确保各项支出程序合法、审批严格、支出正确、核算规范，监督有力。

（4）明确单位各项支出的开支范围、内容、标准、审核审批权限与责任，确保支出管控标准明确、公平公正、科学有效。

（5）规范会计核算，强化监督评价，保证支出效果与效率。单位应加强财务支出的会计核算和财务分析工作，真实、准确、完整地报告单位财务支出情况。并应定期考核评价各项支出绩效，开展支出业务内部审计，强化支出业务的监督力度，确保财政资金的使用效率和效果。

3. 支出业务控制风险评估

单位开展支出业务风险评估时，主要从以下几个方面进行：

（1）单位未建立健全支出业务内部管理制度，导致单位支出业务管理无章可循、无据可依，管理混乱。

（2）支出业务相关岗位设置不合理、岗位职责不清晰，或支出申请和内部审批、付款审批和付款执行、业务经办和会计核算等不相容岗位未有效分离，容易导致职务舞弊风险。

（3）未建立各项支出业务的管理规范，支出范围、标准、审核审批程序与权限不明确，容易导致支出管理混乱，造成资金损失浪费或营私舞弊现象。

（4）支出事项审核审批把关不严、审核不细，容易造成支出管理漏洞，发生违法违规、弄虚作假等舞弊风险。

（5）单位支出核算不规范，记账不及时，财务报表不真实，会计保管档案管理不妥当，容易导致财务造假，凭据灭失，掩盖财务支出中的违法违规行为。

（6）缺乏对财务支出的定期分析评价和监督检查，容易导致支出问题发现不及时，解决不得力，资金管控能力弱化或失效。

4. 支出业务控制措施

（1）建立健全支出业务内部管理制度。行政事业单位应当在梳理各项业务支出流程，识别评估支出风险的基础上，根据国家现行法律法规及相关政策制度，结合单位实际，建立健全本单位的支出内部管理制度及相应的支出业务流程，明确指出业务的控制目标，揭示支出业务可能存在的风险，制定实现防控风险、实现目标的业务路径和规范措施。同时还应制定与支出业务紧密相关的费用开支管理制度，明确各项费用支出，如经费支出、办公费支出、接待费支出、会议费支出、差旅费支出、出国（境）费支出、公务用车支出、公务接待支出、交通费支出等的范围、标准、程序、审批权限与责任等，为单位实行支出业务的制度化分类管理奠定基础，提供保证。

（2）合理设置支出业务岗位，明确岗位职责权限，强化关键岗位管理。《单位内控规范》第 30 条第一款规定："单位应当按照支出业务的类型，明确内部审批、审核、支付、核算和归档等支出各关键岗位的职责权限。实行国库集中支付的，应当严格按照财政国库管理制度有关规定执行。"根据这一规定，行政事业单位应根据国家有关财经制度和本单位"三定"方案规定，本着"依事设岗、以岗赋权、以权定责"的原则，合理设置支出业务相关岗位，明确各岗位的工作职责，具体规定支出业务的内部审批、审核、支付、核算和归档等关键岗位的专项管理制度，严格按岗位条件审慎选择配备关键岗位工作人员，加强支出关键岗位的定期轮岗、定期培训、休息休假、专项审计等管理，确保关键岗位的关键作用的充分发挥，确保支出申请和内部审批、付款审批和付款执行、业务经办和会计核算等不相容岗位相互分离。

（3）采取积极有效的科学控制方法，加强支出业务控制。行政事业单位的支出控制方式主要包括：预算控制、归口控制、单据控制、审批控制、程序控制和标准控制。

①预算控制：行政事业单位应当建立"以预算管理为主线、资金管控为核心"的内部控制管理体系。单位在审核审批支出业务时，应该重点审核发生的支出项目是否为预算批准的开支范围，支出的数额是否在预算控制的额度范围内，支付方式是否为预算批复的支付方式，凡是无预算、不符合预算批复的支出，一律不得予以支付。

②归口控制：行政事业单位的支出业务应该明确由财务部门实行归口管理，承担财务支出的主要责任，具体负责支出事项的预算编制与执行、支出审核审批、支出业务办理、支出业务核算等日常业务，以保证单位所有财务支出都由财务部门集中办理、统一管控，实现财务管理的集中化、专业化、统一化。

③单据控制：行政事业单位的所有经济支出必须以真实合法有效的凭据办理支付业务。一是要求所有支出必须凭据开支，不得无据开支；二是要求所有凭据必须合法合规，真实、准确、完整，不符合规定的票据，内容填写不完整、不准确的票据，以及虚假票据不得受理；三是要求所有票据必须经过经办部门、财务部门以及单位领导按照授权审批权限进行审核审批，未经审批或者越权审批事项，不得办理；四是要求经济业务票据必须跟随经济活动的运转在单位部门之间或岗位之间进行及时安全的传递，以证明经济活动的实时情况，实现对单位经济活动的单据控制。

④审批控制：为了加强对经济活动的管理控制，单位应明确制定各项支出业务的审核审批程序、权限与责任，要求各项支出必须履行严格的审核审批程序，所有支出业务未经授权不得办理，超越授权支出不得受理，未完整履行审核审批手续的支出业务也应拒绝办理，以确保单位支出业务的安全、合法、有效。

⑤程序控制：程序控制是指支出业务事项必须按规定的程序与环节执行的控制方式，如工程立项评审、政府采购管理、合同管理、指定环节报批、指定环节报备、绩效评价等方式。立项评审，是指按照相关规定，需要将项目立项报告及相关材料提报相关行政事业单位进行评审，经过法定程序后方能立项的控制方式。该方式适用于根据相关规定，需提报行政事业单位立项评审的支出事项。政府采购管理，是指根据政府相关规定，对于达到政府采购标准的物资、工程和服务等事项，按要求实施法定采购程序的控制方式。合同管理，是指通过合同订立、履行、价款结算、登记及纠纷等过程管理的控制方式。该方式适用于依据政府和单位相关规定必须签订合同的事项，如物业管理费、咨询费、课题（规划）费等。指定环节报批，是指支出事项行为发生前必须到指定单位履行报批程序的控制方式。该方式适用于以下两类事项：一类是某些特殊属性的支出项目，如接待费由办公室事前审批、交通费中的维修费报办公室事前审批、出国（境）费由人事部门事前审批、固定资产报废处置需报经财政部门审批等；另一类是规定限额以上的支出项目，需上报单位领导审批等。指定环节报备，是指支出事项行为发生后必须到指定单位履行报备程序的控制方式。该方式适用于规

定限额以下，各单位可自行支出，但根据管理需要，事后要报上级单位备案的事项，如规定限额的采购支出等。绩效评价，是指财政部门和预算单位根据设定的绩效目标，运用相应的评价方法、指标体系和评价标准，对支出、产出和效果进行评价的控制方式。该方式适用于按照相关规定，需进行财政支出绩效考评的事项，如工程类项目、课题项目、信息化项目等。

⑥标准控制：标准控制是指通过明确经济行为的支出标准进行控制的方式，包括外部标准控制和内部标准控制两种方式。外部标准控制是指明确经济行为的外部法定标准的控制方式，该方式适用于具有外部法定标准的支出事项，如人员经费、公费出国（境）开支、差旅费、交通费、物业费、协会会费等开支标准。内部标准控制是指明确经济行为的内部执行标准的控制方式，该方式适用于具有内部标准的支出事项。如办公费用开支标准、公务用车开支标准、通讯费开支标准等。单位应根据国家的相关规定，结合单位实际制定本单位的费用开支标准，单位标准可以低于但不得突破国家标准，以此作为单位支出控制的限额标准，严格审核控制执行。

（4）规范执行支出业务流程，加强支出的关键环节业务控制。完善的支出业务流程应包括完整的支出申请、严肃的支出审批、严格的支出审核和及时的资金支付的关键控制环节。

第一，支出申请控制。行政事业单位的支出业务发生前，应该由经办人根据业务进展和资金需要情况，提出资金支付申请，填写支出申请单，详细说明支出事项内容、用途、数额、支出依据等，要求申请内容真实完整，依据合法充分，数据准确无误，不得使用非法、虚假票据。并对申请内容及所提供的支付凭据的合法性、真实性和准确性负责。

第二，支出审核控制。《单位内控规范》第30条第三款规定："加强支出审核控制。全面审核各类单据。重点审核单据来源是否合法，内容是否真实、完整，使用是否准确，是否符合预算，审批手续是否齐全。支出凭证应当附反映支出明细内容的原始单据，并由经办人员签字或盖章，超出规定标准的支出事项应由经办人员说明原因并附审批依据，确保与经济业务事项相符。"

据此，行政事业单位的财务支出至少需要两个部门的审核：一是支出业务发生部门负责人审核，重点审核支出申请内容的真实性、必要性和合理性，并对其审核内容负责；二是财务部门负责人审核，主要审核单据来源是否合法、支出项目与数额是否符合预算控制要求，前置审核程序是否齐全，支出范围与标准是否符合单位财务制度等。重大支出项目或限额以上支出，还需按照规定权限提交单位领导审核后，报经领导集体审议审批。对于特殊情况必须超范围、超标准开支，必须由经办人员说明原因并附审批依据，确保与经济业务事项相符。

第三，支出审批控制。《单位内控规范》第30条第二款规定："加强支出审批控制。明确支出的内部审批权限、程序、责任和相关控制措施。审批人应当在授权范围内审批，不得越权审批。"无论是在经济业务事项发生之前，还是在业务事项发生或在办理过程中的资金支付，行政事业单位都应该加强审批控制。审批控制是指支出行为经过相应授权人的授权批准后才能开展的控制方式，审批方式可以包括分级审批、分额度审批、分项审批三种方式。分级审批是指下级单位发生该经济行为时需要报上级单位审批的控制方式。该方式适用于对支出事项有统一规范的事项，如所有出国（境）经费统一均由单位人事处审批。分额度审批是指按照经济行为的发生额度，分别明确归属不同审批权限人审批的控制方式。如单笔支出金额在一定额度内的支出事项，由办公室负责人、财务负责人审批等。分项审批是指按照经济行为的性质，由审批人逐项审批的控制方式。该方式主要适用于对项目支出事项及其他特殊性质事项的审批，如出国（境）经费统一由单位领导逐项审批。单位领导应严格按照规定的授权审批权限依据单位现行的财务管理制度把关审批支出业务，不得随意审批，不得越权审批，不得化整为零规避集体审批。

第四，资金支付控制。《单位内控规范》第30条第四款规定："加强支付控制。明确报销业务流程，按照规定办理资金支付手续。签发的支付凭证应当进行登记。使用公务卡结算的，应当按照公务卡使用和管理有关规定办理业务。"根据这一规定，在支付控制方面应当重点加强以下三个环节的控制。

借款管理。行政事业单位目前推行的公务卡制度是一种电子化的借款报销形式。除了公务卡支付之外，员工因出差、零星小额采购或临时接待任务等情况可能需要借取现金，在这种情况下，应该按照内部管理制度的规定办理借款手续。借款额度不得超过经费支出执行申请中批准的支出额度。借款已经发生，相应的预算指标即被锁定，即预算指标已被占用，避免超指标执行。单位工作人员办理借款的程序为：借款人按照要求填写《借款审批单》，注明借款事由、借款金额、所对应的预算项目以及预计报账日期等内容，并附上与借款事项相关的事前审批单据，如公务接待审批单、出差签报单等；经本部门负责人审核后，提交单位财务部门的分管领导或者其授权的负责人进行审核审批，审批通过后，出纳人员办理借款或者支票领用手续。此外，个人向所属单位借款应当及时偿还，出差人员原则上应在出差返回后在规定的期限内办理报销、还款手续；购物、接待事项完成后应立即报销、还款；无正当理由，借款超过约定时间不还者，按挪用公款处理，财务人员应当从借款人工资和其他款项中扣还。

报销管理。经济业务事项的经办人员办理报销费用时，应当按照要求填写费用报销申请，确保要素填写齐全、内容真实完整。由经办人、证明人签字后，提交部门负责人或者归口管理部门的相关工作人员审核；经单位财务部门审核无误后按照支出审批权限进行审批，出纳人员按照审批结果办理支付手续。

资金支付。单位应对资金支出业务严格把关，不得由一人办理资金支付业务的全过程。签发的支付凭证应当进行登记，使用公务卡结算的，应当按照公务卡使用和管理有关规定办理业务。各项支出均应依据采购或审批结果提出资金支付申请，并由财务部门负责进行资金支付审核并匹配对应的资金来源。单位出纳应当在职责范围内，按照审批人的批准意见办理资金支付业务。对于审批人超越授权范围审批的资金支付业务，有权拒绝办理，并及时向审批人的上级授权部门报告。

（5）本着"专款专用、勤俭节约"的原则，加强支出的预算控制、标准控制和定额控制，确保资金使用效率。单位应遵循"先预算、后支出"的原则，合理安排预算资金支出，严格执行预算，严禁超预算或者无预算安排支出，严禁虚列支出、转移或者套取预算资金。严格控制国内差旅费、因公临时出国（境）费、公务接待费、公务用车购置及运行费、会议费、培训费等支出。年度预算执行中原则上不追加预算指标，因特殊需要确需追加的，按原程序报经财政部门审核审批。单位从财政部门或者上级预算单位取得的项目资金，应当按照批准的项目和用途使用，专款专用、单独核算，并按照规定向同级财政部门或者上级预算单位报告资金使用情况，接受财政部门和上级预算单位的检查监督。项目完成后，单位应当向同级财政部门或者上级预算单位报送项目支出决算和使用效果的书面报告。

单位应根据本单位制定的开支范围和开支标准，在保证单位正常运转的前提下，坚持从严从简，勤俭办一切事业，从严控制各项支出，确保所有支出不得突破现行制度规定的标准与定额，降低公务活动成本。尤其是要加强管理和控制那些具有较大节约潜力的支出事项，压缩不必要的开支，以便促进单位的事业发展。

行政事业单位要严格遵守相关法律法规，不得擅自改变资金用途，不得滞留、滞拨、挪用各种专项资金，不得蓄意多拨财政资金，不得以各种名义套取、骗取财政资金，严禁挤占挪用救灾、扶贫、救济、抚恤、捐赠、教育、社保等财政专项资金。

（6）加强支出核算与归档控制。根据《单位内控规范》第30条第五款规定："加强支出的核算和归档控制。由财务部门根据支出凭证及时准确登记账簿；与支出业务相关的合同等材料应当提交财会部门作为账务处理的依据。"因此，当支出业务发生后，业务部门应及时向财务部门传递合同、协议或其他与支出相关的文件作为财务部门账务处理的依据，财务部门应按照国家统一的行政事业单位会计制度，如《事业单位会计准则》《行政单位会计制度》《事业单位会计制度》《医院会计制度》等，根据支出凭证及时准确地编制会计凭证、登记会计账簿、报送财务报表，并妥善保存保管会计档案材料，严防毁损、散失、泄密或者不当使用。

（7）加强对支出业务的分析评价，不断优化支出管理效率。行政事业单位应重视分析使用单位财务报表，可以通过财务分析报告或组织召开专题会议方式，定期对单位的收支情况进行比较分析（实际支出与预算比较、本期实际与上期实际比较、本期实际与同期实际比较等），发现不同比较的差异结果，深入调查了解，查找原因，提出改进意见，重大问题及时向领导报告，确保单位支出管理不断优化与提高。

为了考核支出效果，优化后期支出预算和支出管理，单位应制定支出业务绩效评价指标体系与办法，定期组织开展支出绩效评价，通过定性与定量相结合的科学测评，客观评价各项支出的实际效果，促进单位能以尽可能少的投入为社会提供尽可能多的公共服务产品。

（四）票据业务控制

《单位内控规范》第四章第 28 条规定："单位应当建立健全票据管理制度。财政票据、发票等各类票据的申领、启用、核销、销毁均应履行规定手续。单位应当按照规定设置票据专管员，建立票据台账，做好票据的保管和序时登记工作。票据应当按照顺序号使用，不得拆本使用，做好废旧票据管理。负责保管票据的人员要配置单独的保险柜等保管设备，并做到人走柜锁。单位不得违反规定转让、出借、代开、买卖财政票据、发票等票据，不得擅自扩大票据适用范围。"该项条款就行政事业单位如何加强票据管控作出了全面、细致的规定。

1. 票据业务控制内容

票据是单位经济活动的基本证明文件，是单位办理收支业务的重要凭据，是实现收支业务单据控制的可视化载体。票据业务控制的主要内容包括以下几个方面：

（1）建立健全票据业务的内部管理制度。

（2）合理设置票据业务岗位，配备专职管理人员，配置单独的保管设备，确保票据的安全。

（3）建立健全票据印制、领购、使用、保管、核销和监督检查的业务流程，规范票据业务行为。

（4）明确票据管理纪律，防止违规取得、使用、销毁票据。

2. 票据业务控制目标

票据业务控制目标包括以下几个方面：

（1）建立健全票据管理制度，明确票据种类和适用范围、形式、联次以及票据取得、使用和销毁纪律，规范票据业务行为。

（2）合理设置票据管理岗位，明确票据业务岗位职责，确保票据管理不相容岗位相互分离。

（3）加强票据日常业务管理，认真做好票据管理记录，定期核对票据与账款、票据与台账记录是否一致，按规定妥善保管各类票据，防止票据管理不善造成的单位损失风险。

3. 票据业务控制风险评估

单位开展票据业务控制风险评估时，主要从以下几个方面进行：

（1）未建立票据管理制度，导致票据管理无章可循、无据可依；对票据相关法律法规不熟悉，票据使用不规范，容易造成票据违规使用风险。

（2）票据领购、使用、销毁程序不规范，票据管理混乱，容易导致票据舞弊，进而造成单位财产损失风险。

（3）票据保管不善、使用不当的风险，一是没有做到票据的专人、专责、专账、专库（柜）管理；二是单位私自转让、出借、买卖、代开财政票据，违规拆本使用票据；用行政事业单位往来票据、自制票据或"白条"收取非税收入，甚至出现收费不开票，开票不入账等问题；三是发票填写内容不齐全、字迹模糊不清、随意涂改、上下联次不一致；四是票据保存不当，保存期限太短，票据随意销毁。

（4）票据注销不规范的风险，单位票据在使用完毕后，未向财政部门办理缴销手续；单位发生合并、分立、撤销、职能变更或收费项目已被取消或名称变更的，未按照相应程序办理变更或注销手续；私自转让、销毁收费票据等。

（5）对票据稽核工作缺乏足够的重视，没有设置专门的票据稽核岗位（或人员）对票据的使用情况进行检查监督，从而造成监管漏洞，容易出现票款不一、公款私吞的风险。

4. 票据业务控制措施

（1）建立健全票据业务内部管理制度，保证单位票据管理的合法合规。财政票据是指由财政部门监（印）制、发放、管理，国家机关、事业单位、具有公共管理或者公共服务职能的社会团体及其他组织依法收取政府非税收入或者从事非营利性活动收取财物时，向公民、法人和其他组织开具的凭证①。

票据是单位取得收入的合法依据，也是单位发生支出的重要凭证，票据管理直接关系到单位资金收支的安全与准确与否，是单位重要的有价资产。所以，行政事业单位应高度重视单位的票据管控，根据财政部公布的《财政票据管理办法》（财政部令第70号），结合单位实际，制定本单位的票据业务内部管理制度，具体规定本单位票据的种类、形式、适用范围、印制、购领、发放、使用、保管、销毁、监控等各环节的管理措施与办法，为规范单位票据管理奠定制度基础。

（2）规范票据领购程序，堵塞票据管理漏洞。财政票据是财务收支和会计核算的原始凭证，是财政、审计等部门进行监督检查的重要依据。票据购领的一般要求是：

①财政票据一般按照财务隶属关系向同级财政部门申请。省级以下财政部门根据本地区用票需求，按照财政管理体制向上一级财政部门报送用票计划，申领财政票据，上级财政部门经审核后发放财政票据。

②财政票据实行凭证领购、分次限量、核旧领新制度。单位首次领购财政票据的，应当提交申请函、单位法人证书、组织机构代码证书副本原件及复印件，填写《财政票据领购证申请表》，并按照领购财政票据的类别提交相关依据。受理申请的财政部门应当对申请单位提交的材料进行审核，对符合条件的单位，核发《财政票据领购证》，并发放财政票据。一般来说，财政票据一次领购的数量不超过本单位六个月的使用量。再次领购财政票据，应当出示《财政票据领购证》，提供前次票据使用情况，包括票据的种类、册（份）数、起止号码、使用份数、作废份数、收取金额及票据存根等内容。受理申请的财政部门审核后，核销财政票据存根，并发放财政票据。

③领购未列入《财政票据领购证》内的财政票据，应当向原核发领购证的财政部门提

---

① 财政部于2012年10月11日公布的《财政票据管理办法》（财政部令第70号）。

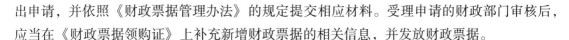

出申请，并依照《财政票据管理办法》的规定提交相应材料。受理申请的财政部门审核后，应当在《财政票据领购证》上补充新增财政票据的相关信息，并发放财政票据。

（3）加强票据保管和使用管理，保证单位票据安全和合法使用。

①单位应当建立票据专管员制度，按照规定设置票据专管员，建立票据台账，做好票据的保管和序时登记工作，并给负责保管票据的人配置单独的保险柜等保管设备，做到人走柜锁，真正实现票据的专人、专账、专柜管理。

②单位应该规范各类票据的使用范围及开具对象，明确填制要素及使用要求，严格按照票据的使用范围发放使用相关票据。不得转让、出借、代开、买卖、擅自销毁、涂改财政票据；不得串用票据，不得将票据与其他票据互相替代。

③票据应当按照规定填写，统一使用中文。以两种文字印制的，可以同时使用另一种文字填写。做到字迹清楚、内容完整真实、印章齐全、各联次内容和金额一致。填写错误的，应当另行填写。因填写错误等原因而作废的财政票据，应当加盖作废戳记或者注明"作废"字样，并完整保存各联次，不得擅自销毁。

④票据使用完毕，使用单位应当按照要求填写相关资料，按顺序清理财政票据存根、装订成册、妥善保管。票据存根的保存期限一般为5年，保存期满需要销毁的，报经原核发票据的财政部门查验后销毁。保存期未满、但有特殊情况需要提前销毁的，应当报原核发票据的财政部门批准。

（4）建立票据核销机制，确保票据核销及时、规范、合法。一是未使用但应予作废销毁的财政票据，使用单位应当登记造册，报原核发票据的财政部门核准、销毁。二是财政票据使用单位发生合并、分立、撤销、职权变更，或者收费项目被依法取消或者名称变更的，应当自变动之日起15日内，向原核发票据的财政部门办理《财政票据领购证》的变更或者注销手续；对已使用财政票据的存根和尚未使用的财政票据应当分别登记造册，报财政部门核准、销毁。三是财政票据或者《财政票据领购证》灭失的，财政票据使用单位应当查明原因，及时以书面形式报告原核发票据的财政部门，并自发现之日起3日内登报声明作废。

（5）强化票据监督检查，防止票据管控风险。单位应当根据实际情况和管理需要，建立票据稽核、监督检查制度，设置独立的机构或岗位，定期或不定期地对收费票据的领购、使用、保管等情况进行稽查，或实施定期或不定期的专项检查。财政票据检查的主要内容包括：①财政票据使用单位领购和使用财政票据所执行的文件依据是否合法有效，是否存在擅自设立收费项目、扩大收费范围、提高收费标准等违规收费或罚款问题。②是否按规定办理《财政票据购领证》；实际领购的财政票据种类及数量是否与《财政票据购领证》记录相符。③是否有专人负责管理财政票据；是否建立票据登记制度，并设置票据管理台账。④财政票据使用记录是否齐全；票据所开金额与收取金额是否一致。⑤是否存在混用、串用、代开财政票据的行为；是否存在使用财政票据收取经营性收费的行为。⑥是否按规定及时清理、登记、核销已使用的财政票据存根，并妥善保管。⑦是否存在擅自印制、买卖、转让、转借、涂改、伪造销毁财政票据的行为。⑧是否存在丢失财政票据现象。如有丢失，是否按规定及时申明作废，并向财政票据监管机构备案。⑨取得的政府非税收入是否按规定及时足额上缴国库或财政专户，实行"收支两条线"管理。⑩是否存在违反政府非税收入和财政票据管理规定的其他行为。

（五）债务业务控制

《单位内控规范》第四章第31条规定："根据国家规定可以举借债务的单位应当建立健全债务内部管理制度，明确债务管理岗位的职责权限，不得由一人办理债务业务的全过程。大额债务的举借和偿还属于重大经济事项，应当进行充分论证，并由单位领导班子集体研究决定。单位应当做好债务的会计核算和档案保管工作。加强债务的对账和检查控制，定期与债权人核对债务余额，进行债务清理，防范和控制财务风险。"该项条款对单位债务管理制度与组织体系建设，债务决策、执行、监督等各环节的管理控制作出了原则性的规定。

1. 债务业务控制内容

行政事业单位的债务是单位重要的资金来源，也是一项重要的支出项目，债务管控既关系到单位资金收支计划的合理与否和使用效果好坏，也关系到单位的声誉和信用状况，债务业务控制主要内容包括以下几个方面：

（1）建立健全债务业务内部管理的各项规章制度与业务流程，规范债务管理行为。

（2）合理设置债务管理组织体系和工作岗位，明确岗位职责，强化关键岗位管理，确保债务业务不相容岗位相互分离。

（3）规范债务业务的会计核算及财务报告，确保会计信息的真实、完整、准确，为单位债务决策提供正确依据。

（4）加强债务日常管理工作，严格履行债务合同，做好日常债务履行记录，妥善保管债务档案，防止债务违约风险。

2. 债务业务控制目标

债务业务控制的目标包括以下几个方面：

（1）建立健全债务内部管理制度；合理设置债务业务相关岗位，关键岗位职责清晰，不相容岗位相互分离，确保债务管理制度健全，组织保障，管理有序。

（2）加强举债事项的科学论证与评估，严格按程序集体决策，确保债务决策的正确性，防止债务决策失误导致经济损失。

（3）严格债务执行管理，指定专人负责债务的手续办理、资金划转、债务登记、还本付息、档案管理等日常工作，保证债务管理责任落实。

（4）按照国家有关规定规范债务核算，加强债务对账和检查控制，确保债务相关财务信息真实完整。

（5）创新政府和社会资本合作模式，合理分配收益，减少单位或政府债务，达到政府和社会双赢。

（6）构建债务风险预警机制，科学预测债务风险，有效规避或化解债务风险。

3. 债务业务控制风险评估

单位开展债务业务控制风险评估时，主要从以下几个方面进行：

（1）未建立健全债务内部管理制度，债务管理岗位职责权限不明确，未实现不相容岗位的分离，可能导致债务管理无序。

（2）对举借债务缺乏充分论证，可能会出现违规举债、不当举债、超承受能力举债，导致单位无力按期还本付息、单位利益受损，影响单位声誉和形象。

（3）债务业务缺乏恰当审批，重大举债事项未进行集体决策，可能导致债务决策不当，举债失败。

（4）债务日常核算和管理不规范。借债资金未按规定用途使用，未按照国家规定做好会计核算、档案保管工作，缺乏对账和检查，导致单位偿债准备不足，无法按时足额还本付息，出现财务风险。

（5）单位融资模式单一，思想保守，创新不足，没有考虑到和社会资本合作，导致事业发展受阻；或者采取了和社会资本合作的模式，但是合作方式单一，给予投资者过多或过少收益，无法达到合作共赢的目的。

（6）未评估债务风险状况，对债务高风险区域缺乏风险预警，没有相关应对措施，导致单位债务风险居高不下，单位违约风险加大，影响政府公信力。

4. 债务业务控制措施

单位应根据债务管理相关法律法规和本单位债务业务的实际需求与财力情况，从以下几个方面加强债务业务控制。

（1）建立健全债务内部管理制度，合理设置业务岗位。行政事业单位应当建立健全债务内部管理制度，债务内部管理制度应当明确：单位举债的基本条件及用途；债务业务的归口管理部门；债务业务的管理岗位及职责权限；债务业务的工作流程、审批权限和责任划分；债务合同协议的订立、履行、登记等程序；大额债务的认定标准；与债务业务相关的对账和检查责任等。

单位应明确债务管理岗位的职责权限，严格遵循国家有关法律法规，根据单位的职能定位和组织架构管理要求，明确债务管理部门或人员的职责权限。坚持不相容岗位相互分离的原则，确保举债申请与审批、债务业务经办与会计核算、债务业务经办与债务对账检查等不相容岗位相互分离，不得由一人办理债务业务的全过程。建立财务、业务等部门的内部债务沟通协调机制，确保债务资金专款专用，按进度使用，按约定还本付息，防止债务违约风险。

（2）加强举借债务的充分论证，确保举债决策的科学性。行政事业单位应当在举借债务之前，对债务业务进行充分评估和论证。财务部门应当根据国家规定、单位实际的支出需求、宏观经济和金融市场形势，正确测算举债规模、借债时间、资金成本预算，恰当选择举债方式，客观规划偿债计划，提出举债方案。单位应组织有关部门，必要时聘请外部专家参与，对财务部门提出的举债方案进行论证评审，并提出明确的论证意见。对举债方案评审的重点：一是进行方案的战略性评估，判断其是否与单位的职能和工作计划一致；二是进行方案的经济性评估，判断筹资成本是否与单位经济的负担能力相适应，是否有充足的资金来源用于按时还本付息；三是进行方案的风险评估，判断债务项目面临哪些风险，风险应对措施是否切实可行。

（3）加强对债务业务的审批控制。行政事业单位应当在债务内部管理制度中明确规定举借和偿还债务的审批权限、相关程序和责任。债务的举债和偿还应当严格执行审批程序。大额债务的举借和偿还属于重大经济决策事项，应当在充分论证的基础上，由单位领导班子集体研究决定，以避免决策审批中的疏漏。按照国家规定需要向本单位上级主管部门和同级财政部门报批的，还应当履行严格的报批手续。

（4）加强债务业务的日常核算与管理。行政事业单位应当严格根据债务融资和偿还方案进行融资，与债权单位订立借款合同，加强债务资金的日常管理，具体包括四个方面：①严格按照规定的用途使用债务资金，不得利用举债资金购买小汽车和楼堂馆所建设与装饰装修。②应当做好债务的会计核算和档案保管工作，按照国家统一会计制度的规定进行会计核算，连续、完整地核算债务资金的来源、使用及偿还情况，并在财务报告中予以反映，妥善保管相关记录、文件和凭证。③应当加强债务的对账和检查控制，定期与债权人核对债务余额，应当按照债务融资和偿还方案安排还本付息资金、做好偿债准备，按时足额还本付息，进行债务清理，防范和控制财务风险。④应当及时评价债务业务活动，发现问题或风险隐患，应当提出解决方案或应对措施，积极改进；发现责任问题，应追究违规人员的责任。

（5）创新政府和社会资本合作（PPP）模式，减轻政府债务。行政事业单位应该充分利用自己拥有的优势资源，创新融资模式，拓宽融资渠道，筹集建设资金，保障事业的发展。可以在国家政策许可的范围内，通过特许经营、合作经营等多种形式与社会资本合作，鼓励社会资本参与城市基础设施等有一定收益的公益性事业投资和运营，单位通过特许经营权、合理定价、财政补贴等事先公开的收益约定规则，使投资者有长期稳定收益。投资者按照市场化原则出资，按约定规则独自或与政府共同成立特别目的公司建设和运营合作项目。投资者或特别目的公司可以通过银行贷款、企业债券、项目收益债券、资产证券化等市场化方式举债并承担偿债责任。单位对投资者或特别目的公司按约定规则依法承担特许经营权、合理定价、财政补贴等相关责任，不再承担投资者或特别目的公司的偿债责任，进一步降低单位或政府债务。

（6）建立债务风险预警及化解机制。单位应当指定专人负责债务风险监察管理，根据债务率、新增债务率、偿债率、逾期债务率等指标，评估债务风险状况，及时发现债务风险隐患。对于高风险债务应及时进行风险预警，单位领导应对高风险预警债务及时做出响应，成立债务风险管理小组，制定债务风险应对策略与措施，或者债务风险化解方案，经单位领导集体研究决策后组织实施，以降低债务风险，防止风险恶化造成的不利影响和经济损失。

二、应用范例——某市中医院内部控制制度（节选）

（一）某市中医院收支业务内部控制制度

1. 总则

第一条　为明确某市中医院（以下简称本院）收支业务各岗位的职责与权限，规范收支业务管理，防控资金收支风险，保证医院收支业务的真实、完整和安全，依据《单位内控规范》等相关规定，结合医院实际，制定本制度。

第二条　收支业务是指单位的资金流入与流出业务，包括收入业务与支出业务。

（1）收入是指医院开展医疗服务及其他活动依法取得的非偿还性资金，包括医疗收入、财政补助收入和其他收入。

（2）支出是指医院在开展医疗服务及其他活动过程中发生的资产、资金耗费和损失，包括医疗支出、财政补助支出、管理费用和其他支出。

第三条　本院收支业务控制的目标：

（1）合理保证医院收入活动的合法合规。

（2）合理保证医院收入安全完整，有效防范收入流失、收入不入账或账外设账的舞弊行为。

……

第四条　本院收支业务应重点防控的风险：

（1）未建立单位的收支管理制度与流程，可能导致收支管理无章可循，致使收入管理主观随意，支出存在漏洞与风险。

（2）未按照规定的诊疗目录内的项目和标准收费，存在违规收费的风险。

（3）住院患者信用管理不到位，与医保机构沟通不及时，结算方式选择不当，账款回收不力等，可能导致医疗收入款项不能按时收回或医院利益受损。

……

第五条　本院收支业务归口管理部门为财务科。

2. 管理职责

第六条　本院承担收支业务的主要工作岗位有：院务会、院长、副院长、财务科长、临床科室负责人、价格管理岗位、收费员、收支业务核算员、出纳、收支业务经办岗位、信息系统维护、内部审计等。其中不相容岗位应严格按照本院《组织管理工作内部控制制度》规定实行相互分离、相互制约、相互监督。

第七条　收入业务的不相容岗位至少包括：

（1）提供医疗服务岗位与收费岗位。

（2）收费价格管理岗位与收费岗位。

……

第八条　支出业务的不相容岗位至少包括：

（1）院务会、院长（支出控制标准的审定）与支出发生岗位（支出执行）。

（2）预算管理岗位（支出计划或预算的编制）与院务会、院长（预算审核、审批）。

……

第九条　管理职位及职权。

……

（6）门诊及住院处收费员：按照医保政策及各项收费标准组织收费；规范使用收费票据；妥善保管空白未用收费收据；编制门诊收入日报表，并及时缴存当日收入；按日盘点备用金，并做好盘点记录。

（7）内审小组：监督、评价医院收支管理制度的执行情况；检查各项收支业务是否符合标准、是否符合规定。

第十条　本院财务收支的关键岗位是：会计岗、出纳岗、资金管理岗。此类岗位应严格按照《组织管理工作内部控制制度》中有关关键岗位管理的相关规定，明确上岗条件与胜任能力要求，加强后续知识培训、实行定期轮岗、定期休假、专项审计等措施，强化岗位管理。

3. 收入业务管控

第十一条　收入业务管理的主要工作环节是：制定收费价格与标准；编制收入预算；组织各项收入；收入的会计记录与报告；收入的分析与考核评价。

第十二条　医疗收入的价格管理。

（1）为了加强医院价格管理，保证医院收费的合法合规，医院应成立由院长牵头负责，药械科、财务科及各医疗科室负责人参加的医疗服务价格管理委员会，研究制定医院的价格管理政策与制度，组织领导医院贯彻执行国家医疗服务价格政策，解决处理医院价格管理中的重大问题。

（2）医院应建立健全《医疗收费价格公示制度》《医疗服务物价奖惩制度》《住院患者费用复核制度》等医疗服务价格管理制度。

……

第十五条　门诊收入规范。门诊收入是指为门诊患者提供医疗服务所取得的非偿还性收入，包括挂号收入、诊察收入、检查收入、化验收入、治疗收入、手术收入、卫生材料收入、药品收入、药事服务费收入、其他门诊收入等。（略）

……

（6）财务部门收到收费部门所缴款项后，应于当日送存银行，当日进行会计核算。

第十六条　门诊退费规范。

（1）退挂号费的患者必须是无就诊记录（电脑 HIS 系统中未显示就诊），经原挂号科室医生在审核确认未就诊并同意退费后，收费处方可为患者办理退费。

（2）患者提出退检查费、治疗费等的，必须经执行科室签字确认患者未检查、未治疗，并由开具检查单医生审核同意后，收费处方可为患者办理退费。

（3）患者申请退药费的，必须经药房确认患者未领取药物后，在系统中操作允许退费，收费处方可为患者办理退费。

……

第十七条 住院收入规范。（略）

第十八条 财政或上级拨款收入、其他收入规范。

（1）本院应指定专人负责财政或上级拨款收入的管理，对于已列入批准预算的财政或上级部门拨款收入，本院应建立并登记拨款收入预算台账，及时跟进，积极申请，按时足额取得，以保障单位经济活动的正常运行。对于未列入已批准预算的临时性专项拨款收入，医院应根据需要积极准备，主动争取，合法取得。

（2）本院取得的财政或上级拨款收入，必须按规定实行专款专用、专户核算、专项管理，并定期与拨款单位核对账目，纳入医院财务体系统一核算，统一决算与报告。

第十九条 应收医疗款项的管理。（略）

……

第二十一条 本院收入的分析与考核。（略）

4. 医疗收费票据管控

第二十二条 本院医疗收费票据是指医院为门诊、急诊、住院、体检等患者提供医疗服务取得医疗收入时开具的收款凭证，包括门诊收费票据和住院收费票据。

第二十三条 本院在开展经济活动中所发生的经济收入均需开具由财政部门统一监（印）制的医疗收费票据作为取得收入的重要凭据。

第二十四条 医疗收费票据管理的主要工作环节是：收费票据的申领（印制）、保管、使用、缴销、定期盘存等。

第二十五条 本院财务科负责医疗收费票据的统一管理，包括但不限于本院医疗收费票据的印制、领用登记、保管、缴销和使用监督。

……

第三十条 票据的领用一般按照"交旧领新"的原则，在领取新的票据时必须交回已使用的旧票据（存根联），票据管理员对旧票据的使用进行审核无误后必须及时办理已交回领用票据的注销登记。

第三十一条 票据管理员在审核已使用的收费收据时，应重点审核已用票据是否连号使用、作废票据是否完整交回、已领用票据有无漏用漏交等现象。对领用的收款票据未及时结报的，原则上不得再予领取新的票据，同时票据专管员要及时查明未结报票据的原因，及时报告处理。

……

第三十三条 年终，财务科应组织人员对各类收费票据进行全面的盘点，收费票据出现遗失、短少的情况，应及时向同级财政部门报告，必要时应在报刊上声明作废。

5. 支出业务的管控

第三十四条 本院的医疗支出是指医院在开展医疗服务活动过程中发生的各项支出，包括人员经费、耗用的药品及卫生材料支出、固定资产购置支出及资产维修维护支出、单位运营支出及财政拨款支出等。

（1）人员经费支出，包括工资福利支出、对个人和家庭的补助。

①本院应严格按照政府部门核定的人员编制和工资标准及分配原则计发员工薪资福利，不得超范围、超标准或变相乱发薪资福利。确因工作需要临时聘请季节性、临时性辅助服务人员的，作为本院重大决策事项由医院支委会集体研究决定临时性招聘员工条件、数量、薪资福利标准，所需经费由医院取得的事业经营收入中开支。

②为了激发员工的工作积极性和创造性，本院在工资总额预算范围内，可制定实行与员工岗位职责、技能水平、贡献大小挂钩的绩效奖惩激励制度。

（2）药品及卫生消耗材料支出。

①药品及卫生耗材采购应严格按照《资产采购内部控制制度》及《资产采购业务流程》规定执行，以确保所采购的药品与耗材质优价廉，经济合理。

……

（3）固定资产购置支出。（略）

……

（4）单位运营支出。单位运营支出主要包括办公费、印刷费、咨询费、手续费、水费、电费、邮电费、取暖费、维修费、租赁费、差旅费、会议费、培训费等各项日常运行费用。

①本院应本着"勤俭节约"的原则，按照预算定额标准控制单位运营费用支出，严格限制超范围、超标准开支。

②单位各项运营费用支出应严格按照《费用开支业务流程》及本制度的相关规定执行，以规范费用开支，保障本院资金的有效使用。

③单位运营支出实行归口管理办法。（略）

（5）财政部门或上级部门拨款支出。本院对于财政部门或者上级部门专项拨款收入安排的项目支出，必须做到专款专用，按进度使用，按程序申请报告，确保国家资金的安全有效使用。对于应该拨付所属单位的补助支出，应该指明用途，及时拨付，定期检查考核资金使用情况。

第三十五条 借款管理规范。（略）

……

第三十七条 报销及资金支付规范。本院的费用报销和资金支付应按以下程序与权限审核审批办理。（略）

第三十八条　支出分析与考核规范。

（1）本院财务科负责各项财务支出的分析与考核工作，并按月编制财务收支报表，按季度编写财务收支分析报告，按年编制财务收支决算报告和分析报告。

（2）本院支出的绩效考核应重点考核以下指标：

①本院及分科室的支出预算执行程度。

②本院及分科室的支出同比节约率。

③本院及分科室的费用收入比率。

……

6. 监督与评价

第三十九条　本院内部审计小组负责对本院收支业务的内部控制制度与流程的设计和执行的有效性进行监督与评价。

第四十条　本院财务收支的内部控制监督与评价分为日常监督与定期监督。日常监督分别由财务科和内审小组通过会计控制系统的日常审核、稽核和日常内部审计工作监督执行；定期监督由本院内控领导小组组织相关人员组成评价小组，制定评价方案，进行全面检查评价，本院收支业务内控评价工作原则上每年进行一次。

第四十一条　内审小组应定期、不定期地抽审本院的各项财务收支，审查其真实性、合法性、准确性。及时发现收支业务内部控制问题与漏洞，及时加以纠正弥补，以防收支业务中的舞弊和差错事故。

第四十二条　本院收支业务的监督检查和评价重点是：

（1）各类收费机构的收费政策与制度的执行情况。

（2）各收费机构和财务部门的资金管理情况。

……

本院的财务收支内控评价工作完成后，应编写收支内部控制评价报告，说明医院财务收支内部控制及前期改进意见的执行情况，指出收支内部控制存在的缺陷与问题，提出收支内控改进意见与建议。

7. 附则

第四十三条　本内部控制制度经内部控制领导小组审议批准后执行。

第四十四条　本制度解释权归本院内部控制领导小组。

（二）某市中医院收支业务控制流程、指引

1. 门诊收入一挂号收入

（1）流程图（见图7-1）。

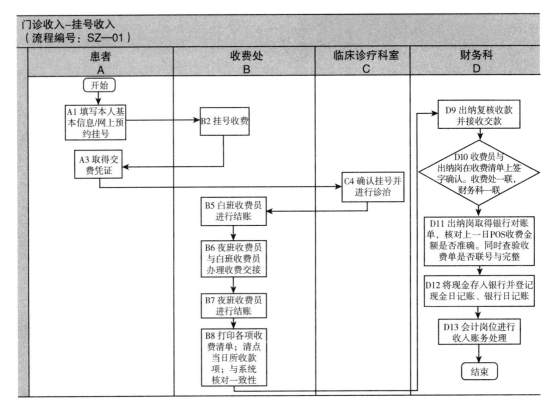

图7-1　门诊收入—挂号收入流程

（2）管控流程指引（见表7-3）。

表7-3　　　　　　　　门诊收入—挂号收入管控流程指引

流程序号	流程环节	机构岗位	工作职责	主要风险	业务表单
A1	填写本人基本信息/网上预约挂号	患者	根据身份证填写本人基本信息，为挂号做准备/网上办理预约挂号	未按照规定的收费价格收取挂号费；收费过程中出现错误，多收或者少收挂号费。可能导致收入流失	基本信息登记表
B2	挂号收费	收费处	根据患者基本信息及病情在系统内为患者挂相应的科室和医生；根据系统显示价格收取挂号费		一式三联收费单
A3	取得交费凭证	患者	交完费后，取得第二联收费单。并持收费单到相关科室诊治		第二联收费单
C4	确认挂号并进行诊治	临床诊疗科室	查看患者挂号单并在系统中确认患者是否挂号，根据患者病情进行诊治。在系统中为患者开具处方或者检查单		

续表

流程序号	流程环节	机构岗位	工作职责	主要风险	业务表单
B5	白班收费员进行结账	收费处	白班收费员应于下班时结账，清点本日所收款项并核对与系统中显示金额保持一致。包括现金收款、银行POS机收款、门诊IC卡刷卡收款	收款过程中发生错误导致实际收款与系统显示收款金额不一致；操作失误，将现金收款、POS收款、门诊IC卡收款混淆，导致收入发生错误	
B6	夜班收费员与白班收费员进行交接	收费处	略	略	交接表
B7	白班收费员进行结账	收费处	白班收费员应于下班时结账，清点本日所收款项并核对与系统中显示金额保持一致。包括现金收款、银行POS机收款、门诊IC卡刷卡收款	收款过程中发生错误导致实际收款与系统显示收款金额不一致；操作失误，将现金收款、POS收款、门诊IC卡收款混淆，导致收入发生错误	
B8	打印各项清单；清点当日所收款项；与系统核对一致性	收费处	收费员下班后打印现金收费清单、银行收费清单、门诊IC卡收费清单；清点当日所收现金；加总POS小票和门诊IC卡刷卡明细。核对实际收款金额与系统应收门诊收入保持一致	未对比实际收款金额与系统中门诊收入金额的一致性，导致收入金额不准确	现金收费清单、银行收费清单、门诊IC卡收费清单
D9	出纳复核收款并接收交款	财务科	出纳岗分别复核实际现金收款金额、POS小票金额、医保IC卡刷卡金额与系统中每项清单记载的金额是否一致，同时复核不同收费方式汇总金额与系统收款总额是否一致；接收交款并在现金清单上签字确认	出纳未复核或者未认真复核收费，导致收入收款错误未被发现；未按时收缴收入，存在资金滞留情况	现金收费清单、银行收费清单、门诊IC卡收费清单
D10	出纳员与收费员在收费清单上签字确认	财务科	收费员与出纳岗在各项收费清单上签字确认。收费清单一式两联：收费处一联，财务科一联		
D11	出纳岗取得银行对账单，核对上一日POS收费金额是否准确。同时查验收费单是否连号与完整	财务科	出纳岗在次日取得银行对账单，核对上一日POS收费金额是否准确。同时查验上一日收费单是否连号与完整	未取得或者未及时取得银行进账单，导致无法确定收入的准确性；没有核对收费单是否连号，无法发现收费的错弊行为	银行对账单

续表

流程序号	流程环节	机构岗位	工作职责	主要风险	业务表单
D12	将现金存入银行并登记现金日记账、银行日记账	财务科	出纳岗将上一日所收到的现金收入存入银行并登记现金日记账及银行日记账	出纳岗未及时将现金存入银行，私自挪用单位现金，导致收入不能及时入账	
D13	会计岗进行收入账务处理	财务科	会计岗根据各项原始单据进行收入账务处理	未依据实际收入情况进行核算，导致收入情况不真实、不完整	

管控流程：门诊收入—挂号收入。

业务范围：本单位所有门诊挂号收入的收款、审核、核算。

管理目标：确保所有门诊挂号收入的真实性、完整性、及时性、准确性。

内控制度：《某市中医院收支业务内部控制制度》。

（3）权限指引表（见表7-4）。

表7-4 门诊收入—挂号收入权限指引

流程名称	事项	收费处	临床诊疗科室	财务科
门诊收入—挂号收入工作流程	门诊收入—挂号收入	挂号收费；收费结账；打印收费清单；解缴收款	确认挂号；进行诊断	复核收款；接收交款；签字确认；查验收费单连号性；登记日记账；账务处理

2. 门诊收入—诊察、药费收入

（1）流程图。（略）

（2）管控流程指引。（略）

3. 门诊收入—门诊退费

（1）流程图。（略）

（2）管控流程指引。（略）

4. 财政拨款收入—基本经费

（1）流程图。（略）

（2）管控流程指引。（略）

5. 住院收入—预交押金

（1）流程图。（略）

（2）管控流程指引。（略）

（3）权限指引表。（略）

6. 上级拨款收入—专项资金

（1）流程图。（略）

（2）管控流程指引。（略）

（3）权限指引表。（略）

7. 住院收入

（1）流程图。（略）

（2）管控流程指引。（略）

（3）权限指引表。（略）

8. 住院医保、门诊 IC 卡报销

（1）流程图。（略）

（2）管控流程指引。（略）

（3）权限指引表。（略）

9. 大病补充险、意外伤害险报销

（1）流程图。（略）

（2）管控流程指引。（略）

（3）权限指引表。（略）

10. 支出

（1）流程图（见图 7－2）。

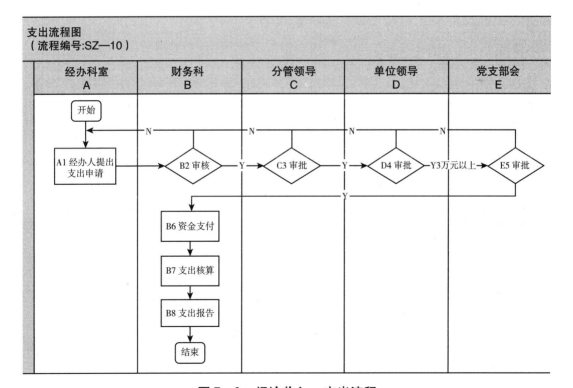

图 7－2 门诊收入—支出流程

（2）管控流程指引（见表 7－5）。

管控流程：支出流程。

业务范围：支出的申请、审核、资金支付。

管控目标：支出申请的合理性，支付的合规性。

内控制度：《某市中医院收支业务内部控制制度》。

表 7-5 门诊收入—支出管控流程指引

流程序号	流程环节	机构/岗位	工作职责	主要风险	业务表单
A1	提出资金使用申请	经办科室	根据业务情况及进度提出资金使用申请，明确资金用途	未根据实际情况按规定合理提出资金申请，或依据不充分、不合理，导致资金申请脱离实际，偏离方向	费用报销单、合同
B2	审核	财务科	出纳岗位及会计岗位对资金申请进行审核	对资金申请是否符合规定审核不够认真细致，导致资金申请不符合规定	
C3	审批	分管领导	审核资金申请的合理性和真实性	对资金申请的合理性、准确性审核不够认真细致，导致资金申请不科学、不可行	
D4	审批	单位领导	审核资金申请的合理性和真实性	审核不及时或者未经过归口领导审核把关，导致资金申请不合理、不科学、不可行	
E5	审批	党支部会议	审核 3 万元以上资金支付，申请的合理性和真实性	超出额度的资金申请未按照规定进行党支部会议决议，决议方式不符合规定	会议纪要
B6	资金支付	财务科	出纳岗根据申请进行资金支付	未按照申请支付资金，导致资金去向不明，支出不真实	
B7	支出核算	财务科	财务科进行支出核算	未依据实际支出情况进行核算，导致支出情况不真实、不完整	
B8	支出报告	财务科	财务科出具支出报告	未按照真实情况形成支出报告，导致支出报告反映情况不真实	

（3）权限指引表（见表 7-6）。

表 7-6 门诊收入—支出权限指引

流程名称	事项	经办科室	财务科	分管领导	单位领导	党支部会
支出流程	支出	提出申请	审核、资金支付；支出核算；支出报告	审批	审批	审批

11. 借款支出

（1）流程图。（略）

（2）管控流程指引。（略）

（3）权限指引表。（略）

第八章　政府采购业务控制建设

【导入案例】

政府采购招标活动违规多，采购业务内控建设需加强

政府采购业务的内部控制建设，需要从建立健全政府采购预算与计划管理、采购活动管理、验收管理等政府采购内部管理制度方面，并强化其执行的有效性方面开展。但现实中存在采购单位合规采购意识不强，采购预算编制滞后，采购程序不规范等多种亟待解决的问题。下面的案例归纳了当前比较普遍存在的现象，需要通过加强内控建设进行规范和完善。

投标文件雷同。某单位土建工程项目招标，在评审过程中评委发现两家投标供应商投标文件的商务部分"分部分项工程量清单计价表"，单价和总价完全一致，且在同一地方出现相同计算错误，这是典型的串标、围标行为。

20 多家公司围一个标。某市一高速公路园林绿化项目组织公开招标，政府采购中心将项目需求上网公告，通过资格预审并实际参加投标的供应商一共有 34 家，最终是报价接近平均价的供应商中标。事隔多月后，当时参与投标的园林绿化公司人员透露，参与投标的 34 家供应商中有 20 多家公司是被同一家公司借资质来投标。这个案例是招投标活动结束后的信息，恰恰说明了串标、围标的隐蔽性，"投标同盟"已成为一些地方采购活动中的"潜规则"。

厂商鼓动代理商质疑。某医院采购服务器、存储设备等网络产品，经开标、评标、定标程序后，某国际知名品牌没能中标。该品牌的厂家区域代表提出书面质疑，项目负责人告知其不是项目直接参与者，也就不是采购当事人，没有质疑的权利。结果，第二天采购中心陆续收到所有参与该项目投标且代理该品牌产品供应商的质疑函。质疑函的格式完全一致，质疑内容也与之前厂家代表的书面质疑相同。甚至有的供应商在递交质疑函时就说是被迫的，否则以后投标时厂家区域代表将不再给予支持。厂家区域代表往往拥有较大的定价权，对经销商而言，他们就是"钦差大臣"。既然区域代表能够劝说所有经销商去质疑招标结果，那么在投标前也极有可能会去商定各家经销商的投标报价。

串通抬高协议供货价。某单位购买一批笔记本电脑，采购人看中的是一个著名品牌，并按照协议供货管理办法规定直接向协议供货经销商询价。代理该品牌的 5 家经销商分别报价，单价均在 6200 元以上，省协议供货最高限价为 6743 元。采购人查询了网上的价格认为这几家价格偏高，向采购中心反映此事。采购中心派人再次向这几家经销商询价（故意不透露购买单位），询价结果远远低于此前采购人所询价格，平均 5700 元即可成交。本案例说明在政府采购活动中，经销授权、项目报备等都是厂家或经销商常用的控制手段，其目的就

是要实现价格联盟，以获取高额利润。如果采购人不较真儿，甚至与供应商联手，形成默契，那么货比三家的程序就仅仅是"走过场"了。

分拆采购。某县规定单位一次购置货物价值在 2000 元以上需采购中心集中采购。有些部门单位经办人，刻意采取化整为零的办法，将能够一次购买的、超过 2000 元限额的货物，分两次或两次以上进行购买，每次采购额低于 2000 元，以逃避政府采购部门的严格管理。

超标采购。根据四川政府采购网上公布的"巴采询（2011）163 号"采购公告，巴中市林局此次采购的"iPad23G 版（含原装皮套）"，数量是 1 台，定于 5 月 31 日下午 3 时 20 分在巴中市政府采购中心开标。南都记者致电发布此次采购公告的四川省巴中市财政局采购中心，该采购中心工作人员称，采购中心只负责察看采购的参数问题、审核是否有足够的购买资金以及发布采购公告，不审核申报何种器材，他称："这个林业局内部应该有审核。"巴中市林业局财务科潘科长接受南都记者采访时称，这个 iPad2 是为林业调查设计大队采购的，用途是"林地利用规划"。另一位工作人员则对南都记者称，由于要进行林地保护利用规划和森林资源二类调查，林业调查设计大队经常要进行野外作业，买 3G 版的 iPad2 是因为"轻便，好携带，而且待机时间长，在野外用来传输数据"。这位工作人员说，需要传输的数据有坐标和图像，到时候会把野外采集到的数据用 USB 接口传送到 iPad2 上通过邮件传输，这位工作人员还表示不知道 3G 版 iPad2 没有在中国内地上市，而据南都记者查证，iPad2 根本没有 USB 接口，无法使用任何 USB 外接存储设备。

资料来源：刘永泽，唐大鹏. 行政事业单位内部控制实务操作指南（第三版）[M]. 大连：东北财经大学出版社，2016.

由此可见，政府采购活动不合规甚至有违法的问题，在采购过程中并不是个案，其原因就是内控建设等相关制度有待完善，内部控制制度实施需要加大力度。

一、政府采购业务控制规范解读

政府采购是行政事业单位日常开展的一项重要业务，涉及行政事业单位货物、工程和服务的采购。近些年来，有些行政事业单位出现了规避政府采购、采购执行不规范、采购物品不能满足需求、采购价格过高等问题，政府采购越来越成为领导干部违规、违纪、违法的高危领域，因此行政事业单位应该注意加强政府采购业务控制建设。

根据 2002 年 6 月国家颁布的《中华人民共和国政府采购法》和 2014 年 12 月 31 日的《中华人民共和国政府采购法实施条例》规定："政府采购是指各级国家机关、事业单位和团体组织，使用财政性资金采购依法指定的集中采购目录以内的或者采购限额标准以上的货物、工程和服务的行为。"按照采购项目的可集中性，政府采购方式可以分为集中采购和分散采购。按照采购方式不同，政府采购可分为公开招标、邀请招标、竞争性谈判、单一来源采购和询价以及国务院政府采购监督管理部门认定的其他采购方式。

（一）政府采购业务控制管理制度与岗位设置控制

《单位内控规范》第四章第 32 条规定："单位应当建立健全政府采购预算与计划管理、政府采购活动管理、验收管理等政府采购内部控制制度。"第 33 条规定："单位应当明确相关岗位的职责权限，确保政府采购需求制定与内部审批、招标文件准备与复核、合同签订与验收、验收与保管等不相容岗位相互分离。"这两项条款是对《单位内控规范》第二章第 10 条单位层面风险中内部管理制度的完善情况、内部控制关键岗位工作人员管理情况的应用。具体包括内部管理制度是否健全；执行是否有效；是否建立工作人员的培训、评价、轮岗机制；工作人员是否具备相应的资格和能力。这两项条款就政府采购相关管理制度、岗位职责权限以及不相容岗位相互分离等工作作出了原则性规定。

1. 政府采购业务控制管理制度与岗位设置控制内容

（1）政府采购业务控制管理制度控制内容。《政府采购法》规定了不同的采购项目需选用相对应的采购方式进行采购，具体采购方式如下：

①公开招标采购。公开招标采购是指采购人或者采购代理机构依法以招标公告的方式邀请非特定的供应商参加投标的采购方式。公开招标应作为政府采购的主要采购方式，不得将应当以公开招标方式采购的货物或者服务化整为零或者以其他任何方式规避公开招标采购。采购人采购公开招标数额标准以上的货物或者服务，符合采购方式适用条件或者有需要执行政府采购政策等特殊情况的，经设区的市级以上人民政府财政部门批准，可以依法采用公开招标以外的采购方式。

②邀请招标采购。邀请招标采购是指采购人或者采购代理机构依法从符合相应资格条件的供应商中随机选择 3 家以上供应商，并以投标邀请书的方式，邀请其参加投标的采购方式。采用邀请招标方式采购的货物或者服务应当符合下列情形之一：第一，具有特殊性，只能从有限范围的供应商处采购的；第二，采用公开招标方式的费用占政府采购项目总价值的比例过大的。

③竞争性谈判采购。竞争性谈判采购是指谈判小组与符合资格条件的供应商就采购货物、工程和服务事宜进行谈判，供应商按照谈判文件的要求提交相应文件和最后报价，采购人从谈判小组提出的成交候选人中确定成交供应商的采购方式。采用竞争性谈判方式采购的货物或者服务应当符合下列情形之一：第一，招标后没有供应商投标或者没有合格标的或者重新招标未能成立的；第二，技术复杂或者性质特殊，不能确定详细规格或者具体要求的；第三，采用招标所需时间不能满足用户紧急需要的；第四，不能事先计算出价格总额的。

④单一来源采购。单一来源采购是指采购人从某一特定供应商处采购货物、工程和服务的采购方式。采用单一来源方式采购的货物或者服务应当符合下列情形之一：第一，只能从唯一供应商处采购的；第二，发生了不可预见的紧急情况不能从其他供应商处采购的；第三，必须保证原有采购项目一致性或者服务配套的要求，需要继续从原供应商处添购，且添购资金总额不超过原合同采购金额 10% 的。

⑤询价采购。询价采购是指询价小组向符合资格条件的供应商发出采购货物询价通知书，要求供应商一次报出不得更改的价格，采购人从询价小组提出的成交候选人中确定成交供应商的采购方式。采购的货物规格、标准统一、现货货源充足且价格变化幅度小的政府采购项目，可以采用该方式进行采购。此外，在政府采购的实际工作中还有定点采购、协议供货等其他方式。定点采购通常是指集中采购机构通过规范的程序，采用招标投标或竞争性谈判等方式，综合考虑价格、质量和服务等因素，择优确定一家或几家定点供应商，并同定点供应商签订定点采购协议，由定点供应商根据协议在定点期限内提供货物和服务，协议期满后再通过招投标或竞争性谈判等方式重新确定定点采购供应商。协议供货是指采购人根据一定时期内本区域内某种指定品牌的采购需求量，通过谈判与原厂商就销售价格、供货时间、服务承诺、付款方式等全部条款一次性签订供货协议。

（2）政府采购业务控制岗位设置控制内容。行政事业单位的政府采购业务规模、内外环境等各不相同，各个政府组织体系的具体设置也各有不同。因此，合理设置政府采购业务机构，明确机构职能和相关岗位的职责权限是十分重要的。行政事业单位政府采购业务各机构的主要职能如表8－1所示。

表8－1　　　　　　　　行政事业单位政府采购业务各机构的主要职能

名称	主要职能
政府采购业务决策机构	①审定政府采购内部管理制度； ②研究决定重大政府采购事项，审定政府采购预算和计划； ③督促政府采购商或机构按照内部管理制度的规定和政府采购预算办理政府采购业务，协调解决政府采购业务执行中的重大问题； ④其他相关决策问题
政府采购业务实施机构	相关业务部门： ①上报本部门的政府采购预算建议数； ②依据内部审批下达的政府采购预算和实际工作需要编制政府采购计划，进行政府采购需求量登记，提出政府采购申请； ③对政府采购文件进行确认，对有异议的政府采购文件进行调整，修改； ④对实行公开招标的政府采购项目的预中标结果进行确认，领取中标通知书，并依据中标通知书参加政府采购合同的签订； ⑤对政府采购合同和相关文件进行备案； ⑥提出政府采购资金支付申请。 归口管理部门： ①拟订政府采购内部管理制度，并根据有关规定及时更新或者调整单位的政府采购工作细则； ②汇总审核各业务部门提交的政府采购的预算建议数、政府采购计划、政府采购申请； ③按照国家有关规定确定政府采购组织形式和政府采购方式； ④对单位自行组织的采购活动加强采购组织实施的管理； ⑤指导和督促业务部门已发订立和履行的政府采购合同； ⑥组织实施政府采购验收； ⑦组织处理政府采购纠纷； ⑧妥善保管单位政府采购业务的相关资料，同时将政府采购合同文本和验收书交给财务部门以作账务处理依据；

名称	主要职能
政府采购业务实施机构	⑨定期对政府采购业务信息进行分类统计和分析，并在内部通报； ⑩做好政府采购领导小组交办的其他任务。 财务部门： ①负责汇总编制单位政府采购预算、计划，按同级财政部门批准后，下达各业务部门执行； ②及时转发财政部门的有关管理规定及政府采购相关信息； ③审核各业务部门申报政府采购的相关资料，确定资金来源； ④复核政府采购支付申请手续，办理相关资金支付； ⑤根据政府采购部门提交的政府采购合同和验收书，依据国家统一的会计制度，对政府采购业务进行账务处理； ⑥定期与政府采购归口部门沟通和核对政府采购业务的执行和结算情况
政府采购监督机构	①监督检查业务部门和政府采购部门执行政府采购法律法规和相关规定的情况； ②参与政府采购业务投诉答复的处理

2. 政府采购业务控制管理制度与岗位设置控制目标

政府采购业务控制管理制度与岗位设置控制目标包括以下几个方面：

（1）建立健全政府采购内部管理制度，明确政府采购业务管理机构和相关岗位的设置及其职责权限、政府采购业务的工作流程、与政府采购业务相关的审核责任和审批权限、与政府采购业务相关的检查责任等，确保政府采购管理工作有章可循、有据可依，使政府采购管理规范有序。

（2）合理设置采购业务管理机构，构建合理的政府采购管理组织体系，包括政府采购业务管理部门和政府采购监督机构等，明确各个机构和部门的职能，充分发挥各个部门的作用。

（3）按照牵制和效率的原则合理设置政府采购业务岗位，建立政府采购业务岗位责任制，明确政府采购授权审批权限和岗位职责，确保政府采购需求制定与内部审批、招标文件准备与复核、合同签订与验收、验收与保管等不相容岗位相互分离。

（4）建立部门间沟通协调机制，确保政府采购的信息、采购部门之间沟通协调顺畅，提高政府采购水平，保障政府采购管理工作有效开展。

3. 政府采购业务控制管理制度与岗位设置控制风险评估

行政事业单位在开展政府采购业务控制管理制度与岗位设置控制风险评估时，主要从以下几个方面进行：

（1）单位未根据《中华人民共和国政府采购法》建立内部配套的政府采购规章制度和流程，可能导致采购业务没有严格按照法律法规执行，采购环节有漏洞，致使政府采购存在较大的随意性和不规范性。

（2）未设置政府采购管理机构或未明确管理机构职能，单位领导和工作人员对政府采购认识肤浅，将政府采购看作单纯的购买活动，未意识到规范的政府采购对推动市场竞争、促进企业发展的作用。

（3）政府采购专业化人才匮乏，未设置专门的政府采购岗位或政府采购岗位职责分工不明确，可能导致政府采购活动中产生的问题处理不及时、责任不清晰、影响采购的效果。

（4）未建立健全政府采购工作的协调机制，各部门配合度不高、协作不畅、相互推诿，导致需求与预算脱节、采购结果差强人意、验收质量不高。

4. 政府采购业务控制管理制度与岗位设置控制措施

（1）建立健全政府采购内部管理制度。行政事业单位应当在符合国家有关规定的基础上，通过梳理政府采购业务流程，建立健全政府采购内部管理制度，规范政府采购过程，确保政府采购管理工作有章可循，真正发挥政府采购的作用。

政府采购内部管理制度应当包含政府采购预算和计划、政府采购需求确定、政府采购招标管理、政府采购验收管理、政府采购质疑处理等方面，制度应当明确政府采购业务管理机构和相关岗位的设置及其职责权限、政府采购业务的工作流程、与政府采购业务相关的审核责任和审批权限、与政府采购业务相关的检查责任等。

（2）合理设置政府采购业务机构，明确机构职能。行政事业单位应当根据政府采购业务规模、内外环境等因素设置政府采购业务机构。一般而言，行政事业单位的政府采购管理组织体系包括政府采购业务管理部门和政府采购监督机构。

①政府采购业务管理部门。政府采购业务管理部门是指对政府采购业务的决策、实施等进行管理的部门，可细分为政府采购业务决策机构和政府采购业务实施机构。

政府采购业务决策机构是指专门履行政府采购管理职能的决策机构，在政府采购管理体系中居于领导核心地位，一般由行政事业单位成立的政府采购领导小组承担。该小组由单位领导、政府采购归口管理部门、财务部门和相关业务部门的负责人组成，一般为非常设机构，主要通过定期或不定期召开政府采购工作会议开展工作。

政府采购业务实施机构是指在行政事业单位中负责实施采购业务的机构，包括政府采购归口管理部门、财务部门和相关业务部门等。其中，相关业务部门是单位政府采购申请的提出部门。归口管理部门是政府采购业务进行审核和执行的部门，该部门通常为办公室，政府采购业务较多的行政事业单位应成立政府采购部门或指定政府采购归口管理部门；政府采购业务较少的单位可以成立专门的政府采购工作小组。财务部门是单位政府采购预算的汇总及政府采购的资金支付部门。

②政府采购监督机构。政府采购监督机构是行政事业单位中对政府采购业务进行监督的部门，通常为内部审计部门。按照政府采购决策、执行和监督相互分离的原则，行政事业单位应当成立政府采购监督部门。此外，行政事业单位也应该发挥纪检监察部门在政府采购业务监督方面的作用。

（3）合理设置政府采购业务岗位，建立政府采购业务岗位责任制。行政事业单位应当根据本单位的"三定"方案、单位的实际情况和《单位内控规范》的要求，合理设置政府采购业务岗位。采购岗位设置应当遵循如下原则；

①牵制原则：确保每项经济业务都要经过两名或两名以上工作人员处理，真正做到相互牵制、相互监督。

②不相容岗位相分离原则：与政府采购业务相关的不相容岗位主要包括：政府采购预算的编制和审定，政府采购需求制定与内部审批，招标文件准备和复核，合同签订与验收、验收和保管，付款审批和付款执行，采购执行和监督检查等。其中，与政府采购业务最密切相关的是政府采购需求编制应当与内部审批相分离。

③效率原则：如果受到人员编制的限制而无法完全实现不相容岗位相互分离，可以结合本单位实际采取提高透明度、加强检查监督等方法进行替代控制。

此外，单位应注重采购专业队伍的建设，配备具有专业胜任能力的采购岗位人员，不断完善人才培训和考核机制，确保办理政府采购的人员及时全面地掌握相关规定，合法合规地开展业务。

（4）建立政府采购工作协调机制。单位应当建立采购过程中各部门（如预算编制、政府采购和资产管理等）的沟通协调机制，加强对采购过程的管理。单位可以成立包括单位负责人、各采购职能部门负责人在内的采购业务小组，定期就采购执行过程中遇到的问题进行讨论沟通，不断完善单位采购工作协调机制。

（二）政府采购预算与计划管理控制

《单位内控规范》第四章第34条规定："单位应当加强对政府采购业务预算与计划的管理。建立预算编制、政府采购和资产管理等部门或岗位之间的沟通协调机制。根据本单位实际需求和相关标准编制政府采购预算，按照已批复的预算安排政府采购计划。"该条款是针对《单位内控规范》第二章第11条中的政府采购业务管理的风险，具体是指是否按照预算和计划组织政府采购业务。该条款就政府采购业务预算与计划的管理做出了原则性规定。

1. 政府采购预算与计划管理控制内容

（1）政府采购预算与计划管理控制基本流程。编制政府采购预算时，由业务部门根据工作计划编制政府采购预算，采购部门通过查看现有存量和评估新增需求量对业务部门提交的采购预算进行审核，财务部门汇总各个业务部门预算，形成单位采购预算报至财政部门，由财政部门对其进行审核。再经人民代表大会批准并下达本级、单位、部门年度政府预算。业务部门根据下达的部门年度预算，编制采购计划并形成部门采购计划。最后采购部门结合单位、年度采购计划、集中采购目录、采购限额标准进行审核，制定单位年度采购计划，批复各部门采购计划。

（2）政府采购预算与计划管理关键控制环节。第一，业务部门根据工作计划编制政府采购预算，并形成部门采购预算业务部门根据年度工作计划、存量和需求量编制采购预算，形成部门采购预算。业务部门在编制政府采购预算时应当注意采购预算编制的准确性以及采购预算的细化性，应做到"应编尽编、编实编细"。采购预算编制要以部门预算为依据。政府采购预算是部门预算的组成部分，不得脱离部门预算的约束。采购预算的项目、名称、资金性质等内容，应与部门预算保持一致。在编制采购预算前，应做好市场调研，科学合理地编制政府采购预算。通过电话询价、网上查阅、实地咨询等途径获取采购项目的性能、配置、价格等详细信息，同时要考虑产品、服务的升级换代等行情变化，提高采购预算的针对性、适用性和可操作性。

第二，财务部汇总各业务部门的采购预算，在"二上"报至财政部门。财务部门在汇总各部门的采购预算时应当核实所有采购预算是否按照规定的授权审批逐级进行了审批。财务部门应当在财政部门规定的时间内及时、准确、完整的汇总采购预算，并保证采购预算的项目、名称、资金性质等内容，与部门预算保持一致。

第三，业务部门根据下达的部门年度采购预算和年度工作计划，编制采购计划，形成部门采购计划。业务部门编制政府采购计划应当符合相关要求，主要包括：①政府采购计划应当在财政部门批复的政府采购预算范围内，依据本部门的政府采购需求进行编制，完整反映政府采购预算的落实情况；②政府采购项目数量和采购资金来源应当与财政部门批复的政府采购预算中的采购项目数量和采购资金来源相对应，不得编制资金尚未落实的政府采购计划；③编制政府采购计划时，应当注重政府采购的规模效益，同一季度内对统一采购品目尽量不安排两次采购计划；④业务部门不得将应当以公开招标方式采购的货物或服务化整为零，或者以其他任何方式、理由规避公开招标采购。

2. 政府采购预算与计划管理控制目标

政府采购预算与计划管理控制的目标包括以下几个方面：

（1）明确政府采购预算和计划编制的工作流程和要求，确保政府采购预算和计划编制符合国家相关法律法规。

（2）对政府采购预算和采购计划进行充分审核，确保政府采购预算和计划符合本单位的实际需求，进而保证政府采购预算编制具有科学性、合理性。

3. 政府采购预算与计划管理控制风险评估

行政事业单位在开展政府采购预算与计划管理控制风险评估时，主要存在如下风险：

（1）预算编制不精细。在编制预算时存在漏报行为，或对预算编制不重视，导致在部门预算编制中存在属于采购范围的项目但未实施政府采购的现象；对预算的审核流于形式，未关注采购需求的公允性、采购项目是否经过适当评审和论证，影响采购预算编制的合法性、合理性。

（2）政府采购计划编制不合理。在政府采购行为中不注重前期预算的重要性；超出预算范围，将资金尚未落实的政府采购进行计划编制；同一季度内对统一采购品目安排两次或者两次以上的采购计划，蓄意规避公开招标。

（3）对政府采购计划的审核不严格。无法保证采购项目的完整性、合理合法性、真实必要性、关联性，出现采购项目漏报、采购"档次"不合理、截留、挪用财政资金和化整为零规避政府采购或公开招标等问题。

4. 政府采购预算与计划管理控制措施

（1）明确规范政府采购预算编制与审核要求。单位应按照"先预算、后计划、再采购"的工作流程，按规定编制政府采购预算，政府采购预算与部门预算编制程序基本一致，采用"两上两下"的程序。具体来说，单位应按照以下要求编审政府采购预算。①单位采购管理部门应按照本单位工程、货物和服务实际需求，经费预算标准和设备配置标准细化采购预算，列明采购项目或货物品目，并根据采购预算及实际采购需求安排编制采购计划；②单位集中采购预算在年初与部门预算同步编制，要应编尽编，将属于集中采购范围的支出项目均编入集中采购预算，体现预算支出规模和方向；③采购主管部门应对单位提交的集中采购预算进行审核，对属于集中采购范围的支出项目而未编制集中采购预算的，应责成其重新编制；④单位应对采购预算进行科学、合理、高效的审核，重点关注采购项目是否完整，应编尽编；采购项目安排是否合理，需求是否公允，采购层次是否适当，采购项目内容是否真实必要，有无项目拆分、人为整合等问题。

（2）规范政府采购计划编制。采购计划作为采购预算的执行明细，一般以能否向一个供应商实施采购作为立项分项原则，能够向一个供应商购买的，不得拆项。业务部门应当在政府采购预算指标批准范围内，定期（如按季度）提交本部门的政府采购计划。

（3）加强采购计划审核。业务部门提出政府采购计划后，政府采购部门作为归口管理部门应当对政府采购计划的合理性进行审核，主要包括：①政府采购计划所列的采购事项是否已列入预算；②是否与业务部门的工作计划和资产存量相适应；③是否与资产配置标准相符；④专业性设备是否附相关技术部门的审核意见。此外，财务部门应当就政府采购计划是否在预算指标的额度之内进行审核。

（三）政府采购活动控制

《单位内控规范》第四章第35条规定："单位应当加强对政府采购活动的管理。对政府采购活动实施归口管理，在政府采购活动中建立政府采购、资产管理、财会、内部审计、纪检监察等部门或岗位相互协调、相互制约的机制。单位应当加强对政府采购申请的内部审核，按照规定选择政府采购方式、发布政府采购信息。对政府采购进口产品、变更政府采购方式等事项应当加强内部审核，严格履行审批手续。"该条款针对《单位内控规范》第二章第11条所述的政府采购管理情况风险中的是否按照规定组织政府采购活动和执行验收程序，是对政府采购活动要实施归口管理，建立制衡机制，加强内部审核等控制目标、措施做出了原则性规定。

1. 政府采购活动控制内容

（1）公开招标方式采购活动。

①公开招标方式采购活动基本流程。在招标时，业务部门根据年度采购计划，提出采购申请并对标书文件进行审核，提交采购主管部门。采购主管部门根据单位年度采购计划审批部门的采购申请，委托代理机构进行公开招标；之后转发、审查和确认标书；采购代理机构接受委托并编制招标文件，根据采购单位确认的标书，发布招标公告、公布采购预算和发售招标文件。接着供应商根据发布的采购信息，从采购代理机构处购买招标文件，编制投标文件进行投标，采购代理机构接受各供应商的投标，密封保存。在开标过程中，供应商检查投标文件密封情况，采购代理机构宣布开标及其注意事项，当众拆封投标文件并唱标，询问每

个参与的供应商对唱标是否有疑义，宣布评标期间投标人的注意事项等。在评标时，采购小组介绍本次采购项目情况，采购代理机构介绍采购人和投标人的情况，宣布评标纪律、评标原则和回避条款；评标委员会进行评标，根据每位评审人员的评审结果，推荐中标人并出具评审报告。根据评审委员会的评审报告，采购代理机构公布评审结果，并把结果告知采购单位、中标供应商和未中标商，并向财政部门提交招标投标情况的书面报告，拟定合同文本，组织采购单位和中标供应商签订合同。

②公开招标方式采购活动关键环节。公开招标方式采购活动关键环节包括采购小组委托采购代理机构公开招标、代理采购机构开标、评标委员会评标、采购小组签订采购合同。其中，公开招标方式采购活动关键环节简要说明及注意事项如下：第一，采购小组委托采购代理机构公开招标：采购小组根据单位年度采购计划审批部门的采购申请，委托经财政部门认定的具有政府采购招标资质的代理机构进行公开招标。采购部门应当根据备选的采购代理机构的业务范围、服务性质、工作经验等方面，对备选采购代理机构进行合理选择。第二，代理采购机构开标：代理机构宣布开标及其注意事项，当众拆封投标文件并唱标，询问每个参与的供应商对唱标是否有疑义，宣布评标期间投标人的注意事项。第三，评标委员会评标：根据规定恰当选择评审专家，建立专人专岗对评审专家库中的专家进行人员构成分析，保持人员配置的合理性。每个评审人员必须签署回避声明及相关责任；评标人员独立评审并标明评审理由（或打分）交给采购代理机构；根据每位评审人员的评审结果，推荐中标人并出具评审报告。各采购单位应当指派经领导授权的评标人参加评标工作。第四，采购小组签订采购合同：采购小组应按要求与中标、成交供应商签订书面合同，合同条款不得与采购文件和成交供应商的报价文件内容有实质性偏离。

（2）邀请招标方式。

邀请招标是公开招标的变体。该方式的采购业务流程与公开招标方式的采购业务流程相类似，不同之处在于招标人不再发布招标公告、公布采购预算和发售招标文件，而是按照事先规定的条件选定供应商，发出投标邀请。

（3）竞争性谈判方式。

①竞争性谈判方式基本流程。最初，业务部门根据部门年度采购计划，提出采用竞争性谈判方式的采购申请，提交至采购主管部门采购小组。采购小组根据单位年度采购计划审批业务部门的采购申请，确定采用竞争性谈判的采购方式。接着业务部门根据采购小组的批复，编制谈判所需的各项文件，选择合适的供应商。采购小组公示谈判文件，邀请业务部门选择的供应商参与竞争性谈判。评标委员会成立谈判小组，谈判小组内部推荐一名小组成员担任谈判组长，并签署回避声明，审核供应商的谈判文件，随后逐一和每个供应商谈判，制定最终报价表及有关承诺事项，最后推荐供应商，出具评审报告。采购小组根据谈判小组出具的报告，确定供应商，通知所有被询价的未成交的供应商，并向财政部门提交竞争性谈判情况的书面报告，与供应商签订采购合同。

②竞争性谈判方式关键环节控制内容。竞争性谈判方式关键环节包括采购小组邀请供应商参与竞争性谈判、供应商制作并提交竞标文件、评标委员会成立谈判专家、评标委员会进

行谈判、采购小组确定供应商。其中，每一竞争性谈判方式关键环节简要说明如下：第一，业务部门编制谈判文件并选择供应商：业务部门根据采购小组的批复，编制谈判所需的各项文件；通过对供应商的调查与了解，选择合适的供应商。第二，评标委员会成立谈判小组：从专家库中随机抽取专家，共同和采购单位代表成立谈判小组。设立需求评审专家库，并辅以专家库的随机抽取机制。第三，评标委员会进行谈判：采购小组开启竞标文件；谈判开始前，介绍采购项目和供应商的情况；竞争性谈判小组应当按照客观、公正、审慎的原则，根据采购文件规定的评审程序、评审方法和评审标准进行独立评审。谈判小组内部推荐一名小组成员担任谈判组长，并签署回避声明，对供应商的谈判文件进行审核，随后逐一和每个供应商谈判，制定最终报价表及有关承诺事项；根据各家供应商的最终报价，推荐供应商，并出具评审报告。

（4）单一来源采购方式。

①单一来源采购方式流程控制内容。业务部门根据部门年度采购计划，提出采用单一来源采购方式的采购申请，提交至采购小组。采购小组根据单位年度采购计划，审批业务部门的采购申请，初步确定采用单一来源的采购方式，并要求作为唯一来源的供应商提供采购所需的文件。按照采购小组的要求，提供资格审查所需的各项文件，以备随时响应。同时业务部门根据对整个行业的掌握情况，对供应商的资质、声誉做出验证的审查，利用自己掌握的专业知识充分评估采购方案中的风险，并提交至采购小组。采购小组接收供应商提供的资格审查文件；根据业务部门审查的资格公布采购信息和唯一供应商名称，并在财政部制定的网站上公布后上报财政部门；根据财政部门的审批意见，确定采购方案，并与确定的供应商签订采购合同，并把合同文件交与业务部门。

②单一来源采购方式关键环节控制内容。单一来源采购方式关键环节包括业务部门审查供应商资格、采购小组选择供应商、采购小组与供应商签订采购合同。单一来源采购方式关键环节简要说明如下：第一，业务部门审查供应商资格：业务部门根据对整个行业的掌握情况，对供应商的资质、声誉做出验证的审查，利用自己掌握的专业知识充分评估采购方案中的风险，并提交至采购小组。第二，采购小组选择供应商，上报财政部门及确定采购方案：接收单一来源供应商提供的资格审查文件，转交业务部门进行审核；根据业务部门审查的资格，公布采购信息和唯一供应商名称，并在财政部指定的网站上公布5个工作日后上报财政部门；根据财政部门的审批意见，确定采购方案。第三，采购小组与供应商签订采购合同：采购小组与确定的供应商签订采购合同，并把合同文件交与业务部门。

（5）询价采购方式。

①询价采购方式基本流程。首先，业务部门根据部门年度采购计划，提出采用询价方式的采购申请，提交采购小组。其次，采购小组根据单位年度采购计划审批业务部门的采购申请，批准采用询价的采购方式。业务部门和采购小组根据本次采购项目的情况，派人参加询价小组。由采购单位人员和有关专家成立单位的询价小组，确定采购项目的价格构成、评定成交的标准；根据采购项目特点和对供应商的要求，选择3家以上符合资格的供应商，并发出询价通知书。供应商针对商品的种类、品质、数量、交货时间、售后服务等报出一次性成

交价格。再次,采购小组根据供应商报出的价格和相关资料确定供应商,通知所有被询价的为成交的供应商,并向财政部门提交询价情况的书面报告。最后,采购小组与确定的供应商签订采购合同,并把合同文件交与业务部门。

②询价采购方式关键环节控制内容。询价采购方式关键环节包括业务部门派人参加询价小组、采购小组派人参加询价小组、询价小组进行询价、采购小组签订采购合同。其中,每一询价采购方式关键环节简要说明如下:第一,业务部门派人参加询价小组:业务部门根据本次采购项目的情况,派出业务专家,参加询价小组。第二,采购小组派人参加询价小组:采购小组派出工作人员参加询价小组;根据每家供应商报出的一次性成交价格、采购需求、质量和服务等确定一家为中标者,并将结果通知所有被询价但未中标的供应商;向财政部门提交询价情况的书面报告。第三,询价小组进行询价:由采购单位人员和有关专家成立单位的询价小组,规定采购项目的价格构成、评定成交的标准;根据采购项目特点和对供应商的要求,选择 3 家以上符合资格的供应商,并发出询价通知书。第四,采购小组签订采购合同:采购小组与确定的供应商签订采购合同,并把合同文件交与业务部门。

2. 政府采购活动控制目标

政府采购活动控制的目标包括以下几个方面:

(1)采购需求科学合理。单位对采购标的的市场技术、服务水平等进行了详细的市场调查,价格测算合理,采购需要合法合规,内容完整、明确。

(2)政府采购申请内部审核严格,包括申请部门的内部审核和政府采购部门的审核,能够确保政府采购项目符合政府采购计划、在预算指标额度之内、价格公允等,事先防范政府采购舞弊等问题。

(3)根据单位采购需求和市场条件选择合理的采购方式,确保单位没有瞒报、分拆项目,提高政府采购效率。

(4)规范政府采购代理机构的选用程序,选择了合理的采购代理机构,确保采购代理机构合法合规。

(5)规范政府采购程序,确保整个采购过程中,每一个环节(如供应商资格审查、评标过程等)都操作规范,完整执行选择的采购方式,提高采购质量。

(6)选择恰当的招标采购方式,规范政府采购招标、投标、开标、评标和中标流程,确保各个流程符合国家法律法规和相关政策,避免单位被提起诉讼或者受到处罚,保证单位正常业务活动的开展。

(7)规范招标采购的实施过程,防止因人为故意导致的招标失败、流标等,规范相关人员的行为,保证招标采购公平、公开,以合理的价格达成交易,防止舞弊和腐败现象。

(8)政府采购合同签订合法合规、按程序及时备案;合同履行过程管理严格,合同变更、中止或终止符合相关规定,保证国家利益和社会公共利益不受损害。

3. 政府采购活动控制风险评估

行政事业单位在开展政府采购活动控制风险评估时,主要存在如下风险:

（1）未对采购标的市场进行详细的市场调查，采购需求缺乏科学性和合理性；采购需求内容缺乏完整性和明确性。例如，未详细表述标的的物理属性和性能要求，不明晰国家相关标准、行业标准，未标明验收标准等。

（2）采购申请未经授权或超越授权审批，可能导致采购物资不符合单位需求或者超预算采购，采购成本失控，影响单位的正常业务活动开展。

（3）未选择合理的政府采购组织形式，未经批准，私自进行采购。

（4）特定采购项目代理机构选择不合规，没有选择财政部门规定的代理机构而是自由选择执行采购；单位与代理机构串通，选用资质或业务范围不符合采购代理要求的采购代理机构，影响实际采购的效率和效果。

（5）政府采购方式不合理，采购程序不规范，导致政府采购缺乏公开透明度，造成贪污腐败。

（6）政府采购招标程序不规范。招标过程中涉及的公告文件（如资格预审公告、招标文件）内容不详细，未能说明招标信息；或者在制定技术规格要求时有针对性、倾向性，在技术规格中规定了某些特定的技术指标，从而排斥了一些潜在投标人，导致招标范围缩小、缺乏竞争力。

（7）政府采购投标程序不规范，不明确政府投标程序中的重要管控点；向投标人收取的保证金超出国家标准，未及时退回未中标供应商的保证金，逾期退还的，亦没有支付超期资金占用费，单位违规占用资金，造成贪污腐败。

（8）可能存在开标内容不完整的投标文件，如没有开标一览表、投标文件关键内容填写不完整，影响开标的正常秩序。

（9）采购单位和评标委员会责任不清，各方主体未能充分履行其职能，互相干涉，导致串通、共谋等，影响评标结果；评标步骤不规范，评标专家未对投标文件进行符合性检查，评标后投标文件依旧存在含义不明确、同类问题表述不一致的问题等。

（10）供应商为争取中标，采取低价竞标的投标方法，一旦中标后，寄希望于合同变更迫使招标人增加投资；或者在后期合同履行期间偷工减料、粗制滥造形成豆腐渣工程，导致单位采购质量低下，甚至需后期投入大量维修费用。

（11）合同签订没有经过适当授权审批，对合同对方主体资格、资信调查、履约能力未进行认真审查导致合同签订有漏洞，可能导致合同纠纷，给单位造成经济损失；采购合同履行过程中，监控不到位，合同对方可能未能全面、适当地履行合同义务，或者因为中标人未经采购人同意擅自对合同进行分包，履约责任不清晰，可能会给单位带来经济损失。

4. 政府采购活动控制措施

（1）合理确定采购需求。采购人应当对采购标的的市场技术或服务水平、供应、价格等情况进行市场调查，根据调查情况科学、合理地确定采购需求，进行价格测算。采购人确定的采购需求应当符合国家相关法律法规和政府采购政策的规定。采购需求的内容应当完整、明确，主要包括：①采购标的执行的国家相关标准、行业标准、地方标准或者其他标准、规范；②采购标的所要实现的功能或目标，以及需落实的政府采购政策；③采购标的需满足的质量、安全、节能环保、技术规格、服务标准等性能要求；④采购标的的物理特性，如尺寸、颜色、标志等要求；⑤采购标的的数量、采购项目交付或执行的时间和地点，以及售后服务要求；⑥采购标的的验收标准；⑦采购标的的其他技术、服务等要求。

（2）加强政府采购申请审核，规范申请审核程序。单位应当加强对政府采购申请的内部审核。一方面，提出政府采购申请部门的负责人应该对采购需求进行复核，然后才能提交政府采购部门审核，审核的关注重点是：是否有相应的预算指标；是否适应当期的业务工作需要；是否符合当期的政府采购计划；政府采购申请文件内容是否完整等。另一方面，政府采购部门在收到业务部门提交的政府采购申请后，应当对政府采购申请进行审核，审核的关注重点是：政府采购项目是否符合当期的政府采购计划；政府采购成本是否控制在政府采购预算指标额度之内；经办人员是否按要求履行了初步市场价格调查；政府采购需求参数是否接近市场公允参数；是否存在"排他性"的参数；政府采购定价是否接近国家有关标准；政府采购组织形式、政府采购方式的选取是否符合国家有关规定；其他需要审核的内容。

对政府采购进口产品、变更政府采购方式等事项应当加强内部审核，严格履行审批手续。具备相应审批权限的部门或人员审批采购申请时，应重点关注采购需求是否有相应的预算指标；是否适应当期的业务工作需要；是否符合当期的政府采购计划；政府采购申请文件内容是否完整等。对不符合规定的采购申请，应要求请购部门调整请购内容或拒绝批准；对于建设项目、大宗专用设备采购等重大项目，应聘请专业的评估机构对需求文件进行专业评审。

（3）选择合理的政府采购组织形式。凡是纳入集中采购目录的政府采购项目，均应属于集中采购机构的强制性业务范围。其中，纳入集中采购目录属于通用的政府采购项目的，应当委托集中采购机构代理采购；属于本部门、本系统有特殊要求的项目，应当实行部门集中采购；属于本单位有特殊要求的项目，经省级以上人民政府批准，可以自行采购。

政府采购法将"纳入集中采购目录的政府采购项目"划分为通用项目和非通用项目，而且做了区别对待，容许采购人采购本部门有特殊要求的通用项目时，实行部门集中采购；采购本单位有特殊要求的非通用项目时，可以依法自行采购。任何一个单位不得以瞒报、分拆项目等手段规避政府采购程序。

（4）合理选择政府采购代理机构。政府采购代理机构分为政府集中采购机构和政府采购代理中介机构，二者在法律规定的范围内接受采购人的委托，执行政府采购业务。纳入集中采购目录的政府采购项目，采购人必须委托集中采购机构代理采购；采购未纳入集中采购目录的政府采购项目，可以自行采购，也可以委托集中采购机构在委托的范围内代理采购。自行组织招标活动的采购人或采购单位必须满足两个条件：①有编制招标文件、组织招标的能力和条件；②有与采购项目规模和专业性相适应的专业人员。

采购单位无论是委托集中采购机构还是采购代理中介机构办理采购事宜，均需与采购代理机构签订委托代理协议，依法确定委托代理的事项，约定双方的权利义务，明确采购项目、采购数量、采购金额、采购时限和采购方式。委托采购代理机构采购部门集中类目录和分散采购项目中属于国家、省、市重点项目或者采购金额较大项目的，应当采取公开招标的方式确定采购代理机构。此外，根据《关于在政府采购活动中查询及使用信用记录有关问题的通知》（财库〔2016〕125 号）的规定，采购人委托采购代理机构办理政府采购事宜的，应当查询其信用记录，优先选择无不良信用记录的采购代理机构。

（5）合理选择政府采购方式，规范政府采购程序。行政事业单位应该根据各个采购方式的使用条件和相关法律法规，合理选择采购方式，规范政府采购程序。

（6）加强对政府采购招投标的控制。

①政府采购招标控制。第一，严格限定招标机构人员结构，参与招标的小组成员中除了保证有专业知识外，还应保证人员所属的各个专业齐全、经验丰富、执业操守优良，以此来确保招标过程中资料编制的完整性和准确性，合理确定招标周期。第二，根据采购需求，确定采购方案，采购方案要明确采购项目所涉及产品和服务的技术规格、标准以及主要商务条款和项目的采购清单。如果需要委托代理机构招标，需要与选择的采购代理机构签订委托协议，明确双方的权利义务。第三，招标人应根据招标项目的要求和采购方案编制招标文件。招标文件应当包括以下主要内容：投标邀请；投标人须知；投标人应当提交的资格、资信证明文件；政府采购政策要求及投标人须提供的证明材料；投标文件编制要求、投标报价要求和投标保证金交纳方式以及不予退还投标保证金的情形；采购项目预算，有最高限价的，还应公开最高限价；招标项目的技术规格、数量、服务要求，包括附件、图纸等；拟签订的合同文本；交货和提供服务的时间、地点、方式；采购资金的支付方式和时间；评标方法、评标标准和投标无效情形；投标有效期；投标截止时间、开标时间及地点；采购代理机构代理费用的收取标准和方式；省级以上财政部门规定的其他事项。第四，招标公告必须在指定的报纸杂志、信息网络或者其他媒介发布。招标公告应包含以下内容：采购人及其委托的采购代理机构的名称、地址和联系方法；采购项目的名称、数量、简要规格描述或项目基本概况介绍；采购项目的预算或者最高限；采购项目需要落实的政府采购政策；投标人的资格要求；获取招标文件的时间、地点、方式及招标文件售价；公告期限；投标截止时间、开标时间及地点采购项目联系人姓名和电话。采购人、采购代理机构不得将投标人的注册资本、资产总额、营业收入、从业人员、利润、纳税额等指标列为资格要求，也不得将除进口货物外的生产厂家授权作为投标人的资格要求。第五，潜在投标人根据资格预审程序按要求提交资格证明文件，招标人参照标准对潜在投标人进行资格审查。采用邀请招标方式采购的，招标采购单位应当在省级以上人民政府财政部门指定的政府采购信息媒体发布资格预审公告，在不同媒体发布的同一项目的招标公告或者资格预审公告的内容应当一致。第六，采购人或者采购代理机构对已发出的招标文件资格预审文件进行必要的澄清或者修改的，应当在原公告发布媒体上发布澄清公告，并以书面形式通知所有获取招标文件或者资格预审文件的潜在投标人。澄清或者修改的内容为招标文件、资格预审文件的组成部分。澄清或者修改的内容可能影响资格预审申请文件编制的，采购人或者采购代理机构应当在提交资格预审申请文件截止时间至少 3 日前，以书面形式通知所有获取资格预审申请文件的潜在投标人；不足 3 日

的，采购人或者采购代理机构应当顺延提交资格预审申请文件的截止时间。

采购人、采购代理机构在发布招标公告、资格预审公告或者发出投标邀请书后，除因重大变故或采购任务取消情况外，不得擅自终止招标活动。终止招标的，采购人或者代理机构应当及时发布终止公告，以书面形式通知被邀请或者已经获取招标文件、资格预审文件的潜在投标人，并将项目实施情况和采购任务取消原因报告本级财政部门。已经收取招标文件费用或者投标保证金的，采购人或者采购代理机构应当及时退还所收取的招标文件费用以及投标保证金及其在银行产生的利息。

②政府采购投标控制。第一，政府采购投标程序控制。供应商投标之前，如果招标人要求进行资格预审，招标人要及时公告和发售资格预审文件，以便投标人按要求填写并及时提交。资格预审合格，及时发布预审通知后，进入投标前准备阶段。投标人应当按照招标文件的要求编制投标文件。投标人不得对招标文件要求的格式进行更改，严格按照招标文件的要求做出实质性回复，编制完成投标文件。同时，应当在招标文件要求期限内将投标文件密封送达投标地点。招标采购单位收到投标文件后，应当签收保存，任何单位和个人不得在开标前开启投标文件。自招标文件开始发出之日起至投标人提交投标文件截止日止，不得少于20天。在招标文件要求提交投标文件的截止时间之后送达的投标文件，为无效投标文件，招标采购单位应当拒收。投标人在投标截止时间前，可以对所递交的投标文件进行补充、修改或者撤回。第二，保证金控制。投标人投标时，应当按招标文件的要求缴纳投标保证金。投标保证金不得超过采购项目预算金额的2%。投标保证金应当以支票、汇票、本票或者金融机构、担保机构出具的保函等非现金形式提交。投标人未按照招标文件要求提交投标保证金的，投标无效。采购人或者采购代理机构应当自中标通知书发出之日起5个工作日内退还未中标供应商的投标保证金，自政府采购合同签订之日起5个工作日内退还中标供应商的投标保证金。采购人或者采购代理机构应当自中标通知书发出之日起5个工作日内退还未中标人的投标保证金，自采购合同签订之日起5个工作日内退还中标人的投标保证金或者转为中标人的履约保证金。采购人或者采购代理机构逾期退还投标保证金的，除应当退还投标保证金本金外，还应当按基准利率上浮20%后的利率支付超期资金占用费，但因投标人自身原因导致无法及时退还的除外。

③政府采购开标控制。第一，对于开标过程中投标文件出现的异常情况，开标工作人员应翔实进行书面记录，根据招标文件规定处理或者提交评标委员会裁决。第二，开标由招标采购人或者采购单位主持，采购人、投标人、监督人参加，遵循验标、开标、唱标的程序进行，开标应守时，严格遵照招标文件确定的提交投标文件截止时间的同一时间进行，开标地点应当为招标文件中预先确定的地点。有效投标人不足3家的，不得进行开标。投标人代表对开标过程和开标记录有疑问或者质疑，以及认为采购人、采购代理机构相关工作人员有需要回避的情形的，应当场提出。采购人、采购代理机构对投标人代表提出的询问、质疑或回避申请应当及时处理。开标过程应当由采购人或者采购代理机构负责记录，由参加开标的各投标代表、现场监督人员和相关工作人员签字确认后随采购文件一并存档。公开招标数额标

准以上的招标项目，投标截止后参加投标的供应商不足 3 家或者评标期间出现有效投标人不足 3 家的，除采购任务取消情形外，应当依法报告财政部门并由财政部门按照以下原则处理：其一，招标文件没有不合理条款、招标程序符合规定的，同意采用竞争性谈判、竞争性磋商、询价或者单一来源方式采购；其二，招标文件存在不合理条款或者招标程序不符合规定的，责令采购人、采购代理机构改正后依法重新招标。

④政府采购评标控制。第一，恰当选择评审专家。评标工作由招标采购单位负责组织，具体评标事务由招标采购单位依法组建的评标委员会负责，评标委员会由采购人代表和评标专家组成，成员人数应当为 5 人以上单数，其中评标专家不得少于成员总数的 2/3。采购预算金额在 10000 万元以上、技术复杂的项目或者社会影响较大的项目，评标委员会中评标专家人数应当为 5 人以上。第二，明确评标过程中各个主体的责任。在评标过程中，采购人或采购单位、评标委员会的职责如表 8 - 2 所示。招标采购单位应结合项目特点选择最低评标价法、综合评分法开展评标。其中，最低评标价法是指投标文件满足招标文件全部实质性要求且投标报价最低的供应商为中标候选人的评标方法；综合评分法是指投标文件满足招标文件全部实质性要求且按照评审因素的量化指标评审得分最高的供应商为中标候选人的评标方法。第三，加强评标管理。在评标中，限定评标委员会及其成员不得有下列行为：①参与评标至评标结束前私自接触投标人。②接受供应商提出的与投标文件不一致的澄清和说明。③征询采购人的倾向性意见。④对主观评审因素协商评分。⑤对客观评审因素评分不一致。⑥在评标过程中擅离职守，影响评标程序正常进行的。⑦记录、复制或带走任何评标资料。评标委员会成员有第①至④项行为之一的，其评审意见无效。投标人存在下列情况之一的，投标无效：未按照招标文件的规定提交投标保证金的；投标文件散装或者活页装订的；不具备招标文件中规定资格要求的；报价超过招标文件中规定的最高限价的；投标文件含有采购人不能接受的附加条件的；投标文件不符合法律、法规和招标文件中规定的其他实质性要求的。

表 8 - 2 　　　　　　　　　采购人或采购单位、评标委员会的职责

机构	职责
采购人或采购单位	①核对评标专家身份和采购人代表授权函； ②宣布评标纪律； ③公布投标人名单，告知评标专家应当回避的情形； ④组织评标委员会推选评标组长，采购人代表不得担任组长； ⑤集中保管评标委员会成员及现场工作人员的通信工具； ⑥根据评标委员会的要求介绍政府采购的相关政策法规、招标文件； ⑦维护评标秩序，监督评标委员会依照评标文件规定的评审程序、方法和标准进行独立评审，对采购人代表、评审专家的倾向性言论或违法违规行为及时制止和纠正； ⑧核对评标结果，如有分值汇总计算错误、分项评分超出评分标准范围、评标委员会对客观评审因素评分不一致、经评标委员会认定评分畸高或者畸低情形，要求评标委员会复核或书面说明理由，评标委员会拒绝的，应予记录并向本级财政部门报告； ⑨处理与评标有关的其他事项

续表

机　构	职　责
评标委员会	①审查、评价投标文件是否符合招标文件的商务、技术、服务等实质性要求； ②要求投标人对投标文件有关事项做出澄清或者说明； ③对投标文件进行比较和评价； ④推荐中标候选人名单，或者根据采购人委托直接确定中标人； ⑤向采购人、采购代理机构或者有关部门报告评标中发现的违法行为

评标结果汇总完成后，除下列情形外，任何人不得修改评标结果。①分值汇总计算错误的。②分项评分超出评分标准范围。③评标委员会对客观评审因素评分不一致的。④经评标委员会认定评分畸高、畸低的。⑤政府采购中标控制。第一，采购代理机构应当在评标结束后 2 个工作日内将评标报告送达采购人，采购人应当自收到评标报告之日起 5 个工作日内，在评标报告推荐的中标候选人中按顺序确定中标人。中标候选人并列的，由采购人自主选择确定其中一个为中标人。采购人也可以事先授权评标委员会直接确定中标人。采购人自行组织招标的，应当在评标结束后 5 个工作日内确定中标人，采购人在收到评标报告 5 个工作日内未按评标报告推荐的中标候选人顺序确定中标人又不能说明合法理由的，视同确认。采购人或者采购代理机构应当自中标人确定之日起 2 个工作日内，在省级以上财政部门指定的媒体上公告中标结果，招标文件随中标结果同时公告，中标公告期限为 3 个工作日。邀请招标采购人采用书面推荐方式产生符合资格条件的潜在投标人的，还应当将所有被推荐供应商名单和推荐理由随中标结果同时公告，在公告中标结果的同时，采购人或者采购代理机构应当向中标人发出中标通知书，中标通知书对采购人和中标人具有同等法律效力；向未中标人发出招标结果通知书，告知未中标人本人的评审总得分与排序。中标通知书发出后，采购人违法改变中标结果，或者中标人放弃中标的，应当依法承担法律责任。第二，从严审核，提高标准，以便适当规避最低价中标风险。实行最低价中标的积极意义在于招标方和投标方都能尽量实现资源的优化，达到投入最少收益最大。最低价中标的弊端在于低价竞标，为此，招标单位应该对招投标资格预审严格和提高标准。明确投标单位的责任，对投标单位的资金、技术、经验、信誉等方面进行严格审查甚至现场勘察，确保投标单位有能力按质履约。另外，可以要求投标单位提交投标保证金或投标保函，以保证招投标工作的顺利开展。

（7）规范政府采购合同控制。规范政府采购合同签订与备案过程，确保采购合同签订合法合规。采购人与中标、成交供应商应当在中标、成交通知书发出之日起 30 日内，按照采购文件确定的事项签订政府采购合同。中标、成交通知书对采购人和中标、成交供应商均具有法律效力。中标、成交通知书发出后，采购人改变中标、成交结果的，或者中标、成交供应商放弃中标、成交项目的，应当依法承担法律责任。政府采购项目的采购合同自签订之日起 7 个工作日内，采购人应当将合同本报同级政府采购监督管理部门和有关部门备案。

加强政府采购合同履行的过程管理，经采购人同意，中标、成交供应商可以依法采取分包方式履行合同。政府采购合同分包履行的，中标、成交供应商就采购项目和分包项目向采购人负责，分包供应商就分包项目承担责任。政府采购合同履行中，采购人需追加与合同标的相同的货物、工程或者服务的，在不改变合同其他条款的前提下，可以与供应商协商签订补充合同，但所有补充合同的采购金额不得超过原合同采购金额的10%。

规范政府采购合同的变更程序。政府采购合同的双方当事人不得擅自变更、中止或者终止合同。政府采购合同继续履行将损害国家利益和社会公共利益的，双方当事人应当变更、中止或者终止合同。有过错的一方应当承担赔偿责任，双方都有过错的，各自承担相应的责任。

出现下列情形之一的，采购人应当依法解除合同，重新组织采购活动，并依法追究供应商的违约责任：①在履行期限届满前，供应商明确表示或者以自己的行为表明不履行合同。②供应商迟延履行合同，经催告后在合理期限内仍未履行。③供应商有其他违约行为致使不能实现合同目的。④供应商将合同转包，或者未经采购人同意采取分包方式履行合同。

（四） 政府采购验收控制

《单位内控规范》第四章第36条规定："单位应当加强对政府采购项目验收的管理。根据规定的验收制度和政府采购文件，由指定部门或专人对所购物品的品种、规格、数量、质量和其他相关内容进行验收，并出具验收证明。"该条款就采购验收的管理作出了原则性规定。

1. 政府采购验收控制内容

（1）政府采购验收控制基本流程。在验收时，采购小组指定验收主要负责人，业务部门派出指定的负责人进行验收。验收小组根据采购合同编制验收实施方案，汇总验收记录形成验收结论，然后出具验收报告并填制政府采购项目验收单。同时供应商根据采购合同，提供相关物品和服务。各部门及供应商收到分发的政府采购项目验收单。供应商根据政府采购项目验收单向采购单位提出付款结算申请。采购小组接收供应商的付款和结算申请，并把结算申请和项目验收材料转交给财务部门审核。财务部门根据单位年度采购计划，对采购小组转交的结算申请等材料进行财务审核，审核后，向财政部门提交预算拨款申请及有关付款文件；根据财政部门的付款凭单，进行相应的会计核算。财政部门审核采购单位财务部门报送的拨款申请书及相关文件，审核后，按照合同约定的金额和政府采购进度，直接付款给供应商。

（2）政府采购验收关键控制环节。

第一，业务部门指派验收主要负责人：业务部门根据采购小组的要求，派出指定的验收主要负责人。

第二，采购小组指定验收主要负责人：采购小组评估本次采购项目的特点和对本单位的了解情况，指定业务部门的验收主要负责人。

第三，验收小组编制验收实施方案并出具验收报告：由采购业务部门人员、采购小组成员和专家组成5人以上人数的验收小组；根据采购合同，编制验收实施方案；验收小组成员召开验收预备会，进行验收职责分工；验收成员实地验收，制作验收记录，汇总验收记录形成验收结论，出具验收报告。

第四，财务部门审核结算申请并提交预算拨款申请书：财务部门根据单位年度采购计划，对采购小组转交的结算申请等材料进行财务审核，审核后，向财政部门提交预算拨款申请及有关付款文件；根据财政部门的付款凭单，进行相应的会计核算。

第五，采购小组接受并转交预算结算申请等：采购小组接收供应商的付款和结算申请，并把结算申请和项目验收材料转交给财务部门审核。

第六，财政部门审核预算结算申请等：政府部门审核采购单位财务部门报送的拨款申请书及相关文件，审核后，按照合同约定的金额和政府采购进度，直接付款给中标的供应商。

2. 政府采购验收控制目标

政府采购验收控制目标包括以下几个方面：

（1）政府采购验收标准明确，采购验收规范，确保采购的物品符合采购需求，政府采购达到预期效用。

（2）严格办理采购验收手续，确保出具的采购验收书真实有效，确保验收书对每一项技术、服务、安全标准的履约情况进行了验证，妥善处理和解决验收中的异常情况，及时解决相关问题，确保政府采购实现预期目标。

（3）加强政府采购货物、工程、服务的财务监督，依据发票原件做好资产登记和会计账务核算，确保国有资产的安全完整，防止资产流失。

（4）资金支付符合相关法律法规的规定，资金支付业务真实、合法；资金支付申请程序合规、附件齐全，并经过适当地审核和授权批准，提高采购业务的真实性、合法性，防止欺诈和舞弊行为。

（5）采购业务会计处理及时，会计信息登记准确完整。

3. 政府采购验收控制风险评估

行政事业单位在开展政府采购验收控制风险评估时，主要从以下几个方面进行：

（1）单位采购活动中，存在较明显的重采购阶段、轻合同履行的情况。采购人验收流于形式，没有按照采购项目验收标准进行验收。

（2）验收手续办理不合规。未及时入库，没有对证明文件进行必要的、专业性的检查，采购验收书内容缺失，未及时备案存档。

（3）采购验收问题处理不当。有的供应商合同履行与投标承诺不一致，采购物资存在以次充好、降低标准等问题，采购人或由于专业能力无法发现或为谋取私利默认了该行为，由此可能导致账实不符、采购物资损失，也影响了政府采购的公开、公正和公平。

（4）对采购验收监管不力。采购单位故意推迟验收时间，和供应商串通谋取不正当利益，如要求供应商提供假发票、减少货物数量或者降低服务标准等。

（5）采购资金支付申请不合规，缺乏必要的审核，存在申请文件不全、发票作假等现象，在不满足支付条件下进行支付，给单位造成资金损失；对于满足支付条件的，资金支付不及时，或者延迟支付，抑或付款方式不恰当，带来资金风险。

4. 政府采购验收控制措施

（1）制定明确的采购验收标准，加大验收力度。采购人或者采购代理机构应当克服"重采购、轻验收"的思想，通过单位培训与宣传认真组织采购验收。单位验收应按照政府采购合同规定的技术、服务安全标准组织对供应商履约情况进行验收。单位应当根据采购项目特性明确具体的验收主体，提出具体的验收内容、验收标准、时限等要求。对于重大采购项目，应当成立验收小组，它可以由行政事业单位代表、政府采购代理机构和相关领域的技术专家组成，直接参与到该项政府采购组织实施活动的工作人员不得作为验收工作的主要负责人。

政府采购的验收主体根据采购执行主体的不同有所区别：对于单位委托采购代理机构进行的采购项目，由单位或者委托的采购代理机构按照政府采购合同约定组织验收；对于单位的自行采购项目，单位应按照政府采购合同的约定自行组织验收；验收时涉及技术性强的、大宗的和新特物资，可由质检行业主管部门参与验收，单位物资采购必须邀请资产使用部门等相关人员参与验收。

（2）严格办理采购验收手续，规范出具采购验收书。验收小组按照职责分工对照政府采购合同中验收有关事项和标准、供应商发货单等文件，核对每项验收事项，并按照验收方案对所采购货物、服务或者工程的品种、规格、数量、质量、技术要求及其他内容及时组织验收。对验收合格的货物，应当及时办理入库手续，入库凭单应提交财务部门作为会计处理的依据。验收完成后，验收小组应当出具书面验收书，验收书是申请支付政府采购资金的必要文件，验收书应当包括每一项技术、服务、安全标准的履约情况。参与验收工作的人员应于验收工作完成后在验收书上签署验收意见，验收单位应当加盖公章，以落实验收责任。采购代理机构人员参加验收的，在验收书上签署意见，并加盖采购代理机构公章；其他相关人员参加验收的在验收书上签署意见，并加盖行业主管部门公章。采购单位应在出具验收书后3个工作日内，将验收书副本和相关资料报政府采购监管部门备案。政府向社会公众提供的公共服务项目，验收时应当邀请服务对象参与并出具意见，验收结果应当向社会公告。

（3）妥善处理验收中发现的异常情况，及时解决相关问题。对于验收过程中发现的异常情况，验收机构或人员应当立即向单位有权管理的相关机构报告，相关机构应当查明原因并及时处理：如采购的物资有瑕疵或供货数量不足，验收时应当面提出，要求供应商负责按照合同约定补足、更换或退货，并承担由此发生的一切损失和费用；对于给单位造成损失的，应按合同约定追究违约责任，并上报政府采购监督管理部门处理；如果存在假冒、伪劣、走私产品、商业贿赂等违法情形的，应立即移交工商、质监、公安等行政执法部门依法查处。

（4）加强采购验收的监督力度，确保采购验收规范有序。政府采购监督管理部门应当对政府采购项目的采购活动进行检查，对政府采购项目的履约验收过程进行监管，采购人应当如实反映情况，提供相关材料。监督管理部门不仅对结果进行验收，还需要对验收过程进行共同记录来实施监督，及时发现验收中的问题并要求限期改正。采购单位应当按规定做好采购项目的验收工作，据实做好会计处理，确保国有资产的安全完整，防止流失。对于采购验收中发现的谋取不正当利益的违法违规行为，采购主管部门应当依法追究其相关法律责任。

二、应用范例——某市某局内部控制制度（节选）

（一）某市某局政府采购业务内部控制制度

1. 总则

第一条 进一步加强和规范某市某局（以下简称本单位）采购业务管理，控制采购风险，提高采购资金使用效益，依据《中华人民共和国政府采购法》《中华人民共和国政府采购法实施条例》《行政事业单位内部控制基本规范（试行）》等相关规定，结合本单位实际，制定本制度。

第二条 本制度适用于本单位采购业务管理。

本单位采购业务是指为了满足单位行政、事业活动的正常需要，在财政的监督下，依法使用财政性资金向供应商购买货物、工程、服务的经济行为。

政府采购业务管理主要包括采购预算与计划管理、采购活动管理和采购验收管理三个阶段。

第三条 政府采购业务应当遵循公开透明、公平竞争、客观公正、诚实信用的原则，与预算、资产、合同业务结合管理的原则。

第四条 政府采购业务的控制目标主要有：

（1）建立健全政府采购业务内控制度与流程，确保政府采购业务规范合法，采购资金安全有效使用。

（2）建立政府采购预算与计划管理机制，确保政府采购业务符合预算控制，与单位财力匹配，按计划协调进行。

（3）规范政府采购管理，建立部门（岗位）间协调制约机制，实行分级授权审批控制，依法依规组织采购活动，有效防范采购错弊发生。

（4）加强对政府采购验收和货款支付等重点环节的管理控制，确保采购工作达到预期目标。

第五条　政府采购业务应防范、管控的主要风险是：

（1）政府采购、资产管理和预算部门之间缺乏沟通协调，采购预算和计划编制不合理，导致采购与业务活动相脱节，出现资金浪费、资产闲置或业务活动未能得到必要的物资保障，进而影响正常业务工作的开展。

······

2. 管理岗位和职责

第六条　本单位按照"经济活动的决策、执行和监督应当相互分离"的要求，明确负责政府采购业务的相关部门（岗位）管理职责，确保办理采购业务的不相容岗位能相互分离、制约和监督。

第七条　办理政府采购业务的下列不相容岗位应当相互分离：

（1）采购预算（计划）的编制与审定。

······

第八条　政府采购业务的管理职责。

（1）党委会。审定本单位采购管理制度。

······

3. 采购预算与计划管理规范

第九条　本单位的政府采购业务遵循"先预算，后计划，再采购"的工作程序，依据年度工作计划和相关配置标准编制政府采购预算，按照已批复的预算确定政府采购计划，按确定的计划实施政府采购。

第十条　本单位采购预算与单位支出预算同步编制。

每年8月份，内部需求科室按照实际需要提出本科室的采购项目预算建议，报办公室（财务室）汇总，其中资产采购项目预算建议应同时报办公室资产管理岗。

······

第十一条　本单位收到政府采购预算批复后，由办公室（财务室）提出采购预算的初步分配意见，局长审议批准。内部各需求科室分别根据预算批复及分配结果编制年度采购计划，并由资产归口管理部门（或岗位）统一编制年度资产采购计划。

······

4. 采购活动管理规范

第十五条　采购活动管理主要工作环节为：采购的申请与复核，按照规定选择政府采购方式，按规定确定供应商，签订采购合同。

······

第十八条　本单位涉及的采购方式主要为：公开招标采购、邀请招标采购、竞争性谈判、竞争性磋商、单一来源采购、询价招标采购方式。

第十九条　本单位集中采购目录以内，且单次或批量采购预算在100万元（含）以上的货物和服务，以及100万元（含）以上、500万元以下的维修、改造及装饰工程项目，应当采用公开招标采购方式。

第二十条　政府采购货物、服务、维修改造装饰工程类项目，单次采购预算金额在30万元以上、100万元以下的（不含100万元），应当采取竞争性谈判或竞争性磋商方式采购。

……

第二十三条　中标或成交供应商确定后，单位办公室应予登记。

5. 采购验收管理规范

第二十四条　采购验收阶段的主要工作环节为：组织采购验收，出具验收证明；根据合同约定通知付款。

……

第二十六条　政府采购项目验收结束，应当出具验收证明（报告），列明各项标准的验收情况及项目总体评价，参加验收的全体人员应当在验收证明（报告）上签署意见，并按合同约定或相关规定加盖公章。

无验收证明（报告），不得支付政府采购资金。

验收合格的项目，应当根据采购合同的约定及时间向供应商支付采购资金。（略）

第二十七条　采购人、采购代理机构对采购项目每项采购活动的采购文件应当妥善保存，不得伪造、变造、隐匿或者销毁。采购文件的保存期限为从采购结束之日起至少保存十五年。

6. 采购业务的评价和监督

本单位应当加强对采购业务的监督检查。（略）

第二十八条　监督管理科人员应当结合单位绩效管理的要求，主要从采购成本和业务效率两方面衡量、评价采购业务的绩效。

7. 附则

第二十九条　本制度经单位内控领导小组审议批准后执行。

第三十条　本制度解释权归内部控制领导小组。

（二）某市某局政府采购业务控制流程、指引

1. 政府采购公开招标

（1）流程图（见图8-1）。

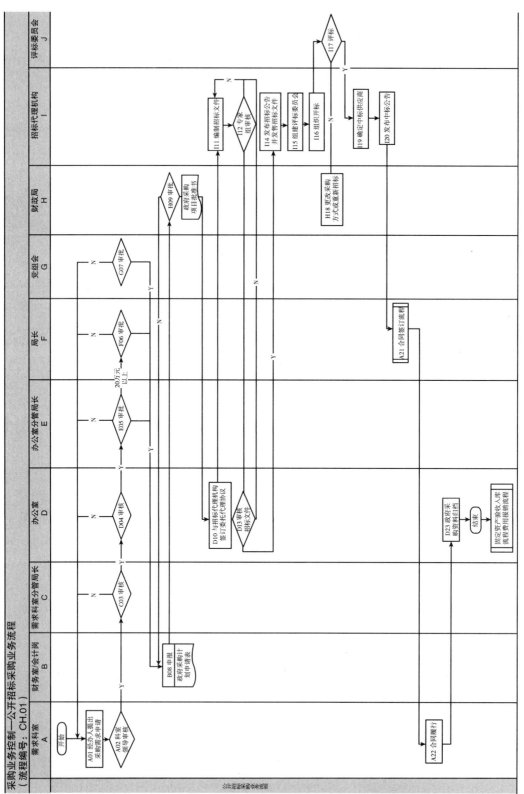

图8-1　政府采购公开招标流程图

（2）管控流程指引（见表8-3）。

管控流程：政府采购公开招标。

业务范围：100万元以上的货物类、服务类和工程类采购项目。

管理目标：规范政府采购公开招标行为，保证公开招标采购业务的合法、合理，保证采购质量。

内控制度：《本单位政府采购内部控制制度》。

表8-3　　　　　　　　　　政府采购公开招标管控流程指引

流程序号	流程环节	机构/岗位	工作职责	主要风险	业务表单
A01	采购申请	相关科室/经办人	根据采购计划确定采购需求，经办人提出采购需求申请，并在申请单上签字	采购需求不完整、不明确、不合规，采购需求与实际需求不符、与年初预算不符；未在权限范围内审批，出现越权审批等，可能导致采购过量或短缺，采购物资质次价高，出现徇私舞弊等违法行为	政府采购计划申报表
A02	审核	相关科室/科室负责人	审核采购需求申请，主要关注申请是否符合采购计划、内容是否真实完整、技术指标（要求）是否准确		
C03	审核	需求科室分管局长	审核采购需求申请，主要关注申请是否符合采购计划、内容是否真实完整、技术指标（要求）是否准确。审核通过后在申请单上签字确认，反之退回经办人修改		
D04	审核	办公室主任	主要对采购安排合规性进行审核，审核通过后在申请单上签字确认，反之退回经办人修改		
E05	审批	办公室分管局长	审核采购申请的合理性和真实性		
F06	审批	局长	一次性支出大于××元时，审核资金申请的合理性和真实性		
G07	审批	党组会	一次性支出大于××万元时，审核资金申请的合理性和真实性		
B08	向财政局递交申请	办公室/会计岗	由办公室编制政府采购计划，向财政局申报；计划申报内容包括：采购名称、数量、单价金额、采购方式、采购类型、资金来源等	计划申报内容不规范、申报信息不准确、申报不及时，可能导致采购延误，影响业务活动正常开展	政府采购计划申请表
H09	审批支付申请	财政局	审批采购项目		政府采购项目批准书
D10	签订委托代理协议	办公室	组织与代理机构签订委托代理协议。若委托财政局认定资格的代理机构办理采购事宜，在采购计划报财政局前签订	未签订委托代理协议或协议条款不明确，存在法律风险，可能形成经济损失	委托代理协议

续表

流程序号	流程环节	机构/岗位	工作职责	主要风险	业务表单
I11	编制招标文件	招标机构	招标代理机构根据委托协议及采购方案制作招标文件	采购文件不准确、未能满足采购需求，采购文件未及时、有效通告，项目变动信息未及时发布，未按要求真实公开招标，出现围标、虚假招标等违规行为，可能造成采购信息传递滞后、失真，公开招标的目标难以实现，采购标的的质量难以保证的风险	招标文件
I12	专家组审核招标文件	招标机构	招标代理机构组织专家组审核招标文件		
D13	招标文件审核	办公室	招标代理机构将招标文件送达采购人审核并签署确认意见		
I14	招标公告	招标机构	招标机构在政府采购网站发布公开招标公告同时发售招标文件		招标公告、招标文件
H15	组建评标委员会	财政局	负责与招标机构按《政府采购法》中的相关规定，组建评标委员会	未按要求从财政采购专家库抽取专家组成评审委员会，未及时公布招标信息，可能存在舞弊，导致招标失败	评委会名单
I16	组织开标	招标机构	招标机构组织开标，采购小组派员参加		
J17	评标	评标委员会	招标机构组织评标，评标委员会评标，编制《评标结果报告》提交采购小组代表		评标结果报告
H18	取消招标	财政局	若投标供应商不足三家，重新组织招标或取消招标选择竞争性谈判、单一来源采购、询价采购等非招标方式。选择非招标方式采购须经财政局批准		
C19	确定中标供应商	办公室	由局领导、纪检、财务及相关业务部门人员组成采购领导小组，根据《评标结果报告》确定中标供应商		评标结果报告
I20	公布中标公告	招标机构	招标机构在政府采购网站中发布中标公告，发出《中标通知书》		中标公告、中标通知书
A21	签订采购合同	需求科室	略		签订政府采购合同办理单、采购合同
A22	合同履行	需求科室	履行合同进行采购		
D23	存档	办公室	将采购相关资料存档		

（3）权限指引表（见表8－4）。

表8－4　　　　　　　　　　　政府采购公开招标权限指引表

流程编号及名称	事项	需求部门	办公室	办公室分管局长	局长	党组会	财政局
政府采购公开招标流程	政府采购	采购申请、审核；采购实施方案谈判；签订采购合同	采购需求申请审核签字；政府采购计划申报；签订委托代理协议；取消招标；确定中标供应商	审批	支出在××万元以上时实施审批	审批	征求意见、审批

2. 邀请招标

（1）流程图。（略）

（2）管控流程指引。（略）

（3）权限指引表。（略）

3. 竞争性谈判

（1）流程图。（略）

（2）管控流程指引。（略）

（3）权限指引表。（略）

4. 竞争性磋商

（1）流程图。（略）

（2）管控流程指引。（略）

（3）权限指引表。（略）

5. 询价

（1）流程图。（略）

（2）管控流程指引。（略）

（3）权限指引表。（略）

6. 单一来源采购

（1）流程图（见图8－2）。

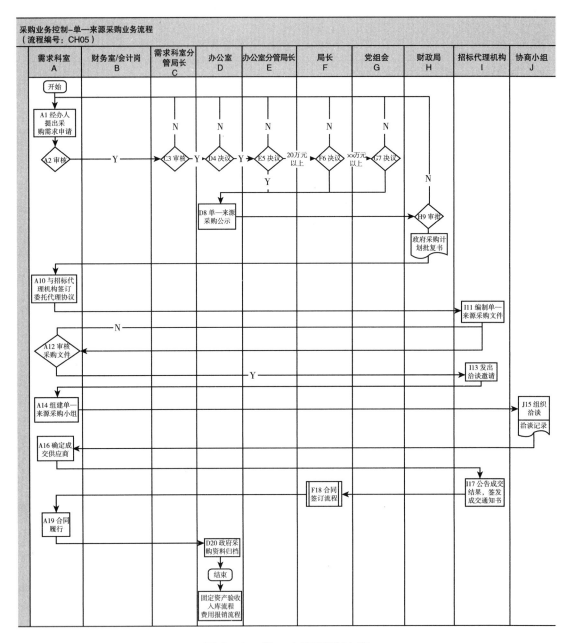

图 8-2　单一来源采购流程

（2）管控流程指引（见表 8-5）。

管控流程：单一来源采购。

业务范围：采购限额标准以上，且未达到公开招标数额标准的货物、服务的采购项目；必须进行招标的工程建设项目以外的政府采购工程。

管理目标：规范政府采购行为，保证单一来源采购业务的合法、合规、合理。

内控制度：《本单位政府采购内部控制制度》。

表 8 – 5 单一来源采购管控流程指引

流程序号	流程环节	机构/岗位	工作职责	主要风险	业务表单
A01	采购申请	相关科室/经办人	根据采购计划确定采购需求，经办人提出采购需求申请，并在申请单上签字	采购需求不完整、不明确、不合规，采购需求与实际需求不符、与年初预算不符；未在权限范围内审批，出现越权审批等，可能导致采购过量或短缺，采购物资质次价高，出现徇私舞弊等违法行为	政府采购计划申报表
A02	审核	需求科室/负责人	审核采购需求申请，主要关注申请是否符合采购计划、内容是否真实完整、技术指标（要求）是否准确		
C03	审核	需求科室分管局长	审核采购需求申请，主要关注申请是否符合采购计划、内容是否真实完整、技术指标（要求）是否准确。审核通过后在申请单上签字确认，反之退回经办人修改		
D04	审核	办公室主任	主要对采购安排合规性进行审核，审核通过后在申请单上签字确认，反之退回经办人修改		
E05	审批	办公室分管局长	审核采购申请的合理性和真实性		
F06	审批	局长	一次性支出大于 20 万元时，审核资金申请的合理性和真实性		
G07	审批	党组会	一次性支出大于××万元时，审核资金申请的合理性和真实性		
B08	向财政局递交申请	办公室/会计岗	由办公室编制政府采购计划，向财政局申报；计划申报内容包括：采购名称、数量、单价金额、采购方式、采购类型、资金来源等	计划申报内容不规范、申报信息不准确、申报不及时，可能导致采购延误，影响业务活动正常开展	政府采购计划申报表
H09	审批支付申请	财政局	审批采购项目		政府采购项目批准书
D10	签订委托代理协议	办公室	组织与代理机构签订委托代理协议。若委托财政局认定资格的代理机构办理采购事宜，在采购计划报财政局前签订	未签订委托代理协议或协议条款不明确，存在法律风险，可能形成经济损失	委托代理协议

流程序号	流程环节	机构/岗位	工作职责	主要风险	业务表单
I11	编制单一来源采购文件	招标机构	招标代理机构根据委托协议及采购方案制作单一来源采购文件	采购文件不准确、未能满足采购需求，采购文件未及时、有效通告，项目变动信息未及时发布，未按要求真实公开招标，出现围标、虚假招标等违规行为，可能造成采购信息传递滞后、失真，公开招标的目标难以实现，采购标的的质量难以保证的风险	单一来源采购文件
D12	招标文件审核	办公室	招标代理机构将招标文件送达采购人审核并签署确认意见		
I13	发出洽谈邀请	招标机构	招标采购单位向洽谈供应商发出洽谈邀请，并提供单一来源采购文件		单一来源采购文件
D14	成立洽谈小组	办公室	由采购人、政府采购评审专家3人以上单数组成，专家人数不得少于总数的2/3	未按要求成立洽谈小组，未按规定程序确定专家，影响洽谈的公正性	洽谈小组名单
J15	组织洽谈	洽谈小组	略	略	
D16	确定成交供应商	办公室	由局领导、办公室、财务及相关业务部门人员召开会议，确定成交供应商	未按规定确定成交供应商，未及时公布成交信息，可能导致竞争性谈判失败等风险	会议纪要
H17	成交公告	招标代理机构	将成交结果在成交供应商确定后的2个工作日内，在"某市政府采购网"上公告，并向成交供应商发布通知书		
A18	签订采购合同	需求科室	政府采购合同由办公室组织签订。采购管理员填制"签订政府采购合同办理单"，根据成交结果、成交供应商的响应文件等，按规定执行合同控制及审批流程，办理与成交供应商签订采购合同事项。签订后办理合同备案手续	未按规定确定成交供应商，未及时公布成交信息，可能导致竞争性谈判失败等风险	签订政府采购合同办理单、采购合同
A19	合同履行	需求科室	履行合同进行采购		
D20	存档	办公室	将采购相关资料存档		

（3）权限指引表（见表8-6）。

表 8 - 6 单一来源采购权限指引

流程编号及名称	事项	需求部门	办公室	办公室分管局长	财政局
单一来源采购	单一来源采购	采购申请、审核	采购需求申请审核签字；政府采购计划申报；签订委托代理协议；审核洽谈文件；发布成交公告；签订采购合同；确定供应商	审批	征求意见、审批

第九章 资产控制建设

【导入案例】

资产内控管理隐患颇多，单位资产损失浪费严重

单位对资产的内控管理，应当按照货币资金、实物资产、无形资产和对外投资等不同类别的资产特点，建立健全相应的内部控制管理制度，并进行相应的岗位设置和职能设定，且能使各项内控制度得以有效执行。对不同的资产或管理环节，制度设计有缺陷或制度执行不到位，都会导致内控失效。下面几个案例将从不同的角度反映出内控无效，造成了单位国有资产的损失浪费。

四川省国土资源所所长挪用公款涉赌。何汀楼，四川省蓬溪县鸣凤镇国土资源所原所长。这位所长嗜赌成性，据调查，在2010年10月至2011年4月期间，何汀楼直接挪用收取的国有土地使用权拍卖押金参与赌博，陆续输掉了66.5万元拍卖押金。2011年4月，县财政局通知何汀楼将所收取的国有土地使用权拍卖押金交到财政专户，眼见东窗事发，何汀楼仍故作镇定，答复道："当天是周末，时间来不及了，下星期一再去办。"当晚，何汀楼携余款18万元潜逃。事发后，群众纷纷到镇政府、县政府讨说法，要求退还他们的押金，蓬溪县检察院迅速立案，将何汀楼列为网上逃犯。两个月后，何汀楼在贵州省都匀市应聘一家保险公司销售人员时被警方抓获。

何汀楼从一名国家干部变成赌徒，从赌徒差点儿变成保险推销员，最后沦为阶下囚，上演了一出"斑斓"的荒唐"喜剧"。因为赌博，他的下半生注定只有灰色。从该案例可以看出，该国土资源所的货币资金支付在支付申请、审批、复核和支付环节存在重要的风险点，缺乏必要的内部控制，致使国有土地使用权拍卖押金被挪用。

北京市行政事业单位固定资产基础信息填报情况不容乐观。由于部分市级行政事业单位资产动态管理系统的基础数据缺乏日常维护管理，北京市财政局难以全面、及时、准确地掌握行政事业单位的资产状况。对此，审计局已向北京市财政局、发展和改革委员会及有关部门提出改进管理建议。55个单位固定资产基础信息填报不全，41个单位实物资产与资产动态管理系统录入的资产无法对应，部分市级行政事业单位资产动态管理系统的基础数据缺乏日常维护管理……这些都说明部分行政事业单位在固定资产验收、日常管理和定期盘点等内部控制制度上存在缺陷。

巴彦淖尔市部分事业单位国有资产损失严重。2011年以来，内蒙古自治区巴彦淖尔市审计局在对部分事业单位进行审计时，重点对涉及用国有资产投资兴办的有限公司等经济实体进

行了延伸审计和审计调查，发现部分国有资产出资所形成的股东权益未予以真实反映，主要表现为：一是自然人虚假出资使得国有资产权益缩水。某事业单位投资成立了一家有限责任公司，注册资本300万元，公司账面反映该事业单位投资200万元、占66.67%，27名自然人出资100万元、占33.33%。经审计核实，该有限责任公司实际上是由该事业单位投资200万元设立的，公司章程中所列27名自然人出资的100万元，来源于27人对该公司的100万元借款，实际上自然人并未出资。二是国有资产出资未明确股东权益。某事业单位与2名自然人共同出资成立了一家有限责任公司，注册资本50万元，公司章程规定"公司由2名自然人股东出资设立"，"公司注册资本50万元人民币，首期出资25万元，其余25万元两年内到位"，"一人出资额12.75万元，占注册资本的51%；另一人出资额12.25万元，占注册资本的49%"。经审计核实，公司实际收到出资额50万元，其中：一名自然人以货币资金出资13万元，占注册资本的26%；另一名自然人以货币资金出资12.25万元，占注册资本的24.5%；该事业单位以车辆评估出资24.75万元，占注册资本的49.5%。显然，公司章程中有关公司股东、出资额、出资比例的规定，与实际出资情况不符。该事业单位车辆评估出资24.75万元，未明确国有资产出资股权，而且在工商局股东登记中也无该事业单位出资记录。巴彦淖尔市审计局建议这两家事业单位建立健全对外投资业务的核算，确保投资业务记录的正确性，保障国有资产的安全、完整。

资料来源：刘永泽，唐大鹏. 行政事业单位内部控制实务操作指南（第三版）[M]. 大连：东北财经大学出版社，2016.

通过上述案例不难看出无论是货币资金、还是实物资产和对外投资，任何一项资产的内控管理无效都会导致单位"确保资产安全和有效使用"的内控目标无法实现。

一、资产控制规范解读

行政事业单位的资产是指行政事业单位过去的经济业务或者事项形成的，由行政事业单位控制的，预期能够产生服务潜力或者带来经济利益流入的经济资源[①]，包括货币资金、存货资产、固定资产和无形资产、对外投资等，是行政事业单位正常履行职能和开展业务活动的物质基础。

行政事业单位的资产管理是单位内部控制的重要组成部分，主要是对行政事业单位的资产配置、资产使用、资产处置、资产评估、产权界定、产权管理、产权登记、资产清查、资产统计报告和监督检查等资产业务所进行的内部控制管理。

根据《单位内控规范》的要求，行政事业单位的资产管理实行分类管理，所以，依据资产性质、特点与管理方式的不同，行政事业单位的资产管理控制内容应当包括货币资金管

---

① 2015年10月23日财政部印发的《政府会计准则——基本准则》。

理、实物资产（存货与固定资产）管理、无形资产管理、对外投资管理等。

（一）资产控制管理制度与岗位设置控制

《单位内控规范》第四章第 40 条规定："单位应当对资产实行分类管理，建立健全资产内部管理制度。单位应当合理设置岗位，明确相关岗位的职责权限，确保资产安全和有效使用。"该项条款主要针对"第二章第 11 条单位进行经济活动业务层面的风险评估时，应当重点关注以下方面：（四）资产管理情况。包括是否实现资产归口管理并明确使用责任；"所指出的风险，就行政事业单位资产管理的制度建设与岗位设置控制作出了原则性规定，即第一，根据相关法律法规，结合本单位的实际情况，建立健全资产内部管理制度，使单位资产管理有章可循、有据可依。第二，合理设置岗位，明确单位资产管理的岗位职责，确保不相容岗位实现相互分离，落实资产管理主体责任，确保单位内部资产管理人员各司其职、各负其责。

1. 资产控制管理制度与岗位设置控制内容

（1）资产控制管理制度控制内容。行政事业单位资产管理控制制度指各单位根据财政部门、主管部门的规定，结合本单位的实际情况，对货币资金、实物资产、无形资产、对外投资等在取得与配置、使用与维护、报废与处置等环节实施的管理控制。因此，从资产管理的内容方面划分，资产管理控制制度包括货币资金管理控制制度、实物资产管理控制制度、无形资产管理控制制度、对外投资管理控制制度；从资产管理的关键控制环节划分，资产管理控制制度包括资产配置管理内部控制制度、资产使用管理内部控制制度、资产处置管理内部控制制度、资产收益管理内部控制制度、资产清查管理内部控制制度、资产绩效管理内部控制制度等。

（2）资产控制岗位设置控制内容。资产管理内部控制的工作岗位设置一般包括：资产配置使用申请办理、资产配置使用审核审批、资产保管、资产会计核算、资产清查盘点、资产处置、资产管理监督等。其中不相容岗位包括资产配置使用申请办理与审核审批，资产保管和资产会计记录、资产保管和盘点清查、资产配置使用办理与会计记录和审计监督、资产处置与资产处置审核审批等。资产管理控制的关键岗位包括资产配置使用岗位、资产管理审核审批岗位、资产处置岗位。

行政事业单位应根据本单位实际，按照内部控制规范的要求，本着"因事设岗、因岗赋权、权责对等"的原则，合理设置本单位资产管理岗位，具体规定各岗位的工作分工与职责权限、相互之间的协调配合与监督制约关系，实行不相容岗位相互分离控制，关键岗位重点控制，确保资金管理目标的实现。

2. 资产控制管理制度与岗位设置控制目标

资产控制管理制度与岗位设置控制的目标主要包括以下几个方面：

（1）根据相关法律法规，结合本单位的实际情况，建立健全资产管理内部制度体系，使单位资产管理有章可循、有据可依。

（2）合理设置岗位，明确单位资产管理的岗位职责与授权审批管理权限，确保不相容岗位相互分离，关键岗位重点管理，按照"谁使用、谁管理、谁负责"的原则，明确资产管理责任主体，建立资产管理责任制。

（3）明确资产管理归口管理部门，建立资产管理相关部门和岗位之间的沟通协调机制，确保资产管理各环节工作有序协调，相互监督制约，共同维护国有资产的安全和有效使用。

3. 资产控制管理制度与岗位设置控制风险评估

行政事业单位在开展资产控制管理制度与岗位设置控制风险评估时，主要从以下几个方面进行：

（1）单位资产控制管理制度是否健全、是否适宜、是否规范，资产管理制度是否得到了有效执行。

（2）资产控制岗位设置是否合理，不相容岗位是否进行了有效分离，关键岗位是否实行了重点管控。

（3）资产控制是否实行了归口管理，资产管理责任主体是否明确，资产管理岗位之间是否建立了相互协调的沟通机制。

（4）资产控制决策机制是否科学，业务流程是否规范有效。

4. 资产控制管理制度与岗位设置控制措施

建立资产控制管理制度主要应按照"谁使用、谁保管、谁负责"的原则，具体规定资产管理责任主体、岗位责任机制、资产配置、使用、处置的标准与业务流程、授权管理机制、具体作业规范等。从资产管理控制的内容方面来看，行政事业单位主要应加强以下资产管理制度的建设：

（1）建立健全资产配置管理制度。资产配置是行政事业单位资产形成的起点，行政事业单位要切实把好资产"入口关"，以科学、合理地支撑行政事业单位履行职能为目标，以国家对于行政事业单位的资产配置政策为依据，建立健全资产配置标准体系，优化新增资产配置管理流程，逐步扩大新增资产配置预算范围。其中，资产配置标准是科学合理编制资产配置预算的重要依据，行政事业单位要根据各级财政部门制定的资产配置标准，按照其规定的各类资产的配置数量、价格上限和最低使用年限等，合理编制资产预算。

一般而言，通用资产配置标准由财政部门组织制定，专用资产配置标准由财政部门会同有关部门制定，对已制定资产配置标准的，应当结合财力情况严格按照标准配置；对没有规定资产配置标准的，应当坚持厉行节约、从严控制的原则，并结合单位履职需要、存量资产状况和财力情况等，在充分论证的基础上，采取调剂、租赁、购置等方式进行配置，配置资产应当以单位履行职能和促进事业发展需要为基础，以资产功能与单位职能相匹配为基本条件，不得配置与单位履行职能无关的资产。随着改革的进一步深化，政府不断规范行政事业单位的资产配置，如财政部于 2016 年 5 月印发了《中央行政单位通用办公设备家具配置标准》（财资〔2016〕27 号），对中央行政单位通用办公设备的资产品目、配置数量上限、价格上限、最低使用年限和性能等都提出了要求，行政事业单位要及时关注政策法规，更新资产配置标准，合理编制资产预算。

（2）建立健全资产使用管理制度。行政事业单位要加强资产使用管理，落实行政事业单位资产管理主体责任制和各项资产使用管理的规章制度，明确资产使用管理的业务流程、岗位职责和内控作业规范，切实提高国有资产使用效率。

具体来说，行政事业单位资产使用应该特别强调：

①对外投资必须严格履行审批程序和科学的分析论证，确保投资决策的正确性和科学性，加强风险管控，以非货币性资产开展对外投资活动时，必须按照规定严格履行资产评估程序。

②严格按照规定程序履行资产出租出借报批手续，强化出租出借国有资产的控制与监管，合理选择招租方式，恰当确定出租价格，确保出租出借过程公开透明，价格公平合理，严防国有资产损失。

③探索建立行政事业单位资产共享共用机制，推进行政事业单位资产整合。建立资产共享共用与资产绩效、资产配置、单位预算挂钩的联动机制，避免资产重复配置、闲置浪费。鼓励开展"公物仓"管理，对闲置资产、临时机构（大型会议）购置资产在其工作任务完成后实行集中管理，调剂利用。

（3）建立健全资产处置管理制度。行政事业单位要秉承公开、公平、公正的原则，严格执行国有资产处置制度，履行审批手续，规范资产处置行为，防控资产处置过程中的营私舞弊和利益输送风险。

①应当按照规定程序进行资产评估，并通过拍卖、招投标等公开进场交易方式处置。资产处置完成后，及时办理产权变动并进行账务处理。在处置过程中杜绝暗箱操作，防止国有资产流失。

②建立资产处置监督决策与管理机制，加大对资产处置的监管力度。主管部门根据财政部门授权审批的资产处置事项，应当及时向财政部门备案；由行政事业单位审批的资产处置事项，应当由主管部门及时汇总并向财政部门备案。由本级人民政府确定的重大资产处置事项，由同级财政部门按照规定程序办理。

③切实做好在分类推进事业单位改革、行业协会商会脱钩、培训疗养机构脱钩等重大专项改革中涉及的单位划转、撤并、改变隶属关系的资产处置工作，确保国有资产安全。

（4）建立健全资产收益管理制度。国有资产收益是政府非税收入的重要组成部分，行政事业单位应该按照相关规定依法上缴该部分收入，确保应缴尽缴和规范使用。

①行政事业单位国有资产处置收入和出租、出借收入，应当在扣除相关税费后及时、足额上缴国库，严禁隐瞒、截留、坐支和挪用。

②中央级事业单位出租、出借收入和对外投资收益，应当纳入单位预算，统一核算、统一管理。地方各级事业单位出租、出借收入和对外投资收益，应当依据国家和本级财政部门的有关规定加强管理。国家设立的研究开发机构、高等院校科技成果的使用、处置和收益管理按照《中华人民共和国促进科技成果转化法》等有关规定执行

（5）建立健全资产清查核实制度。资产清查核实是加强行政事业单位国有资产管理的重

要措施，能够真实反映行政事业单位的资产状况，保障行政事业单位国有资产的安全完整。

财政部 2016 年 1 月印发的《行政事业单位资产清查核实管理办法》（财资〔2016〕1号）指出，各级政府及其财政部门、主管部门和行政事业单位应该根据专项工作要求或者特定经济行为需要，按照规定的政策、工作程序和方法，对行政事业单位进行账务清理、财产清查，依法认定各项资产损溢和资金挂账，对行政事业单位资产清查工作中认定的资产盘盈、资产损失和资金账等进行认定批复，并对资产总额进行确认。

单位的资产清查工作应定期进行，每年至少进行一次，资产清查应在资产使用部门自查的基础上，由资产归口管理部门组织财务部门、内部审计部门等相关部门共同参与、联合进行，资产清查结果应形成书面报告提交单位领导决策参考。资产清查报告应说明清查结果，指出资产管理中的问题，提出发现问题的处理意见或建议，以便改进资产管理。

（6）建立健全国有资产绩效评价和监督管理制度。行政事业单位应建立健全国有资产管理的绩效管理评价制度，科学设立评价指标体系，对管理机构、人员设置、资产管理事项、资产使用效果、信息系统建设和应用等情况进行考核评价，并将考核评价结果作为国有资产配置的重要依据。

单位应根据财政部门和主管部门的监管要求，建立健全本单位的资产管理监督制度，强化内部资产管理监督和约束机制，并在单位内部建立完善国有资产监督管理责任制，将资产监督、管理的责任落实到具体部门和个人。

行政事业单位在进行各项资产管理制度建设过程中，同时应严格按照《单位内控规范》的要求，结合本单位的"三定"方案规定，合理设置资产管理岗位，针对工作岗位所应承担的职能任务，明确工作分工与职权职责，确保不相容岗位实现相互分离。明确资产管理中的关键岗位，依据单位层面内部控制制度的要求，具体落实资产管理关键岗位的专项管理措施，确保关键岗位重点管理，重要风险重点控制。建立资产管理岗位之间的相互协调沟通机制，优化资产管理流程，强化资产管理联动作业、相互制约机制。

行政事业单位在加强单位资产管理制度体系建设的同时，还要通过制度化的安排，明确资产业务的归口管理部门及其部门职能，合理设置每项资产管理业务的工作岗位，明确各岗位的工作分工与岗位职责，授权审批制度，确保不相容岗位相互分离控制、关键岗位重点控制、会计控制等制度有效贯彻执行。

（二）货币资金控制

《单位内控规范》第四章第 41 条规定："单位应当建立健全货币资金管理岗位责任制，合理设置岗位，不得由一人办理货币资金业务的全过程，确保不相容岗位相互分离。（一）出纳不得兼管稽核、会计档案保管和收入、支出、债权、债务账目的登记工作。（二）严禁一人保管收付款项所需的全部印章。财务专用章应当由专人保管，个人名章应当由本人或其授权人员保管。负责保管印章的人员要配置单独的保管设备，并做到人走柜锁。（三）按照规定应当由有关负责人签字或盖章的，应当严格履行签字或盖章手续。"第42条规定："单位应当加强对银行账户的管理，严格按照规定的审批权限和程序开立、变更和撤销银行账户。"第43条规定："单位应当加强货币资金的核查控制。指定不办理货币资金业务的会计人员定期和不定期抽查盘点库存现金，核对银行存款余额，抽查银行对账单、银行日记账及银行存款余额调节表，核对是否账实相符、账账相符。对调节不符、可能存在重大问题的未达账项应当及时查明原因，并按照相关规定处理。"这三项条款就货币资金控制的管理制度、岗位设置、银行账户管理和核查作出了原则性规定。

1. 货币资金控制内容

货币资金是在单位资金周转过程中停留在货币资金形态的那部分资金，行政事业单位的货币资金主要包括现金、银行存款、零余额账户用款额度、其他在途结算资金等，具有支付功能强、流动性大、流失风险高的特点，是资产管理控制的重要内容。

行政事业单位的货币资金管理控制一般包括货币资金的组织控制、流入控制、保管控制、流出控制、印章与票据管理控制、核查监督控制等。

货币资金的组织控制主要是关于货币资金管理的组织体系、岗位设置及其职能配置，岗位责任规范、授权审批控制、不相容岗位分离控制、关键岗位专项管理控制等所作出的制度性管理控制安排。

货币资金流入控制包括资金流入许可取得、标准执行、资金收支分离运行控制等；货币资金流出控制主要包括货币资金支付申请、支付审核、支付审批、支付办理、支付核算、支付监督控制等；货币资金保管控制主要包括库存现金管理控制、银行账户管理控制、在途资金管理控制等；印章与票据管理控制主要包括印章的刻制、保管、使用、作废管理以及票据的印制或购领、保管、使用、作废、存根管理控制等；货币资金核查监督控制主要指货币资金的永续盘存制、定期清查盘点、定期核对等监督控制。

2. 货币资金控制目标

货币资金控制目标包括以下几个方面：

（1）建立健全货币资金内部管理制度，规范货币资金管理行为，堵塞管理漏洞，确保货币资金管理合法合规。

（2）建立健全资金管理组织体系，合理设置货币资金管理岗位，建立货币资金管理岗位责任制，确保不相容岗位有效分离，关键岗位重点管理，确保单位资产的安全和有效使用。

（3）严格执行货币资金管理制度，保证按规定的范围、限额与条件使用和管理现金，按规定程序设置、开立、变更、使用和撤销银行账户，按照许可的方式、条件使用第三方结算方式，严管在途结算资金，严防资金挤占、挪用、资金账外循环等不法行为，保障货币资金安全与完整。

（4）建立健全印章与票据管理制度，保证印章与票据的合法使用。

（5）加强货币资金监督检查管理，定期核查账目、清点现金、核对银行存款与在途资金，确保货币资金的账实相符、账账相符。

3. 货币资金控制风险评估

行政事业单位在开展货币资金控制风险评估时，主要从以下几个方面进行：

（1）货币资金控制制度是否健全，组织体系是否完备，是否存在单位货币资金管理漏洞。

（2）货币资金控制岗位设置是否合理，岗位职责和权限是否明确，不相容岗位是否实现相互分离，货币资金办理、审批、记录等关键岗位是否执行了重点专项管理。

（3）银行账户的设置、开立、变更和撤销，是否经过严格审批，单位是否存在违规账户和"小金库"现象。银行账户使用是否规范，核对是否及时合规。

（4）印章与票据的取得、使用、保管、废弃是否合规有序。

（5）货币资金保管措施是否安全到位，清查盘点的组织与方法是否合规，清查工作是否及时、准确、全面，发现问题是否及时查找处理。

4. 货币资金控制措施

（1）建立健全货币资金内部管理制度体系。货币资金是单位资产的重要组成部分，单位在建立内部控制制度时，一定要按照前述资产管理制度体系建设的要求，建立健全有关货币资金取得、支配、使用、清查、监督等各环节的管理制度与流程，制度中需特别强调以下几点：

第一，建立健全货币资金控制岗位责任制，明确岗位职责和权限。按照不相容岗位分离原则，确保货币资金支付的审批与执行、货币资金保管与会计核算、货币资金保管与盘点清查、货币资金会计记录与审计监督等不相容岗位相互分离、制约和监督。不得由一人办理货币资金业务的全过程，严禁未经授权的部门或人员办理货币资金业务或直接接触货币资金。

第二，加强出纳人员的管理，确保出纳岗位的人员应该具备良好的专业知识和职业道德素养。出纳人员不得兼管稽核、会计档案保管和收入、支出、费用、债权、债务账目的登记工作。出纳岗位不得由临时人员担任。

第三，加强印章管理。印章是明确责任、表明业务执行及完成情况的标记。单位要规范印章刻制程序，严禁私自刻制印章；严格印章使用过程管理，印章启用、封存或者销毁要经过严格审批；印章使用流程规范，不可随便委托他人代取、代用印章；完善印章保管责任机制，单位财务印章须由会计人员专人保管，未经授权的人员一律不得接触、使用印章，出纳不得管理印章，会计人员不得将印章转借他人。印章保管人员应妥善保管印章、规范使用印章。

第四，建立货币资金授权审批机制，明确审核人的审核权限和审批人的审批权限。审核人在授权范围内对货币资金业务进行审核，不得越权审核。重点审核原始单据是否合法、经济业务是否真实、填制是否符合制度规定，经济业务是否在预算范围内等。审批人应在授权范围内对货币资金业务进行审批，不得越权审批，涉及大额资金支付业务应按照规定集体决策审批。会计人员应严格按规定的审核审批流程办事，对越权审批、审核业务应拒绝办理，并向上级主管报告。

（2）建立健全银行账户管理控制机制。

第一，实行严格的账户审批制度。预算单位开立、变更和撤销银行账户的管理权限在财政部门。一般而言，单位财务部门要根据工作需要，提出开立、变更和撤销银行账户的书面申请，并按照国家和地方银行账户管理办法提供相关材料，经上级主管部门审核后，报同级财政主管处（科）室审核，由同级财政国库管理部门统一办理批复手续。开户单位持财政部门批件，按人民银行有关规定到银行办理开立（变更）银行存款账户手续。未经财政部门批准或不符合人民银行有关规定的，商业银行不得为申办"单位"办理开立（变更）账户手续。行政事业单位要严格遵循国家和地方的审批核准程序，未经审批程序开设的银行账户一律视为违规账户。

第二，合理设置银行账户。一般而言，行政事业单位银行账户包括预算单位零余额账户，基本存款账户，基本建设和其他专用存款账户，应缴财政收入汇缴专用存款账户，住房制度改革存款账户，党费、工会经费和其他专用存款账户，学会、协会账户等。各个账户设置要求如表 9 – 1 所示。

表 9 – 1 账户类型及其设置要求

账户类型	账户设置要求
预算单位零余额账户	实行财政国库集中支付改革的预算单位只能在国库集中支付代理银行开设一个预算单位零余额账户，确因特殊管理需要（如存在异址办公并独立核算的非法人机构等），经同级财政部门批准可开立一个以上账户。该账户用于办理本单位转账、汇兑、委托收款和提取现金等收费业务
基本存款账户	实行财政国库集中支付改革的预算单位，要按照国库单一账户体系的管理要求，将所有财政性资金全部纳入单位零余额账户核算和管理，逐步取消基本存款账户。对于有结余资金和自有资金及往来业务的预算单位，可开设一个基本存款账户，该账户用于办理本单位自筹以及往来资金的日常转账结算和现金收付等，待原结余资金和往来业务结算完毕后即取消。没有实行国库集中支付改革的预算单位，只能开设一个基本存款账户
基本建设和其他专用存款账户	预算单位有基建项目的，只能开设一个基本建设专用存款账户，用于分账核算本单位的所有基本建设资金。基本建设项目完成后即取消该账户。对因业务需要开设贷款转账、保证金专用存款账户的，要向财政部门提供相关证明材料，经财政部门批准后方可开设。对国务院、财政部或省人民政府、省财政厅文件明确规定要求进行单设专户核算的专项资金，可开设专项资金专户。没有规定的其他专项资金，一律不得开设专户，由单位在有关账户中进行分账核算
应缴财政收入汇缴专用存款账户	预算单位按有关规定收取的非税收入原则上全部实行委托银行代收。如政策规定允许并经财政部门核准确需由单位自行收取的，单位可开设一个应缴财政收入汇缴专用存款账户。该账户用于非税收入的汇缴，账户资金只能按规定及时上缴财政国库或财政专户，实行定期零余额管理，不得用于本单位的收支
住房制度改革存款账户	预算单位根据住房制度改革的有关规定，可分别开设一个住房维修基金、个人公积金存款账户，用于核算本单位职工按住房制度改革政策规定核算的资金
党费、工会经费和其他专用存款账户	预算单位根据相关规定可开设党费、工会经费专用存款户，用于核算本单位的党费和工会经费。对开办职工食堂、医务室的，可分别开设一个专用存款账户专门核算职工伙食费和医疗费
学会、协会账户	经省民间组织管理部门批准成立的各类学会、协会可开设专用存款账户，专门核算学会、协会会费资金

作为经机构编制部门批准、具有法人资格的独立核算机构，预算单位所需要开设的所有银行账户都应该由本单位财务机构进行管理，并由其负责办理银行账户的开立、撤销和变更手续。预算单位负责管理银行账户的人员应遵守会计法律法规，认真履行工作职责，按照预算单位银行账户的设置原则设置和使用账户。

第三，加强银行账户的管理监督。单位领导、内部审计监督部门应认真履行职责，加强对本单位银行账户管理的监督检查，重点加强以下几方面的监督：一是单位财务部门是否履行了银行账户管理的职责，是否按照银行账户设置原则设置账户；是否能够自觉接受监督检查部门的检查；银行账户的开设、变更、撤销是否切实按规定的程序办理，有无擅自开设、变更、撤销银行账户现象，有无将财政性资金转为定期存款，或者以个人名义存放单位资金、出租、出借、转让银行账户、为个人或其他单位提供信用担保等违规现象。

同时，单位还应自觉接受财政、监察、审计等部门和人民银行等相关单位的监督检查和改进意见，以保证单位货币资金管理的合法合规，防止违法违规风险。

（3）加强货币资金收支业务的流程控制。货币资金收支是单位财务工作中最为频繁的日常工作，也是内部控制的重点业务，单位必须不断优化收支业务流程，严格以流程控制货币资金收支，有效防控货币资金的流失。行政事业单位的货币资金收入流程一般包括收入计划—收入执行—收入监督等环节，货币资金支出流程一般包括：支付申请—支付审核—支付审批—支付办理—支付记录—支付监督等环节。

在收入流程控制中，一要单位财务部门根据批准的预算编制收入计划，具体明确收入的项目内容、收入金额、收入时间、收入承办部门，以明确责任，保证单位的各项收入及时足额取得，保障单位经济活动的顺利进行；二要严格执行收入管理制度，保证收支业务两条线运行，不得挤占、挪用、坐支收入，不得私设"小金库"，以保证国家资金的安全和有效使用；三要加强收款票据的管理与核查，按照以票管收的原则，加强票据管控，票款一致，应收尽收；四要加强收入的会计核算监督、进度检查监督和绩效评价监督，确保收入的合法有效。

在支出流程控制中，要求经办货币资金支出的各岗位，包括货币资金支付申请岗位、审核岗位、审批岗位、执行岗位、会计记账岗位、审计监督岗位等都要各司其职、各负其责，严格按流程与制度要求办事。具体作业流程及要求是：①经办人提出申请：业务部门经办人员填写《支出审批单》，并提交本部门负责人审核。资金支付申请应当注明款项的用途、金额、预算、限额、支付方式等内容，并附有效合同或相关证明。②经办人部门负责人审核：部门负责人应当根据货币资金授权审批规定的程序与权限进行审核审批，审核重点是经济业务发生的真实性、必要性、合理性。③财务部门审核岗审核：对资金支付申请应当实行分级授权审核审批制度。财务部门审核岗应当根据货币资金授权审批权限的规定，对业务部门提交的资金支付申请进行审核。审核内容包括货币资金支付申请的批准程序是否正确、手续及相关单证是否齐备、金额计算是否准确、支付方式是否妥当等。④财务部门负责人审批：财务负责人对审核岗转来的《支出审批单》进行审批，审批内容包括货币资金支付申请的批准程序是否正确、经济业务事项是否符合预算控制要求及其他相关财务制度规定、金额计算是否准确、支付方式是否妥当等。⑤单位分管财务领导审批：单位分管财务领导对管理权限范围内的资金支付申请进行综合审核审批。⑥出纳付款：出纳岗根据已履行各项审批手续的资金支付申请，按规定方式支付资金，同时登记现金或银行存款日记账。⑦会计记账：会计岗根据出纳转来的资金支付申请相关凭证、收据和银行回单登记账务。⑧财务部门审核岗编制银行存款余额调节表：审核岗领取"银行对账单"，核对银行存款账面余额和银行对账单余额的差异编制"银行存款余额调节表"，督促会计岗与出纳岗定期对账，必要时对出纳经管的现金进行抽查或者盘点。

（4）加强货币资金的核查控制。

第一，加强库存现金会计记录与清查盘点。出纳人员应按日登记现金日记账，按日清点库存现金，做到日结日清，确保现金账面余额与库存相符。月份终了必须进行账目核对，确保"现金日记账"的余额应与"现金"总账的余额核对相符。单位应建立现金盘点清查制度，定期或不定期对库存现金进行清查盘点，重点关注：账款是否相符、有无白条抵库、有无私借挪用公款、有无账外资金等。若发现账款不符，应及时查明原因，并做相应处理。若是由一般工作失误造成的，可由单位相关负责人按照规定做出处理，若属于违法行为，应依法移交司法部门处理。

第二，加强与银行的对账工作。单位应按开户银行和其他金融机构名称和存款种类，分别设置银行存款日记账，由出纳人员根据收付款凭证逐笔序时登记，每日终了结出金额。银行存款日记账和银行账户至少每月核对一次，并编制银行存款余额调节表。单位不经办货币资金支付业务的会计人员对银行存款余额调节表和账单进行核对，确保银行存款账面金额和银行对账单余额调节相符。需要强调的是，单位出纳人员不得从事银行对账单获取、银行存款余额调节表的编制等工作，如确需出纳人员办理上述工作的，可指定其他人员进行复核和监督。若银行存款账面余额和银行对账单余额调节不符，按以下办法处理：发生记账错误的，应上报财务部门负责人，查明原因后进行处理、改正；因收款结算凭证在单位和银行之间传递时间差异造成的记账时间不同，可通过银行存款余额调节表调节相符。

（5）规范印章与票据管理流程，加强印章与票据管控。单位应建立健全印章与票据业务流程与管控制度，明确印章与票据的取得、使用、保管、作废等各环节的控制，其中印章与票据的使用是最为关键的控制环节。

印章使用是印章管理的关键环节，其主要控制流程与要求是：①用印人申请环节：用印个人填写印章使用申请，详细说明使用印章的用途、理由、起止时间、申请人等相关信息。②相关负责人审核审批环节：印章使用申请单应该由用印单位负责人负责真实性、必要性审核，然后再由印章主管部门负责人进行综合审批。③印章保管人用印环节：印章保管人复核确认用印审批手续齐全的情况下，予以登记并盖章。如确因特殊原因须由其他工作人员代为用章，必须有单位指定人员在场监督。单位财务方面的印章原则上不允许带出，确需带出单位使用，必须填写印章使用申请单说明事由，经单位领导批准后方可带出，由两人共同使用。

票据管理环节的控制流程与要求是：①票据申（购）领环节：票据管理员应根据实际需要分别向财政部门和税务部门办理《财政票据领购证》和《发票购领簿》，凭此向财政部门或税务部门按规定程序，本着核旧领新的原则申（购）领相应的票据。②票据领用环节：票据使用部门填写票据领用申请单，经财务部门负责人审批，按照核旧领新的原则领用新的票据，票据管理员应登记新领票据，核对核销已用票据。③票据使用环节：票据使用人应按照规定的使用范围、要求、开具对象，填制和使用票据，不得转让、出借、代开、买卖、擅自销毁、涂改票据；不得串用票据，不得用其他票据替代按规定使用的专用票据。票据应按编号顺序开票使用，不得跳号隔号使用，因填写错误等原因而作废的票据，应当加盖作废戳记或者注明"作废"字样，并完整保存各联次，不得擅自销毁。单位开具的票据必须加盖票据专用章后方为有效。④票据保管环节：票据应由专人专柜保管，做到人走柜锁；票据和印章不得由一人兼管。⑤票据核销环节：票据使用完毕，应当按照要求填写相关资料，按顺序清理票据存根、装订成册、妥善保管。票据存根保存期满需要销毁的，报经原核发票据的部门查验后销毁。尚未使用但应予作废销毁的票据，应当登记造册，报原核发票据的部门核准、销毁。⑥票据监督管理环节：单位应建立健全票据监督检查制度，财务部门应设立专门岗位或指定专门人员负责对票据的监督管理，定期不定期地对票据的申（购）领、使用、管理等情况进行检查和清点核对，并经常核对票据实存与账存、票据收入与实际收入的一致性，以防票据与收入的差错和舞弊发生。

（三）实物资产和无形资产控制

《单位内控规范》第四章第44条规定："单位应当加强对实物资产和无形资产的管理，明确相关部门和岗位的职责权限，强化对资产配置、使用和处置等关键环节的管控。（一）对资产实施归口管理。明确资产使用和保管责任人，落实资产使用人在资产管理中的责任。贵重资产、危险资产、有保密等特殊要求的资产，应当指定专人保管、专人使用，并规定严格的接触限制条件和审批程序。（二）按照国有资产管理相关规定，明确资产的调剂、租借、对外投资、处置的程序、审批权限和责任。（三）建立资产台账，加强资产的实物管理。单位应当定期清查盘点资产，确保账实相符。财会、资产管理、资产使用等部门或岗位应当定期对账，发现不符的，应当及时查明原因，并按照相关规定处理。（四）建立资产信息管理系统，做好资产的统计、报告、分析工作，实现对资产的动态管理。"该条款就实物资产和无形资产控制的归口管理、实物管理、动态管理等方面作出了原则性规定。

1. 实物资产和无形资产控制内容

（1）实物资产控制内容。行政事业单位的实物资产包括固定资产、低值易耗品、物料用品等有形资产，是行政事业单位正常运行的保障性物力资源，实物资产数量是否充足、结构是否优良、性能是否良好，直接关系到单位职能任务的实现程度。强化实物资产的管控，不仅关系到行政事业单位资产的安全和有效使用，更关系到单位提供公共服务产品的效率与效果。

实物资产的管控一般包括资产配置、资产使用、资产处置、资产评估、产权管理、实物盘点、资产报告、监督检查等，主要工作流程是：①实物资产预算及请购：由资产使用部门提出采购计划，报资产管理部门根据资产配置标准审核列入采购预算，采购预算经逐级审核批准后，由资产使用部门向资产采购部门提出采购申请。②实物资产采购及验收：资产采购部门根据批准的采购预算和采购申请，按照政府采购的流程履行采购手续，办理资产采购业务，采购完成后，由实物资产使用部门和采购部门、资产管理部门等部门共同参与验收实物资产的验收，验收合格的实物资产直接由资产使用部门接收使用。③实物资产内部领用及记录：在实物资产内部领用时，资产使用部门应填制实物资产领用单，经本部门负责人和资产管理部门审核后，办理资产领用手续，交付实物资产，资产管理部门和财务部门根据领用单登记资产账、卡、表，详细记录资产领用和使用信息。④固定资产维修保养：资产使用部门对于需要维修的资产填写维修保养申请，由资产管理部门审批后安排实物资产维修维护。⑤实物资产处置：资产管理部门对于本单位多余、闲置、不适用的资产拟定处置方案，提交单位领导或领导班子集体审议决策，批准后按照规定的程序与方式进行公开处置。⑥实物资产报废：资产管理部门对于因自然使用寿命期满、技术更新落后淘汰、实物资产本身性能缺陷、事故原因导致的无使用价值的实物资产，应填写资产报废申请，按程序报经有关部门批准后，进行资产报废处理，核销实物资产账务。

（2）无形资产控制内容。行政事业单位的无形资产是指不具有实物形态而能为使用者提供某种权利的资产，包括专利权、商标权、著作权、土地使用权、非专利技术、商誉以及其他财产权利。

无形资产的业务一般包括无形资产的取得、使用和处置三个阶段。无形资产业务的控制流程主要是：①无形资产的取得：单位无形资产管理部门根据批准的预算，安排无形资产取得计划，按照批准的方式（外购、调配、自行开发、合作开发等）取得无形资产，无形资产取得后应组织相关专家组成验收组进行论证、测试、评审验收，再经单位内部履行审核审批手续后，进行无形资产确认和入账登记。②无形资产使用：无形资产验收合格并经单位领导批准确认后，由无形资产使用部门办理资产领用手续并负责无形资产的日常维护管理，资产管理部门和财务部门办理无形资产账、卡登记与会计核算，并定期组织开展无形资产的清查与性能评估，以确保资产价值的真实性。③无形资产的处置：单位资产管理部门应定期评估无形资产的先进性和有效性，对无形资产及时进行升级更新。对于使用寿命期满、技术落后淘汰等原因导致的确无使用价值的无形资产，资产管理部门应填写无形资产报废申请，并组织相关专家进行评估鉴定，按程序报经有权审批者审核批准后，进行报废处理，同时作无形资产注销、核销处理。

2. 实物资产和无形资产控制目标

（1）实物资产控制目标。实物资产控制目标包括以下几个方面：

保证单位按程序取得、按标准配置实物资产，进而保证实物资产取得与配置的合规性和科学性。

①健全实物资产管理组织体系，保证归口管理部门和资产管理岗位设置合理，岗位职责明确，不相容岗位相互分离，授权审批制度明晰。②明确实物资产管理责任主体，规范作业流程，强化实物资产取得与验收、使用与维护、保管与处置等关键环节的管控措施，确保实物资产的安全与完整。③加强实物资产的日常监管和效能评估，建立闲置、低效资产的优化利用机制，改善资产的利用效果与效率。④强化实物资产处置管控，保证实物资产处置程序合法、方式合理、过程公开、价格公平，防止国有资产流失风险。

（2）无形资产控制目标。无形资产控制目标包括以下几个方面：①无形资产的投资与处置经过科学论证、程序化审核、集体研究，确保投资决策的科学性与准确性，防止投资决策失误造成的损失风险。②合理设置无形资产管理部门与岗位，明确岗位职责，坚持不相容岗位相互分离，关键岗位重点管理原则，规范无形资产管理行为，确保无形资产安全完整。③加强无形资产权益保护，规范无形资产日常保全管理，妥善保管无形资产档案，做好保密管理工作，定期进行无形资产评估和更新优化，努力保持无形资产的性能和价值，提高无形资产利用效能。④规范无形资产处置行为，确保无形资产处置必要合理、处置方式合规得当，处置过程公开透明、处置价格公平合理。⑤加强无形资产的会计核算。根据无形资产的特性，按照国家相关规定，做好无形资产会计核算工作，正确计算无形资产的成本，合理摊销，保证无形资产账目真实、准确和完整。

3. 实物资产和无形资产控制风险评估

（1）实物资产控制风险评估。行政事业单位在开展实物资产管理控制风险评估时，主要从以下几个方面进行：

①实物资产组织管理体系方面的风险，一是单位实物资产管理岗位设置不合理，职责权限不明确，未实现不相容岗位和职务相互分离，容易导致舞弊和贪污腐败风险；二是未实现资产归口管理，资产管理部门职责不清，责任不明，容易导致资产管理缺失风险；三是资产管理授权审批机制不完善，容易导致审批秩序混乱，滋生舞弊与腐败风险。

②实物资产取得与验收方面的风险，一是资产配置不规范。缺乏全面调查研究，资产配置与单位实际需求不对应，与国家资产配置标准不符合，容易导致资产配置的违规或造成资产的损失浪费；二是实物资产采购没有履行应有的请购手续，未经恰当审批，采购方式方法不符合国家有关规定，容易导致采购违规或采购损失风险；三是实物资产取得验收程序不规范，验收组织与人员力量不足，把关不严，可能导致资产质量不合格，影响资产使用效果；四是验收后资产记录不及时、不准确，缺乏对资产效能跟踪检查评估，低效、闲置资产调剂、处置不及时，容易导致资产长期闲置浪费。

③实物资产日常管理方面的风险，一是实物资产内部领用不规范，未经审核即领用，领用理由不充分，用途不清，导致单位资源使用浪费；二是实物资产保管措施不力、操作不当容易导致的资产被盗、毁损、事故等，形成资产损失；三是对资产使用者管理责任的监督管

理不严，致使使用者重使用、轻维护、怠于管理，容易导致公器私用、资产事故频发，资产性能下降，资产的使用寿命缩短，从而影响了资产使用效率；四是单位未经恰当审批，擅自出租出借资产，或者在进行处置资产出借和担保时未经过可行性论证，容易导致资产管理中的舞弊和腐败行为；五是资产管理信息系统不健全，系统之间缺乏有效衔接，相关作业人员技能水平低，容易导致资产信息系统信息质量和效率低下，影响资产管理系统的作用发挥，达不到预期效果；六是对单位实物资产的清查核实工作重视不够，没有定期开展全面的实物资产清查盘点工作，容易隐蔽资产短缺损失风险。

④实物资产收益管理方面的风险。单位资产收益未按照相关规定进行管理，未能及时上缴，存在隐瞒、截留、坐支和挪用的风险。

⑤实物资产处置管理方面的风险。表现为资产处置的对象确定不当，把不该处置的资产列入处置范围进行处置；方式选择不当，资产处置不公开透明，存在暗箱操作；程序执行不当，未按规定程序履行审核审批手续，或者规避审核审批，擅自处置资产；处置方法不当，未经进行资产评估擅自定价处置，未进行公开竞争处置，低估贱卖，可能导致资产处置存在营私舞弊的风险，进而造成国有资产的流失。

⑥实物资产绩效评价方面的风险：对国有资产管理缺乏绩效评价，或者评价指标体系不科学，评价结果不全面、不公正、不准确，无法为改进资产管理提供有效参考。

（2）无形资产控制风险评估。行政事业单位在开展无形资产管理控制风险评估时，主要从以下几个方面进行：

①无形资产管理体系方面的风险，一是无形资产管理岗位设置不合理，职责权限不明确，未实现不相容岗位相互分离，出现同一个人办理无形资产业务全过程，可能导致舞弊和贪污腐败风险；二是无形资产管理的授权审批机制不完善，无形资产开发、购买未经授权或越权审批，容易导致管控漏洞与营私舞弊风险；三是无形资产保密管理制度不健全，工作不到位，可能导致无形资产贬值或增加单位泄密风险。

②无形资产取得方面的风险，一是无形资产投资立项未进行周密系统的分析和研究，未按规定程序进行决策和审批，或者变相规避审批，预算编制不合理，盲目上马，容易导致决策失误；二是无形资产外购未严格执行政府采购流程，故意规避公开招标，存在"暗箱操作"，导致贪污舞弊发生；三是无形资产验收不严格，不符合使用要求，未取得相关权利的有效证明文件，导致单位权益受损。

③无形资产使用保全方面的风险，一是缺乏严格的保密制度和安全使用管理措施，可能造成单位无形资产被盗用、被复制、被篡改，容易导致业务处理的舞弊和机密信息的泄露；二是未及时对无形资产的使用情况进行跟踪检查、效能评估，未跟随技术进步和环境的改变，及时更新和优化无形资产的内涵技术，可能会导致技术进步带来的无形资产淘汰或贬值风险。

④无形资产处置方面的风险，一是未能及时清查发现并处置本单位不需要但仍有价值的无形资产，导致单位无形资产的自然损失；二是未能按照规定程序和方式处置无形资产，容

易导致无形资产处置的违规操作和经济损失。

⑤无形资产会计核算方面的风险，主要是未严格按照国家现行的法律法规和财务制度进行无形资产的会计核算，无形资产初始成本确认不规范、不准确，摊销期限不合规，导致单位会计信息不真实准确，不能如实反映单位资产状况，影响单位的正确经济决策。

4．实物资产和无形资产控制措施

（1）实物资产控制措施。

①建立健全实物资产管理的制度体系和组织体系。

第一，按照前已述及的建立健全单位资产管理控制制度的措施与要求，建立健全实物资产的配置管理、使用管理、维护管理、处置管理、收益管理、绩效与监督管理等方面的规章制度与业务流程，规范实物资产管控行为，确保实物资产管理组织体系完备，作业程序规范，控制措施具体。

第二，合理设置实物资产管理岗位，明确岗位职责权限。单位应合理设置实物资产管理岗位，明确相关部门和岗位的职责权限，确保实物资产业务的不相容岗位和职务相互分离、相互监督、相互制约。一般而言，单位实物资产管理内部控制的不相容岗位主要包括：实物资产预算编制与审批，实物资产请购与审批，实物资产采购、验收与款项支付，实物资产投保申请与审批，实物资产处置申请与审批，实物资产取得、保管与处置业务执行等。单位不得由同一部门或个人办理实物资产的全过程业务。

第三，对实物资产实施归口管理。行政事业单位应当根据本单位的"三定"方案和单位的实际情况，设置资产管理部门，对实物资产实施归口管理。资产归口管理部门的主要职能包括：制定本单位的资产内部管理制度，制定本单位的内部资产配置标准，负责单位资产的产权登记、资产记录、日常保管、清查盘点、统计分析等，协调处理资产权属纠纷，配合财会部门和采购部门开展政府采购预算和计划的编制及审核工作，定期检查资产使用情况，办理资产处置工作，定期与财会部门等相关部门核对资产信息，确保资产安全完整。

第四，建立健全实物资产管理授权审批制度。单位应制定严格的实物资产授权批准制度，明确实物资产管理中的授权批准的方式、权限、程序、责任和相关控制措施，规定经办人员的职责范围和工作要求。未经授权任何人不得接触、使用和处置单位的实物资产，单位实物资产的任何变动都需按照规定程序和授权审批权限，严格履行审核审批手续，确保实物资产管理合法合规。

②加强实物资产的取得控制。

第一，加强对实物资产配置的控制，做到实物资产配置符合标准，切合实际。根据《行政单位国有资产管理暂行办法》和《事业单位国有资产管理暂行办法》的相关规定，行政事业单位要依据法律法规，按照国有资产配置的原则和条件，履行相应的审核审批程序，进行实物资产的配置。行政事业单位国有资产配置的原则是：严格执行法律、法规和有关规章制度；与行政单位履行职能需要相适应；科学合理，优化资产结构；勤俭节约，从严控制。行政事业单位资产配置需要符合的条件包括：现有资产无法满足行政事业单位履行职能

的需要；难以与其他单位共享、共用相关资产；难以通过市场购买产品或者服务的方式代替资产配置，或者采取市场购买方式的成本过高。对有规定配备标准的资产，应当按照标准进行配备；对没有规定配备标准的资产，应当从实际需要出发，从严控制，合理配备。财政部门对要求配置的资产，能通过调剂解决的，原则上不重新购置。

第二，加强对实物资产购置的控制，做到资产购置程序规范，经济适用。行政事业单位的实物资产购置申请应按照批准的采购预算和采购部门制定的采购计划执行，执行前应该先由实物资产需求部门提出申请，报经资产归口管理部门审核，由采购部门按照政府采购的相关程序与规定具体执行采购。资产管理部门在对需求部门提出的购置申请进行审核时，应重点审核资产购置是否列入已批准的采购预算，拟购置的实物资产是否可以从现有库存中解决，或者可以通过调剂使用或其他替代方式解决，能够不重新购置的实物资产原则上不再重新购置，以节约国家资金。资产采购部门在办理实物资产采购时一定要严格遵循政府采购的政策与程序，确保通过合法规范、公开透明的采购形式购买到经济适用、满足需求的实物资产。

第三，规范实物资产内部调剂控制，做到存量资产优化利用，资产效能充分发挥。根据《行政单位国有资产管理暂行办法》和《事业单位国有资产管理暂行办法》的相关规定，财政部门对要求配置的资产，能通过调剂解决的，原则上不重新购置。对单位中超标配置、低效运转或者长期闲置的国有资产，同级财政部门有权调剂使用或者处置，原则上应由主管部门进行调剂，并报同级财政部门备案，跨部门、跨地区的资产调剂应当报同级或者共同上级的财政部门批准。有条件的地区应建立行政事业单位资产共享共用机制，以提高国有资产的利用率，充分发挥存量资产的效能。

③加强实物资产的验收控制。行政事业单位要按照《中华人民共和国政府采购法》《中华人民共和国采购法实施条例》等相关法律法规和采购合同组织对实物资产的验收工作，确保实物资产的数量、质量等符合使用要求。单位委托采购代理机构进行的采购项目，由单位或者委托的采购代理机构按照政府采购合同约定组织验收；对于单位的自行采购项目，单位应按照政府采购合同的约定自行组织验收；验收时涉及技术性强的、大宗的和新特物资，可由质检或者行业主管部门参与验收，或者聘请专家参与验收。

第一，加强固定资产的验收控制。对于单位外购的固定资产，单位应该根据合同协议、供应商发货单等所标明的固定资产品种、规格、数量、质量、技术要求及其他内容进行验收，出具验收单或验收报告。验收工作的重点包括固定资产的品种、规格、型号、数量与请购单是否相符，运转是否正常，使用状况是否良好，有关技术指标是否达到合同规定的要求等，验收合格后方可投入使用。外购固定资产验收不合格，使用部门应协同资产采购部门按合同规定条款及时向供应商退货或索赔。对于委托建造的固定资产（主要是建设项目），单位建设项目归口管理部门在收到竣工验收申请后，可以会同施工、监理单位的相关专业人员根据该工程的实际功能分别组成几个专业小组对工程进行全面、细致的竣工预验（内部初验），确认工程具备验收条件后，建设项目归口管理部门负责通知勘察、设计、施工图审查机构、规划、公安消防等部门，对竣工项目进行专业检查验收，工程竣工验收合格后，单位要及时编制财产清单，办理资产移交手续，并加强对移交资产的管理。对国家投入、接受捐助、单位合并、非货币资产交换、其他行政事业单位无偿划拨转入以及其他方式取得的固定资产均应办理相应的验收手续。对经营租入、借入、代管的固定资产应设立登记簿记录备查，避免与本单位其他资产混淆，并在使用结束后及时归还。

第二，加强存货的验收控制。存货在交付使用前必须先组织进行实物验收，对贵重、稀缺和技术性较强的专业物品，需请专业人士参与协同验收。验收时既要进行实物数量的清点验收，又要对物品质量进行检查验收，必要时应进行技术测试检验，发现问题，应立即向供货单位反馈，并要求及时办理退、补、赔手续，不得马虎验收，疏于质量把控，带来资产损失隐患。只有验收合格的物品，方可按规定履行资产领用审批手续，发放使用，并进行实物资产的验收入库和发放领用登记。

④加强实物资产的日常管理控制。实物资产取得和验收后，单位应加强实物资产的日常管理控制，按照"谁使用、谁保管、谁负责"的原则，采取多种措施加强实物资产内部领用、保管、维修、出租出借、清查盘点的管控。

第一，实物资产内部领用控制。实物资产领用时，领用部门应填写实物资产领用申请单，注明领用资产名称、数量、理由、用途等内容，经资产使用部门负责人审核，资产管理部门批准后，办理实物资产领用。资产管理部门根据批准的资产领用申请单，交付实物资产，并传递资产领用手续通知财务部门一同登记实物资产的领用，财务部门根据资产管理部门传递的实物资产领用凭据进行资产领用会计处理。资产使用部门在领用资产后，要及时登记在用实物资产，并负责实物资产的日常使用和维修保养。

第二，实物资产保管控制。实物资产的保管要遵循"谁使用、谁保管"的原则进行管理，资产使用部门或使用人员是该实物资产的第一保管人和日常保养人。在资产使用部门或使用人员发生更替时，应及时办理实物资产移交手续。同时，单位资产管理部门也应建立实物资产卡片和台账，财务部门应负责登记实物资产账，并监督资产管理部门进行实物资产清查。

实物资产的日常保管，一要按照每项资产进行统一编号，编制实物资产目录；二要建立实物资产台账和实物资产卡片，对每项实物资产的取得、增减变动、维修保养、结余结存等进行序时登记，详细记录实物资产的日常运行、维护和变动情况；三要定期维护保养、定期检查分析实物资产的运行情况，发现问题或隐患，应及时采取措施予以消除解决，或向单位领导报告；四要采取切实有效的措施加强实物资产的防火、防盗、防灾等安全管理，确保国有资产的安全与完整；五要积极购买实物资产保险，有效降低意外事故的经济损失风险。

第三，实物资产维修保养控制。为了保障实物资产的正常使用，单位应建立实物资产的维修、保养制度。实物资产的使用部门负责实物资产的日常维修保养，资产管理部门主要负责实物资产的大型修理和改造。

资产的使用部门应制定实物资产的操作使用规程和日常维护保养规范，技术性或专业性较强的设备必须配备具有相应技能和经验的成熟工作人员，确保设备的规范操作和安全使用，防止由于操作不当等带来的设备损坏。此外，还要定期检查资产使用情况，发现隐患或问题，及时修理修复，不得带病使用。资产管理部门对资产使用、修理过程要进行监督控制，防止不恰当修理造成实物资产功能损失。财务部门应加强对实物资产维修费用的监督管理，严格按制度规定和审核审批程序，审核控制维修费用，防止资产维修保养中的舞弊和弄虚作假行为。单位的重大修理修缮工程，应列入单位工程建设预算，经财政部门批准后实施，工程建设项目的实施应严格按照单位工程建设内部控制制度和政府采购内部控制制度的规定执行，以防止工程建设和政府采购中的违法违规行为，确保实物资产的安全和修理资金的有效使用。

第四，实物资产出租出借控制。单位应根据行政事业单位国有资产管理的规定，明确单位资产出租出借的程序、方式和原则。其中，行政单位不得用国有资产对外担保，拟将占有、使用的国有资产对外出租、出借的，必须事先上报同级财政部门审核批准；未经批准，不得对外出租、出借。如果事业单位利用国有资产出租、出借和担保，应当进行必要的可行性论证，并提出申请，经主管部门审核同意后，报同级财政部门审批。

第五，加强实物资产清查盘点控制。单位应组织资产使用部门、管理部门、财务部门等人员定期对实物资产进行清查盘点，以核实资产的实际结存与使用状况。一要吸收资产管理、资产使用、财务部等相关部门人员成立清查小组，明确清查盘点工作职责明确，认真负责地参与实物资产的清查盘点工作，保证清查结果的真实性和准确性；二要明确资产清查程序，确保资产清查工作有序开展；三要明确资产清查的范围与内容，确保资产清查的对象清楚，目标明确，进而保证资产清查的全面性和完整性；四要严肃清查纪律，发现问题及时反映报告，积极处理，确保资产清查监督有效。

⑤加强实物资产的处置控制。单位处置实物资产的方式可分为出售、出让、转让、置换、报损、报废、捐赠、无偿调拨（划转）等。其中，出售、出让、转让是指变更行政事业单位资产的所有权或占有权、使用权并相应取得处置收益的行为；置换是指以非货币性交易的方式变更国有资产的所有权或占有权、使用权的行为；报废是指经有关部门科学鉴定或按有关规定，对已经不能继续使用的国有资产注销产权的行为；报损是指单位国有资产发生呆账损失、非正常损失，按照有关规定进行注销产权的行为；捐赠是指行政事业单位依法自愿无偿将其有权处分的国有资产赠与他人的行为；无偿调拨（划转）是指国有资产在不变更所有权的前提下，以无偿转让的方式变更国有资产占有权、使用权的行为。为了加强实物资产处置控制，行政事业单位应做好以下几方面的工作：

第一，明确处置资产的范围。行政事业单位处置资产的范围主要包括：闲置资产；低效运转或超标准配置的资产；因技术原因并经过科学论证，确需报废、淘汰的资产；因单位分立、撤销、合并、改制、隶属关系改变等原因发生的产权转移的资产；盘亏、呆账及非正常损失的资产；已超过使用年限无法使用的资产；依照国家有关规定需要处置的其他资产。

第二，严格履行资产处置的审核审批程序。单位的资产处置一般要经过申报、评估、审批、处理和备案等过程。行政事业单位资产使用部门提出资产处置意见，资产管理部门会同财务部门、技术部门审核鉴定，经单位领导审核后，向主管部门提交资产处置申请；经过同级财政部门、主管部门审核审批后，单位应按照财政部门、主管部门的资产处置批复进行资产处置；资产处置价过低的，应报同级财政部门批准，资产处置完成后，资产处置结果要报同级财政部门备案。出售、出让、转让、置换、报损、报废等资产处置需要评估鉴定、鉴证的，应当委托具有资质的社会中介机构或专业技术部门对其进行资产评估、专项审计或技术鉴定，评估、专项审计、鉴定报告书须按有关规定，报主管部门和同级财政部门核准或备案。

第三，选择恰当处置方式。出售、出让、转让、变卖资产数量较多或者价值较高的，应当通过拍卖等市场竞价方式公开处置。国有资产处置收入属于国家所有，应当按照政府非税收入管理的规定，实行"收支两条线"管理，所取得的资产处置收入应及时足额上交财政部门，不得坐支、挪用、私分。

第四，做好资产处置信息管理。单位应该按照国有资产管理信息化的要求，及时将资产变动信息录入管理信息系统，保持本单位资产状况信息的实时更新，保证单位国有资产统计报表、财务报告及相关信息报告的真实性、完整性和有效性。

⑥积极利用实物资产信息管理系统，加强实物资产信息控制。资产管理信息系统是国有资产管理的信息化管理平台，包括资产卡片管理、资产配置管理、资产使用管理、资产处置管理、产权登记管理、资产评估管理、资产收益管理、资产报表管理和查询分析等功能。

行政事业单位应当建立健全资产管理信息系统内部管理规范和岗位管理制度，落实资产管理信息系统的岗位责任制和领导负责制，科学设置资产管理信息系统中经办、审核、审批和系统管理等岗位，合理安排岗位人员，加强保密管理和风险防范，确保资产管理信息系统安全稳定运行。

行政事业单位资产管理人员应认真学习，熟练掌握财政部建立的资产管理信息系统操作规程，规范操作，确保数据录入及时、正确、完整，保证单位资产信息报告的真实、准确。同时，应积极研究开发适合本单位特点的、与单位财务核算系统相衔接、与财政部资产管理信息系统有效对接的个性化资产管理功能模块，以实现单位财务系统与财政资产管理信息系统的有机连接，共享系统数据，减少重复作业，防止工作差错和数据舞弊。

此外，行政事业单位还应借助并充分利用行政事业单位资产管理信息系统，完善本单位的实物资产信息，并保持信息数据的及时更新维护和核对控制，加强资产信息的分析利用，为单位改进资产管理、制定资产配置标准，编制资产购置预算与计划、进行资产管理决策等提供可靠的参考依据，以不断提高资产管理效率。

（2）无形资产控制措施。

①建立健全无形资产管理体系。

第一，按照前已述及的建立健全单位资产管理控制制度的措施与要求，建立健全无形资产的取得、使用、处置等关键环节的管理制度，规范无形资产管控行为，确保无形资产管理组织体系完备，规章制度健全。

第二，合理设置无形资产管理岗位，明确职责权限。单位应合理设置无形资产管理岗位，明确相关部门和岗位的职责权限，建立无形资产业务的不相容岗位相互分离机制和关键岗位重点管理制度，有效防止职务舞弊风险。

第三，建立健全授权审批制度。单位应当明确并规范无形资产业务的授权批准方式、权限、程序和相关控制措施，规定经办人的职责范围和工作要求，严禁未经授权的部门或人员办理无形资产业务，超越授权批准的无形资产业务也不得办理。

第四，制定无形资产业务流程。单位应规范并不断优化无形资产业务流程，明确无形资产投资预算编制、取得与验收、使用与保管、处置和转移等环节的作业流程，以规范无形资产作业行为，实现对无形资产管理的全程监控，确保无形资产合法取得、规范使用、有效利用。

②加强无形资产的取得控制。单位应根据工作需要，结合充分的调查研究，提出无形资产投资项目建议或报告，说明无形资产投资方向、内容、规模、功能、资金成本、具备的条件、实现措施等，经单位内部按程序分析论证、决策批准后，编制无形资产投资预算，上报财政部门进行审批。单位在决策投资无形资产项目时，应严格履行决策审批程序，重大无形资产项目必须由单位领导班子集体研究决策，疑难重大及技术性、专业性强的无形资产投资项目，应聘请中介机构或专业人士进行可行性研究和项目论证，以确保决策的科学性和正确性，防止出现决策失误而造成严重损失。

对于预算内批准的无形资产投资项目，无形资产管理部门应及早计划准备，严格履行预算执行的审核审批手续，把握进度，确保无形资产按期取得。对于超预算的无形资产投资项目，应由相关责任部门及时提出预算追加申请，详细说明预算追加的原因和依据，按原预算审核审批程序批准后，方可追加执行。

对于外购无形资产，单位应建立请购和审批制度，明确请购部门和审批部门的职责权限和相应的请购和审批程序。无形资产采购过程应该规范、透明，一般无形资产采购应由采购部门充分了解和掌握产品及供应商情况，采取比质比价的办法确定供应商；重大无形资产采购，应采取招标方式进行；专有技术等具有非公开性的无形资产，应注意采购过程中的保密保全措施。无形资产采购合同协议的签署应遵循行政事业单位合同管理内部控制的相关规定。

单位应建立严格的无形资产交付使用验收制度，确保无形资产符合使用要求。对于外购的无形资产，单位必须及时取得无形资产所有权的有效证明文件，仔细审核有关合同协议等法律文件，必要时听取专业人员或法律顾问的意见。对于自行研发的无形资产，应由研发部门、资产部门、使用部门共同填制无形资产移交使用验收单，并移交使用部门使用。对于购入或者以支付土地出让金方式取得的土地使用权，必须取得土地使用权的有效证明文件；对于投资者投入、接受捐赠、债务重组、政府补助、企业合并、非货币性资产交换、其他单位无偿划拨转入以及其他方式取得的无形资产，均应办理相应的验收手续。对于需要办理产权登记手续的无形资产，单位要及时到相关部门办理。

③加强无形资产的使用保全控制。单位应按照"谁使用、谁管理"的原则，建立健全无形资产管理责任制，明确无形资产使用人为无形资产的管理责任人，具体负责无形资产的日常使用和保全管理，确保无形资产的安全和完整。一是要明确无形资产使用人，未经授权，单位任何人员不得接触和使用无形资产，包括与无形资产有关的技术资料、信息资料及其他档案资料。无形资产使用人应负责对这些资料的妥善保管，避免资料受损、被盗、被毁，对某些重要档案资料应该留有备份记录，以便在遭受意外损失或损毁时可以重新恢复；二是要与无形资产使用人签署保密协议，明确无形资产使用人对于其接触使用的无形资产负有保密义务和责任，在保密期内不得以任何方式对外泄露自己所经管的无形资产的任何信息，发表论文或其他文章需引用该无形资产信息必须经过单位领导书面同意；三是要做好无形资产使用的工作日志记录，对于无形资产使用中出现的问题应及时报告反应，及时解决处理，加大研发投资推动自主创新和技术升级，应持续跟进无形资产有关的技术进步，积极应用新技术，淘汰落后技术，更新升级现有无形资产，以保持无形资产的技术领先和价值保值增值。

④加强无形资产的处置控制。单位应明确无形资产的处置范围、程序和审批权限，严格管控无形资产的处置业务。一般的无形资产处置由单位领导根据规定的程序与审批权限审批，重大无形资产的处置，要委托具有资质的中介机构进行资产评估，必要时聘请专家进行专家论证或技术咨询，再经单位领导集体研究决定，并建立集体审批记录机制。

单位对无形资产的处置，先由单位无形资产使用部门根据无形资产的实际状态提出处置申请，并列明处置原因及处置意见；然后由资产管理部门组织人员进行经济和技术鉴定，确定合理的处置价格，出具资产处置呈报单；最后由单位负责人对无形资产的处置申请进行审批，重大无形资产处置由单位领导班子集体研究审批，资产管理部门根据批准的资产处置审批单处置无形资产；同时通知无形资产使用部门和财务部门编制注销凭证，注销无形资产账、卡记录。

对于经批准的无形资产转让、调出和捐赠，单位应由资产管理部门会同财务部门予以办理，并签订合同协议，就转让无形资产的维护保全、商业秘密保护等内容进行约定。对拟出售或投资转出的无形资产，应由有关部门或人员提出处置申请，列明该项无形资产的原价、预计出售价格或转让价格等，报单位授权部门或人员审核，相关单位审批后，予以出售或转让。单位在无形资产处置过程中涉及产权变更的，应及时办理产权变更手续。

⑤加强无形资产的会计核算。单位应该加强无形资产的会计核算，设置无形资产和累计摊销会计科目。在无形资产取得时，单位应该按照其成本进行初始计量入账。单位无形资产的成本计价因取得方式的不同而异，各种取得方式的无形资产成本计算原则如表9-2所示。

表 9 - 2   **无形资产成本计算**

取得方式	成本计算
外购	购买价款、相关税费以及可归属于该项资产达到预定用途前所发生的其他支出。委托软件公司开发的软件，视同外购无形资产确定其成本
自行开发	自该项目进入开发阶段后至达到预定用途前所发生的支出总额
置换	按照换出资产的评估价值加上支付的补价或减去收到的补价，加上换入无形资产发生的其他相关支出确定其成本
接受捐赠	按照有关凭据注明的金额加上相关税费确定；没有相关凭据可供取得，但按规定经过资产评估的，其成本按照评估价值加上相关税费确定；没有相关凭据可供取得、也未经资产评估的，其成本比照同类或类似资产的市场价格加上相关税费确定；没有相关凭据且未经资产评估、同类或类似资产的市场价格也无法可靠取得的，按照名义金额入账，相关税费计入当期费用。 确定接受捐赠无形资产的初始入账成本时，应当考虑该项资产尚可为政府会计主体带来服务潜力或经济利益的能力
无偿调入	按照调出方账面价值加上相关税费确定其成本

单位应按照年限平均法或者工作量法按月对无形资产成本进行合理摊销，并根据用途计入当期费用或者相关资产成本。无形资产的使用年限按照财政部门的具体规定执行。

（四）对外投资控制

《单位内控规范》第四章第 45 条规定："单位应当根据国家有关规定加强对对外投资的管理。（一）合理设置岗位，明确相关岗位的职责权限，确保对外投资的可行性研究与评估、对外投资决策与执行、对外投资处置的审批与执行等不相容岗位相互分离。（二）单位对外投资，应当由单位领导班子集体研究决定。（三）加强对投资项目的追踪管理，及时、全面、准确地记录对外投资的价值变动和投资收益情况。（四）建立责任追究制度。对在对外投资中出现重大决策失误、未履行集体决策程序和不按规定执行对外投资业务的部门及人员，应当追究相应的责任。"该条款就对外投资控制的岗位设置，追踪管理，责任追究制度的建立等作出了原则性规定。

1. 对外投资控制内容

（1）对外投资流程控制内容。行政事业单位的对外投资活动可以划分债权投资和股权投资两大类，其中股权投资是指事业单位股权投资，行政单位不得进行股权投资；债权投资包括事业单位债权投资和行政单位债权投资，其中行政单位债权投资仅指国债。单位要根据对外投资类型的不同进行分类管理，加强对外投资业务的风险管控。

行政事业单位在开展对外投资活动时，要根据相关法律法规、社会需要和单位发展战略，提出投资意向并进行可行性研究，研究通过后需编制可行性研究报告和制定投资方案，在通过集体论证后，将有关材料提交相关部门审批，通过后方可制订和执行投资计划。

（2）对外投资的业务流程：行政事业单位的对外投资一般流程是：①提出投资意向；

行政事业单位投资管理部门要根据国家法律法规、国有资产管理的政策、社会需要和单位发展战略与实际情况，合理安排资金投放结构，提出对外投资初步意向。②可行性研究：单位应指定专门部门和人员，对投资意向或方向进行认真的可行性研究，编制对外投资可行性研究报告，并制订投资方案。③单位领导集体论证：由单位领导集体对投资项目的可行性研究报告和投资方案进行论证，决定投资项目是否应当立项。变更投资方案的，应经过单位领导集体讨论决定。④报送相关部门审批：对于单位集体研究决定的投资项目，应指定专门部门和人员准备有关材料，按规定程序报经主管部门或政府有关部门对投资项目进行立项审批。⑤制订和执行投资计划：根据审批通过的投资方案，编制详细的投资计划，落实不同阶段的资金投资数量、投资具体内容及回收情况等，按程序报经有关部门批准执行，并由专门的工作小组和责任人负责执行。⑥投资活动监督检查：监督检查工作贯穿投资活动的始终，单位应该指定机构或专门人员定期检查对外投资业务的进展情况，发现问题，及时提出处理意见。⑦投资活动评价：对外投资活动完成后，单位要对投资业务进行总体评价，评价投资对象选择的合理性、技术和经济论证的充分性、出资方式选择的正确性、投资资产价值评估的准确性以及投资管理的及时性等，及时发现问题和缺陷，促进对外投资内部控制的完善。

2. 对外投资控制目标

行政事业单位的对外投资控制目标包括以下几个方面：

（1）建立健全对外投资管理制度，规范对外投资决策、执行、监督行为。单位应根据国家的法律法规与政策制度规定，建立健全本单位的对外投资内部控制制度，明确单位对外投资的原则、方向、目标、决策与管理机制、业务流程与规范措施，使单位对外投资管理有章可循，确保投资活动合法合规，防止违法风险。

（2）健全并规范单位对外投资的组织保障体系。明确对外投资的归口管理部门，合理设置对外投资的工作岗位及其岗位职责，坚持不相容岗位相互分离原则，明确授权审批制度，确保对外投资管理组织体系完备有效。

（3）建立投资决策控制机制，明确投资意向提出、可行性研究、集体论证以及投资审批的程序与决策机制，建立投资决策责任追究制度，确保投资行为的科学性、合理性。

（4）加强对外投资项目管理，确保投资项目的成功率，进而保证国有资产的保值增值率和资产利用效率。

（5）建立对外投资的监督评价控制机制，明确单位对外投资的监督检查重点、程序与方法，加强对外投资的全程监督，发现问题或缺陷及时提出改进意见或建议。合理设置对外投资项目的评价指标体系，科学评价投资项目绩效表现，为改善投资决策提供参考。

3. 对外投资控制风险评估

行政事业单位在开展对外投资控制风险评估时，主要从以下几个方面进行：

（1）对外投资决策方面的风险，主要是单位没有进行有效的对外投资可行性分析、专家论证与集体决策，或者未按规定履行投资审核审批手续，容易导致投资决策失误或失败，造成国有资产损失浪费。

（2）对外投资管理方面的风险，主要是单位没有明确对外投资归口管理部门，没有合理设置对外投资管理岗位，或者未建立对外投资岗位责任机制，或者对外投资的不相容岗位未实现有效分离，以及对外投资的授权审批秩序混乱，业务流程不规范，容易导致投资舞弊或腐败风险。

（3）对外投资执行方面的风险，主要是未按照计划严格执行对外投资合同，提前或延迟投资、随意变更投资额、改变投资方式、中止投资，既可能造成投资违约风险，又可能导致投资失败或投资效益低下风险。

（4）对对外投资方面的监督风险，主要表现为对外投资监督管理制度不健全，单位对投资管理的监督重视不够、监督不力、处罚不严，进而导致监督弱化，容易产生监管漏洞。

4. 对外投资控制措施

（1）建立健全对外投资的制度管理和组织保障体系。行政事业单位应当按照前已述及的建立健全资产管理制度体系的原则与要求，建立本单位的对外投资内部控制制度。同时应建立与之相适应的组织保障体系，完善对外投资的决策、执行与监督机制，合理设置对外投资管理工作岗位，科学配置岗位职责，保持对外投资的不相容岗位相互分离，如对外投资的可行性研究与评估、对外投资决策与执行、对外投资执行与会计核算、对外投资执行与监督等岗位应相互分离控制。单位应对对外投资业务的审核审批权限作出明确的制度性安排，明确对外投资的授权批准方式、权限、程序、责任及相关控制措施，规定经办人的职责范围和工作，确保未经授权的部门或工作人员不得办理对外投资业务。单位要明确投资业务流程，规范单位对外投资行为，确保对外投资各业务规范有序运行。

（2）依法决策，严格审核审批，确保单位对外投资的合法合规。行政事业单位的对外投资是一项政策性强的经济活动，单位应当严格遵守国家的财经法律法规，谨慎开展对外投资活动。《行政单位国有资产管理暂行办法》第 23 条规定："行政单位不得以任何形式用占有、使用的国有资产举办经济实体。"《事业单位国有资产管理暂行办法》第 21 条规定："事业单位利用国有资产对外投资、出租、出借和担保等应当进行必要的可行性论证，并提出申请，经主管部门审核同意后，报同级财政部门审批。"财政部《关于进一步规范和加强行政事业单位国有资产管理的指导意见》第 5 条明确规定："除法律另有规定外，各级行政单位不得利用国有资产对外担保，不得以任何形式利用占有、使用的国有资产进行对外投资。除国家另有规定外，各级事业单位不得利用财政资金对外投资，不得买卖期货、股票，不得购买各种企业债券、各类投资基金和其他任何形式的金融衍生品或进行任何形式的金融风险投资，不得在国外贷款债务尚未清偿前利用该贷款形成的资产进行对外投资等。事业单位对外投资必须严格履行审批程序，加强风险管控等。利用非货币性资产进行对外投资的，应当严格履行资产评估程序。"上述规定均为行政事业单位对外投资的限制性政策，行政事业单位必须严格把握法律与政策底线，国家法律法规禁止开展的投资活动坚决不投，限制开展的投资活动必须严格履行报批手续，经过审核批准后方可投资。

按照我国现行的政策制度，行政单位的对外投资仅限于债权投资，即在单位有结余资金又不影响单位任务完成的情况下，可以用经费结余购买国债；事业单位的对外投资包括债权投资和股权投资，即在不违反相关政策前提下，购买各种有价证券，或者以货币资金、实物资产或无形资产进行对外投资。行政事业单位要严格管理对外投资，在法律法规规定的投资范围内进行投资，确保对外投资活动的合法合规。

（3）建立科学合理的投资决策控制机制，保证对外投资决策的正确性。投资决策是事关重大的经济活动，单位应当按照科学的决策程序，认真做好每个环节的基础工作，经过调查研究，分析论证、集体决策、上报审批，审慎决定对外投资活动。具体应加强以下几方面的关键控制：

①慎重提出对外投资初步意向。单位在提出对外投资意向时，不仅要考虑国家和地方的法律法规与政策制度，还要考虑社会的需要和单位自身的职能任务与工作计划，以及单位的人、才、物等实际资源力量，确保对外投资合法合规，符合需要，切合实际。

②科学分析投资项目可行性。单位在确定了投资意向后，应该进行充分调研，周密论证，客观评价投资项目的技术可行性和经济效益性以及资源状况的保障性，形成可行性研究报告和投资方案。可研报告应包括拟投资项目的需求分析、技术分析、财力分析、经济分析，对合作方的资信状况的调查和合法地位的确认，投资回报和风险分析以及风险应对措施，专家评估意见等。报告要实事求是，客观公正，依据充分，提出是否投资的倾向性意见，为领导决策提供依据。对外投资以非货币资产方式（如实物资产、无形资产）出资的，应当委托具有资产评估资质的社会中介机构进行评估，单位应该如实向上述机构提供有关情况和资料，并对所提供的情况的客观性、真实性和合法性负责。

③单位对外投资应该实行集体决策。对于行政事业单位而言，对外投资一般属于重大经济决策事项，应当由单位领导班子在专家论证和技术咨询的基础上集体研究决定，属于"三重一大"重大投资决策事项，还应该由党政会议集体审议决定。决定一旦形成，单位任何个人不得擅自改变集体决定自行其是。投资决策过程要做好完整的书面记录，详细记录决策过程中的各种意见，以便明确决策责任。

④严格执行对外投资项目审批。单位应该按照国家和地方的相关规定，依法履行对外投资审批程序，主管部门或财政部门要按规定和职权进行审核审批，必要时可以邀请专家进行研究论证和项目评审。因对外投资情况变化，需要对投资方案进行调整或变更的，单位应该提交单位对外投资管理部门重新审核，涉及投资项目、投资规模、投资方式调整或变更的，还应当经主管部门核定后报财政部门批准。

⑤加强对外投资的监督管理。一是应该建立科学合理的对外投资监督管理责任机制，将监督责任落实到具体部门和个人，确保监督到位，保持对单位对外投资的全过程监督管控；二是要建立对外投资决策失误责任追究制度，对在对外投资中出现重大决策失误、未履行集体决策程序和不按规定执行对外投资业务的部门及人员，应当追究相应的责任；三是要建立对外投资

的绩效考评机制和专项审计制度，定期考核评价与监督审计投资项目的合规性与效益性。

（4）加强对投资项目的执行管理。

①制定投资计划，签订投资合同。对外投资项目获得批准后，单位要制订具体的投资计划，并且严格按照计划确定的项目、进度、时间、金额和方式投出资产。如果出现提前或延迟投资资产、变更投资额、改变投资方式、中止投资等，应按规定程序审批。在对外投资中，有合作方的必须签订投资合作合同，投资合作协议签订前应当征询单位法律顾问或相关专家的意见，并按照单位合同管理内部控制制度的规定与要求履行合同审批手续，在合同履行过程中，必须全面履行合同义务，正确行使合同权利，维护单位合法利益，防止发生合同违约风险，并且做好合同履行记录，取得并妥善保管合同、收付款凭据等各类投资凭证和档案资料。

②加强对投资项目的追踪管理。行政事业单位应当加强对外投资项目的追踪管理，确保对外投资的保值增值。一方面，应加强对被投资单位经营活动的跟踪监督，收集并关注有关被投资单位的财务报告、工作报告等信息资料，密切关注被投资单位借贷、投资、担保和委托理财等行为，研究分析被投资单位的经济活动状况；另一方面，应加强对投资项目的日常跟踪管理，经常深入被投资单位调查了解其经营管理情况，掌握被投资单位的经营发展方向与进度，随时把控投资进退机遇，维护单位投资权益。同时定期向主管单位报告对外投资的执行情况、资金管理使用情况和投资损益情况。一旦发现对外投资异常，要及时向单位主管部门和财政部门报告，及时采取补救措施予以应对解决，有效防止国有资产流失。

③妥善保管投资项目档案资料。单位应对在对外投资过程中形成的各种决议、合同、协议及其他应当保存的文件统一归档并指定专人负责保管；明确各种对外投资文件资料的取得、归档、保管、调阅等环节的管理规定及相关人员的职责权限；加强对外投资有关权益证书的管理，指定专门部门或人员保管并建立详细的记录，财会部门与相关管理部门和人员应定期核对有关权益证书；由两位非债权投资核算人员分别保管领取债权凭证的密码和钥匙。存取债权凭证必须由两位保管人员经财会部门负责人批准后共同完成，填写存取记录，由经手人签字，以此来确保权益证书的安全完整。

④单位应当按对外投资收益分配方案及时足额收取投资收益。每月最后一个工作日由出纳或两位保管人员，与债权核算岗位人员共同完成债权凭证清查盘点工作，填写债权凭证盘点明细表，逐一与债权投资台账、明细账核对，同时债权核算岗位人员核对债权投资总账和明细账，并要将投资收益纳入单位预算，统一核算，统一管理，按规定应当上缴财政的资金，必须及时足额上缴财政部门。单位不得以任何形式截留、转移、挪用、私分投资收益，也不得隐瞒投资损失，所有的投资事项都要在财务会计报告和国有资产年度报告中单独披露。

⑤规范对外投资的会计核算与报告。单位应建立健全财务管理制度，按照相关会计制度的要求对已经审批通过的对外投资项目进行核算，绝不允许用往来账款科目核算投资项目。由于对外投资资产的价值会受到各种因素的影响而经常变更，如股票、债券、国库券、股权

证明等，为及时反映对外投资购入、处置、结存情况，在财务部门设置对外投资总账的基础上，投资部门或其他相关部门还应根据投资业务的种类、时间先后分别设立对外投资明细登记簿或辅助登记账，定期或不定期地进行对账，确保投资业务记录的正确性，防止个别人员故意歪曲对外投资的真实价值，从中营私舞弊。

⑥及时处置对外投资资产，建立对外投资处置管控机制。单位对外投资的处置方式一般包括转让、清算和回收等。单位应当经常分析评估投资项目的经营情况，根据投资项目情况以及本单位的资金需求状况，选择合适的投资处置时机和方式，并制定相应的投资处置方案，经对外投资工作小组集体决策确定后，依照有关规定报主管部门和财政部门审批或备案后执行。对被投资单位产权或股权的转让，应当委托具有资产评估资质的评估机构评估，报主管部门和财政部门批准后，根据资产评估结果实施挂牌交易或拍卖。在上述转让交易行为不能达成时，可实施协商交易。协商交易的转让价格应当以评估价格为基准，上浮不限，下浮不得低于评估价格的90%。对被投资企业的注销清算，应当按照《中华人民共和国公司法》等规定进行清算，单位应积极参与清算组的工作，以维护单位的合法投资权益。通过转让或清算回收的对外投资资产，投资单位应当根据转让或清算回收交割凭证，及时足额收取并办理对外投资的回收注销账务处理。

（5）建立对外投资监督评价控制机制。单位纪检监察部门、内部审计部门应当承担对投资项目的监督检查责任，明确对外投资业务的监督范围、内容、程序与方法，全程跟踪监督对外投资的决策、执行与运行情况，定期检查对外投资业务中的遵章守法情况。单位审计部门应当认真审核与对外投资处置有关的审批文件、会议记录、资产清算回收等相关资料，并按规定及时开展对外投资的内部审计，以充分发挥审计监督的职能作用。

对外投资监督检查的工作重点及内容如表9-3所示。

表9-3　　　　　　　　　　　　　对外投资监督检查重点

检查内容	检查重点
对外投资业务授权审批制度的执行情况	对外投资的审批手续是否健全、是否存在越权审批、规避审批等违反规定的行为
对外投资业务的决策情况	对外投资决策过程是否符合规定的程序
对外投资的具体执行情况	各项资产是否与投资方案一致，投资期间获得的投资收益是否及时进账，以及对外投资权益证书和有关凭证的保管与登记情况，操作程序的规范程度等
对外投资的处置情况	投资资产的处置是否经过集体决策并通过必要的审批程序，处置过程是否公开透明，各类资产的回收是否完整、及时等
对外投资的账务处理情况	会计记录是否真实、完整和准确，会计凭证及相关投资文件资料是否合法、合规和合理

单位应加强对外投资项目的绩效评价工作。单位应该自行组织或聘请中介机构或相关专业人员对各项对外投资业务的运行情况、效益情况，设置科学的评价指标体系，制定客观的评价标准与办法，进行综合考核评价，并形成对外投资评价报告。同时，在对外投资内部控制方面取得的成绩予以肯定和推广；发现的缺陷提出改进建议，跟踪督促改进；对造成重大投资失误的对外投资，应查清原因和责任，进行责任追究，以保证行政事业单位对外投资资产的安全和有效利用。

二、应用范例——某市经济开发区管委会内部控制制度（节选）

（一）某市经济开发区管委会资产控制内部控制制度

1. 总则

第一条　为进一步加强和规范某市经济开发区管委会（以下简称本单位）各项资产的管理行为，防控资产管理风险，保证资产安全和完整、提高资产使用效率，依据《单位内控规范》的规定，结合本单位实际，制定本制度。

第二条　本制度适用于本单位的所有资产的管理。

第三条　本制度所称的资产按照其形态，主要包括货币资金、实物资产、无形资产等。

……

2. 货币资金控制

第四条　货币资金包括现金、银行存款和零余额账户用款额度等。

货币资金管理的内部控制目标是：

（1）规范货币资金的取得、使用与管理行为，防止货币资金差错和舞弊风险，保证货币资金活动的合法合规。

（2）加强货币资金的安全管理，防止货币资金资产的丢失与流失。

……

第五条　货币资金控制应当重点关注其安全风险，实施以下关键控制措施：

（1）合理设置货币资金管理岗位，做到不相容职务相互分离，关键岗位重点管理。

（2）加强银行账户管理，严格按规定开设、使用、撤销银行账户，并指定专人负责银行账户的管理。

（3）强化货币资金的核查控制，定期分离核对检查现金、银行存款等货币资金的使用与结余情况。

……

第六条　单位应配备职业道德良好、业务素质合格的人员办理货币资金业务，办理货币资金业务的岗位属于本单位的关键岗位，应按《单位层面内部控制制度》的相关规定，实行定期轮岗、定期休假、专项审计等关键岗位专项管理。

第七条 货币资金业务的不相容岗位至少应当包括：

（1）货币资金支付的审批与执行。

（2）货币资金的保管和盘点清查。

（3）货币资金的会计记录与审计监督。

出纳人员不得兼任稽核、会计档案保管和收入、支出、费用、债权债务账目的登记工作。

第八条 本单位开设的所有银行账户均由综合办公室指定财务专人负责管理，按照规定的程序逐级审核并报经财政局批准后，办理银行账户开立、撤销、变更事宜。

第九条 本单位按照规定设置下列银行账户：

（1）基本存款账户。该账户用于办理本单位自筹以及往来资金的日常转账结算和现金收付等。

（2）基本建设账户。（略）

（3）其他专用存款账户。（略）

综合办公室应当加强对银行对账单的稽核和管理。出纳人员不得同时从事银行对账单的获取、银行存款余额调节表的编制等工作。

……

第十条 出纳人员负责保管库存现金，登记库存现金日记账。库存现金日记账应当日清日结，做到账实相符、账账相符。

综合办公室财务应当指定不办理现金业务的会计人员定期及不定期地进行现金盘点，确保现金账面余额与实际库存相符。发现不符，及时查明原因，做出处理。

第十一条 加强银行预留印鉴的管理。财务专用章应由综合办公室指定专人保管，个人名章必须由本人或其授权人员保管。严禁一人保管支付款项所需的全部印章。按规定需要有关负责人签字或盖章的经济业务，应当严格履行签字或盖章手续。

负责保管印章的人员要配置单独的保管设备，并做到人走柜锁。

第十二条 加强与货币资金收支有关的应收账款、预付账款、其他应收款余额的管理。综合办公室应要求具体经办部门、经办人按规定、按合同及时结清应收款项，并定期核对，督促结算。

逾期3年或以上、有确凿证据表明确实无法收回的应收账款、预付账款及其他应收款，按规定报经财政批复后可予以核销。核销的应收款项应设置备查簿保留登记。

3. 实物资产、无形资产的控制

概述

第十三条 本制度所称的实物资产主要包括办公用品、固定资产等物资，无形资产主要是指购入的软件。

固定资产是指使用期限超过 1 年，单位价值在 1000 元以上，并且在使用过程中基本保持原有物质形态的资产。单位价值虽未达到规定标准，但是耐用时间在 1 年以上的大批同类物资，作为固定资产管理。固定资产一般分为六类：房屋及构筑物；通用设备；专用设备；文物和陈列品；图书、档案；家具、用具、装具及动植物。专用设备包括电器设备、电子产品、通讯设备、仪器仪表、计量器具等。

对实物资产、无形资产的控制主要包括入库、领用、保管、使用、清查盘点、处置、统计报告等管理环节。

第十四条　实物资产、无形资产的控制目标主要包括：

（1）保证实物资产、无形资产业务合法合规。

（2）保证实物资产、无形资产的安全、完整。

（3）建立并完善资产信息管理系统，提高资产配置效率。

第十五条　实物资产、无形资产（以下统称资产）保管、使用环节应关注、管控的主要风险有：

（1）资产验收未按正规程序进行验收，导致入库资产不合格。

（2）资产领用未履行相应的审批手续，资产发出未正确地登记，责任未归集到领用部门或个人，可能造成资产账实不符、使用效率低下及至资产流失。

（3）资产保管不善、操作不当，可能导致资产被盗、毁损；日常维护不当，降低资产使用寿命。

……

第十六条　本单位按照"权责分明、分工控制、相互制约、相互监督"的原则，明确资产管理的职责。

（1）支部委员会。审批资产管理制度；审定重大资产配置；审批重大资产处置。

（2）主任。对本单位资产的真实、完整和安全负责。负责组织本单位资产管理制度的执行；组织审核资产管理制度；负责审批权限范围内的重大资产配置与处置。

（3）分管领导职责。协助主任组织资产管理制度的执行；监督检查资产清查盘点工作；审批资产清查盘点报告；负责审批权限范围内的重大资产配置与处置。

（4）综合办公室，对资产实施归口管理。其职责包括：

①拟订单位资产管理制度；

②设置专人负责资产管理的登记和维护，提供资产增减变动和存量信息，配合财务开展政府采购预算和计划的编制及审核工作；

③负责资产的产权登记、日常保管与维护、清查盘点、统计分析等工作；

……

（5）综合办公室财务职责。负责资产的配置、预算及核算工作，资产处置的审核与申报。

（6）各部门职责。按照"谁使用、谁保管、谁负责"的原则，本单位各部门负责人对本部门配置使用的各项日常管理资产负领导责任，资产使用人对其使用资产的日常保养、安全负直接责任。各部门应当指定一名工作人员为资产管理员，由其具体经办本部门资产的领用、转移、处置及结存情况，并在本部门的资产实物明细账予以记录，确保本部门使用的资产的账实一致。

第十七条　资产管理环节的下列不相容职务应当分离：

（1）资产保管与记录。

（2）资产领用的申请、审批与记录。

（3）资产投保的申请与审批。

（4）资产处置的申请、审批与执行。

实物资产、无形资产的保管和使用

第十八条　实物资产、无形资产保管、使用环节的主要工作是：资产入库、领用、保管、使用及运行过程中的日常保养、维护及修理，建立资产分类实物账，重要设备的投保管理，限制未经授权人员接触资产等。

第十九条　实物资产、无形资产保管、使用环节的关键控制。

（1）资产领用的审核。

（2）资产的总分登记。

（3）重要资产的投保。

（4）重要资产的限制接触。

（5）资产日常的核对。

第二十条　单位应根据中华人民共和国财政部令第36号《事业单位国有资产管理暂行办法》制定本单位的资产配置标准，并严格按标准审核控制资产采购预算，分配、调度、发放资产。

第二十一条　经采购领导小组验收后，单位资产管理员负责办理资产入库手续。综合办公室的资产管理员对物品进行检查，核实物品名称、型号、数量准确无误后，方可办理入库手续，并做好资产台账更新工作。单位会计岗负责做好账务处理并更新财政厅资产管理系统。

第二十二条　领用资产应办理资产申领（领用）手续，并履行审核、审批程序。需求部门根据工作需要填写资产领用申请单，经其部门领导及分管领导审核审批同意后，综合办公室的资产管理员方可予以领用资产，并及时做好资产出库登记，该领用人为资产使用责任人。

……

第二十三条　本单位以资产管理系统软件为平台，为所有的每台（个）固定资产、软件建立独立的反映其生命周期的卡片，构建全部资产目录、登记资产明细分类账，按资产类别、按各使用部门全面记录各项资产的验收、领用、保管、维修、调剂、折旧、投保、报废、处置等情况。

......

第二十四条　房屋建筑物、车辆的日常保养、维修管理。

本单位办公楼、公共设施以及车辆的日常保养、维修管理，由综合办公室负责。本单位也可以把房屋建筑物的日常保养、维修工作外包委托给物业公司管理。

......

第二十五条　设备的日常保养、维修管理。

办公设备、软件的日常保养及操作性维护由设备的使用人员负责；技术性维护及修理由综合办公室负责或由提供外包服务的物业公司负责实施。

......

第二十六条　车辆、设备维修服务商的选择确定，应按照单位《政府采购内部控制制度》的规定执行。

第二十七条　固定资产内部调剂，由综合办公室负责办理内部调剂手续；调入、调出部门的资产管理员凭调剂单分别更新各自部门的资产目录和资产卡片，增记或减记本部门固定资产实物明细账；综合办公室资产管理员更新固定资产标签。

第二十八条　员工离职或退休，须将其保管、使用的所有实物资产填写移交单，经本部门负责人签字后转交接替人员；暂无接替人员的，由办公室资产管理员暂时保管，待接替人员到岗后，验收、保管、使用。办公室资产管理员应及时更新固定资产卡片中的"使用人员"信息。

第二十九条　使用部门不使用的固定资产，应由综合办公室收回，再根据工作需要在本单位内部进行再分配。被收回资产部门的资产管理员，应及时更新本部门的资产目录和资产卡片，减记部门固定资产实物明细账。

第三十条　为降低重要设备损坏风险和设备修理成本，本单位对重要电子设备、公用车辆投保。投保由使用部门提出申请，综合办公室审核，按支出审批权限审批。保险公司的选择确定，按单位《政府采购内部控制制度》的规定执行。

资产投保情况应当在资产卡片中予以记录。

第三十一条　重要的电子设备，应当采取措施限制无关人员的直接接触。

第三十二条　每年6月及12月，由综合办公室牵头，组织各使用部门的资产管理员进行资产实物记录的核对工作，要求各部门资产管理员对本部门资产管理状况进行自查，再由综合办公室组成盘点小组对各部门资产实物资金进行实时盘点并更新固定资产卡片，确保资产账卡一致、账账一致、账实一致。

实物资产、无形资产的清查与处置

第三十三条　实物资产、无形资产清查与处置环节的主要工作是：做好清查盘点前的准备工作；实施清查盘点；按照规定的方式、标准、程序进行资产处置，确保资产安全、完整、账实一致。

第三十四条　实物资产、无形资产清查与处置环节的关键控制。

（1）资产清查盘点应事先准备、周密组织、认真盘点。

（2）清查盘点结果应严肃对待、慎重处理、严格审批。

（3）资产处置应明确条件、规范程序、加强监督。

第三十五条　单位办公用品每个年度清查盘点、盘盈盘亏的存货按规定进行处置，固定资产清查盘点每年一次，清查盘点日为每年的 11 月中旬。固定资产的清查工作由本单位分管综合办公室领导负责组织，综合办公室牵头，综合办公室财务及各使用固定资产部门共同参与；重要且需要技术鉴定的清查可组织专家参加。

第三十六条　由综合办公室和综合办公室财务组成盘点小组，负责资产清查的工作。

第三十七条　清查盘点结束后，参加资产清查盘点人员应当在反映盘点结果的固定资产清查盘点明细表签字确认。综合办公室根据清查盘点情况提出固定资产的清查盘点报告。

……

第三十八条　固定资产清查盘点报告由综合办公室财务负责人、分管领导审核，支部委员会审批。对固定资产盘亏、毁损及非正常报废的事项，还应按规定向财政局履行报批手续。

……

第三十九条　软件清查与固定资产清查一并进行。

第四十条　办公用品清查盘点由固定综合办公室资产管理人员和综合办公室财务共同负责。综合办公室应在年末组织专人盘点办公用品实物，并与办公用品管理员登记的实物台账的余额核对一致。

第四十一条　本单位的实物资产对外调拨的，由调出部门拟写国有资产处置（调出）申请，说明资产调出的理由、法规依据及资产状况等，由固定综合办公室资产管理人员、综合办公室财务审核，支部委员会审议批准。调拨资产的金额在××万元（含）以上的，还应报财政局审批。

综合办公室财务、综合办公室资产管理人员、资产调出部门应当根据资产调拨的审批文件，进行相应的会计核算科目处理及资产卡片、资产实物明细账的更新登记。

第四十二条　单位应根据《行政单位国有资产管理暂行办法》的相关规定对资产进行处置。

单位国有资产处置，是指行政单位国有资产产权的转移及核销，包括各类国有资产的无偿转让、出售、置换、报损、报废等。

第四十三条　本单位需处置的国有资产范围包括：

（1）闲置资产。

（2）因技术原因并经过科学论证，确需报废、淘汰的资产。

（3）因单位分立、撤销、合并、改制、隶属关系改变等原因发生的产权或者使用权转移的资产。

……

第四十四条　资产处置应当由单位资产管理部门会同财务部门、技术部门审核鉴定，提出意见，按审批权限报送审批。

第四十五条　单位国有资产处置应当按照公开、公正、公平的原则进行。资产的出售与置换应当采取拍卖、招投标、协议转让及国家法律、行政法规规定的其他方式进行。

第四十六条　单位国有资产处置的变价收入和残值收入，按照政府非税收入管理的规定，实行"收支两条线"管理。

第四十七条　资产处置应当由单位资产管理部门会同财务部门、技术部门审核鉴定，提出意见，按审批权限报送审批。

第四十八条　单位联合召开重大会议、举办大型活动等而临时购置的国有资产，由主办单位在会议、活动结束时按照本办法规定报批后处置。

实物资产、无形资产的分析与报告

第四十九条　本单位以资产管理系统软件为平台，建立数据查询和综合分析系统，统计、分析各类实物资产、无形资产占有、使用及增减变动情况，并定期分析，实现对资产的动态管理。

第五十条　各类实物资产、无形资产的占有、使用及增减变动情况的统计、分析及报告由综合办公室资产管理人员负责。综合办公室应于每年度末向支部委员会提交资产分析报告。资产分析报告应当反映本单位资产使用的总体情况和增减变动情况，各部门占有、使用固定资产、无形资产的种类、数量及使用状况，各部门耗用办公用品的情况，识别和分析利用效率不高、长期闲置、超标准配置资产的情况以及超定额消耗办公用品等情况和原因，提出处理意见和措施，为预算管理、绩效评价和资产优化配置等提供决策支持。

4. 资产管理的自我评价和监督

第五十一条　本单位的内审岗位负责组织对货币资金、实物资产、无形资产管理的自我评价和监督工作。

第五十二条　内部审计岗位应当结合本单位绩效管理的规定，对本单位资产管理制度的健全性、本单位及各部门资产管理的安全性、本单位及各部门的固定资产利用率等进行审计评价，提出资产内部控制的自我评价报告，经支部委员会会议审议批准，作为进一步强化预算管理和资产管理的依据与基础。

第五十三条　内部审计岗位应当对本单位的货币资金、实物资产、无形资产的收支（增减）、安全存在及有效运行按规定开展审计监督。对审计发现的货币资金错弊、资产保管使用不善引起的损失浪费等，应当按照有关法规提出处理意见，经批准后予以严肃处理。

第五十四条　单位纪检监察部门应加强对单位资产管理工作的纪律监督检查，坚持单位内部监督与财政监督、审计监督、社会监督相结合，事前监督、事中监督、事后监督相结合，日常监督与专项检查相结合，特别是对资产配置、处置等关键环节的监督，防止国有资产流失、舞弊与不法利益输送风险。违反规定，擅自占有、使用、处置国有资产的，按照《财政违法行为处罚处分条例》处理。

5. 附则

第五十五条 本制度经内部控制领导小组审议批准后执行。

第五十六条 本制度解释权归内部控制领导小组。

（二）某市经济开发区管委会资产控制流程、指引

1. 现金盘点

（1）流程图（见图9-1）。

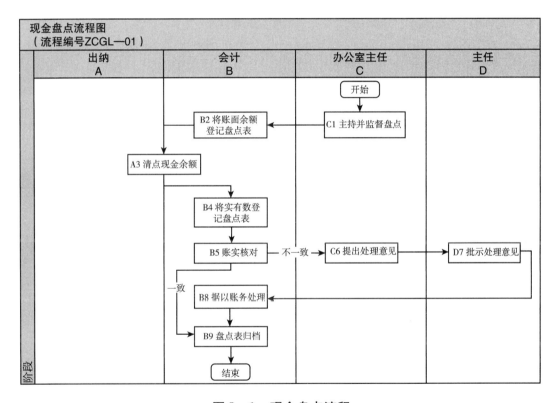

图9-1 现金盘点流程

（2）管控流程指引（见表9-4）。

管控流程：现金控制。

业务范围：单位所有现金账户。

管理目标：规范现金管理行为，确保库存现金安全、数额准确无误。

内控制度：《本单位资产管理内部控制制度》。

表 9 – 4 现金盘点管控流程指引

流程序号	流程环节	机构/岗位	工作职责	主要风险	业务表单
C1	主持盘点	办公室主任	办公室主任主持并监督盘点。盘点人在准备好的现金盘点表上录入盘点日期	不按规定组织盘点，可能造成现金缺失、账实不符的后果	
B2	登记盘点表	略	略		《现金盘点表》
A3	清点现金余额	办公室/出纳/会计	出纳当面打开保险柜与会计共同进行现金清点		
B4	登记盘点表	盘点人/会计	会计把清点的实有现金数记入现金盘点表，计算"账面现金余额＋未入账支出－未入账收入"的账面现金应余额，与实际库存现金额对比，前者大于后者为短款、小于后者为长款、等于后者为账实相符。盘点结果记录于盘点表		原始收支凭证
B5	账实一致的处理	办公室/出纳/会计	账实核对一致，办公室主任、会计、出纳在盘点表上签字，确认盘点结果。盘点表等资料存档		《现金盘点表》
C6	账实不一致的处理提出处理意见	略	略		
D7	批示处理意见	主任	主任审批处理意见并给出最终处理结果		处理意见、《现金盘点表》
B8	相关账务处理	办公室/会计	按审批进行相关账务处理		
B9	盘点表存档	略	略		《现金盘点表》

（3）权限指引表（见表 9 – 5）。

表 9 − 5　　　　　　　　　　　现金盘点权限指引

流程编号及名称	事项	办公室			主任
		出纳	会计	主任	
现金控制流程	现金盘点	结出账面余额；清点现金余额	登记盘点表；账实核对；将《现金盘点表》存档	主持并监督盘点；提出处理意见	审批

2. 银行对账

（1）流程图（见图9−2）。

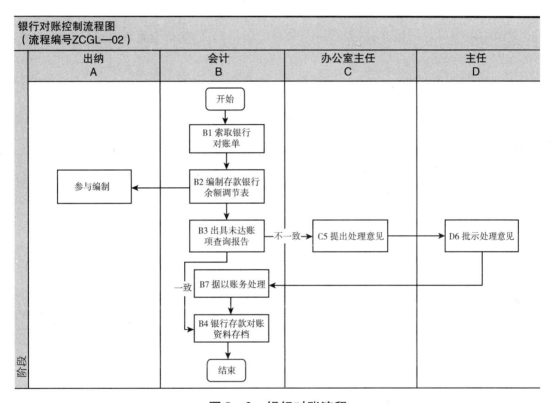

图 9 − 2　银行对账流程

（2）管控流程指引（见表9−6）。

管控流程：银行存款控制。

业务范围：单位所有银行存款账户。

管理目标：规范银行存款管理行为，确保银行存款安全、数额准确无误。

内控制度：《本单位资产管理内部控制制度》。

表9-6 银行对账管控流程指引

流程序号	流程环节	机构/岗位	工作职责	主要风险	业务表单
B1	接收对账单	办公室/会计	每月结账时,从开户银行(经批准开户)取得银行对账单	出纳自行取得对账单又独自编制调节表,可能造成银行存款的差错及舞弊被掩盖的后果;差异处理规定不明确,可能造成处理不妥、不及时,资金损失长期挂账	《银行对账单》
B2	编制调节表	办公室/会计	依据银行对账单及银行存款日记账,分别按银行户别编制银行存款余额调节表。出纳参与编制工作,编制完成后双方签字确认		《银行对账单》《银行存款余额调节表》
B3	出具未达账项查询报告	办公室/会计	会计出具未达账项查询报告报办公室主任审批		
B4	对账一致的处理	办公室/会计	略		《银行对账单》《银行存款余额调节表》
C5	提出处理意见	略	略		《银行对账单》《银行存款余额调节表》
D6	批示处理意见	主任	主任审批处理意见并给出最终处理结果		
B7	账务处理	办公室/会计	办公室根据会议纪要的审批决定安排会计进行相应账务处理		
B4	存档	办公室/会计	将银行存款对账单及调节表等相关资料存档		

(3)权限指引表(见表9-7)。

表9-7 银行对账权限指引

流程编号及名称	事项	办公室			主任
		出纳	会计	主任	
银行对账控制流程	银行对账	为编制银行存款余额调节表提供相关数据……	接收对账单;负责编制银行存款余额调节表……计算调节结果;对差异账务处理……	审核银行存款余额调节表;出具差异处理意见	审批

3. 办公用品入库

(1)流程图(见图9-3)。

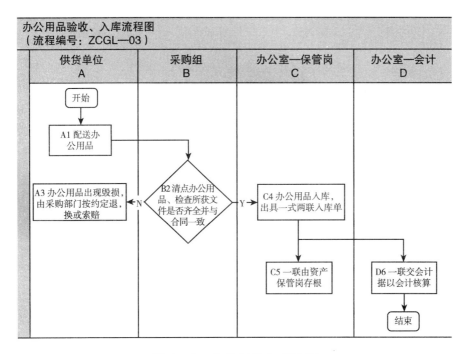

图9-3 办公用品入库流程

（2）管控流程指引（见表9-8）。

管控流程：办公用品验收入库控制。

业务范围：按规定的程序、标准验收、办公用品、办公用品等各项存货，并做好入库记录。

管理目标：保证存货业务合法合规，符合单位内部管理制度的规定，保证各项存货的安全、完整。

内控制度：《本单位资产管理内部控制制度》。

表9-8　　　　　　　　　　办公用品入库管控流程指引

流程序号	流程步骤	机构/岗位	工作职责	风险说明	业务表单
A1	配送办公用品	供货单位	配送单位按办公用品采购合同将办公用品送达办公室，由单位验收岗负责办公用品、存货等的验收		
B2	清点办公用品、检查所获文件是否齐全并与合同保持一致	采购组	略	存货验收程序不规范，可能导致资产账实不符和资产损失	

续表

流程序号	流程步骤	机构/岗位	工作职责	风险说明	业务表单
A3	办公用品验收不合格处理	供货单位	若验收有误，应当出具办公用品清单验收异常报告单，由采购部门按合同约定进行退、补、换货或索赔处理		
C4	办公用品验收出具一式两联出库单	办公室/保管岗	验收无误的办公用品清单入库后，由办公室保管岗开具连续编号的一式二联入库单，办理入库手续。一式二联的入库单	存货保管不善，可能导致存货损坏、过期失效、浪费、被盗和流失等，带来存货使用的质量安全隐患，加大医疗风险	《入库单》
C5	一联据以登记低耗品实物明细账及采购业务	略	略		《入库单》
D6	一联交办公室据以会计核算	办公室/会计	一联交单位办公室据以会计核算		《入库单》

（3）权限指引表（见表9-9）。

表9-9　　　　　　　　　办公用品入库权限指引

流程编号及名称	事项	采购组	办公室	办公室
			保管岗	会计
办公用品验收入库流程图	办公用品验收入库	负责实施采购；清点办公用品检查所获文件是否齐全并与合同保持一致	办公用品验收出具一式二联入库单；审核签字；入库单存根	另一联会计据以进行账务核算

4. 办公用品盘点、处置

（1）流程图（见图9-4）。

（2）管控流程指引（见表9-10）。

管控流程：办公用品清查盘点。

业务范围：办公用品每个季度清查盘点、盘盈盘亏的存货按规定进行处置。

管理目标：主要规范单位存货盘点业务过程，确保存货账实一致，确保存货处置合法、合理。

内控制度：《某市经济开发区管委会资产管理内部控制制度》。

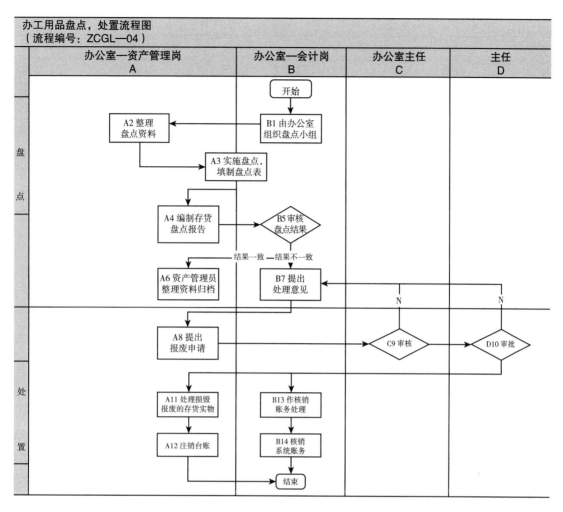

图 9 - 4 办公用品盘点、处置流程

表 9 - 10   办公用品盘点、处置管控流程指引

流程序号	流程环节	机构/岗位	工作职责	主要风险	业务表单
B1	组成盘点小组	盘点小组	盘点小组由办公室牵头，使用部门协助共同盘点，准备存货盘点表		
A2	整理盘点资料	办公室/资产管理岗	查阅办公用品存货账，确保办公用品实物账记录的完整与可靠，填写存货盘点表		
A3	实施盘点、填制存货盘点表	盘点小组	盘点采用以账对物、以物对账的方法，对已盘点存货粘贴标识，在盘点表记录实盘存货数量等信息，并注明存货状态是否完好	无合理理由提前报废存货，盘亏、毁损原因不清	《存货盘点表》

流程序号	流程环节	机构/岗位	工作职责	主要风险	业务表单
A3	实施盘点、填制存货盘点表	盘点小组	核查办公用品等存货在盘点表上注明	无合理理由提前报废存货，盘亏、毁损原因不清	《存货盘点表》
			整理及汇总实物盘点情况及与存货台账记录、财务账的核对情况，确定盘盈盘亏数额……		《存货盘点表》
A4	编制存货盘点报告	办公室/资产管理岗	对存货盘盈、盘亏及毁损、过期变质情况，撰写并提交附清查盘点表及相关材料数据的存货清查盘点报告	调整存货数据与盘点后处置的存货数据不统一（略）	盘点报告
B5	审核盘点结果	办公室/会计	办公室会计审核存货清查盘点报告		盘点报告、审核意见
A6	盘点结果一致资料归档	办公室/资产管理岗	略	略	存档资料
B7	提出处理意见	略	略		
A8	提出存货处置申请	办公室/资产管理岗	办理存货处置申请报批手续，先报办公室主任审核通过后报分管领导审批		
C9	审核	办公室主任	审核提出的存货处置申请		
D10	审批	主任	审核提出的存货处置申请审核，主要对存货清查盘点报告及办公室的处理意见，提出审核意见		盘点报告、审核意见
A11	处理毁损报废的存货实物	略	略		
A12	注销台账	办公室/资产管理岗	办公室资产管理岗在管理台账中作注销记录		
B13	进行账目处理	办公室/会计	依据分管领导审批通过的处理意见作核销账务处理		
B14	核销系统账	办公室/会计	办公室会计核销系统账务		

（3）权限指引表（见表9－11）。

表9－11　　　　　　　办公用品盘点、处置权限指引

流程编号及名称	事项	办公室		办公室主任	主任
		资产管理岗	会计		
办公用品盘点、处置控制流程	办公用品盘点、处置	盘点结果一致资料归档（略）	编制存货盘点报告；提出存货处置申请；注销台账	审核，提出处理意见；进行核销账务处理	审批

5. 固定资产验收入库

（1）流程图（见图9－5）。

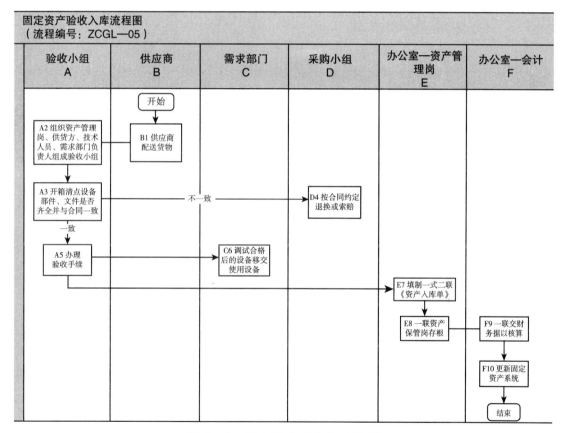

图9－5　固定资产验收入库流程

（2）管控流程指引（见表9－12）。

管控流程：固定资产验收入库控制。

业务范围：房屋及建筑物、专用设备、一般设备和其他固定资产的验收、入库。

管理目标：保证固定资产业务合法合规，符合单位内部管理制度的规定，保证各类固定资产的安全、完整。

内控制度：《本单位资产管理内部控制制度》。

表 9 – 12   **固定资产验收入库管控流程指引**

流程序号	流程步骤	机构/岗位	工作职责	风险说明	业务表单
B1	配送设备	供货商	配送企业按设备采购合同将送达单位固定资产库房，由单位验收小组负责固定资产设备的验收		
A2	组建验收小组	验收小组	由采购部门、供货方工程师、单位技术人员、需求部门负责人组成验收小组		
A3	开箱清点设备部件，文件是否齐全并与合同保持一致	略	略	验收单相关信息存在错漏	
D4	按合同约定退换或索赔	供货商	验收不合格的设备，验收小组应当出具设备验收异常报告单，交采购部门按合同约定进行退、换货或索赔处理		
A5	填制《资产入库单》，验收组成员共同签字确认	略	略		设备安装验收报告单
C6	调试合格后的设备移交使用设备	需求部门	一份《设备安装验收报告单》交需求部门留存		
E7	填制一式二联《资产入库单》	办公室/资产管理岗	由办公室资产管理岗填制《资产入库单》，经办公室主任和资产需求部门共同签字认可		《资产入库单》
E8	一联交办公室	办公室/资产管理岗	一联交办公室资产管理岗存根	增加资产未及时登记台账，导致账实不符	
F9	一联交财务据以核算	办公室/会计	一联交办公室会计进行相应账务处理		
F10	更新固定资产系统	办公室/会计	办公室会计及时更新固定资产管理系统	略	

（3）权限指引表（见表 9 – 13）。

表 9 - 13　　　　　　　　固定资产验收入库权限指引

流程编号及名称	事项	需求部门	办公室/资产管理岗	办公室/会计
固定资产验收入库流程	固定资产验收入库	调试合格后的设备移交使用设备（略）	填制一式二联《资产台账》；一联交办公室资产保管岗存根	另一联交会计据以进行账务核算；更新固定资产系统，据以进行账务处理

6. 固定资产盘点及盘亏后的资产处置控制

（1）流程图（见图 9 - 6）。

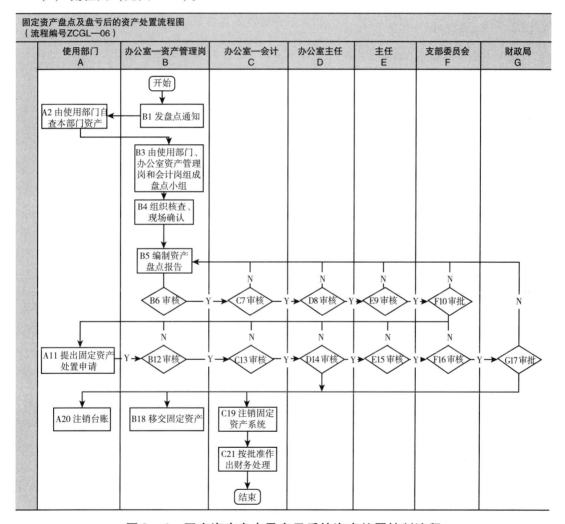

图 9 - 6　固定资产盘点及盘亏后的资产处置控制流程

（2）管控流程指引（见表 9 - 14）。

管控流程：固定资产清查盘点与处置控制流程图。

业务范围：单位包括房屋及建筑物、专用设备、一般设备和其他固定资产的清查盘点与处置。

管理目标：主要规范单位资产盘点业务过程，确保资产账卡一致、账实一致，确保存货处置合法、合理。

内部制度：《本单位资产管理内部控制制度》。

表 9 – 14　　　　　固定资产盘点与盘亏后的资产处置控制管控流程指引

流程序号	流程环节	机构/岗位	工作职责	主要风险	业务表单
B1	发放盘点通知	办公室主任	发放资产盘点通知		
A2	自查本部门资产	需求部门	需求部门核对本部门资产管理状况进行自查	敷衍了事，盘表、盘账，不盘点实物，造成账实不符	
B3	组成盘点小组	盘点小组	盘点小组由办公室牵头，资产使用部门、办公室工作人员组成盘点小组		
B4	组织核查现场确认	盘点小组	盘点小组组织进行自查结果核查。盘点小组根据各部门自查结果，对各部门调整后的资产进行逐一核对，核对资产的在位情况、对盘点资产进行统计和登记并更新固定资产卡片（略）		固定资产盘点表
B5	编制资产盘点报告	办公室/资产管理岗	调整更新固定资产账，编制资产盘点报告	调整资产数据与盘点后处置的资产数据不统一，造成账实不符、财务账与实物账不符	固定资产数据、盘点报告
B6	审核	办公室/资产管理岗	审核资产盘点报告		
C7	审核	办公室/会计岗	审核资产盘点报告		
D8	审核	办公室主任	审核资产盘点报告		
E9	审核	主任	审核资产盘点报告		
F10	审批	主任办公会	审批资产盘点报告		
A11	提出固定资产处置申请	略	略		固定资产处置申请
B12	审核	办公室/资产管理岗	由办公室资产管理岗审核报废固定资产是否符合报废条件。审核通过提至办公室会计岗进行审核		

流程序号	流程环节	机构/岗位	工作职责	主要风险	业务表单
C13	审核	办公室/会计	经办人将办公室会计岗审核通过的固定资产报废处置申请提交至办公室主任审核，审核通过后提交单位办公室主任审查批准		
D14	审核	办公室主任	达到或超过使用年限、提足折旧且不能继续使用的固定资产的报废，经单位财务分管领导和业务分管领导审查批准后，需求部门填制一式二联的"固定资产报废单"（略）		
E15	审核	主任	未达到使用年限、未提足折旧且符合： 1. 因技术进步而遭淘汰，需要更新换代的。 2. 严重毁损，使固定资产失去了原有的功能并且无法恢复到可正常使用的状态。		
F16	审核	主任办公会	3. 申请报废的固定资产虽未超过使用年限，但实际工作量超过其产品设计工作量，且继续使用易发生危险的固定资产。非正常报废，注明报废理由，估计清理费用、预计残值价格等（略）		
G17	审批	财政局			
B18	办理资产移交	办公室/资产管理岗	办理经过审批的处置资产移交工作		
C19	注销资产	办公室/会计	按规定程序处置资产实物并在资产管理系统记录资产处置情况		固定资产报废单
A20	注销台账	需求部门/主任	有关需求部门在管理台账中作注销记录，办公室存根备用		固定资产报废单
C21	进行账目处理	办公室/会计	取得固定资产处置证明，并进行资产账目处理		固定资产报废单

（3）权限指引表（见表9-15）。

表9-15 固定资产盘点及盘亏后的资产处置控制权限指引

流程编号及名称	事项	办公室—资产管理岗	办公室—会计	办公室主任	主任	主任办公会
固定资产盘点处置控制流程	固定资产盘点处置	发放盘点通知；编制资产盘点报告；审核；办理资产移交	固定资产账簿与固定资产卡片的核对；审核进行资产账目处理（略）	审核	审核	审批

7. 公务卡申办控制

（1）流程图（见图9-7）。

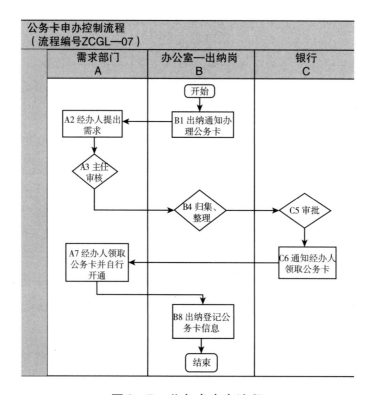

图9-7 公务卡申办流程

（2）管控流程指引（见表9-16）。

管控流程：公务卡管理。

业务范围：单位管理的申办全过程。

管理目标：规范单位公务卡管理，确保公务卡资产的安全及有效。

内控制度：《本单位资产管理内部控制制度》。

表 9 - 16　　　　　　　　　　公务卡申办管控流程指引

流程序号	流程环节	机构/岗位	工作职责	主要风险	业务表单
B1	通知办理公务卡	办公室/出纳岗	通知各需求部门需要办理公务卡的人员提交资料	申请公务卡审批不严格,可能造成无关人员持卡,公务卡使用混乱,加大管理难度;公务卡使用及管理与实际情况产生差异,造成管理效率偏低	
A2	提出办卡申请	需求部门/经办人	提出办卡申请,经办人填写银行印制的《预算单位公务卡申请表》,准备身份证复印件		《预算单位公务卡申请表》
A3	审核	需求部门/主任	对经办人提出的办卡申请进行审核,主要关注事项的真实性、合理性与合规性		《预算单位公务卡申请表》
B4	归集整理	办公室/出纳岗	审核经办人《预算单位公务卡申请表》填写的规范性,不通过的退回经办人重新申请,整理办卡资料,填写《预算单位申办公务卡人员名单汇总表》		《预算单位申办公务卡人员名单汇总表》
C5	银行审核		略		
C6	通知经办人		发卡银行通知经办人领取公务卡		
A7	领卡、开通公务卡	需求部门/经办人	经办人携带身份证前往银行领卡,并开通公务卡		
B8	登记公务卡信息	办公室/出纳岗	出纳在集中支付系统中录入公务卡信息		

（3）权限指引表（见表 9 - 17）。

表 9 - 17　　　　　　　　　　公务卡申办权限指引

流程编号及名称	事项	办公室	需求部门	
		出纳岗	经办人	主任
公务卡申办流程	公务卡申办	通知办理公务卡、审核整理、盖章、登记公务卡信息	提出办卡申请、填写申请表、领卡、开通公务卡	审核

8. 公务卡销卡控制

（1）流程图（见图 9 - 8）。

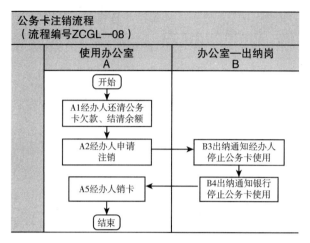

图9-8 公务卡销卡流程

（2）管控流程指引（见表9-18）。

管控流程：公务卡管理。

业务范围：单位管理的还款全过程。

管理目标：规范单位公务卡管理，确保公务卡资产的安全及有效。

内控制度：《本单位资产管理内部控制制度》。

表9-18　　　　　　　　　　　公务卡销卡管控流程指引

流程序号	流程环节	机构/岗位	工作职责	主要风险	业务表单
A1	还清欠款，结清余额	需求部门/经办人	经办人还清公务卡欠款，结清余额	《公务卡管理制度》不完善，导致公务卡注销没有依据	
A2	申请注销		提出公务卡注销申请		
B3	通知	办公室/出纳岗	通知使用持卡人停止使用公务卡		
B4					
A5	注销	需求部门/经办人	通知银行停止持卡人在本单位办理的公务卡的使用（略）		

（3）权限指引表（见表9-19）。

表9-19　　　　　　　　　　　公务卡销卡权限指引

流程编号及名称	事项	需求部门	办公室
		经办人	出纳岗
公务卡销卡流程	公务卡销卡	还清欠款结清余额、申请注销、注销	通知

第十章　建设项目控制建设

【导入案例】

建设项目内控弱，舞弊贪腐是必然

单位建设项目内控管理应当从建立项目议事决策机制、审核机制，到组织招投标工作，概（预）算管理，实施工程施工管理，组织工程竣工管理及交付使用、转作相关资产为止，在整个工程全过程管理活动中，要建立起科学的、完整的内控制度，并能够有效实施，方可从源头上预防舞弊和贪腐的发生。下面案例表明建设项目内控管理薄弱，一定会导致工程管理的贪腐发生。

2014 年 6 月 27 日，湖南省湘西土家族苗族自治州中级人民法院刑事审判庭。随着法官手中法槌的落下，被判处无期徒刑、剥夺政治权利终身的冯伟林浑身瘫软，面色惨白。

16 页的判决书，记录了冯伟林的 138 笔受贿事实。

冯伟林是湖南省交通厅原党组成员、省高速公路管理局原局长。2011 年 8 月，因涉嫌受贿被立案调查，经司法机关查实，受贿 4380.9 万元。

冯伟林是湖南省交通系统系列腐败案中的一员。经湖南省纪委调查，交通系统系列腐败案涉案人员 27 人，包括省交通厅的党组书记、副厅长陈明宪，以及副厅长邹和平、副厅长李晓希等 4 名厅级干部和 16 名处级干部。

这样的"塌方式腐败"触目惊心！

操纵招标，"量体裁衣"

要想大发"公路财"，必须牢牢掌控重大项目建设的招投标。陈明宪、冯伟林等人从操纵工程招投标入手，"发明创造"出了"串标""围标""清标"三步工作法，使得全省高速公路公开招投标成了一种摆设，蜕变成一种"权力变现"的集体狂欢。

按照交通运输部规定，工程造价 50 万元以上，就必须公开招标。在湖南，凡是想在高速公路工程公开招标中中标，就必须事先找到冯伟林或陈明宪等人打招呼，冯伟林或陈明宪等人就指示或授意下属事先将要招标的工程项目具体情况告知请托人，请托人得到准确信息后，选取其中的一个标段并告知冯伟林，这便是"串标"。

随后，请托人再花钱组织一批具有投标资质的企业报名投标，然后在每个项目资格预审前，将这些花钱雇来的企业名单交给冯伟林，同时注明自己想要中标单位的名称，让冯伟林给项目经理打招呼，确保这些雇来的企业尽可能多地通过资格预审，这样就可以对自己想中的标段进行"围标"。如果没有完全"围死"，还有其他企业也进入了最后投标圈子，则必须在正式投标前，与其他通过的企业进行协商，给予他们一定金额的补偿，让他们配合围标。

所谓"清标"，就是在资格预审时，已听冯伟林打过招呼的项目经理，把资格预审名单统计表给有关人员预审时，先将打了招呼的单位画了钩，没打招呼的画了叉，然后告诉预审人员要确保画钩的单位通过预审，画叉的单位要尽量找问题将它们清出去，这就是"清标"。

通过"串标""围标""清标"三个步骤，表面上，整个招标过程非常的公开、公平和公正，实则早已"量体裁衣"，一切尽在"掌控"之中。即便有人当场监督，也根本发现不了问题。

陈明宪在忏悔书中说："为了给请托人清除招标障碍，有时候我甚至以一个招标书里面某一页没有盖章为理由，将投标人拒之门外。"

冯伟林事后交代，他打招呼中标的 17 条公路 45 个土建标段，无一不是通过"串标""围标""清标"的方式中标的。

"前台"玩权，"后台"收钱

交通工程项目利益如此之大，来钱又是如此容易，陈明宪、冯伟林等人自然不会让"肥水流入外人田"，但是为了保证自己的"安全"，他们不直接收受钱物，而是让最亲近的朋友、情人和亲属等特定关系人从中当"二传手"，他们在"前台"玩权，特定关系人在"后台"收钱。

具体的操作方式是：先由特定关系人与项目承建商事先约定分成方式或好处费金额，然后通过打招呼让约定的承建商中标，再通过特定关系人收受财物。

冯伟林担任省高速公路管理局局长后，对弟弟冯冠乔说："现在我当局长了，你到高速公路上做点事还是可以，机会也有，但是你自己不要出面。"2009 年，冯冠乔为一个高速公路机电工程项目来找冯伟林帮忙，冯伟林叮嘱冯冠乔："有事别直接找我，别人看见了不好。你别出面，你跟别人联手，让别人来找我。"

冯冠乔心领神会，找到王某商量合作，由冯冠乔负责向冯伟林转达请托，不参与施工，但分一半利润。冯伟林多次接受冯冠乔转达的请托，利用职务便利，帮助王某中标数个工程，使其获得 9.83 亿元工程合同。冯伟林伙同冯冠乔由此实际获得 1700 多万元的好处费。

看到来钱如此容易，冯伟林妹妹冯霞也按捺不住。冯伟林多次为她打招呼。到最后，冯伟林感到这种变味的亲情越来越沉重。他在交代材料里写道："感觉亲情与友情，像一根根绳子套在我的脖子上，勒得我几乎无法呼吸。"此时，冯伟林想从绳索里逃出来，却已无能为力，甚至，他越挣扎，绳索套得越紧。

冯伟林招架不住了，他感到了恐惧，多次产生了辞职的念头。在接受调查期间，他忏悔道："我爸妈在世时，我曾向他们保证要带着弟弟妹妹吃好饭，但现在，我却带着他们一起吃牢饭。"

陈明宪、李晓希、邹和平在伙同家人或亲属受贿的手法上与冯伟林如出一辙，他们都是要求家人或亲属在背后操作。

陈明宪在伙同其妻周茜、其妹陈明珍接受他人请托，为他人谋取利益时，要求周茜不要出面，要求陈明珍尽量少出面。然后找到与其关系密切的朋友刘某、周某商定，由刘某联系投标单位或个人，陈明宪出面帮助中标，刘某、周某收取"业务费"，刘某负责保管，等陈明宪退休后，三人平分"业务费"。陈明宪还特别叮嘱刘某、周某小心操作，别出事，要"找间房子，多买几把锁，锁起来"，保管好"业务费"。

李晓希伙同儿子李钡在高速公路上插手保险业务时，最开始也是反复叮嘱李钡不要直接跟项目经理联系，只要李钡告诉自己保险公司想要哪条路的业务就行了。

邹和平儿子邹颖则入股侯某、戴某和阳某合伙经营的一家花木公司，每年可分取红利。邹和平告诉邹颖："别出面跟他们搅在一起，更别入股，拿点好处费就算了。"

面对着轻松就可以拿到手的好处费，陈明宪、冯伟林等人的家人和亲属哪能克制住自己心底无穷的欲望，甚至到了最后，面对金钱的诱惑，陈明宪、冯伟林、李晓希、邹和平等人不仅管不住自己的亲人和家属，就是连自己也管不住了。

大权独揽，唯我独尊

湖南省高速公路管理局是两块牌子，一套人马，政企不分，权力集中。冯伟林的官方头衔是：湖南省高速公路管理局党委副书记、局长，湖南省高速公路建设开发总公司总经理，湖南省高速集团财务有限公司董事长，湖南高速公路投资集团董事长。他手握重权，时常每天要批两三个亿出去，对钱已经完全没有概念。别人送来的钱，在他眼里就是一个符号。

权力这根魔杖，让省交通厅这群"路蠹"迷失了方向，直至变得疯狂。在他们分管的范围里，他们就是"皇帝"，一切都是他们说了算。比如，为了达到控制人从而控制工程建设项目的目的，在干部任命上，他们先只任命高速公路建设筹备组长，等完成土建招标后，听话的就任命为经理，不听话的就不让当经理。所以，筹备组长必须听他们的招呼。如果哪个胆敢不服从，则给予无情打击。

唐某凭着与冯伟林过硬的关系，同样在怀通高速做水泥供应业务，大家对此都睁只眼闭只眼。2006年，冯伟林帮唐某在娄新高速获得一个土建工程，唐某向冯伟林打小报告，说娄新高速总监肖建秋有点为难他。冯伟林就以肖建秋与总经理陈勇鸿闹不团结为由，将肖建秋调开。

陈明宪则更霸道，他给某高速公路筹备组组长张某打招呼，要张某将工程给自己亲属做，由于陈明宪亲属做的标书太差，根本无法摆到台面上，因此没能中标。陈明宪大怒，大骂张某："不识抬举，从哪里来滚回哪里去！"结果，张某一直没能当上项目经理。

天网恢恢，疏而不漏。这群"路蠹"无视党纪国法，嚣张跋扈，最终为自己的所作所为付出了沉重代价。

资料来源：触目惊心的"塌方式腐败"［N］. 中国纪检监察报，2014－11－18.

公路建设项目是工程建设项目中占比较大的项目，"投入资金大，施工工期长，施工现场距离远"等特点有别于其他工程。其内控管理制度的建立，要求比较严密，执行要求也非常严格。上述案例可以看出，由于内控薄弱，稍有不慎，就会给贪腐者留下漏洞。

一、建设项目控制规范解读

建设项目是指行政事业单位自行或者委托其他单位进行的建造、安装活动。其中，建造活动主要是指各种建筑的新建、扩建、改建及修缮活动，安装活动主要是指设备的安装工程。

我国行政事业单位的建设项目涉及公共建筑、交通运输、铁路工程、水利工程及市政工程等基础设施建设，与人们生产、生活息息相关。由于投入资金量大、建设工期长、涉及环节多、管理要求高和利益错综复杂，建设项目往往是贪污挪用和腐败案件的"高发区"！我国建设单位建设项目时存在违规行为：工程项目"三超"现象严重、项目建设质量低下、与项目建设有关的行贿受贿等腐败现象和经济犯罪案件时有发生，这些都与内部控制不严、管理不到位有关。因此，加强行政事业单位建设项目内部控制意义重大。

（一）建设项目控制管理制度与岗位设置控制

《单位内控规范》第四章第46条规定："单位应当建立健全建设项目内部管理制度。单位应当合理设置岗位，明确内部相关部门和岗位的职责权限，确保项目建议和可行性研究与项目决策、概预算编制与审核、项目实施与价款支付、竣工决算与竣工审计等不相容岗位相互分离。"该条款就建设项目内部管理制度建立健全及合理设置岗位及不相容岗位相互分离设置等方面的内部控制作了原则性规定。

1. 建设项目控制管理制度与岗位设置控制内容

（1）建设项目控制管理制度控制内容。

①建设项目分类控制。按照建设项目的实施方式，行政事业单位建设项目可分为自行建造项目和委托他人建造项目。按照建设项目实施内容，行政事业单位建设项目可以分为单位办公用房建设项目、基础设施建设项目、公用设施建设项目、大型设备安装项目和大型修缮项目。按照通用的建设项目分类标准，建设项目具体分类如表10-1所示。

表10-1　　　　　　　　　　　　　　建设项目具体分类

建设项目分类标准	具体分类
按建设性质划分	新建项目、扩建项目、改建项目、迁建项目、恢复项目
按计划管理要求划分	基本建设项目、更新改造项目、商品房屋建设项目，其他固定资产投资项目
按施工情况划分	筹建项目、施工项目、投产项目、收尾项目
按工作阶段划分	前期工作项目、预备项目、新开工项目、续建项目
按隶属关系划分	中央项目、地方项目、合建项目

续表

建设项目分类标准	具体分类
按用途划分	生产性项目、非生产性项目
按建设规模大小划分	基本建设项目分为大型项目、中型项目、小型项目 更新改造项目分为限额以上项目、限额以下项目

②建设项目内部管理制度建立的法律法规依据。《中华人民共和国建筑法》（主席令〔1997〕第91号）是为了加强对建筑活动的监督管理，维护建筑市场秩序，保证建筑工程的质量和安全，促进建筑业健康发展的基础性法律。该法曾于2011年修订过，即主席令〔2011〕第46号，主要从建筑许可、建筑工程发包与承包、建筑工程监理、建筑安全生产管理、建筑工程质量管理等方面作出了法律规定。此外，国务院和国家相关部委也都针对建设项目管理从不同的侧面、不同的角度出台了一系列的法律法规，进一步规范建设项目管理。

目前，行政事业单位在建设项目控制方面主要依据以下法律法规：《中华人民共和国建筑法》（主席令第46号，2011年修订）；《建设工程勘察设计管理条例》（国务院令第293号，2000年颁布，国务院令第662号，2015年修改）；《建设工程质量管理条例》（国务院第279号，2000年颁布）；《建设工程安全生产管理条例》（国务院第393号，2003年颁布）；《对外承包工程管理条例》（国务院第527号，2008年颁布）；《中华人民共和国招标投标法实施条例》（国务院第613号，2011年颁布）等。

（2）建设项目控制岗位设置控制内容。单位应当根据"三定"方案、单位的实际情况和《单位内控规范》的要求合理设置建设项目管理岗位，建立项目管理岗位责任制，明确建设项目管理相关部门和岗位的职责权限。

一般来说，建设项目管理涉及的内外部相关部门包括：单位建设项目决策机构、单位基建部门、单位财务部门、单位审计部门、政府相关部门、设计单位、施工单位、监理单位、招标代理单位等，各个部门的角色和职责如表10－2所示。

表10－2　　　　　　　　　　建设项目相关部门的角色和职责

部门名称	角色和职责
单位建设项目决策机构	建设项目决策机构一般是单位的最高决策机构，职责包括：项目立项、预算、重大调整等
单位基建部门	单位基建部门是建设项目管理的核心执行部门，主要职责是： ①依据国家基本建设的法律法规、方针政策和各种规范，严格执行基本建设程序；根据单位战略发展规划，组织实施建设工程的总体规划及年度基本建设计划； ②按照基本建设有关规定和程序，负责组织协调建设工程项目的报批、勘察、设计、施工、监理等工作； ③负责建设工程项目全过程的质量、投资、工期等管理协调工作，办理竣工验收和交付使用手续； ④负责建设工程的预决算编制的相关工作； ⑤做好基本建设项目档案资料管理等方面的工作

部门名称	角色和职责
单位财务部门	财务部门主要承担与基建工程的预算相关的业务，以及建设项目实施过程中与资金相关的管理、决算和审核等工作
单位审计部门	审计部门主要承担针对建设项目的审计工作，在建设项目前期，以工程造价、预计合同总成本编制为审计重点；在建设工程项目实施的中前期，以内控管理评价为审计重点；在建设工程项目实施的中后期，以项目盈亏的认定为主，以经济责任审计为审计重点
政府相关部门	政府相关部门主要包括发改部门、规划部门、土地管理部门、建设行政主管部门、人防部门等。 ①发改部门和规划部门承担与建设项目的立项、变更相关的审批、备案工作； ②规划部门主要承担对建设项目的设计施工方案进行审批； ③土地管理部门对于涉及新增建设用地的建设项目的用地进行审批； ④建设行政主管部门承担对建设项目开工审批等实际建设等方面的管理工作； ⑤人防部门对建设项目是否符合人防标准进行审批
设计单位	设计单位是建设项目的设计方案拟定部门，可以由单位内部的基建部门来负责，也可以由相关的其他职能部门负责。实践中，对于专业性较强、规模较大的建设项目的设计工作也往往委托给具有相关资质的专业工程建设设计单位承担
施工单位	施工单位是建设项目的工程开工拟定部门，这可以由单位内部的基建部门来负责，也可以由相关的其他职能部门负责。实践中，对于专业性较强、规模较大的建设项目的施工工作也往往委托具有相关资质的专业工程建设施工单位承担
监理机构	监理机构是行政事业单位外部的独立机构，接受单位的委托，对建设项目的建设过程实施监理工作，主要职责包括： ①审查承包单位的资质，并提出审查意见；审定承包单位提交的开工报告、施工组织设计、技术方案、进度计划； ②审核签署承包单位的申请、支付证书和竣工结算；审查和处理工程变更； ③调解建设单位与承包单位的合同争议、处理索赔、审批工程延期； ④审核签订分部工程和单位工程的质量检验评定资料，审查承包单位的竣工申请，组织监理人员对待验收的工程项目进行质量检查，参与工程项目的竣工验收
招标代理单位	行政事业单位将建设项目的相关招标工作委托给具有相应资质的专业代理单位进行委托招标

2. 建设项目控制管理制度与岗位设置控制目标

建设项目控制管理制度与岗位设置控制目标主要有以下几个方面：

（1）建立健全建设项目内部管理制度，根据单位实际情况不断进行制度细化，并且根据实践情况不断调整、修正和优化，形成良性循环。

（2）相关部门和岗位职责权限明确，不相容岗位相互分离，实现相互制约、相互监督。

（3）项目议事决策实现集体决策，形成集体研究、专家论证和技术咨询相结合的议事决策机制，确保项目决策的科学性和合理性。

（4）优化审核控制，从岗位设置、人员配置等方面为审核提供客观保障，根据不同文档的特点，明确不同文档审核的侧重点，确保审核起到应有效果。

3. 建设项目控制管理制度与岗位设置控制风险评估

建设项目控制管理制度与岗位设置控制在进行风险评估时，主要从以下几个方面进行：

（1）管理体系风险。建设项目管理制度疏漏多、体系混乱。由于建设项目涉及的部门和流程多而复杂，容易导致制度存在疏漏，不能形成体系；而疏漏势必会带来主观性和随意性，体系混乱则容易导致建设项目管理制度难以贯彻落实的问题，进而使制度难以发挥其应有的作用。

（2）岗位设置风险。岗位设置不合理，岗位的职责权限划分不清楚、不明确、不合理，导致人员之间容易出现推诿扯皮，工作衔接出现真空地带或者多头管理的问题；不相容岗位没有相互分离容易导致舞弊，缺乏制衡，也可能使权利过度集中。

（3）决策机制风险。议事决策机制不健全，单位决策者自身的责任意识不够强，决策工作存在盲目性，导致个人专断、擅自改变集体决策的现象出现。

（4）文档审核风险。文档审核岗位设置不合理，负责文档编制的人员同时也负责审核，导致文档审核失效；审核人员能力不足，不具备文档审核的专业能力；文档审核未进行分类审核，各类文档的审核重点不明晰，流于形式，使审核达不到应有的效果。

4. 建设项目控制管理制度与岗位设置控制措施

（1）建立健全单位建设项目内部管理制度。行政事业单位的建设项目环节较多、涉及面较广，行政事业单位要在符合国家有关规定的基础上，通过梳理建设项目业务流程，建立健全建设项目内部管理制度。单位的建设项目内部管理制度应主要明确：建设项目的归口管理部门和相关岗位的设置及其职责权限；建设项目的工作流程；与建设项目相关的审核职责和审批权限；与建设项目相关的检查责任等。

鉴于建设项目本身的复杂性，行政事业单位可以将内部管理制度不断细化。例如，某些单位将建设项目内部管理制度进一步细分为建设项目的总体管理办法、岗位职责制度、质量控制制度、财务管理制度、成本控制制度、招标投标制度、合同管理制度、施工安全管理制度、工程物资采购制度、档案管理制度、项目考核与评价制度等。

在建立健全制度的基础上，单位还应该努力推进制度的落实和执行，保证制度能使项目按其应有的流程运作，使制度达到预期效果，还能根据实践不断调整、修正、优化制度，形成良性的循环。

（2）建立健全岗位职责制度。单位要确保具体工作落实到人，明确岗位职责。办理建设工程业务的不相容职务相互分离、相互制约、相互监督。

（3）建立健全项目议事决策机制。单位首先要明确建设项目管理执行机构和决策机构。单位应当对项目决策程序和相关责任做出明确规定，确保项目决策科学、合理。单位要在建设项目相关部门，尤其是决策机构，推进强化内部控制意识，摒除特权意识，化"一支笔"控制为"多支笔"控制。在决策过程中，应当详细记录决策过程、各方面意见，与项目建议书和可行性报告等相关资料一同交由资产管理部门妥善归档保管，以便落实项目决策的责任。

（4）优化审核控制。在建设项目的多个业务环节中，都涉及审核制度，都要通过审核来获取各方意见，尤其是决策机构的意见，单位需要在此基础上改进和优化相关的方案。这些审核往往一经通过，结果就难以再次改变，所以，审核环节是控制的关键点。

（二）建设项目议事决策机制控制

《单位内控规范》第四章第47条规定："单位应当建立与建设项目相关的议事决策机制，严禁任何个人单独决策或者擅自改变集体决策意见。决策过程及各方面意见应当形成书面文件，与相关资料一同妥善归档保管。"该条款就单位建设项目应建立健全相关的议事决策机制，对建设项目全过程各环节的管理决策形成制衡机制作出了原则性规定。

1. 建设项目议事决策机制控制内容

（1）建设项目议事决策机制控制内容。准备阶段主要包括项目建议书的编制和审批、可行性研究报告的编制和审批、建设用地审批等内容。单位的基建部门根据单位的实际情况，提出建设项目申报需求，编制、调整《项目建议书》，并根据单位决策机构领导审批提出的意见进行修改。单位决策机构审批通过后上报至政府发改部门，政府发改部门依据相关法律法规政策对项目立项申请进行审批或备案。单位基建部门依据经过审批的《项目建议书》编制《项目可行性研究报告》报单位决策机构审批，并根据单位决策机构提出的意见进行修改。单位决策机构将修改后的《项目可行性研究报告》上报至政府发改部门进行审批。单位基建部门收到发改部门批复的《项目可行性研究报告》后，如果建设项目需要用地，还需要向政府相关部门申请建设用地。向政府规划部门申请办理《建设用地规划许可证》，再向土地管理部门申请征用或划拨土地。

（2）建设项目议事决策机制关键控制环节。建设项目准备阶段关键环节包括单位基建部门编制项目建议书、单位决策机构审批项目建议书、政府发改部门审批项目建议书、单位基建部门编制项目可行性研究报告、单位决策机构审批项目可行性研究报告、政府发改部门审批项目可行性研究报告、单位基建部门申请用地、向政府规划部门申请办理《建设用地规划许可证》、向土地管理部门申请征用土地等环节。其中，建设项目准备阶段关键环节的简要说明如下。①单位基建部门编制项目建议书：单位的基建部门根据单位的实际情况，提出初步的基建工程意向，编制《项目建议书》，并根据单位决策机构领导提出的意见进行修改。②单位决策机构审批项目建议书：单位决策机构根据单位整体的资金状况和发展规划等因素，整体权衡，对《项目建议书》进行审批，并提出修改意见，反馈给基建部门修改后再上报，直至审批通过。单位应根据项目的规模性质等因素权衡考虑是否需要上报主管部门审批以及是否需要政府其他相关部门审批或者备案。一般对于重要的项目需要经过政府发改部门审批或者备案。③政府发改部门审批项目建议书：政府发改部门依据相关法律法规政策对项目立项申请进行审批或备案。④单位基建部门编制项目可行性研究报告：单位基建部门依据经过审批的《项目建议书》编制《项目可行性研究报告》报单位决策机构审批，并根据单位决策机构提出的意见进行修改。⑤单位决策机构审批项目可行性研究报告：决策机构对《项目可行性研究报告》进行审批，并提出修改意见，必要时报上级主管部门及政府发改部门审批或备案。⑥政府发改部门审批项目可行性研究报告：政府发改部门依据相关法律法规政策对《项目可行性研究报告》进行审批。⑦单位基建部门申请用地：单位基建部门收到发改部门批复的《项目可行性研究报告》后，如果建设项目需要用地，还需要向政府相关部门申请建设用地。⑧向政府规划部门申请办理《建设用地规划许可证》，必要时还要到建设部门办理房屋拆迁许可和拆迁结案证明。⑨向土地管理部门申请征用土地：取得《建设用地规划许可证》后，单位可以向土地管理部门申请征用或划拨土地。

2. 建设项目议事决策机制控制目标

建设项目准备阶段议事决策机制控制目标包括以下几个方面：

（1）建设项目立项经过严格周密论证，符合国家有关投资、建设、安全、消防、环保等规定及单位内部规章制度等的程序规范，符合法律法规及国家政策规定。

（2）确保建设项目立项决策科学合理，符合国家和单位的利益，技术上可行，能够产生预期的经济和社会效益；建设项目实行集体决策，妥善保管决策过程中的文件资料。

（3）确保建设项目立项建议书、项目前期费用的申请和审批、可行性研究报告经过适当的审核或评审，并出具审核或评审意见。

3. 建设项目议事决策机制控制风险评估

行政事业单位在开展建设项目准备阶段议事决策机制控制风险评估时，主要从以下几个方面进行：

（1）项目建议书编审方面的风险：主要是重大项目直接开展可行性研究，缺少项目建议书，即使编制了项目建议书，但是由于专业性不足或缺乏相关经验，导致项目建议书缺乏科学性，流于形式；项目建议书中可能存在与国家相关法律法规不符的情况，若不能及时发现，会导致重复工作，浪费单位的时间和精力；立项建议可能与单位的实际发展需要和公共服务的需要不吻合，可能导致结果达不到预期目标；项目立项建议书自身内容的编写不规范，一些关键的内容，比如项目的建设用途、规模、服务标准等表述不明确、不清楚，项目投资估算和建设进度安排不合理、不协调、与客观情况偏差大；项目建议书编制和评审职责分工不明，审议决策缺乏集体决策，导致项目建议书编制和评审缺乏规范性和科学性。

（2）可行性研究报告编审方面的风险，主要是单位未对建设项目进行可行性研究，即使进行了可行性研究，但真实意图是为了促进项目盲目上马，导致可行性研究流于形式；可行性研究报告编写不规范，内容存在缺失，未根据单位建设项目的特点编写；可行性研究报告编写人员缺乏专业性、经验不足，或者声誉不佳，存在不良记录，可能导致可行性研究报告缺乏科学性、准确性和公正性。

（3）项目决策审核方面的风险，主要是评审人员缺乏专业性、经验不足、缺乏责任感、评审未综合考虑各种因素，采用简单的"少数服从多数"的形式，导致项目决策评审结果不科学。

（4）建设用地审批方面风险，主要是没有与相关审批部门做好及时有效的沟通，提供的材料不齐全，导致用地审批不通过，或者审批结果未达到预期。

4. 建设项目议事决策机制控制措施

以准备阶段为例，主要包含以下控制措施：

（1）项目建议书的编审控制。项目建议书又称立项报告，是论证项目建设的必要文件，是项目选择的依据，也是可行性研究的依据。

一般情况下，单位对于重大项目均应编制项目建议书，对于非重大项目也可以不编制项目建议书，但仍需开展可行性研究，对于专业性较强或较为复杂的建设项目，单位也可委托专业机构进行投资分析，编制项目建议书。在编制项目建议书时，单位应该结合国家和地区的相关政策规定，考虑实际建设条件和经济环境变化趋势，并经过适当的调研和周全考虑，避免受到单位内外个别人员主观意向的影响，防止项目建议书流于形式。

单位应当确定投资分析、编制和评审项目建议书的职责分工，指定牵头或组织机构、人员，确定选择专业机构的条件和评审方式等。在审议决策过程中，单位要对其进行集体审议，必要时可成立专家组或委托专业机构进行评审，为可行性研究报告提供可靠依据。承担评审任务的专业机构不得参与项目建议书的编制。根据国家规定应当报批的项目建议书必须及时报政府有关部门审批或备案。

（2）可行性研究报告编审控制。可行性研究报告是工程项目投资决策的主要依据，是建设工程项目设计、勘察等的基础资料，也是环保部门、地方政府等部门审批项目的重要依据。单位应该在项目建议书被批准后及时进行可行性研究，系统地对与项目有关的经济、技术、财务、法律和环境保护等方面进行深入研究，编制可行性研究报告。

建设项目不同，可行性研究的具体内容也不尽相同。但一般而言，可行性研究报告的主要内容包括：项目概况，市场分析与建设规模，资源、原材料及公用设施，项目设计方案，环境保护及劳动安全，单位组织、劳动定员的优化组合及人员培训，投资估算和资金筹措，实施进度及建设工期的规划，社会及经济效果评价，风险分析，综合评价及结论，附件，必要的附图和附表等。行政事业单位应该根据国家和地区有关规定，结合本单位实际，确定可行性研究报告的内容和格式，明确编制要求。如果委托专业机构进行可行性研究，单位应明确该专业机构的选择标准，并重点关注其专业资质、业绩和声誉、专业人员素质、相关业务经验等，确保可行性研究科学、准确和公正。

需要注意的是，可行性研究报告一经批准，投资估算及资金来源就是具体项目投资的最高限额，即建设项目控制造价的依据，其误差应控制在10%以内。

（3）项目决策审核控制。单位应该对建设项目可行性研究报告进行审核或者评审，委托专业机构进行评审的，该专业机构不得参与建设项目可行性研究，参与评审或评审的人员应当熟悉工程业务，并具有广泛代表性。在进行审核或评审时，不能采用简单的"少数服从多数"的原则，应该充分考虑项目投资、质量、进度等各方面的意见，综合考虑各种因素，确保项目评审的科学性。项目评审应该重点关注项目投资方案、投资规模、资金筹措、生产规模、布局选址、技术、安全、环境保护等情况，核实相关资料的来源和取得途径的真实性和可靠性，特别是要深入分析和全面论证建设项目的经济技术可行性。

单位应当根据职责分工和审批权限对建设项目进行决策，决策过程必须有完整的书面记录。重大建设项目应当报单位集体决策或者上级机关批准，任何个人不得单独决策或者擅自改变集体决策意见。同时，单位应当建立建设项目决策责任追究机制，明确决策人员的责任，定期或不定期地进行检查。

（4）建设用地审批控制。单位在建设项目立项后、正式施工前，应依法取得建设用地、城市规划等方面的许可。建设项目施工期间，建设单位应当将《建设用地批准书》公示于施工现场。

（三）建设项目审核机制控制

《单位内控规范》第四章第48条规定："单位应当建立与建设项目相关的审核机制。项目建议书、可行性研究报告、概预算、竣工决算报告等应当由单位内部的规划、技术、财会、法律等相关工作人员或者根据国家有关规定委托具有相应资质的中介机构进行审核，出具评审意见。"该条款就单位建设项目应建立健全相关的审核机制，对建设项目的审核过程作出了原则性规定。

1. 建设项目审核机制控制内容

（1）建设项目审核机制流程控制内容。主要包括设计方案与概算的编制与审批、施工方案与预算的编制与审批、建设项目规划审批、竣工决算报告等内容。准备阶段的控制内容为：首先，单位基建部门开始筹备建设项目设计前的准备工作，组织开展勘察、设计招标，由招标代理机构进行招标。中标设计单位进行初步设计，基本确定大致的设计方案和总概算，报单位决策机构讨论评审，并依据评审意见进行设计方案的具体修订并再次上报。其次，单位决策机构依据实际情况对设计单位上报的设计方案和概算进行评审，并提出意见，最终确定设计方案和总概算，政府发改部门依据相关法律法规政策对上报的设计方案和总概算进行审批。审批后，基建部门组织设计单位进行施工图和总预算的编制，设计单位编制施工图和总预算报单位决策机构进行审批，并依据意见进行修订，最终确定施工方案和总预算。最后，施工方案通过后，单位基建部门申请《建设工程规划许可证》和人防工程审核。

（2）建设项目审核机制关键环节控制内容。建设项目准备阶段审核机制关键环节包括单位基建部门开展勘察、设计招标和招标代理机构进行招标、设计单位设计方案与总概算、单位决策机构评审设计方案与总概算、政府发改部门审批设计方案与总概算、单位基建部门组织设计方案和总预算的编制、设计单位编制总预算和施工图、单位决策机构评审施工图和总预算、单位基建部门申请《建设工程规划许可证》、政府规划部门审批工程规划、政府人防部门审核人防工程。其中每一建设项目概预算关键环节的简要说明如下：①单位基建部门开展勘察：单位基建部门开始筹备建设项目设计前的准备工作，主要是确定设计单位，以及组织设计单位了解情况，确定主要的技术方案、标准及建设的功能需求等内容。②设计招标和招标代理机构进行招标：单位组织工程设计招标。③设计单位设计方案与总概算：中标设计单位进行初步设计，基本确定大致的设计方案和总概算，报单位决策机构讨论评审，并依据评审意见进行设计方案的具体修订并再次上报。④单位决策机构评审设计方案与总概算：单位决策机构依据实际情况对设计单位上报的设计方案和概算进行评审，并提出意见，最终确定设计方案和总概算，必要时报上级主管部门和政府发改部门审批。⑤政府发改部门审批设计方案与总概算：政府发改部门依据相关法律法规政策对上报的设计方案和总概算进行审批。⑥单位基建部门组织设计方案和总预算的编制：基建部门取得发改部门的审批意见，组织设计单位进行施工图和总预算的编制。⑦设计单位编制总预算和施工图：设计单位编制施工图和总预算报单位决策机构进行审批，并依据意见进行修订，最终确定施工方案和总预算。⑧单位决策机构评审施工图和总预算：单位决策机构对设计单位上报的施工图和总预算进行审批并提出意见，反馈给设计单位，直至方案获得通过。⑨单位基建部门申请《建设工程规划许可证》：施工方案通过后，单位基建部门应着手办理《建设工程规划许可证》，以及人防工程初步设计审批的必要手续。⑩政府规划部门审批工程规划：政府规划部门依据相关法律法规政策对单位的工程规划进行审批。⑪政府人防部门审核人防工程：政府人防部门依据相关法律法规政策对单位的人防工程初步设计审核进行审批。

2. 建设项目审核机制控制目标

建设项目审核机制控制目标包括以下几个方面：

（1）择优选择勘察、设计单位，选择程序和标准明确、规范，确保选择的勘察、设计单位具有相应等级资质，能够最大限度地满足建设工程勘察、设计的要求。

（2）加强勘察、设计文件的审查，明确各个不同文件的审查重点，确保文件依据明确、内容合理，为后续建设项目的实施打下坚实的基础。

（3）加强概预算编制、审核和变更控制，确保概预算科学、合理，对建设项目起到有效约束的作用，并且为后续项目结算和招投标提供科学的依据。

（4）加强工程建设规划审批控制，及时与相关部门沟通，避免审批不通过的现象，确保工程建设及时开工，保证项目进度。

（5）严格控制设计变更，尽可能减少审计变更，确需变更的，变更程序要规范，避免由于设计随意变更带来的项目管理失控、价款支付混乱等现象。

3. 建设项目审核机制控制风险评估

行政事业单位在开展建设项目审核机制控制风险评估时，主要从以下几个方面进行：

（1）勘察、设计单位选择方面的风险，主要是发包方式不合规合法，未经批准直接发包，有意规避招标发包；与勘察、设计单位签订的合同不详尽，勘察、设计单位权利义务不明确，导致无法追究相关责任，给单位造成不必要的损失；选择的勘察、设计单位不具有相关资质等级，或者即使有相应的资质等级，但是不具有与项目相关的专业资格，缺乏经验，专业技术人员不具有相应的职业资格证书，违规参与勘察、设计工作，进而影响勘察、设计的质量和生产安全。

（2）勘察、设计文件审查方面的风险，主要是勘察、设计文件的编制依据不合理，编制内容不合理，不符合法律法规的要求，尤其是初步设计文件和施工图文件，不符合国家和地方相关法律法规的审查条件；未与勘察、设计单位保持有效沟通，提供的资料不完整，造成设计保守、投资失控；缺乏对勘察、设计文件的审核，审核重点不明确，导致审核流于形式，给后期施工带来不良影响。

（3）概预算控制方面的风险，主要是概预算编制与工程项目内容的不符，与实际情况相脱离，导致概预算编制缺乏科学性和合理性，概预算无法发挥约束和规范作用；缺乏概预算审核，或者审核人员缺乏专业性，经验不足，重点审核内容不明确，未能及时发现问题；单位随意更改概预算，出现超规模、超概预算的现象，对确需调整的情况，未经过恰当的审核和审批程序，未经报批就调整概预算。

（4）工程建设规划审批方面的风险，主要是未与相关审批部门做好及时有效的沟通，或未提供必要的资料，导致审批不通过，或者审批结果不理想。

（5）设计变更的风险，设计变更频繁，变更审核不严格，可能导致概预算与工程实际情况脱节，出现预算超支、投资失控、工期延误等风险。

4. 建设项目审核机制控制措施

鉴于建设项目的技术和工艺复杂，需要审核的文件或方案大多具有很强的专业性，单位应当着重从以下几个方面优化建设项目审核控制：

（1）在岗位设置上，文档的编制与审核应当相互分离，即负责审核工作的机构或人员，不能同时是相关文档的编制机构或人员。

（2）参与审核的人员一定要具备相应的能力，由单位内部的规划、技术、财会、法律等相关工作人员承担，单位内部不能承担的，可根据国家相关的法律法规的规定来委托具有专业资质的中介机构进行独立的审核。行政事业单位聘请的专业中介机构应该具备相应资质，具有相关的业绩和声誉，专业机构人员应具有专业素养和丰富的业务经验。

（3）不同文档审核的侧重点有所不同，单位应按照文档内容不同明确审核要点。例如，对于初步设计方案，审核重点主要包括单位是否已经得到有关批准文件；方案审计单位及有关人员是否具备资质；送审资料内容是否完整，格式是否规范，资料内的各项指标是否符合工程建设强制性标准，初步设计规模是否与项目建议书和可行性研究报告保持一致；项目设计是否合理、经济、可行、安全；项目是否满足单位的使用要求，初步勘察是否满足设计要求等。又如，对于概预算，审核重点主要包括：概预算编制是否严格执行国家、行业和地方政府有关建设和造价管理的各项规定和标准；是否完整、准确地反映审计内容和当时、当地的价格水平；项目内容、工程量的计算、定额费用等是否真实、完整和准确等。

（4）单位应落实审核责任，负责审核工作的机构或人员应当对其出具的审核意见承担责任。

（四） 建设项目招标管理控制

《单位内控规范》第四章第 49 条规定："单位应当依据国家有关规定组织建设项目招标工作，并接受有关部门的监督。单位应当采取签订保密协议、限制接触等必要措施，确保标底编制、评标等工作在严格保密的情况下进行。"该条款就单位建设项目的招标管理工作作出了原则性规定。

1. 建设项目招标管理控制内容

（1）建设项目招标管理流程控制内容。这个阶段主要包括招标、投标、开标、评标、定标、签订合同等几个环节，具体招标流程参看第八章政府采购业务控制建设中政府采购活动业务的公开招标业务。首先，单位基建部门准备招标工作，编写招标申请书，单位决策机构审批招标申请书，审批通过后委托具有相应资质的招标代理机构进行招标。招标代理机构接受建设单位的招标委托，编制招标文件，经建设单位审核确认后，发布招标文件。其次，施工单位购买招标文件，根据本单位的实际情况，向招标代理机构提交投标文件。再次，招标代理机构开标，评标委员会对投标文件进行评审和比较，推荐合格中标人，最终确定中标人。最后，招标代理机构公布中标结果，单位基建部门下达中标通知书，与中标施工单位签订合同。

（2）建设项目招标管理关键环节控制内容。建设项目工程招标关键环节包括单位基建部门准备招标申请书、单位决策机构委托招标代理机构进行招标、招标代理机构接受委托与编制并发布招标文件、施工单位购买并提交招标文件、招标代理机构开标、评标委员会评标、招标代理机构公布中标结果、单位基建部门签订合同。建设项目工程招标关键环节的简要说明如下：①单位基建部门准备招标申请书：单位基建部门准备招标工作，编写招标申请书，并提交单位决策机构审批，招标项目按照国家有关规定需要履行项目审批手续的，建设单位应当先向主管部门递交《招标申请书》，履行审批手续，取得批准。②单位决策机构委托招标代理机构进行招标：单位决策机构审批招标申请书，审批通过后委托具有相应资质的招标代理机构进行招标。③招标代理机构接受委托与编制并发布招标文件：招标代理机构接受建设单位的招标委托，和基建部门沟通后，编制招标文件，经建设单位审核确认后，发布招标文件。④施工单位购买并提交招标文件：施工单位购买招标文件，并经过综合考察后，根据本单位的实际情况，向招标代理机构提交投标文件。⑤招标代理机构开标：招标代理机构开标。⑥评标委员会评标：招标期限结束后，招标代理机构应组建评标委员会，公开标底，并对投标文件进行评审和比较，推荐合格中标人，最终确定中标人。⑦招标代理机构公布中标结果：招标代理机构发布中标结果。⑧单位基建部门签订合同：建设单位与中标施工单位签订合同，进入合同管理子流程。

2. 建设项目招标管理控制目标

建设项目招标管理控制目标包括以下几个方面：

（1）招标、开标、评标等程序规范，符合国家和地方相关法律法规，遵循公开、公平、公正的原则，确保能够选择出符合工程要求的中标人，合理保证项目工程质量。

（2）合理保证招标文件编制的完整准确，标底不被泄露，评标人员选择恰当合理，防范招标过程中出现舞弊和腐败现象。

3. 建设项目招标管理控制风险评估

招标的风险评估可参看政府采购控制相关章节。此处仅根据建设项目的特点和实际情况简单介绍工程招标管理控制风险评估：

（1）招标程序风险，主要是单位人为分解招标项目，规避招标；招标程序不规范，招标存在人为操纵，没有遵循公开、公平和公正的原则。

（2）项目标底编制和审核风险，主要是标底编制不合理，与实际脱节，不能反映项目的实际需要；未注意标底的保密性，相关人员收受贿赂、泄露标底，使招标缺乏公正性。

（3）开标风险，主要是未及时通知开标时间，个别投标人缺席，缺少公证。

（4）评标风险，主要是评标小组成员组成不合理，评标人员缺乏专业性，经验不足，职业道德不佳，存在信用不良记录；评标程序不规范，评标缺乏独立性和客观性，评标结果不具有说服力，导致中标候选人的选择不合理。

4. 建设项目招标管理控制措施

行政事业单位应当加强对建设项目招标的控制，鉴于在《中华人民共和国政府采购法》（中华人民共和国主席令第 68 号）第二条政府采购定义中政府采购的对象包括建筑工程，即"本法所称工程，是指建设工程，包括建筑物和构筑物的新建、改建、扩建、装修、拆除、修缮等"。本书第八章"政府采购业务控制建设"中政府采购业务控制的招投标控制也同样适用于工程招投标，在此不再详述招标控制，仅从以下五个方面来做简要介绍。

（1）对招标程序的控制。行政事业单位应当建立建设项目招投标管理制度，明确招标范围和要求，规范招标程序，不得人为分解工程项目，规避招标。行政事业单位应该采用招标方式确定设计单位和施工单位，遵循公开、公正、平等竞争的原则，发布招标公告。

（2）对项目标底编制和审核的控制。行政事业单位可以根据项目特点来决定是否编制标底，需要编制标底的，可以自行或委托相应资质的中介机构编制标底。财会部门应当审核标底价格内容、计价依据，以及标底价格是否在经批准的投资限额内。标底一经审定，应当密封保存，直至开标时，所有接触过标底的人员均负有保密责任，不得泄露。

（3）对开标过程的控制。在开标过程中，行政事业单位应当邀请所有投标人或其代表出席，并委托公证机构进行检查和公证。

（4）对评标程序的控制。行政事业单位应当依法成立评标小组负责评标。评标小组应当由单位的代表和有关技术、经济方面的专家组成，该小组应当按照招标文件规定的评标标准和方法，对投标文件进行评审和比较，择优选择中标候选人，同时也要对评标过程进行记录，评标结果应当有充分的评标记录作为支撑。行政事业单位作为建筑单位应当保证评标小组独立、客观地进行评标工作，不得向评标小组成员施加影响，干扰其客观评判。

（5）对中标结果的控制。行政事业单位应当按照规定确定中标人，及时向中标人发出中标通知书，在规定的期限内与中标人订立书面合同，明确双方的权利、义务和违约责任。

（五）建设项目资金管理控制

《单位内控规范》第四章第50条规定："单位应当按照审批单位下达的投资计划和预算对建设项目资金实行专款专用，严禁截留、挪用和超批复内容使用资金。财会部门应当加强与建设项目承建单位的沟通，准确掌握建设进度，加强价款支付审核，按照规定办理价款结算。实行国库集中支付的建设项目，单位应当按照财政国库管理制度相关规定支付资金。"该条款就资金的下达、使用，以及支付作出了原则性规定。

1. 建设项目资金管理控制内容

（1）建设项目资金管理流程控制内容。该过程主要包括审查、工程实施与结算等环节。首先，单位基建部门为申请《建设工程施工许可证》，向政府建设行政主管部门单位提交开工申请材料，政府建设行政主管部门对单位递交的施工申请材料进行审批，通过后颁发《建设工程施工许可证》。其次，单位基建部门准备开工，并将开工材料提交监理机构审查。再次，审查通过后，单位基建部门开始组织施工工作，施工单位开始分部、分项施工，完成分部、分项施工后交由监理机构进行验收。完工验收通过后，由施工单位提出付款申请，同时监理机构对施工单位提出的付款申请进行审核，审核通过后填写付款证书。最后，付款证书经单位基建部门审核后，提交单位财务部门再次审核后提交单位决策机构审批，审批通过后由单位财务部门支付工程款。

（2）建设项目资金管理关键控制环节。建设项目实施与结算关键环节包括：单位基建部门准备开工申请材料，政府建设行政主管部门审批材料，监理机构审查开工材料，单位基建部门组织项目实施，施工单位施工，监理机构监督施工工作、验收并审核，单位基建部门、财务部门、单位决策部门依次审核付款证书。

建设项目实施与结算关键环节的简要说明如下：①单位基建部门准备开工申请材料：单位准备开工申请材料，向政府建设行政主管部门申请《建设工程施工许可证》，并准备开工材料提交监理机构审查。②政府建设行政主管部门审批材料：政府建设行政主管部门对单位递交的施工申请材料进行审批，通过后颁发《建设工程施工许可证》。③监理机构审查开工材料：单位基建部门准备开工，并将开工材料提交监理机构审查。④单位基建部门组织项目实施：单位基建部门组织施工工作，协调施工单位和监理机构开展工程建设和监理工作，并对监理机构递交的付款证书进行审核。⑤施工单位施工：施工单位分部、分项施工，并在完工后提出付款申请。⑥监理机构监督施工工作、验收并审核：监理机构对施工过程开展监督工作，并在每个步骤和项目完工后进行验收，同时对施工单位提出的付款申请进行审核，审核通过后填写付款证书。⑦单位基建部门、财务部门、单位决策部门依次审核付款证书：付款证书经单位基建部门审核后，提交单位财务部门再次审核，最后提交单位决策机构审批，审批通过后由单位财务部门支付工程款。

2. 建设项目资金管理控制目标

建设项目资金管理控制目标包括以下几个方面：

（1）按合同规定及时进行工程价款结算，保证预付款、进度款拨付规范合理，确保财政资金的使用效率。

（2）加强按项目工程物资采购控制，确保材料和设备的质量和标准，防范物资采购过程中发生贪污腐败行为。

3. 建设项目资金管理控制风险评估

行政事业单位在开展建设项目资金管理控制风险评估时，主要从以下几个方面进行：

（1）项目资金使用方面的风险，主要是项目资金使用管理混乱，可能导致工程进度延迟或中断、资金损失等风险；工程款项不能及时足额按照合同约定支付，甚至挪用工程款，挤占施工方利益，导致建设单位不能按期施工，影响工程进度和质量。

（2）物资采购方面的风险，一是单位采购部门及计划管理人员不具备与其岗位相适应的资格和能力，导致采购目标、采购数量、采购时间、运输计划、使用计划、质量计划等与目标发生较大偏离，没有遵循政府采购的要求和标准。二是工程物资管理问题，采购质次价高物资，物资收、存、发、用管理混乱，记录不完整、使用浪费、丢失等现象频发。

4. 建设项目资金管理控制措施

（1）加强对建设项目资金控制。

①严格执行建设项目监理制度。单位财会部门应当加强与承包单位和监理机构的沟通，根据施工合同约定，按照规定的审批权限和程序办理工程价款结算。同时，财会部门应该对相关凭证进行严格审核，按照合同规定的付款方式及时、足额付款，做到既不违规预支，也不无故拖欠。

②单位应当按照审批单位下达的投资计划和预算对建设项目资金实行专款专用，严禁截留、挪用和超批复内容使用资金。单位可以根据项目组成（分部、分项工程）、结合项目进度编制资金使用计划，将其作为资产管控和工程价款结算的重要依据，确保资金筹集和使用与工程进度协调一致。

③对工程价款支付的控制。财会部门应当加强与建设项目承建单位的沟通，准确掌握工程进度，加强价款支付审核，根据合同规定及时、足额支付工程价款，办理工程结算，实行国库集中支付的建设项目，财会部门应当按照财政国库制度相关规定，根据项目支出预算和工程进度，办理资金支付等相关事宜。单位在实际操作中，也要根据对建设项目的竣工结算进行分类控制，分清内部控制的侧重点。例如，对于自行建造的建设项目、以包工不包料方式委托其他单位承担的建设项目，行政事业单位应当建立相关的控制程序，强化工程物资采购、验收和付款控制；由承包单位采购工程物资的，行政事业单位应当加强监督，确保工程物资采购符合设计标准和合同要求，严禁不合格工程物资投入工程项目建设。

（2）建设项目工程物资采购控制机制。建筑材料是在土木工程和建筑工程中使用材料的统称，按照其重要性，建筑材料可分为主要材料、特殊材料和地方材料。其中，主要材料包括钢材、木材、水泥等，特殊材料包括大理石、花岗岩、高级装饰材料等，地方材料包括砖、瓦、灰、砂、石等。一般来说，地方材料、部分主要材料和特殊材料由施工单位采购，设备主要由建设单位采购，由建设单位购买的应遵循政府采购的统一要求。对于由承包单位购买的物资，行政事业单位应加强监督，采取必要措施确保工程物资符合设计标准和合同要求。同时，也要注意事先在施工合同中具体说明建筑材料和设备应达到的质量标准，明确责任追究方式。对于承包单位提供的重要材料和工程设备，应当由监理机构进行检验，查验材料合格证明和产品合格证书，一般材料要进行抽检。未经监理人员签字，工程物资不得在工程上使用或安装，不得进行下一道工序施工。对于运入施工场地的材料、工程设备（包括备品、备件、安装专用器具等），必须做到合同工程专用，未经监理人员同意，承包单位不得运出施工场地或挪作他用。

（六）建设项目档案管理和洽商变更控制

《单位内控规范》第四章第51条规定："单位应当加强对建设项目档案的管理。做好相关文件、材料的收集、整理、归档和保管工作。"第52条规定："经批准的投资概算是工程投资的最高限额，如有调整，应当按照国家有关规定报经批准。单位建设项目工程洽商和设计变更应当按照有关规定履行相应的审批程序。"该两项条款就单位建设项目档案的管理，工程投资的限额，建设项目工程洽商和设计变更作出了原则性规定。

1. 建设项目档案管理和洽商变更控制内容

（1）建设项目档案管理和洽商变更流程控制内容。档案管理内容具体包括以下两个方面：①行政事业单位应当建立建设项目档案管理制度，对建设项目档案实行集中统一管理，由建设项目归口管理部门统一管理。建设项目归口管理部门通常为资产管理部门。②建设项目档案的归档应当与项目建设同步，各有关部门、机构及工作人员应当在各自职责范围内做好建设项目文件、材料的收集、整理、归档、保管工作。具体包括：行政事业单位建设项目归口管理部门负责收集整理建设项目相关文件；勘察、设计机构负责收集、整理勘察、设计文件，并于任务结束后向行政事业单位建设项目归口管理部门移交设计基础材料和设计文件；项目施工单位负责收集整理与项目施工建设相关的文件材料，项目监理机构负责收集、整理项目监理文件，建设项目实体完成后向行政事业单位移交，统交由建设项目归口管理部门归档保管。

洽商变更控制内容包括变更申请、变更立项与变更实施等环节。首先施工单位提出工程变更申请，交由监理机构审核；经监理机构审核通过后，由单位基建部门进行评审；若评审通过，则由单位决策机构审议工程变更会议纪要；会议纪要评审通过后，由设计单位进行设计变更交由监理机构审查并由监理机构下达工程变更指令；施工单位据此编制工程施工方案及概预算交回监理机构进行审查；再由单位基建部门进行审批；最后由施工单位组织施工。

（2）建设项目档案管理和洽商变更关键控制环节。建设项目档案管理和洽商变更关键控制环节包括：建立建设项目档案管理制度，档案实行集中归口管理，各有关部门、机构及工作人员在各自职责范围内做好建设项目文件、材料的收集、整理、归档、保管工作；提出工程变更申请，监理机构审核工程变更申请，单位基建部门评审工程变更申请，单位决策机构审议工程变更会议纪要，设计单位进行设计变更，监理机构下达工程变更指令，施工单位编制工程施工方案及概预算，监理机构审查工程施工方案及概预算，单位基建部门审批工程施工方案及概预算，施工单位组织施工。其中，建设项目洽商变更关键环节的简要说明如下：①施工单位填写工程变更申请表，说明需要变更的工程名称、位置、变更内容及变更理由，并附变更方案（草案）、估算工程量及增减造价，报请监理机构审核。②监理机构初步审核，并签署审核意见报单位基建部门评审，审核不通过，驳回变更申请给施工单位。③单位基建部门根据需要，会同承包人、监理、设计等有关单位对变更设计的合理性进行评审，形成工程变更会议纪要，提交单位决策机构审议。④单位决策机构对工程变更会议纪要集体审议，审议通过，通知设计单位根据工程变更申请进行工程设计变更；审议不通过，驳回给施工单位。⑤设计单位根据工程变更会议纪要的要求进行变更设计，发出设计变更图给监理机构审查。⑥监理机构审核设计变更，审核通过，向施工单位下达工程变更指令；审核不通过，驳回给设计单位重新设计变更。⑦施工单位编制施工技术方案及变更工程概预算书，提交监理机构审查。⑧监理机构审查施工技术方案及变更工程概预算书，审查通过，提交单位基建部门审批；审查不通过，驳回给施工单位。⑨单位基建部门审批施工技术方案及变更工程概预算书，审批通过，下达指令给施工单位组织施工；审批不通过，驳回给施工单位修改。⑩施工单位根据工程变更指令组织工程施工。

2. 建设项目档案管理和洽商变更控制目标

建设项目档案管理和洽商变更控制目标包括以下几个方面：

（1）按照国家相关法律法规加强对建设项目档案的管理，确保档案资料完整、准确、规范、合理。

（2）工程变更符合合同条款及国家相关规定，有利于合同目标的实现；工程变更经过适当审批，按规定程序进行变更；工程变更对造价和工期的影响经济合理；工程变更处理及时，避免影响工程进度甚至引发经济纠纷；工程变更资料被妥善保存。

3. 建设项目档案管理和洽商变更控制风险评估

行政事业单位在开展建设项目档案管理和洽商变更控制风险评估时，主要从以下几个方面进行：

（1）档案管理方面的风险。一是档案管理未建立相应的制度，档案管理工作无章可循；二是档案管理工作未明确归口管理部门，造成档案管理职责不落实；三是档案管理实施过程流于形式，造成档案不完整，资料不准确，管理不规范，影响竣工验收不能顺利进行。

（2）工程变更方面的风险。一是合同内容风险，合同中的条款内容有歧义、施工方案有缺陷、工程标准不确定等导致工程施工变更，影响工程进度；二是政策法规风险，工程施工期间国家出台新的建筑法规对工程建设造成不利影响，如环保标准的更新、强制性地淘汰或限制使用一批不满足绿色建筑需要的材料和工艺等；三是工程管理风险，单位不重视建设项目全过程的变更管理，没有规范的变更管理流程、变更审核不严格，导致工程变更频繁、预算超支、投资失控。

4. 建设项目档案管理和洽商变更控制措施

（1）建设项目档案管理控制措施有：

①必须制定建设项目档案管理制度，制定建设项目资料整编方案。制度是执行的保证，坚持持证上岗，明确岗位责任制，明确各施工管理人员记录的建设项目资料内容，以便资料员收集索取。建设项目资料整编方案是建设项目资料整理的依据，如在方案中要明确各施工检验批次的划分数量、各种材料的检验批次、检查点数、各施工工序的检查验证部位，以便建设项目资料记录整理与建设项目实际施工相符合。

②必须及时做好建设项目资料记录和收集。建设项目资料是施工项目质量情况的真实反映，真实记录。因此要求各种资料必须按照施工的进度同步及时收集、整理。要指定专人归口管理建设项目资料，负责对质保资料逐项跟踪收集，并及时做好分项分部质量评定等各种原始记录，使资料的整理与工程形象进度同步，做到内容连贯。工程前期要及时收集工程前期资料，如中标通知书、定线成果报告、地质勘察报告、各种合同、施工组织设计、方案等。由于及时收集资料，待工程竣工时，才不会出现缺少资料的情况。施工过程中，现场的施工管理技术人员要将当天施工项目的资料及时做出来，不能堆积到一起再做，这样就会造成资料遗漏或者错误。项目部指定专人每个月将各个在建项目的资料统一收集检查，即使有漏项缺项的情况，也能及时加以补充，能及时发现资料中存在的问题和错误，及时得以纠正。工程收尾阶段，要及时收集建设单位各种安全使用功能验收检测资料，消防验收、人防验收、防雷验收、室内环境检测资料、沉降观测资料、电梯验收资料、节能检测资料等。及时收集设计单位的设计变更，勘察单位的地勘处理变更，监理单位的管理工作检查单，监理工程师通知单及各分包单位的资料等。

③确保建设项目资料的真实性和准确性。真实性是做好建设项目资料的灵魂。不真实的资料会把我们引入误区。必须坚决杜绝对原始记录采用"后补"造假的做法。否则，一旦建设项目出了质量问题，不仅不能作为技术资料使用，反而造成建设项目资料混乱，以致误判。同时也不能为了取得较高的工程质量等级而歪曲事实。资料的整理必须力求实事求是、客观准确。准确性是做好建设项目资料的核心。分部分项要划分准确，数据计算要准确，不能随意填写。分项工程的质量评定填写应该规范化，符合质量检验评定标准的要求。在资料中不能出现涂改现象。资料所用的表格要统一，不能五花八门。文字说明部分要规范用语，不能采用口语或专业语言，要让外行人也能看懂，不会产生任何歧义。

④确保建设项目资料的完整性。不完整的技术资料将会导致片面性，不能系统地、全面地了解建设项目的质量状况。不仅资料内容要填写完整，而且所涉及的数据要有据可循，现场原始资料要完整。一份完整的建设项目资料不仅要有施工技术资料，还要有相应的试验资

料和质量证明材料,确保资料的完整性。除了质量证明材料,平时的施工日志、测量放样资料同样也很重要,虽然有些不需要作为竣工资料的一部分,但也要把这些相关的资料放在一起,使质量评定表上的数据做到有据可循。

⑤职责分明,签认齐全。《建筑工程质量检验评定标准》规定了"质量检验评定程序及组织"各级质量把关人员都应明确职责,不可越级评定,马虎过关。自检要通过现场与技术员、质检员共同检查,对混凝土、砌砖、钢筋、水暖、电气等的施工质量进行记录,做到实际施工质量与评定相吻合,并一一签字确认;对于各种隐蔽、变更及关键部位均要求相关人员参与见证并一一签字确认。坚决杜绝代签或漏签,使责任没有落实到位。及时对各种工程会议如:图纸会审纪要、基槽验收、基础验收、主体验收及竣工质量验收等阶段验收资料进行各方责任主体会签并签字盖章齐全。

⑥做好建设项目资料的整理保管。由于现场的技术资料分散在很多人员手中,因此要求有归口管理部门专人把资料收集回来进行统一的分类整理。资料要按单位工程、分部工程和分项工程逐项分类整理。在竣工前,把已经初步整理有序的资料加以合并组卷。资料管理要建立专门的目录台账,实现微机化管理(文字版目录及时更新附在资料首页,以便于查阅),在电脑上能及时查找到每一个施工项目的时间,每一份资料的存放地点。要建立相应的全宗卷、卷内目录和备考表,不仅档案盒内有手工版的,在电脑上还要备份电子版的,以方便查阅。随着档案建设管理工作的不断深化,项目资料也将实现标准化、微机化和信息化管理。整理好的资料应移交档案室保存。

(2)加强对建设项目变更控制。

①重视和加强合同管理。首先,在建设项目合同中,要明确甲乙双方的权利和义务,尽量做到资料齐全、表述严密,切不可出现含糊其词的表达,这有可能会导致不必要的纠纷出现。完善有效的合同管理能够有效避免纠纷的发生,提高工程造价管理水平。其次,要控制建设项目合同变更。在合同实施过程中,要建立健全合同履约跟踪检查制度,加强对合同履行的监督力度,提高合同履约率。最后,对于建设单位出现任意变更、私下签订价款结算办法、施工工期等行为,都属于违约,要及时发现问题并进行纠正,进而对工程投资进行有效控制。

②提高对建设项目变更的预防和控制能力。建设单位应建立一支懂专业负责任的管理队伍,加大对建设项目的管理力度。努力做到建设项目可行性研究的科学性、设计方案的完善性、招标文件及合同制定的严密性,尤其是对建设项目变更的相应条款规定要翔实、缜密,尽量减少工程变更发生的概率及由于变更而引起的争议。

③建立科学的建设项目变更管理办法。为了加强建设项目的变更管理,建设单位应建立一套建设项目变更管理的办法,制定相应的规章制度,健全管理机构,明确责任,严格项目变更的审查和审批程序,推行项目变更评审制,确保变更建设项目、工程量和变更单价的合理性。为了规范变更管理程序,建设单位可以对项目变更类型、内容、批准权限、审查原则和时间等进行规定。建设单位还要派专人做好对项目变更资料的分类、编码及存档工作,以保证竣工图的原始性和完整性。

（七）建设项目竣工决算控制

《单位内控规范》第四章第 53 条规定："建设项目竣工后，单位应当按照规定的时限及时办理竣工决算，组织竣工决算审计，并根据批复的竣工决算和有关规定办理建设项目档案和资产移交等工作。建设项目已实际投入使用但超时限未办理竣工决算的，单位应当根据对建设项目的实际投资暂估入账，转作相关资产管理。"该条款就建设项目竣工决算的时限，程序及处理办法作出了原则性规定。

1. 建设项目竣工决算控制内容

（1）建设项目竣工决算流程控制内容。这一阶段主要包括竣工验收与决算、资产与档案移交。首先，施工单位完成工程施工，向监理机构提交《工程竣工报验单》，监理机构检查工程完工情况，并签署竣工报验单，提交单位基建部门。其次，单位基建部门对完工工程进行验收，对该项目是否符合合同约定标准及相关其他质量标准进行全面检验。验收通过后，由施工单位、监理机构和建设单位共同签署《竣工验收鉴定书》。再次，单位审计部门对建设工程开展审计工作。单位财务部门根据审计部门的审计结果进行竣工结算，并会同基建部门编制竣工决算报告，交由政府发改部门进行审批。最后，建设单位将建设完成的资产、相关档案移交给单位基建部门。将财务相关资料移交给单位财务部门。

（2）建设项目竣工决算关键控制环节。建设项目竣工决算关键控制环节包括施工单位工程施工完工，监理机构检查完工情况，单位基建部门验收工程并签署验收鉴定书，单位审计部门进行建设项目审计，单位财务部门进行竣工决算并编制竣工决算报告，单位基建部门接收资产，工程档案，单位财务部门接收财务相关资料。建设项目竣工结算关键环节的简要说明如下：①施工单位工程施工完工：施工单位完成工程建设，向监理机构提交《工程竣工报验单》，并向监理单位提出工程完工申请。②监理机构检查完工情况：监理机构检查工程完工情况，检查并签署竣工报验单，提交单位基建部门。③单位基建部门验收工程并签署验收鉴定书：单位基建部门通过组织设计、施工、监理单位，以及工程质量监督部门等对工程进行验收，对该项目是否符合合同约定标准及相关其他质量标准进行全面检验。验收通过后，由施工、监理、建设单位共同签署《竣工验收鉴定书》。④单位审计部门进行建设项目审计：单位审计部门对建设工程开展审计工作。⑤单位财务部门进行竣工决算并编制竣工决算报告：单位财务部门进行竣工结算，并会同基建部门编制竣工决算报告，提交审计部门进行决算审计。⑥单位基建部门接收资产、工程档案：建设单位将建设完成的资产、相关档案移交给单位基建部门。⑦单位财务部门接收财务相关资料：建设单位将财务相关资料移交给单位财务部门。

2. 建设项目竣工决算控制目标

建设项目竣工决算控制目标包括以下几个方面：

（1）项目竣工后在规定时间内及时办理竣工决算和验收，确保单位建设项目竣工验收和资产移交过程合法合规。

（2）明确验收条件和验收程序，进一步规范竣工验收，确保建设项目质量合格、符合设计要求。

（3）规范竣工结算编制、审查和价款结算，确保竣工结算及时、科学。

（4）竣工决算编制及时、合理，内容完备，决算审计独立、科学、客观、公正和实事求是，保证竣工决算的真实性、合法性和完整性。

（5）财会部门应当按照国家统一的会计制度的规定对建设项目进行会计核算，真实、完整地反映建设项目成本归集、资金来源、价款支付及相关工程物资的增减变动情况，并妥善保管相关记录、文件和凭证，确保建设过程得到全面反映。

（6）做好建设项目档案文件、材料的收集、整理、归档和保管等工作，确保建设项目档案管理合理有效，并按规定移交资产接收单位或有关政府机关。

（7）遵循公开、客观和公正的原则进行项目后评估，将完工建设项目的效能性与项目建议书和可行性研究报告提出的预期效能目标进行对比分析，总结经验教训，进一步提高建设项目的管理水平。

3. 建设项目竣工决算控制风险评估

行政事业单位在开展建设项目竣工决算控制风险评估时，主要从以下几个方面进行：

（1）工程验收风险。竣工验收条件不明确，相关资料不完整，导致竣工验收缺乏依据和参考；验收程序不规范，验收方案缺乏专业性和科学性，工程验收团队不专业，工程验收未按标准执行，验收把控松懈，导致验收无法发挥应有作用。

（2）竣工结算风险。竣工结算编制可能存在高估、冒算、乱编的风险；建设单位对竣工结算书审查不仔细、不进行市场调研、不现场查验，导致工程造价不准确、不合理、不能真实反映工程的实际造价；工程竣工价款支付不及时，未考虑到保修问题。

（3）项目竣工决算编制风险。工程决算编制依据的材料真实性不足，导致决算真实性不足，主要是虚报、虚列工程项目内容、相关的费用支出、成本的结算额度等，提高决算额度。

（4）项目竣工决算审计风险。项目竣工决算未经审计就办理资产验收和移交，审计权责不清，工作流程不规范，未明确审计重点，不能有效审计竣工决算的真实性、合法性和完整性，未能实现较好的监督作用。

（5）项目会计核算风险。单位的领导重视建设项目的申报，但对项目的管理和会计核算的管理不够重视；单位会计人员对《基本建设财务规则》及相关法律法规了解不全面，不能据此进行正确的会计核算等，导致对项目资金的审批支出过程控制不严，对于实际发生的成本费用等归集和分配不合理等。

（6）档案管理风险。未能及时收集、整理各个环节的文件资料，和建设项目进度脱节，导致资料不完整，缺乏真实性；档案移交手续不全，交接手续不规范，导致文件遗漏、缺失，可能产生法律风险。

（7）项目后评估风险。缺乏项目后评估、缺乏对比分析、不能及时发现问题，导致项目管理因循守旧，积习难改。

4. 建设项目竣工决算控制措施

（1）建立项目竣工验收控制机制。施工单位在完成工程建设后，向监理机构提交竣工报验单，并提出完工申请，监理机构对工程完成情况进行检查，签署报验单，提交行政事业单位建设项目归口管理部门。建设项目归口管理部门在收到竣工验收申请后，会同施工、监理，三个单位的各专业人员根据该工程的实际功能分别组成几个专业小组对工程进行全面、细致的竣工预验（即内部初验）确认工程具备验收条件后，建设项目归口管理部门负责通知各相关管理部门，对竣工项目进行专项检查，并写出各自的专项检查合格报告或准许使用文件。

根据相关法律法规对建设工程竣工验收必须满足的条件，建设工程竣工验收的程序包括：①工程完工后，施工单位向建设单位提交竣工报告，申请工程竣工验收。实行监理的工程，工程竣工报告必须经总监理工程师签署意见。②建设单位收到工程竣工报告后，对符合竣工要求的工程，组织勘察、设计、施工、监理等单位组成验收组，制定验收方案。对于重大工程和技术复杂的工程，根据需要可邀请有关专家参加验收组。③建设单位应当在工程竣工验收7个工作日前将验收的时间、地点及验收组名单书面通知负责监督该工程的工程质量监督机构。④建设单位组织工程竣工验收。第一，建设、勘察、设计、施工、监理单位分别汇报工程合同履约情况和在工程各个环节执行法律、法规和工程建设强制性标准的情况。第二，审阅勘察、设计、施工、监理单位的工程档案资料。第三，实地查验工程质量。第四，对工程勘察、设计、施工、设备安装质量和各管理环节等方面做出全面评价，形成经验收人员签署的工程竣工验收意见。参与工程竣工验收的建设、勘察、设计、施工、监理等各方不能形成一致意见时，应当协商提出解决的方法，待意见一致后，重新组织工程竣工验收。⑤工程竣工验收合格后，单位要及时编制财产清单，办理资产移交手续，并加强对移交资产的管理。

此外，对验收合格的建设项目，单位应当及时提出工程竣工验收报告。工程竣工验收报告主要包括工程概况，单位执行基本建设程序情况，对工程勘察、设计、施工、监理等方面的评价，工程竣工验收时间、程序、内容和组织形式，工程竣工验收意见等内容，工程竣工验收报告还应附有施工许可证、施工图设计文件审查意见等文件。

单位应当自工程竣工合格之日起15日内，根据相关规定向工程所在地的县级以上地方人民政府建设主管部门备案，需要提交的文件包括：工程竣工验收备案表；工程竣工验收报告；法律、行政法规规定应当由规划、环保等部门出具的认可文件或者准许使用文件；法律规定应当由公安消防部门出具的对大型的人员密集场所和其他特殊建设工程验收合格的证明文件；施工单位签署的工程质量保修书；法规、规章规定必须提供的其他文件。此外，住宅工程还应当提交《住宅质量保证书》和《住宅使用说明书》。备案机关发现建设单位在竣工验收过程中有违反国家有关建设工程质量管理规定行为的，应当在收讫竣工验收备案文件15日内，责令停止使用，重新组织竣工验收。

（2）建立竣工结算控制机制。工程竣工结算是指施工单位按照合同规定的内容完成全部所承包的工程、验收质量合格并符合合同要求之后，与建设单位进行的最终工程价款结算。根据《建设工程价款结算暂行办法》（财建〔2004〕369号）的相关规定，工程竣工后，单位要按照约定的合同价款和合同价款调整内容及索赔事项，及时进行工程竣工结算，以便使工程得到交付使用，并办理权属登记。

一般来说，工程竣工结算分为单位工程竣工结算、单项工程竣工结算和建设项目竣工总结算三种方式，单位要按照不同结算方式，经过工程竣工结算编制和审核，完成价款支付。为此，行政事业单位应该从以下几个方面加强竣工结算控制：

①工程竣工结算编审。单位工程竣工结算由承包人编制，发包人审查；实行总承包的工程，由具体承包人编制，在总包人审查的基础上，发包人审查。单项工程竣工结算或建设项目竣工总结算由总（承）包人编制，发包人可直接进行审查，也可以委托具有相应资质的工程造价咨询机构进行审查。政府投资项目，由同级财政部门审查。单项工程竣工结算或建设项目竣工总结算经发、承包人签字盖章后有效。

②工程竣工结算审查。单项工程竣工后，承包人应在提交竣工验收报告的同时，向发包人递交竣工结算报告及完整的结算资料，发包人进行核对（审查）并提出审查意见。

③工程竣工价款结算。发包人收到承包人递交的竣工结算报告及完整的结算资料后，应按规定期限（合同约定有期限的，从其约定）进行核实，给予确认或者提出修改意见。发包人根据确认的竣工结算报告向承包人支付工程竣工结算价款。

（3）加强项目竣工决算编制、审核和审计控制。竣工决算是以实物数量和货币指标为计量单位，综合反映竣工项目从筹建开始到项目竣工交付的全部建设费用、财务情况和投资效果的总结性文件。在工程竣工验收后，建设项目归口管理部门应当按照规定的时限及时组织竣工决算工作，也可以视工程项目的投资额度、复杂程度决定自行开展竣工决算或者委托外部专业机构编制竣工决算。财会部门应当加强对竣工决算报告的审核，重点审核竣工决算依据是否完备、相关文件资料是否齐全、竣工清理是否完成、决算编制是否正确等。

根据国家法律法规要求，单位在竣工决算自行审核完成后应及时组织竣工决算审计，通过委托具有相应资质的中介机构实施审计。未经审计的，不得办理资产验收和移交手续。

竣工决算审计应坚持独立、科学、客观、公正、实事求是的原则，确保工作的独立性、科学性和客观性，对项目竣工决算的真实性、合法性、完整性进行审计，核定总投资、总资产及待核销资产等，从而促进项目建设相关部门和单位加强财务管理和财务监督，提高资金使用效益，并且为竣工验收的条件和批复财务决算提供依据。

（4）建立项目会计核算控制机制。财会部门应当按照国家统一的会计制度的规定对建设项目进行会计核算，真实、完整地反映建设项目成本归集、资金来源、价款支付及相关工程物资的增减变动情况，并妥善保管相关记录、文件和凭证，确保建设过程得到全面反映。

对于建设项目初检后确定固定资产达到预定可使用状态的，施工单位应及时通知建设单位，单位会同监理单位初验后应及时对项目价值进行暂估，转入固定资产核算，单位财务部门应定期根据所掌握的工程项目进度核对项目固定资产暂估记录。对于建设项目剩余物资管理，单位在工程竣工后应对各种节约的材料、设备、施工机械工具等进行清理核实、妥善处理，不得任意侵占，应变价处理的库存设备、材料，以及应处理的自用固定资产要公开变价处理。

（5）建立项目档案控制机制。单位应按照国家档案管理规定，及时收集、整理项目各环节的文件资料，建立健全建设项目档案，并及时向建设行政主管部门或其他有关部门移交建设项目档案。

（6）建立项目后评估控制机制。建设项目后评估是指项目已经完成并运行一段时间后，对项目的目的、执行过程、效益、作用和影响进行系统的、客观的分析和总结的一种技术经济活动，一般在项目竣工验收后6个月~1年后。

单位应当建立建设项目后评估制度，遵循公开、客观和公正的原则，通过对比项目的实际运行情况与最初设计和施工方案来对项目的完工质量做出评估，总结经验教训，并以此作为绩效考核和责任追究的基本依据，以便进一步提高建设项目管理水平。

二、应用范例——某市某职业学校内部控制制度（节选）

（一）某市某职业学校建设项目内部控制制度

1. 总则

第一条　为进一步提高某职业学校（以下简称本单位）建设项目管理水平，规范建设项目的内部控制，防控建设项目的腐败与舞弊风险，保证建设资金安全和工程质量与进度，改善单位公共服务的效率与效果，依据《单位内控规范》，结合本单位实际情况，制定本制度。

第二条　本制度适用于本单位建设项目管理。

第三条　本制度所称建设项目是指财政投资工程项目，包括新建、改扩建、翻建、大中型修缮等工程项目。

第四条　建设项目业务的控制目标主要包括：

（1）确保建设项目立项依据可靠，项目合规，决策科学，符合政府管理发展需求。

（2）强化项目设计管理，优化技术方案和图纸设计，明确工程概算及主要技术经济指标，确保拟建工程项目的技术先进可行性和经济合理性。

……

第五条　本单位建设项目的归口管理部门为总务科。

第六条　本单位建设项目的主要流程环节是立项审批—设计与概算—项目招标—施工建设—工程变更—价款支付—竣工报告—决算与审计—验收与移交—竣工结算—备案与评价。

第七条　本单位建设项目的内部控制按照流程环节的工作属性分为项目前期准备（包括立项审批、设计与概算）、项目建设实施（包括项目招标、施工建设、工程变更、价款支付）、项目竣工决算（竣工报告、决算与审计、验收与移交、竣工结算、备案与评价）三个阶段，分别进行规范管理。

2. 管理岗位和职责

第八条　为了加强建设项目的组织管理，本单位应遵循"决策、执行和监督相互分离"的原则，健全建设项目管理体系，明确建设项目的部门和岗位职责，强化关键岗位管理，并使办理建设项目业务的不相容岗位形成相互分离、相互监督的制约机制。

第九条　建设项目的不相容岗位至少包括：

（1）项目建议和可行性研究的编制、评审与项目决策。

（2）概预算的编制与审核。

……

第十条　建设项目的管理职责。

（1）党支部委员会。

①研究决定本单位重大建设项目提议，审批本单位重大建设项目建议书、可行性研究报告（含估算）、初步设计（含概算）、开工、变更、结算、决算等事项，重大建设项目的设计、施工、监理等服务招投标结果；重大建设项目设计变更的审批。

②审批相关重大事项。

（2）校长办公会。

① 审批本单位建设项目管理制度，审定本单位基本建设规划。

②研究决定本单位一般建设项目提议，审批本单位一般建设项目建议书、可行性研究报告（含估算）、初步设计（含概算）、开工、变更、结算、决算等事项，重大建设项目的设计、施工、监理等服务招投标结果；一般建设项目设计变更的审批。

……

（3）校长。

①审核拟建项目提议。

……

（4）分管副校长。

①审核拟建项目提议。

……

（5）总务科。

①组织制订本单位建设项目管理制度，制订本单位建设项目规划，编制本单位年度建设项目预算，提出预算分配建议。

……

（6）办公室。

①参与本单位建设项目的项目建设书、可行性研究报告、设计方案的审核；参与建设项目委托编制可行性研究报告合同、工程施工、监理等合同签订的审核。

……

（7）财务科。

负责本单位建设项目工程款结算及支付，建设项目成本核算和控制，建设项目财务竣工决算报表的编制；参与本单位建设工程项目的验收工作及完工项目的资产移交工作。

（8）相关部门。

①根据经批准的本单位建设项目规划，经前期考察、调研，提出建设项目功能需求、立项申请。

……

（9）内部审计岗位。

办公室设内部审计岗位，负责建设项目全过程的日常监督；负责组织工程结算审核和建设项目竣工决算审计；对工程建设项目中的舞弊行为进行专项审计。

（10）纪检监察部门。

纪检监察部门对建设项目进行全过程参与监督，维护和规范建设秩序，保障建设工作依法依规有序进行。

第十一条　本单位建设项目的全过程业务应由上述部门和岗位，按照各自的分工，各司其职、各负其责、协调配合、相互监督共同完成，不得由同一部门或岗位独自完成或办理建设项目的全部业务。

第十二条　本单位建设项目管理岗位为关键岗位，单位应选配胜任能力强、职业道德好的人员承担该类岗位工作，并严格按《单位层面内部控制制度》的相关规定加强关键岗位管理。

第十三条　本单位的建设项目分为重大项目与一般项目。重大项目是指投资额在××万元（含）以上的项目；一般项目是指投资额在××万元（不含）以下的项目。重大项目的决策需由党支部委员会集体审批或审议后上报政府相关部门审批；一般项目的决策由校长办公会审批或审议后上报政府相关部门审批。

3. 项目前期准备管理规范

第十四条　项目前期准备阶段的主要工作内容包括：项目储备库的建立，项目建议书的编制与审核审批、项目可行性研究报告的编制、评审与报批、项目设计与概预算的编制、审核与报批，项目选址、项目规划、环境影响、消防安全等开工手续的办理。

第十五条　项目前期准备阶段应当关注的主要风险：

（1）项目储备不全，项目建议书、可行性研究报告质量低或流于形式，或未按规定科学评审、集体决策，或者决策不当、审核审批不严，可能导致建设项目预期目标难以实现，甚至导致项目违法违规或失败。

……

第十六条　本单位应根据当地国民经济发展规划与相关政策以及本单位实际工作需要，制定建设项目规划，建立建设项目储备库，并根据储备项目的条件成熟状况由建设项目归口管理部门提议拟建设项目，经逐级审批同意后，编制项目建议书申请立项。未列入单位规划和项目储备库的项目，违规或超标建设楼堂馆所的项目不得提议申请立项。

第十七条　建设项目立项，一般应按以下程序和要求办理：

（1）提议拟建项目：由建设项目归口管理部门提出拟建项目建议，经分管校长、校长审核，一般项目校长办公会审议批准，重大项目党支部委员会审议批准。

……

4. 项目建设实施管理规范

第二十五条　项目建设实施阶段的主要工作内容包括：组建基建项目部或指定项目管理人员，工程招标，工程施工，工程变更，价款支付，报验准备。

第二十六条　项目建设实施阶段应当关注的主要风险：

（1）未按规定通过招投标方式选择施工承包商及监理商，工程及服务采购过程透明度低甚至"暗箱操作"，存在商业贿赂风险，可能导致利益输送或工程建设质量低劣以及建设资金损失。

……

第二十七条　建设工程项目施工前，应当组建基建项目部或指定建设项目专人，具体负责基本建设项目手续办理、日常事务处理、工程施工现场监督管理等具体事务性工作。接受建设项目归口管理部门领导，对建设项目归口管理部门负责。

第二十八条　建设项目立项批准后，应当按照公开、公平、公正和诚实信用的通过招投标方式择优选择具有相应资质的建设项目施工承包商和监理商。具体招投标程序是：

（1）招标：通过公开招标或邀请招标方式，公开征集工程施工承包商和工程监理服务商。

……

第三十五条　工程施工单位应严格履行工程承包合同，周密计划、认真组织，采取有效措施加强工程施工的全过程进度、成本、质量与安全控制，做好所有部位及其施工工艺的分项分部质量检查和检验工作，并要求监理单位同步监督审验，前道工序审验合格，方可转入下道工序，不得以赶工、节俭为借口偷工减料、放松安全与质量管理。

第三十六条　工程施工单位应按月报告工程进度、质量、安全生产情况，并经监理机构审验，单位工程管理部门审核确认，作为单位把控工程进度和办理工程进度款项支付的基本依据。

第三十七条　单位应加强建设项目资金管理与会计核算工作。指定专人负责，认真做好建设项目的会计核算，及时、准确、完整地归集、核算工程建设成本，严格管理建设资金，项目资金应符合预算控制要求、专款专用、单独核算、专户管理。

第三十八条　建设项目工程进度款的支付按照单位《收支业务内部控制制度》的相关规定办理。工程进度款项的支付应以工程承包合同、经监理单位审验和单位工程管理部门审核确认的工程施工进度报告为依据，认真审核结算票据和审核审批手续，严防高估冒领、虚列成本等舞弊行为。工程进度结算款累计不得超过项目概算（或合同价款）的80%。

第三十九条　单位应严格控制工程施工中的设计变更。确须设计变更的，设计变更文件必须经设计单位确认、签章，经监理方和施工方同意。

......

第四十条 工程现场的工程量变更由施工方编制相关签证单,其内容包括……。因工程量洽商等现场变更导致工程成本的增加额不得超过概算的2%(不含)。

第四十一条 若设计失误、施工缺陷等人为原因引发工程变更、工程成本增加,应当依据法规和合同追究当事单位和人员的责任。

第四十二条 工程承包合同明确由建设单位提供工程物资或设备的,应严格按照本单位《政府采购内部控制制度》的规定组织物资采购和物资验收,按《资产管理内部控制制度》规定做好财产物资的管理,经工程部门和监理单位严格把关审核后,按工程进度的实际需要拨付材料物资,防止多领、冒领、虚领。

第四十三条 单位建设项目管理部门、施工单位、监理机构应做好日常工作书面记录和审验、鉴证手续,健全项目建设工作档案,为项目进度与质量检查以及竣工报验奠定基础,提供原始凭据。

5. 项目竣工决算管理规范

第四十四条 建设项目竣工决算阶段的主要工作内容包括:竣工报告、决算与审计、验收与移交、竣工结算、备案与评价等。

第四十五条 建设项目竣工决算阶段应当关注的主要风险:

(1)工程决算与验收不及时、不规范、不认真,质量检验把关不严,容易导致建设项目成本不实、质量低劣,成效不足。

(2)决算审核审计不严,结算管控不力,容易导致虚报项目投资完成额、虚列建设成本或者隐匿结余资金,造成国有资产流失。

......

第四十六条 建设项目完工后施工承包商应当及时向建设单位提交工程项目竣工报告,通知建设单位工程完工,经监理单位审验鉴证,建设单位审核确认,初步确定工程合同履行完毕,工程达到了预定可使用状态后,建设项目归口管理部门应当在3个月内组织编报竣工财务决算。(略)

第四十七条 建设项目决算审计完成后,对符合竣工验收条件的建设项目,单位应组织邀请设计、施工、监理和工程质量监督检查部门共同组成验收小组,重大项目或技术复杂的一般项目可邀请有关专家加入验收小组,结合施工过程中的单项工程验收情况,对完工建设项目进行全面的竣工验收,并签署验收报告。

第四十八条 竣工项目验收合格后,施工承包方应向建设单位提交单项(或分部)工程竣工结算报告,竣工结算报告应当由内部审计审核或提交财政评审中心审核,或委托具有相应资质的中介机构审核,出具建设工程项目竣工结算审核报告。

......

第五十五条 单位内部审计、纪检监察机构应加强对建设项目决策、执行全过程的监督,并直接参与建设项目的质询、投诉与考核评价工作,以防范工程建设领域的腐败与违规违纪行为发生。

6. 附则

第五十六条　本制度经内部控制领导小组审议批准后执行。

第五十七条　本制度解释权归内部控制领导小组。

（二）某市某职业学校建设项目流程、指引

1. 建设项目立项

（1）流程图（见图10－1）。

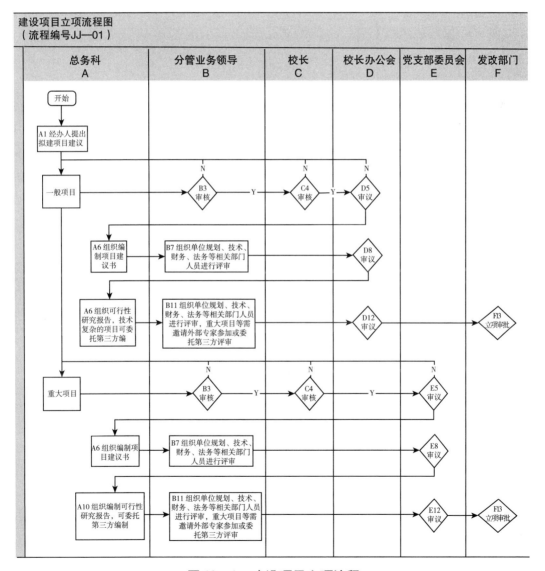

图10－1　建设项目立项流程

（2）管控流程指引（见表10－3）。

管控流程：基本建设项目立项流程。

业务范围：各种新建、扩建、改建及大型修缮等工程项目前期立项阶段。

管理目标：确保建设项目依据可靠、决策科学，管理规范，工程进度、质量得以保证，成本得以控制，项目达到预期目标。

内部管理制度：《本单位建设项目内部控制制度》。

表 10－3　　　　　　　　　　建设项目立项管控流程指引

流程序号	类别	流程环节	机构岗位	工作职责	主要风险	业务表单
A1		提出拟建项目建议	总务科	综合考虑本单位……	准备不充分……	
A2 B3 C4		审核	总务科负责人、分管业务领导、校长	结合本单位内实际情况和管理发展目标……	审核不及时导致决策失效	
D5		审批	校长办公会	由校长办公会审议	未进行集体决议导致决策失效	
A6	一般项目	编制项目建议书	总务科	根据拟建项目建议，结合本单位实际情况和管理发展目标组织编制项目建议书		项目建议书
B7		组织评审	分管业务领导	分管业务领导组织单位规划、技术、财务、法务等相关部门人员进行评审……	项目建议书编制内容不完整，项目性质……	
D8		审议	校长办公会	由校长办公会审议	未进行集体决议导致决策失效	
F9		审批	发改部门	发改部门依据相关法律法规政策对单位提交的项目建议书进行审批		
A10		编制可行性研究报告	总务科	组织编制可行性研究报告，可委托第三方编制		可行性研究报告
B11		评审	分管业务领导	分管业务领导……	可行性研究报告内容不全面……	可行性研究报告
D12		审议	校长办公会	由校长办公会审议	未进行集体决议导致决策失效	
F13		审批	发改部门	发改部门依据相关法律法规政策对单位提交的可行性研究报告进行审批，并进行立项审批		

续表

流程序号	类别	流程环节	机构岗位	工作职责	主要风险	业务表单
A1	重大项目	提出拟建项目建议	总务科	综合考虑本单位以后年度建设项目的需要……	准备不充分，盲目考虑建设规划，易造成单位领导决策失误，埋下重大隐患	
A2 B3 C4		审核	总务科负责人、分管业务领导、校长	结合本单位内实际情况和管理发展目标，讨论该规划项目是否符合本单位以后年度的实际管理经营需要	审核不及时导致决策失效	
E5		审批	党支部委员会	由党支部委员会审议	未进行集体决议导致决策失效	
A6		编制项目建议书	总务科	根据拟建项目建议，结合本单位实际情况和管理发展目标组织编制项目建议书		项目建议书
B7		组织评审	分管业务领导	分管业务领导组织单位规划……	略	
E8		审议	党支部委员会	由党支部委员会审议	未进行集体决议导致决策失效	
F9		审批	发改部门	发改部门依据相关法律法规政策对单位提交的项目建议书进行审批		
A10		编制可行性研究报告	总务科	组织编制可行性研究报告，可委托第三方编制		可行性研究报告
B11		评审	分管业务领导	分管业务领导组织单位规划、技术、财务、法务等相关部门人员进行评审，主要审议项目……	可行性研究报告内容不全面、流于形式……	可行性研究报告
E12		审议	党支部委员会	由党支部委员会审议	未进行集体决议导致决策失效	
F13		审批	发改部门	略		

（3）权限指引表（见表10－4）。

表 10 – 4　　　　　　　　　　　　建设项目立项权限指引

流程名称	事项	总务科	分管业务领导、校长	校长办公会	党支部委员会
基本建设项目立项流程	建设项目立项	略	略	略	研究报告（略）

2. 建设项目变更

（1）流程图（见图 10 – 2）。

（2）管控流程指引（见表 10 – 5）。

管控流程：基本建设项目变更。

业务范围：各种新建、扩建、改建及大型修缮等工程项目。

管理目标：确保建设项目依据可靠、决策科学，管理规范，工程进度、质量得以保证，成本得以控制，项目达到预期目标。

内部管理制度：《本单位建设项目内部控制制度》。

表 10 – 5　　　　　　　　　　　建设项目变更管控流程指引

流程序号	流程环节	机构岗位	工作职责	主要风险	业务表单
A1	提出工程变更申请	总务科	因施工需要，出现一些需要变更的事项，由总务科经办人提出申请	在项目工程管理方面……	
B2、C3、D4、E5	审核变更申请	分管业务领导、校长、校长办公会、监理单位	单位内部进行综合审核审批……		
A6	变更评审	总务科	总务科组织本单位各总务科负责人……		
F7	设计变更	设计单位	设计单位依据评审后的变更要求，相应变更设计		
G8、G8 – 1、G9	编制概预算并施工	施工单位	概预算增加额在……		
G8、G8 – 2	编制概预算并施工	施工单位	概预算增加额超过……	变更后，未严格控制增加额……	
H9	审核	财政部门	财政部门对变更后的设计及概预算……		
A10、H11	重新编制可研报告、审批	总务科、发改部门	总务科委托第三方……		
G12	组织施工	施工单位	施工单位依据变更后的可研、概预算等组织施工		

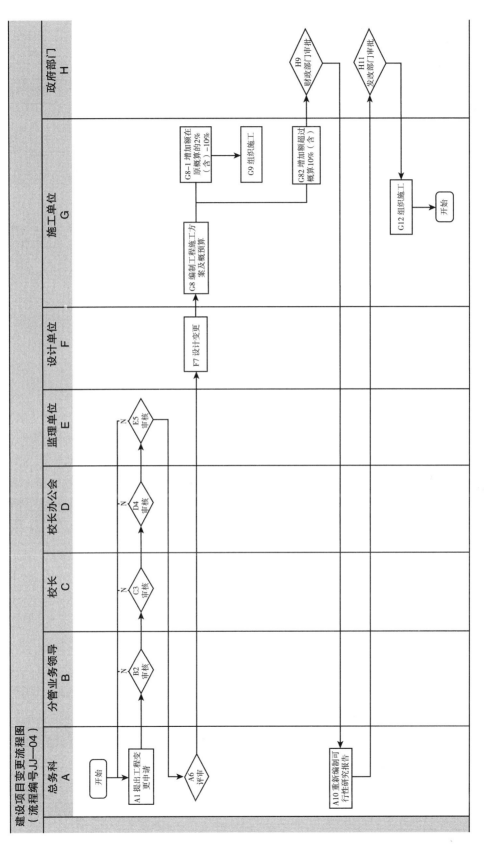

图10-2　建设项目变更流程

（3）权限指引表（见表 10 – 6）。

表 10 – 6　　　　　　　　　　　**建设项目变更权限指引**

流程名称	事项	总务科	分管业务领导	校长	校长办公会
基本建设项目变更流程	项目变更	略	略	略	略

第十一章　合同控制建设

【导入案例】

工程合同履行不守法，民生工程变成豆腐渣

单位的合同控制，应当从合同审批、签署、履行、归口管理等全过程中各个环节建立健全合同内部管理制度，合理设置岗位，明确责任权限，并能有效实施，才能实现通过合同管理控制经济活动相应风险的目的。下面的案例就是因为没有依法履行合同，而出现了"豆腐渣工程"。

一则关于"湖南省东安县新建水渠形同豆腐渣"的视频，日前在网上引发热议。视频中村民举报，水渠混凝土用手一捏就碎，引发网友质疑。这到底是怎么一回事？背后是否有相关责任部门不作为的问题？是否存在利益输送……记者近日来到东安县石期市镇，揭开"手捏成渣"的谜团。

根据 2016 年 12 月 12 日东安县农业技术推广中心与华厦建设集团有限公司湖南分公司签订的合同显示：沟渠位于东安县石期市镇马头村，为东安县农业技术推广中心实施的新增粮食产能田间工程建设项目第二标段，中标价为 136.78 万元。该项目于 2017 年 1 月开始动工，目前尚未组织验收。

"项目由县农业技术推广中心监管，却没有明确受益镇村的协助监管职能。"市纪委调查组陈世标介绍说。华厦建设集团有限公司湖南分公司中标后，没有依法履行合同，而是将工程转包给刘某。刘某也没有实际组织施工，又使用了东安县南桥镇大富村村民胡某进行实际施工，合同工期为 120 天，且没有按合同工期完工。

记者调查发现，视频举报前曾有群众反映水渠存在质量问题，今年 1 月 15 日，东安县农业技术推广中心要求监理方向施工单位下达监理通知单，进行返工整改，但施工单位未组织返工。

视频举报后，东安县成立工程项目质量鉴定组，认定施工单位没有严格按照技术规范标准施工。经查，该项目由长沙市成事建设监理咨询有限公司负责监理，现场监理人员陈某没有监理专业资质，监理过程中也没有履职，导致该工程存在严重的质量问题。

调查发现，在项目建设过程中，县农业技术推广中心管理不到位，监管不力，工程质量把关不严。县农业委在该工程尚未全部竣工，且群众反映存在质量问题，施工单位未返工整改的情况下，截至 2018 年 2 月，业主方先后两次违规拨付共计 70% 的项目工程进度款。对此，项目办谭德远、谭德洲、何少锋负有直接责任，县农业委党组书记、主任蒋笃刚负有主

要领导责任。

目前，东安县已发出通报：免去蒋笃刚县农业委党组书记、主任职务（按程序办理），免去谭德远县农业委综合调研股股长、项目负责人职务，免去谭德洲县农业委项目办副主任职务；给予蒋笃刚、谭德远党内严重警告处分；给予谭德远、谭德洲和县农业委项目办工作人员何少锋降低岗位等级处分。

与此同时，东安县纪委发出《关于在全县开展民生领域工程建设项目突出问题专项整治工作的公告》，督促全县相关部门开展一次对民生领域，特别是易地扶贫搬迁、农村综合服务平台、农田水利、城建国土、交通环保等建设项目中的自查；加强对全县干部的履职教育，促进干部汲取教训，引以为戒，深入查找问题。

资料来源：民生工程怎会"手捏成渣"［N］. 中国纪检监察报，2018－03－30.

上述案例中标人是华夏建设集团有限公司湖南分公司，且为签订合同人。但是该公司并没有实际依法履行合同，而是将工程转包给了刘某。如果建设方合同控制制度健全且能有效执行，就会杜绝这起"豆腐渣工程"的发生。

一、合同控制规范解读

行政事业单位的很多经济活动往来都可能涉及合同，合同控制是行政事业单位内部控制的重要组成部分，其内部控制的有效与否直接影响着行政事业单位经营效率与效果。建设合同控制，有利于维护行政事业单位的权益，防范与控制法律和相关业务风险，提高管理效率。合同控制是指单位对以自身为当事人的合同依法进行订立、履行、变更、解除、转让、终止以及审查、监督、控制等一系列行为的总称。合同控制，就是找出合同订立、履行、价款结算、合同登记及纠纷等各个环节的风险点并加以控制，以规避风险的发生，达到预期的目的。

从广义上来说，合同指所有法律部门中确立权利、义务关系的协议。合同一般包括民事合同、经济合同、劳动合同和行政合同等，行政事业单位订立的合同主要是指与经济活动相关的合同，即单位为实现一定经济目的，与平等民事主体的法人、自然人，以及其他经济单位之间订立的明确相互权利义务关系的协议。行政事业单位订立的经济合同，从严格意义上说也是一种民事合同，只不过这种民事合同不涉及婚姻、收养、监护等有关身份关系的协议，而是一种涉及债权、物权关系的财产合同。

我国《合同法》列出了以下 15 种合同：买卖合同，供用电、水、气、热力合同，赠与合同，借款合同，租赁合同，融资租赁合同，承揽合同，建设工程合同，运输合同，技术合同，保管合同，仓储合同，委托合同，行纪合同，居间合同。行政事业单位合同基本包括了以上全部合同类型，而且符合单位合同的一般特点。

（一）合同控制管理制度设计与岗位设置控制

《单位内控规范》第四章第 54 条规定："单位应当建立健全合同内部管理制度。单位应当合理设置岗位，明确合同的授权审批和签署权限，妥善保管和使用合同专用章，严禁未经授权擅自以单位名义对外签订合同，严禁违规签订担保、投资和借贷合同。单位应当对合同实施归口管理，建立财会部门与合同归口管理部门的沟通协调机制，实现合同管理与预算管理、收支管理相结合。"该条款就合同业务的内部制度管理和组织管理角度对行政事业单位的合同业务流程管理、组织管理、岗位设置、职责权限划分等作出了原则性规定。

1. 合同控制管理制度设计与岗位设置控制内容

（1）合同控制管理制度设计控制内容。

①合同控制具有全程性。从合同的项目论证、对方当事资信调查、合同谈判、文本起草、修改、签约、履行或变更解除、纠纷处理的全过程，都应有法律顾问部门的主要人员参与，不仅要重视合同订立前的工作，更要重视合同订立之后的履行和后续管理，这样才能有效维护单位的合法权益。

②合同控制具有系统性。行政事业单位的很多经济活动都需要签订各种合同来进行规范。合同控制贯穿于单位日常经营始终，包括资金管理、采购管理、工程项目管理等业务，涉及单位的各个部门，需要各部门共同参与管理。但是合同本身的特征决定了合同控制不同于单位内部的生产、人事、财务等管理工作，已超越了单位自身的界限，成为一种受法律规范和调整的社会关系，涉及大量的法律专业问题，所以应采取单位设立相应的法律顾问部门统一归口管理和各业务部门、各单位分口管理的模式。

行政事业单位合同控制主要依据《中华人民共和国合同法》《中华人民共和国招投标法》和《中华人民共和国政府采购法》中关于合同管理的相关规定。

合同内部管理制度应当包括合同业务的归口管理部门；合同业务的管理岗位及其职责权限；合同订立的范围和条件，严格违禁签订担保、投资和借贷合同；合同拟定、审批、履行等环节的程序和要求；合同业务的授权审批、签署权限和责任划分；合同专用章的保管和使用责任等。

（2）合同控制管理岗位设置控制内容。一般情况下，合同业务管理机构应包括合同业务决策机构、合同业务归口管理机构、合同业务执行机构和合同业务监督机构。

第一，合同业务决策机构。一般而言，按照重要性，单位合同可划分为重大合同、重要合同和一般合同。其中，重大合同是指那些对单位正常运行具有重大影响的经济事项涉及的合同；重要合同是指那些对单位正常运行具有重要影响的经济事项涉及的合同；除重大合同、重要合同外，其余的合同都可称为一般合同。单位应根据单位的实际情况合理设置合同级别，并在此基础上明确不同级别合同的审批权限。

第二，合同业务归口管理机构。单位应根据其自身实际情况指定办公室作为合同归口管理部门（如果存在法律部门，可指定法律部门作为合同归口管理部门）。一般而言，合同归口管理部门的职责主要包括：确定合同业务的程序和要求；参与重大合同的起草、谈判、审查和签订；管理合同专用章；参与组织合同纠纷的调节、仲裁、诉讼活动；对合同进行登记和归档等。此外，还应建立健全财会部门与合同归口管理部门的沟通协调机制，将合同管理与预算管理、收支管理相结合，增强单位资源配置的科学性、合理性，提高资金使用效益和管理效率。

第三，合同执行机构。合同执行机构主要包括各业务部门、财务部门、法律部门、技术部门等。一般而言，单位各业务部门负责在其职责范围内承办相关合同，包括发起合同业务、合同前期准备、组织谈判并记录谈判结果、起草合同并送审、合同履行过程的日常管理和跟踪、发起合同结算流程并跟踪、向合同归口管理部门提供所需信息等；财务部门职责主要包括负责建立合同台账，审核经济合同商务条款中的相关财务条款，参与合同谈判、合同结算等；法律部门职责主要包括参与谈判、审核合同文本中与法律相关的文本、实时检查合同履行情况、合同纠纷的处理等；技术部门职责主要包括参与谈判、在其专业领域内审核合同的技术条款等。

第四，合同业务监督机构。单位负责内部审计的机构或岗位承担合同的监督管理工作，具体负责对单位合同订立、合同履行、纠纷处理和合同登记归档等环节的全过程监督。

2. 合同控制管理制度设计与岗位设置控制目标

合同管理制度设计与岗位设置控制目标主要有以下几个方面：

（1）建立符合单位实际且具有可操作性的合同内部管理制度和流程，确保单位合同管理各环节的工作有章可循、规范有序。

（2）合理设置合同业务管理机构和岗位，明确职责分工，不相容岗位互相分离、互相制约、互相监督。

（3）设置合理的合同管理组织体系，保证单位合同管理组织体系完备，分工明确、责任落实。

（4）建立合理的组织领导和工作协调机制，确保单位各部门之间有效的沟通和协调，增强单位资源配置的科学性、合理性。

3. 合同控制管理制度设计与岗位设置控制风险评估

合同管理制度设计与岗位设置控制在进行风险评估时，主要注意以下几个方面：

（1）合同管理意识薄弱，工作重视程度不够，制度不健全，流程不完备。

（2）合同管理组织机构、合同管理岗位未设置或设置不合理、职责分工不明确，可能导致合同管理组织部门落实责任不明晰，工作不到位。

（3）合同相关部门和岗位缺乏有效沟通，可能导致单位内部各机构之间在预算管理上工作不协调、相互推诿责任，整体降低预算管理效率。

4. 合同控制管理制度设计与岗位设置控制措施

（1）建立健全合同内部管理制度和业务流程。单位应根据《单位内控规范》要求，结合本单位实际，建立健全合同管理制度与业务流程，明确规定合同订立、合同履行、合同纠纷处理及合同登记归档等各合同环节的管理内容、工作部门、岗位职责、业务流程、风险与控制措施等，为单位加强合同管理控制提供制度保障。

（2）建立科学高效的合同组织保障体系。单位应根据业务工作任务和内部组织机构设置的实际情况，建立健全合同管理组织体系，明确合同管理的归口管理部门，对合同实施统一规范管理。明确合同业务的执行部门与监督部门及其相应的合同执行与监督职责，根据部门职责进一步细分落实合同管理的岗位职责，以保证单位合同业务得以全方位、全过程的全面落实。

合同岗位是行政事业单位的关键岗位，单位应建立合同岗位责任制，坚持合同岗位中的不相容职务分离控制和重点控制制度，确保合同拟定与审核、合同审核与审批、合同审批与执行、合同执行与监督评估等不相容岗位相互分离。

（3）健全合同管理协调机制。建立健全财会部门与合同归口管理部门的沟通协调机制，将合同管理与预算管理、收支管理相结合，增强单位资源配置的科学性、合理性，提高资金使用效益和管理效率。

（二）合同订立控制

《单位内控规范》第四章第 55 条规定："单位应当加强对合同订立的管理，明确合同订立的范围和条件。对于影响重大、涉及较高专业技术或法律关系复杂的合同，应当组织法律、技术、财会等工作人员参与谈判，必要时可聘请外部专家参与相关工作。谈判过程中的重要事项和参与谈判人员的主要意见，应当予以记录并妥善保管。"该条款就合同订立管理、范围、条件以及谈判过程、人员等作出了原则性规定。

1. 合同订立控制内容

（1）合同调查控制内容。

合同调查控制的基本流程为：①在确定拟签约对象后，业务部门经办人应当对合同对方当事人的资格、资信、履约能力等情况进行充分了解，并收集、整理有关资料；②业务部门负责人审核；③合同归口管理部门合同管理员对有关信息进行核实后，提出初审意见并判断该合同是否属于一般合同；若不属于一般合同，则需合同归口管理部门负责人审核并判断是否属于重大合同或重要合同；若属重大合同和重要合同，由单位主管领导审批；④由业务部门通知拟签约对象准备谈判。

合同调查控制的关键控制环节为：①对拟签约对象调查环节，业务部门经办人对确定的拟签约对象的身份证件、法人登记证书、资质证明等进行审查，评价合同对方的主体资格是否恰当；取得合同对方经审计的财务报告等资料，对其财务风险和信用状况进行评估，必要时可至合同对方进行现场调查。②审核和审批环节，业务部门负责人首先对相关资料进行审核，合同归口管理部门合同管理员通过电话访问、网络查询等手段对有关信息进行核实，提出初审意见，对于对单位正常运行具有重大或重要影响的经济事项涉及的合同，即重大合同和重要合同则还需由单位主管领导审批。

（2）合同谈判控制内容。

合同谈判控制的基本流程：①业务部门确定谈判小组名单；②业务部门负责人审核，若为重大合同或重要合同，则需由单位主管领导审批；③业务部门组织谈判。

合同谈判控制的关键控制环节为：①确定谈判小组名单环节，业务部门应确定包括合同归口管理部门、技术部门、财务部门和法律部门的专业人员在内的谈判小组名单；②审核和审批环节，业务部门负责人和单位主管领导对人员名单进行审核或审批；③谈判环节，谈判时要关注合同的主要要素，包括合同标的的数量与质量、双方权利与义务、合同价格的确定方式与价款支付方式、违约责任、解除条件、争议解决的方法等。业务部门合同经办人负责整理谈判记录，由参加谈判人员签字确认。

（3）合同文本拟定与审批控制内容。

合同拟定与审批控制的基本流程：①业务部门起草合同并填写《合同审批表》；②业务部门负责人审核；③合同归口管理部门、技术部门、法律部门及财务部门审核，业务部门根据各部门审核意见进行修改；④单位主管领导对一般合同内容进行审批，对重大合同内容进行审核；⑤单位负责人对重要合同内容进行审批，重大合同则需由单位决策机构审批。

合同拟定与审批控制的关键控制环节为：①起草合同环节，业务部门合同经办人根据合同谈判结果，起草合同文本，如单位有合同标准文本的必须使用标准文本，没有标准文本的需做到书写符合逻辑、条款完整、时间精确、合同双方的权责利表达清楚、文字表达严谨。②审核、审批环节，合同归口管理部门审核送审资料是否齐全、合同文本是否规范、要素内容是否齐全完整；技术部门负责审核本部门专业范围内的合同技术条款；法律部门负责分析合同风险、与法律相关的内容，包括但不限于变更、解除、违约、索赔、不可抗力、诉讼等条款；财务部门相关接口人负责审核合同协议中价款支付方式、违约金的赔偿和经济计算等相关条款；单位决策机构对重大合同进行审议，以决议的形式对合同文本表示意见。③修改合同环节，技术部门、法律部门、财务部门在《合同审批表》上签署明确意见，合同业务部门根据各部门提出的审核意见给予回复并相应修改合同文本。

（4）合同签署控制内容。

合同签署控制的基本流程：①业务部门办理合同签署手续；②合同签署后，业务部门送交合同相关资料与《合同审批表》原件给合同归口管理部门；③合同归口管理部门根据相关资料登记《合同审批表》、合同原件和合同管理台账；④登记后，业务部门申请加盖合同印章；⑤办公室加盖合同印章并在《合同审批表》中确认。

合同签署业务的关键控制环节为：①合同签署环节，业务部门合同经办人办理合同签署手续，如为重大合同，则由单位负责人签署合同；如为重要合同，则由单位负责人授权相关领导签署合同；一般合同由单位负责人授权部门负责人签署合同。②送交资料环节，合同经办人持审批完整的《合同审批表》原件、对方当事人签署完整的合同原件经单位负责人或其授权人员签署后，送至合同归口管理部门登记备案。③登记环节，合同归口管理部门合同管理员审核《合同审批表》已经过适当签批后，按照既定的编号规则对合同编号，并将合同号填写在合同书与《合同审批表》相应位置，再根据所附资料登记合同管理台账。登记完成后在《合同审批表》相应位置注明合同备案时间并签字确认。④申请加盖印章环节，合同登记后，合同经办人持《合同审批表》、合同原件至办公室印章管理员处，申请加盖合同印章。⑤加盖印章并确认环节，印章管理员按照印章管理规定登记备案后在合同落款处加盖单位公章（合同专用章），合同多于一页的，还需在各页加盖骑缝章。盖章完成后，印章管理员还需在《合同审批表》相应位置注明合同盖章时间并签字确认。

2. 合同订立控制目标

合同订立控制目标包括以下几个方面：

（1）合同策划科学合理，确保合同业务符合单位经营目标和战略规划，能够反映单位的经营指导方针和根本利益，并在各方面具有可行性；合同调查充分，确保合同对方具有主体资格，资信情况、信誉和经营状况良好，具有较好的履约能力，以便减少合同违约风险；合同谈判准备充分，按照自愿、公平的原则磋商合同内容和条款，明确双方的权利义务和违约责任，确保实现业务目标，保障和维护单位的权益。

（2）确保合同文本准确表达了双方谈判的真实意思，并且做到合同文本内容规范，合同相关法定要素齐全，文字表达准确，违约责任等关键条款明确。

（3）加强对合同文本的审核，对于影响重大或法律关系复杂的合同文本，采取合同会审制度，确保合同文本的合法性、经济性、可行性和严密性。

（4）严格划分不同级别合同的签署权限，确保合同签署在签署人的权限范围内，防止未经授权或越权签署；建立健全管理合同专用章制度、合同专用章使用规范。

（5）加强合同的保管，合同收发及时，专人负责合同日常保管，有效防止合同被单方面更改。

3. 合同订立控制风险评估

行政事业单位在开展建设项目合同订立控制风险评估时，主要从以下几个方面进行：

（1）合同前期准备风险。

①合同策划的目标与单位战略目标或者业务目标不一致；合同在内容、单位、技术、时间上没有协调好，不具有可行性；故意规避合同控制的相关规定，如将需要招标管理或需要较高级别领导审批的重大合同或重要合同拆分成标的金额较小的若干不重要的合同，导致经济活动违规违法；未明确合同订立的范围和条件，对应当订立合同的经济业务未订立合同，或者违规签订担保、投资和借贷合同，导致单位经济利益遭受损失；没有考虑单位的投资计划、成本预算，导致合同订立超出单位投资计划和成本预算。

②忽视被调查对象的主体资格审查，相关证明的审查不严格，未进一步验证相关证书或

证明原件的真实性和合法性，导致对方当事人不具有相应民事权利能力和民事行为能力或不具备特定资质，或与无权代理人、无处分权代理人签订经济合同，使经济合同无效或引发潜在风险；对被调查对象的履约能力和商业信誉给出不恰当的评价，过高或过低将不具备履约能力的对象确定为签约对象，而将具有履约能力的对象排除在准经济合同对象之外；虽然在经济合同签订前进行了资信调查，并且对被调查对象的资信状况给予了正确判断，但是在经济合同履行过程中没有持续关注对方的资信变化，致使单位遭受损失。

③谈判人员经验不足，对技术性强或法律关系复杂的经济事项，未组织熟悉技术、法律和财会知识的人员参与谈判等相关工作，导致单位利益受损；合同条款、格式等审核不严格，忽略了涉及合同内容和条款的核心部分乃至关键细节，并存在不当让步，进而导致单位利益受损；未搜集、分析和研究可能与合同相关的法律法规，导致合同谈判内容可能不符合国家产业政策和法律法规要求事项；谈判前没有对谈判对手情况进行充分调查和了解，没有制定有利的谈判策略，导致单位在谈判中处于不利地位，单位利益受损；泄露本单位谈判策略，导致单位在谈判中处于不利地位。

（2）合同文本拟定风险。①单位对外开展经济活动，选择了不恰当的合同形式。②合同内容违反国家法律法规或国家行业、产业政策等，与单位总体战略目标或特定业务经营目标发生冲突。③合同内容和条款拟定缺乏合理性、严密性、完整性、明确性，或文字表述不严谨等，导致合同未准确表达谈判结果，造成重大误解。④合同内容存在重大疏漏和欺诈，导致单位合法利益受损。⑤有意拆分合同、采用化整为零等方式故意规避招标、规避合同控制规定等。⑥对须报经国家有关主管部门审查或备案的文本合同，未履行相应程序。

（3）合同审核风险。①合同审校人员专业素质欠佳，或工作懈怠，导致未能发现，或者未能及时发现合同文本中的不当内容和条款，给单位带来损失。②单位合同起草人员和合同审核人员责任划分不清晰，缺乏有效沟通和协调，合同审核人员虽然在审核中发现了问题但未提出恰当的修订意见，合同起草人员没有充分考虑合同审核人员提出的修改意见或建议，导致合同中的不当内容和条款未被纠正等。③财务部门、技术部门、法律部门等相关部门未从各自的专业角度严格审核合同相关内容和条款，导致合同审核流于形式，不能达到审核应有的作用。

（4）合同签署风险。①不同级别的合同签署权限不明确，出现未经授权或者越权签署。②合同印章使用、保管等管理不当，为不符合管理程序的合同加盖了合同印章。③签署后的合同被单方面更改、篡改，可能给单位带来损失。④因手续不全（例如，合同双方当事人未全部在合同上签字或盖章、未经批准或登记、未经公证）而导致合同无效。⑤合同被送到了不相关的部门；收到合同的相关部门没有采取妥善措施处理合同；因保管不当导致合同泄密等。

4. 合同订立控制措施

（1）合同前期准备控制措施。

①合同策划科学合理，确保合同业务符合单位经营目标和战略规划，能够反映单位的经

营指导方针和根本利益，并在各方面具有可行性。具体控制措施包括：审核合同策划目标是否与单位经营目标和战略规划相一致；在合同订立前协调好合同在内容、单位、技术、时间上的可行性，确保订立的合同能顺利履行；应当在合同控制制度中明确规定不得将需要招标管理的重大合同拆分为不重大的合同，并建立相应的责任追究制度；明确合同订立的范围和条件，严禁违规签订担保、投资和借贷合同；为了防止超计划投资、超成本支出，单位要在年初制订投资计划和成本计划，半年进行一次调整，杜绝计划外支出的现象。

②在合同订立前，进行相关合同调查，充分了解合同对方的主体资格资信情况等。具体控制措施包括：第一，审查被调查对象的身份证件、法人登记证书、资质证明、授权委托书等证明原件。必要时，可通过发证机关查询证书的真实性和合法性，在充分收集相关证据的基础上评价主体资格是否恰当。第二，对被调查对象进行现场调查，实地了解和全面评估其生产能力、技术水平、产品类别和质量等生产经营情况，分析其合同履约能力。与被调查对象的主要供应商、客户、开户银行、主管税务机关和工商管理部门等沟通，了解其生产经营、商业信誉、履约能力等情况，客观、多角度地评价被调查对象的履约能力。第三，获取调查对象经审计的财务报告、以往交易记录等财务和非财务信息，分析其获利能力、偿债能力和营运能力，评估其财务风险和信用状况，并在合同履行过程中持续关注其资信变化。此外，单位应该通过提高合同调查人员的专业素质和责任心，在充分收集相关证据的基础上做出恰当的判断，为合同对象建立商业信用档案，定期对客户进行授信评价，确保签约对方主体具有相应的主体资格、资信状况良好、具备履约能力。

③根据市场实际情况选择适宜的洽谈方式。一般情况下，合同谈判应实行集体会审制，超过一定数额的物资采购项目和投资项目要在审纪监察部门的监督下，严格按照招标程序进行公开招标。为确保签订"阳光合同"，要充分发挥合同主管部门、质量保证体系、价格管理体系的作用，确保谈判质量，为合同的签署打下良好基础。

具体措施包括：第一，组建具有良好素质、结构合理的谈判团队。谈判团队中除了有经验丰富的业务人员外，还应当有谈判经验丰富的技术、财会、审计、法律等方面的人员参与。在谈判过程中，团队要及时总结过程中的得失，研究确定下一步谈判的策略等，要充分发挥团队的智慧。对影响重大、涉及较高专业技术或法律关系复杂的合同，单位还应当聘请外部专家参与合同谈判的相关工作，并充分了解外部专家的专业资质、胜任能力和职业道德情况。第二，严格审核合同条款、格式，关注合同的核心内容、条款和关键细节。具体包括合同标的的数量、质量或技术标准，合同价格的确定方式与支付方式，履约期限和方式，违约责任和争议的解决方法，合同变更或解除条件等。第三，收集并研究国家相关法律法规、行业监管、产业政策、同类产品或服务价格等与谈判内容相关的信息，确保合同内容符合国家产业政策和法律法规的要求。第四，在谈判前，收集谈判对手资料，充分熟悉谈判对手情况，做到知己知彼，并正确制定本单位的谈判策略。第五，在整个谈判过程中加强保密工作，防止由于己方信息泄露导致本单位权益受损。第六，对谈判过程中的重要事项和参与谈判人员的主要意见，应予以记录并妥善保存，建立严格的责任追究制度。

（2）合同文本拟定控制措施。合同谈判后，行政事业单位要根据协商谈判的结果拟定合同文本。合同文本应当准确表达双方谈判的真实意思。具体来说，单位应该从以下几个方面加强合同文本拟定控制。

①单位对外发生经济行为，除即时结清方式外，均应当订立书面合同。发现违反规定以口头合同进行交易的，应及时签订书面合同；如发生争议要及时报法律部门处理。需要先开工建设或采购的项目，应在取得计划部门确认或下达临时计划后，事先签订合同或框架协议。

②严格审核合同需求与国家法律法规、产业政策、单位整体战略目标的关系，保证其协调一致；考察合同是否以生产经营计划、项目立项书等为依据，确保完成具体业务经营目标。

③合同文本一般由业务承办部门起草，法律部门审核；重大合同或法律关系复杂的特殊合同应当由法律部门参与起草；各部门应当各司其职，保证合同内容和条款的完整、准确。

④国家或行业有合同示范文本的优先选用，但对涉及权利义务关系的条款应当进行认真审查，并根据实际情况进行适当修改。单位有合同标准文本的必须使用标准文本，没有标准文本的要做到：条款不漏项；标的额计算准确、标的物表达清楚；质量有标准、检验有方法；提（交）货地点、运输方式、包装物、结算方式明确；文字表达要严谨，不使用模棱两可或含糊不清的词语；违约责任及违约金（或赔偿金）的计算方法准确。由签约对方起草的合同，单位应当认真审查，确保合同内容准确反映单位诉求和谈判达成的一致意见，特别留意"其他约定事项"等需要补充填写的栏目，如不存在其他约定事项时注明"此处空白"或"无其他约定"，防止合同后续被篡改。

⑤通过统一归口管理和授权审批制度，严格合同控制，防止通过化整为零等方式故意规避招标的做法和越权行为。

⑥合同文本须报经国家有关主管部门审查或备案的，应当履行相应程序。

（3）合同审核控制措施。合同拟定后，单位应该对合同文本进行严格审核。合同审核环节应按照"统一管理、分级负责、分专业审查、按计划签订、依合同结算"的原则，制定严格的合同审查流程。具体措施包括：

①审核人员应当对合同文本的合法性、经济性、可行性和严密性进行重点审核，关注合同的主体、内容和形式是否合法，合同内容是否符合单位的经济利益，对方当事人是否具有履约能力，合同权利和义务、违约责任和争议解决条款是否明确等。

②理清合同起草人员和审核人员的责任，如果合同审核人员发现问题，要根据问题给出参考的修订意见，而合同起草人员要认真分析研究，慎重对待审核意见，对审核意见准确无误地加以记录，必要时对合同条款作出修改并再次提交审核。

③单位应建立合同会审制度。对影响重大或法律关系复杂的合同文本，单位财务部门、内审部门、法律部门及与业务关联的相关部门进行审核，各相关部门应当认真履行职责。其中，法律部门主要审查违约责任、争议管辖权等实质性条款是否合法、完整、明确、具体，

文字表述是否无歧义；技术部门对质量条款技术要求等内容进行技术审查；财务部门对支付条款等内容进行经济审查。每位审查人员对做出的审查结果负责，合同归口管理部门对合同审查的结果负全面责任。

（4）合同签署控制措施。合同一经审核同意签署，单位应当与签约对方正式签署合同，并加盖单位合同专用章。针对合同签署的主要风险点，单位应该从以下几个方面来加强合同签署控制。

①严格划分不同级别合同的签署权限，严禁超越权限签署合同。单位相关负责人应按照规定的权限和程序与对方当事人签署合同。对外正式订立的合同，应当由单位法定代表人或由其授权的代理人签名或加盖有关印章；授权签署合同的，应当签署授权委托书。

②严格合同专用章保管制度。合同经编号、审批及单位法定代表人或由其授权的代理人签署后，方可加盖合同专用章，确保只为符合管理程序的合同文本加盖合同印章。为此，合同专用章必须由专人保管，保管人应当记录合同专用章使用情况以备查；需携章外出时应有二人以上，且要有领导的签字，并留有记录；合同章的保管要有严密的防范措施，严禁丢失或被盗，否则要对当事人进行经济或者行政处罚。用印后保管人应当立即收回，并按要求妥善保管，以防止他人滥用。如果发生合同专用章遗失或被盗现象，应当立即报告单位负责人并采取妥善措施，如向公安机关报案、登报声明作废等，以最大限度消除其可能带来的负面影响。

③采取恰当措施，防止已签署的合同被篡改。如在合同各页码之间加盖骑缝章、使用防伪印记、使用纸质合同书、使用不可编辑的电子文档格式等方法对合同内容加以控制，防止对方单方面改动合同文本。

④合同必须由双方当事人当面签订，在合同上签字或者盖章。按照国家有关法律、行政法规规定，需要办理批准、登记等手续之后方可生效的合同，单位应当及时按规定办理相关手续。此外，单位还应实施合同签收制度，并及时退回与本部门不相关的合同；指定专人负责合同的日常保管，并为合同保管提供相应的条件；建立合同管理的责任追究制度等。

（三）合同履行控制

《单位内控规范》第四章第 56 条规定："单位应当对合同履行情况实施有效监控。合同履行过程中，因对方或单位自身原因导致可能无法按时履行的，应当及时采取应对措施。单位应当建立合同履行监督审查制度。对合同履行中签订补充合同，或变更、解除合同等应当按照国家有关规定进行审查。"该条款就合同履行的监控，监督审查制度的建立等作出了原则性规定。

1. 合同履行控制内容

（1）合同履行控制内容。

合同履行控制的基本流程为：①业务部门对监督与审核合同对方合同履行的情况，并进行验收流程；②验收后做结算申请交送单位主管领导审批；③财务部门根据合同正本与审批通过后的结算申请做合同结算。

合同履行业务的关键控制环节为：①合同履行监督及结算申请环节，业务部门将合同正本提交财务部门，将其作为合同结算的依据之一；业务部门根据合同条款履行合同规定的责任与业务，同时对合同对方的合同履行情况进行监督与审核，并根据合同履行阶段向财务部门提出结算申请；业务部门负责定期向归口管理部门或单位主管领导汇报合同的履行情况，以便相关部门或人员进行监督和指导；在合同履行结束后，业务部门及其相关部门对合同进行验收。②审批环节，单位主管领导审批合同结算申请。③合同结算环节，财务部门根据合同条款审核业务部门提出的结算申请，按照合同约定条款办理财务手续、收付款项，或履行赔偿责任。若合同对方未按照合同条款履约的，或应签订书面合同而未签订的，或验收未通过的合同，财务部门有权拒绝付款。财务部门应当根据合同编号，分别设立台账，对合同进展情况进行一事一记，以便上级主管部门进行检查和备案。

（2）合同变更控制内容。

合同变更业务控制的基本流程为：①业务部门提交合同变更申请；②技术部门、法律部门、财务部门以及单位主管领导审核审批；③业务部门与合同对方协商更改合同条款；④业务部门更改合同条款并交由技术部门、法律部门、财务部门以及单位主管领导审核审批；⑤签订书面协议。

合同变更控制的关键环节为：①提交合同变更申请环节，在合同履行过程中，业务部门根据需要提交合同变更申请。②变更申请的审核审批环节，对业务部门提交的合同变更申请，技术部门、法律部门、财务部门进行审核，单位主管领导进行审批。③合同双方协商变更合同环节，业务部门与合同对方协商更改合同条款。④对合同变更内容进行审核审批环节，业务部门提交的变更内容，由法律部门对文本内容进行审核，防止变更发生歧义和误解，确保合同的合法性、严密性、完整性；财务部门审核合同协议中价款支付方式、违约金的赔偿和经济计算等相关条款；技术部门审核合同协议变更的技术部分，单位主管领导进行审批。⑤单位主管领导审核环节，业务部门与合同对方协商变更条款后，经技术、法律和财务部门审核后，单位主管领导进行审核。

2. 合同履行控制目标

合同履行控制目标包括以下几个方面：

（1）加强对合同履行情况的监控，确保合同双方履行合同义务，督促对方积极执行合同，确保合同全面有效履行。

（2）按照国家相关法律法规及时解决合同履行中的各项纠纷，确保单位利益不受损失。

（3）如果合同履行条件发生变化，单位能够及时根据需要对合同进行调整，确保合同补充、变更、转让和终止程序合法合规。

3. 合同履行控制风险评估

行政事业单位在开展建设项目合同履行控制风险评估时，主要从以下几个方面进行：

（1）合同生效后，对合同条款未明确约定的事项没有及时补充协议，导致合同无法正常履行。

（2）未按照合同约定履行合同，如违反合同条款，或未按照合同规定的期限金额和方式付款，可能导致单位经济利益遭受损失或面临诉讼的风险。

（3）对合同履行缺乏有效地审查监督，未能及时发现已经或可能导致单位经济利益受到损失的情况；或未能采取有效措施弥补损失，如在合同履行过程中，没有持续关注合同对方的资信变化，致使单位遭受损失；或由于疏于管理，未能及时催收到期的合同款项等。

（4）合同生效后，发现合同条款不明确的，未能及时与对方协商沟通，签订补充、变更协议，影响合同正常履行；应变更合同内容或条款但未采取相应的变更行为，合同变更未经相应的程序，导致合同变更行为不当或无效；合同转让未经相应的管理程序或未经原合同当事人和合同受让人达成一致意见，导致合同转让行为不当或无效；未达到终止条件的合同终止，合同终止未办理相关的手续等。未能详细登记合同的订立、履行和变更情况。

4. 合同履行控制措施

（1）合同履行控制措施。合同履行在合同控制过程中往往被忽视，但其却是整个合同运行的关键环节。此环节的关键控制措施应当包含合同控制的多个环节，例如，签约前认真调查对方的履约能力和商业信誉等情况，尽量只与具有良好履约能力和商业信誉的单位签订合同；在合同中明确规定违约责任；要求对方为履行合同提供相应的担保措施；对合同履行过程进行监督，一旦发现对方有违约的可能或违约行为，则采取相应措施将合同损失降到最低等。具体措施包括：①合同生效后，如果出现履行异常，要根据需要及时补充、变更甚至解除合同。在合同履行管理过程中要落实合同履行责任人，需要追究责任的，要有处理意见；合同履行完毕后，必须写出履行报告；②强化对合同履行情况及效果的检查、分析和验收，全面适当执行本单位义务，敦促对方积极执行合同，确保合同全面有效履行；③建立合同履行监督审查制度。第一，对于合同没有约定或约定不明确的内容，通过双方协商一致对原有合同进行补充；无法达成补充协议的，按照国家相关法律法规、合同有关条款或者交易习惯确定。第二，对于显失公平、条款有误或存在欺诈行为的合同，以及因政策调整、市场变化等客观因素已经或可能导致单位利益受损的合同，按规定程序及时报告，并经双方协商一致，按照规定权限和程序办理合同变更或解除事宜；合同变更和解除应当采用书面形式，严禁在原合同文本上涂抹、添加，变更后的合同视为新合同，须履行相应的合同管理程序。第三，对方当事人提出中止、转让、解除合同，造成单位经济损失的，应向对方当事人书面提出索赔。

（2）合同补充、变更、转让和终止控制措施。合同签署完毕后，随着实际业务的顺利进行，针对不同的情况，单位可能需要对合同进行补充、变更、转让，或者终止。为此，单位应该：明确规定合同变更或转让需向相关负责人报告；合同变更或转让的内容和条款必须与当事人协商一致；变更或转让后的合同视同新合同，须履行相应的合同控制程序等。明确规定合同终止的条件及应当办理的相关手续；指定专人对合同终止手续进行复核等。具体措施包括：①合同生效后，发现合同条款不明确的，及时就有关问题与对方协商并签订补充、变更协议，完善条款内容；②在合同内容中，应设定相关的合同变更及转让等内容，明确其程序，如果没有经过同意就随意变更和转让则视其为无效，有效避免合同变更及转让的风险；③单位应明确规定合同终止的条件及应当办理的相关手续，指定专人对合同终止手续进行复核等；④发现未办理解除合同的批准、登记手续的，要求合同承办人员在规定时间内去主管机关办理。

（四）合同结算控制

《单位内控规范》第四章第57条规定："财会部门应当根据合同履行情况办理价款结算和进行账务处理。未按照合同条款履约的，财会部门应当在付款之前向单位有关负责人报告。"该条款就各类价款结算和账务处理必须根据合同履行进行控制作出了原则性规定。

1. 合同结算控制内容

合同结算控制的基本流程为：①业务部门承办人准备合同结算相关材料并提交价款结算申请；②业务部门负责人审核；③财务部门负责人复核；④单位分管领导审核或审批权限内的价款结算；⑤单位负责人审批；⑥出纳执行价款结算；⑦会计做账务处理。

合同结算控制的关键控制环节为：①申请环节，业务部门承办人准备相关材料并提交价款结算申请。②审核、审批环节，业务部门负责人、财务部门负责人对相关材料和申请进行审核；若在单位分管领导授权范围内，由单位分管领导审批，若超过其权限范围，由单位负责人审批。③执行结算环节，出纳根据领导审批意见执行价款结算。④记账环节，会计根据价款结算情况进行账务处理。

2. 合同结算控制目标

合同结算控制目标包括以下几个方面：

（1）按照合同结算条款及时支付进度款，确保合同款项支付规范有序，经过适当审批。

（2）如未按照合同及时履约，财会部门应当在付款之前向单位有关负责人报告。

3. 合同结算控制风险评估

行政事业单位在开展建设项目合同结算控制风险评估时，主要从以下几个方面进行：

（1）违反合同条款，未按合同规定期限、金额或方式付款。

（2）疏于管理，未能及时催收到期合同款。

（3）在没有合同依据的情况下盲目付款。

4. 合同结算控制措施

（1）合同归口管理部门可以建立合同管理信息系统，跟踪合同履行情况，在临近结算期限的合理时间内向财会部门发出资金结算提示。合同承办人员收集发票、交货凭证等资料经适当审批后，在规定时间内提交财会部门按时办理结算。财会部门应当对合同条款和经审批的结算申请资料进行审核，审核完毕后办理结算业务，按照合同规定付款，及时催收到期欠款。未按合同条款履约或应签订书面合同而未签订的，财会部门应当在付款之前向单位有关负责人报告。

（2）未按合同条款履约或应签订书面合同而未签订的，财会部门有权拒绝付款，并及时向单位有关负责人报告。

（3）付款必须有业务部门承办人、业务部门负责人、财会部门负责人、分管领导、负责人在申请付款审批单上的签字，同时要加盖合同审核专用章。否则，坚决不予付款，防止欺诈行为发生。

（4）财会部门应定期与合同归口管理部门所管理的合同管理信息系统核对，确保按合同约定及时结算相关价款。

（五）合同登记归档控制

《单位内控规范》第四章第58条规定："合同归口管理部门应当加强对合同登记的管理，定期对合同进行统计、分类和归档，详细登记合同的订立、履行和变更情况，实行对合同的全过程管理。与单位经济活动相关的合同应当同时提交财会部门作为账务处理的依据。单位应当加强合同信息安全保密工作，未经批准，不得以任何形式泄露合同订立与履行过程中涉及的国家秘密、工作秘密或商业秘密。"该条款就合同的登记归档以及对合同信息安全保密工作方面作出了原则性规定。

1. 合同登记归档控制内容

（1）合同登记控制的基本流程为：①合同履行完成后，业务部门承办人提交解除合同申请；②法律部门审核；③单位主管领导审批；④审批通过后解除合同关系，同时业务部门、法律部门、财务部门以及合同对方将合同归档；⑤法律部门进行合同评价。

（2）合同登记控制的关键控制环节为：①提交申请环节，在合同履行完成后，业务部门承办人向法律部门提交解除合同关系申请。②审核、审批环节，法律部门审核业务部门的解除合同关系申请，单位主管领导审批单位解除合同关系申请。③合同解除环节，法律部门办理合同解除事宜，业务部门、法律部门、财务部门对合同进行归档。④合同评价环节，法律部门对合同履行情况、合同效果等方面进行评价，以作为参考资料，在今后的业务过程中作为借鉴。

2. 合同登记归档控制目标

合同登记归档控制目标包括以下几个方面：

（1）加强合同登记管理，建立合同管理台账，定期对合同进行统计、分类和归档，详细登记合同的订立、履行和变更情况，确保实现对合同的全过程封闭管理。

（2）确保合同和相关文件资料及时归档和妥善保管，保证合同及其相关文件资料的安全。

（3）加强合同信息安全保密工作，防止国家或者商业机密泄露，保障单位权益。

3. 合同登记归档控制风险评估

行政事业单位在开展合同登记归档控制风险评估时，主要从以下几个方面进行：

（1）合同及相关资料的登记、归档和保管不善，导致合同及相关资料丢失，影响到合同的正常履行和纠纷处理的举证工作。

（2）未建立合同信息安全保密机制，致使合同订立与履行过程中涉及的国家秘密、工作秘密或商业秘密泄露，导致单位或国家利益遭受损失。

4. 合同登记归档控制措施

（1）合同登记控制措施。合同归口管理部门应当加强合同登记管理，加强对合同的登记、归档和保管。此环节的关键控制措施包括：①合同控制部门应当加强合同登记管理，充分利用信息化手段，定期对合同进行统计、分类，详细登记合同的订立、履行、结算、补充、变更、解除等情况，合同终结应及时办理销号和归档手续，实行合同的全过程封闭管理。②建立合同文本统一分类和连续编号制度，按照类别和编号妥善保管合同文本，建立合同台账，确保合同保管安全可靠、查询快捷方便，并且防止或及早发现合同文本的遗失。③规范合同控制人员职责，明确合同流转、借阅和归还的职责权限和审批程序等有关要求。④及时将与单位经济活动相关的合同提交给财务部门，以便将其作为账务处理的依据。

（2）合同归档保管控制措施。控制此类风险的主要方法是明确规定合同控制人员的职责；规定合同借阅的审批程序；实施合同控制的责任追究制度；对合同保管情况实施定期和不定期的检查等。此环节的关键控制措施包括：①合同正式签订后，承办经济活动的业务部门应将合同原件及其电子版合同执行过程中的往来函件、纠纷或争议的处理情况记载等相关文件资料送合同归口管理部门备案，一年后交档案管理员归档保管。②单位档案室应当设立合同存放柜，对合同进行专柜管理，同时应当做好防火、防潮等措施，确保合同及相关文件资料的安全。档案管理员应及时清理合同文档的产生和使用过程中出现的一些中间文档或暂时性文档。③工作人员查阅合同文件应办理登记手续，在单位办公室查阅合同文档。确因工作需要借出查阅的，需经本部门主管领导及单位主管领导签字后，办理相关借阅手续，以影印件借出，合同原件无特殊情况不得外借。查阅或借阅人员严禁涂改、圈划、抽取、撤换合同档案资料，不得向外泄露或擅自向外公布档案内容。④合同档案销毁应登记造册，经档案鉴定小组审查、主管领导批准后，按规定进行销毁，并由档案归口管理部门指派专人进行监销。

（3）合同保密控制措施。关键控制措施包括：①单位合同的密级分为"绝密""机密""秘密"三级，属于单位秘密合同及相关文件、资料，应在文件的右上角标明密级。"绝密"指此类合同文件资料的泄密会使单位的利益受到特别严重的损害；"机密"指此类合同文件资料的泄密会使单位受到严重的损害；"秘密"指此类合同文件资料的泄密会使单位的利益受到损害。②单位定密责任人由办公室保密负责人及保密员担任，具体负责本单位合同密级的确定、变更、解除工作。③解除和降低密级。解密和降低密级由定密责任人提出，报单位主管领导批准后执行。解密和降低密级操作应由定密责任人监督指导，档案管理员具体实施。④密级合同文件签订后，由定密责任人确定密级，经单位主管领导批准后，交档案管理员进行妥善保管。⑤保存密级合同文件资料，应选择安全保密的场所和部位，并配备安全可靠的保密设备；保密员离开办公场所时，应当将密级合同文件资料保存在保密设备中。⑥复制密级合同，应当报主管领导批准，不得改变其密级、保密期限和知悉范围；履行登记手续；复印件要加盖单位公章，并视同原件管理。⑦因工作确需携带密级合同文件资料外出的，应由两人以上同行。⑧密级合同文件资料的销毁应履行登记、审批手续，并在专人监督下进行，不得向废品收购部门出售。⑨加强合同信息安全保密工作，未经批准，任何人不得以任何形式泄露合同订立与履行过程中涉及的国家或商业秘密。

（4）合同评估控制措施。单位应当建立合同管理情况检查评估制度，定期分析、评估合同管理的总体情况和重大合同履行的具体情况。对合同管理分析评估中发现的问题，了解问题产生的原因，必要时追究相关人员的责任，使合同管理内部控制能顺利进行。

合同管理检查评估的内容主要包括：合同策划是否科学合理、是否具有可行性、是否符合单位经营目标和战略规划；合同调查是否充分、是否能够确保签约主体的履约能力；合同谈判是否有效维护了本单位的权益，谈判策略是否恰当；合同文本是否准确表达了双方谈判的真实意思；合同签订是否符合程序；合同审核意见是否得到合理采纳，不采纳的主要原因及其产生的后果；合同签署是否在授权范围内；合同是否全面履行；是否按照规定程序及时进行了价款结算；合同纠纷是否得到及时、妥善处理；合同补充、变更、转让和终止是否遵循相应程序；合同是否进行登记、归档保管；合同是否存在泄密；合同管理工作中是否有所创新，是否存在违法、违规行为；合同管理内部控制的设计和执行是否有效；是否存在能够提高合同管理效率和效果的建议等。

（六）合同纠纷管理控制

《单位内控规范》第四章第59条规定："单位应当加强对合同纠纷的管理。合同发生纠纷的，单位应当在规定时效内与对方协商谈判。合同纠纷协商一致的，双方应当签订书面协议；合同纠纷经协商无法解决的，经办人员应向单位有关负责人报告，并根据合同约定选择仲裁或诉讼方式解决。"该条款就发生合同纠纷进行协商谈判的时效以及方案作出了原则性规定。

1. 合同纠纷管理控制内容

（1）合同纠纷管理控制的基本流程为：①在合同产生纠纷时，合同经办部门承办人在规定的时效内及时与合同对方当事人沟通、协商，查明情况，并客观评估可能产生的不利后果，同时收集相关证据，然后将纠纷情况说明书、相关资料证据提交合同归口管理部门；②合同归口管理部门整理、备案后交于法律顾问；③由法律顾问协助处理纠纷。

（2）合同纠纷管理控制的关键控制环节为：①了解情况环节，在合同履行过程中，合同经办部门在规定的时效内及时与合同对方当事人沟通、协商，查明情况，并客观评估可能产生的不利后果。②收集证据环节，合同经办部门收集合同纠纷的起因、双方有无违约行为、法律责任大小的相关证据，并交送给归口管理部门。③整理备案环节，归口管理部门整理纠纷情况说明书、相关资料证据，对该合同纠纷备案。④处理纠纷环节，在法律顾问的协助下，合同纠纷协商一致的，双方应就纠纷解决的一致条款，签订书面协议；合同纠纷经协商无法解决的，由法律顾问按合同约定选择仲裁或诉讼解决。

2. 合同纠纷管理控制目标

合同纠纷管理控制目标包括以下几个方面：

（1）单位合同发生纠纷时，应当在规定时效内，通过协商予以解决。

（2）通过协商不能解决的合同纠纷，应当在规定时效内按约定或法定程序予以解决。

3. 合同纠纷管理控制风险评估

行政事业单位在开展建设项目合同纠纷管理控制风险评估时，主要从以下几个方面进行：

（1）未及时向相关领导报告合同纠纷和拟采取的对策；未及时采取有效措施防止纠纷的扩大和发展；未与对方有效协商合同纠纷解决办法，或合同纠纷解决办法未得到授权批准；未收集充分的对方违约行为的证据，导致本单位在纠纷处置过程中处于举证不力的地位；未按照合同约定追究对方的违约责任等。

（2）缺乏对合同管理情况的检查评估，对合同管理的总体情况和重大合同履行的具体情况缺乏有效地分析评估，导致合同管理中的问题长久得不到解决。

4. 合同纠纷管理控制措施

（1）在履行合同过程中发生纠纷的，应当依据国家相关法律法规，在规定时效内与对方当事人协商并按规定权限和程序及时报告。合同纠纷经协商一致的，双方应当签订书面协议；合同纠纷经协商无法解决的，根据合同约定选择仲裁或诉讼方式解决。

（2）单位应明确合同纠纷的审批权限和处理责任。内部授权处理合同纠纷，应当签署授权委托书，未经授权批准，相关经办人员不得向对方当事人作出实质性答复或承诺。

（3）在合同中明确规定违约责任。要求对方为履行合同提供相应的担保措施并对合同履行过程进行监督，一旦发现对方有违约的可能或违约行为，则采取相应措施将合同损失降到最低程度。

二、应用范例——某市政协内部控制制度（节选）

（一）某市政协合同控制内部控制制度

1. 总则

第一条　为规范中国人民政治协商会议某市委员会（以下简称本单位）合同管理的行为，保障国有资产、财政资金的安全，促进国有资源的有效利用，依据《中华人民共和国合同法》《单位内控规范（试行）》等有关法规及规范性文件，结合本单位实际，制定本制度。

第二条　本制度所称的合同是指本单位在行政管理，公共服务以及民事经济活动中，与其他当事人（平等的法人、自然人和其他组织之间）所订立的涉及财政资金、国有资源的各类协议书和合同等文件。

第三条　本制度适用于本单位机关合同起草、订立、履行、纠纷中的各项合同管理工作。

第四条　订立、履行合同应当遵循合法、公平、自愿、诚实信用的原则，以及事前风险防范、事中风险控制和事后监督及补救相结合的原则。

第五条　本单位机关禁止下列订立合同行为：

（1）临时机构或者内设机构作为一方当事人订立合同。

（2）违反法律、法规、规章规定订立合同或提供担保合同、借贷合同。

……

第六条　本制度所称政府机关合同，适用于以下经济合同：

（1）建设工程设计、监理和施工业务，委托招标业务。

（2）国有土地、滩涂、水域、森林、荒山、矿山等国有资产和自然资源的承包、出让合同。

……

第七条　合同业务的控制目标。

（1）明确合同订立范围、条件、程序，依法依规订立并履行合同，保障单位经济活动合法合规，维护政府机关合法权益。

……

第八条　本单位合同归口管理的部门为行政科。

本单位执行合同业务的相关人员应遵守国家法律法规、政府机关规定及合同约定，对合同事项承担保密责任。

2. 管理岗位与职责

第九条　本单位按照"经济活动的决策、执行和监督应当相互分离"的要求，明确合同管理决策部门、执行部门与监督部门及相关岗位的职责和权限。

第十条　合同业务的部门与岗位职责。

（1）集体决策会议职责。集体决策会议为本单位的合同决策部门，主要负责审定本单位的合同管理制度；审批按照授权审批权限要求必须由集体决策会议审批的重大经济合同；研究决定重大合同纠纷处理意见。

……

（7）内部审计岗职责。负责单位内部合同签订及执行监督。

第十一条　合同业务的下列不相容岗位应当分离：

（1）合同的拟订与审核。

（2）合同的审核与审批。

……

第十二条　合同审核审批权限。

……

3. 经济合同订立规范

第十三条　合同订立业务的管控主要包括合同调查与谈判，合同文本拟定与审批，合同签署等环节。

第十四条　合同订立环节的主要风险。

（1）未明确合同订立的范围和条件，对应当订立合同的经济业务未订立合同，或者违规签订担保、投资和借贷合同，导致政府机关利益遭受损失。

……

（5）未明确授权审批和签署权限，印章保管不善，可能发生未经授权或者超越权限订立合同的情形。

第十五条　本单位的以下重要经济活动必须订立合同：

（1）已列入政府机关当年预算的项目。

……

第十六条　业务部门应当在合同订立前，充分了解合同对方的主体资格、信用状况、履约能力。（略）

第十七条　与合同对方当事人谈判时，承办部门应根据项目复杂程度、所涉标的金额大小等因素，指定政府专人负责或组织成立谈判工作小组。（略）

第十八条　合同文本由合同业务部门拟订。拟订的合同文本应当符合法律规定，条款内容完整、表述严谨准确。（略）

第十九条　拟订的合同文本应当优先选用国家或行业的合同示范文本，但对涉及权利义务关系的条款应当进行认真审查，并根据实际情况进行适当修改。

第二十条　单位的经济合同必须以书面形式签署，合同的正式文本，由秘书长签字、加盖公章。合同内容多于一页的，应同时加盖骑缝章。

4. 经济合同履行规范

第二十一条　合同履行业务的管理主要包括合同跟踪、合同变更、合同纠纷处理、合同结算、合同归档等环节。

第二十二条　合同履行环节的主要风险。

（1）合同生效后，对合同条款未明确约定的事项没有及时协议补充，导致合同无法正常履行。

（2）未按照合同约定履行合同，可能导致面临诉讼的风险或经济利益遭受损失。

……

第二十三条　合同经签署生效后，合同业务部门应全面、适当地执行合同义务，并敦促对方积极执行合同，确保合同全面有效履行。

第二十四条　合同签署后，合同归口管理部门应指定专人建立合同管理台账，逐项进行合同编号并详细全面地序时记录合同订立、履行、变更、终止、纠纷处理等全部过程。（略）

第二十五条　合同生效后发现有重大遗漏、缺少或不明确的合同条款与内容，应及时与合同对方联系协商进行补充，并签订书面补充合同。（略）

第二十六条　合同履行的期限应当明确，并设立合同变更和终止条款。（略）

第二十七条　合同履行过程中所产生的纠纷，应当在规定的时效内，由合同归口管理部门负责组织、承办业务部门参与，与对方当事人协商谈判。（略）

第二十八条　合同纠纷经协商无法解决的，由行政科负责处理纠纷，按合同约定选择仲裁或诉讼解决。（略）

第二十九条　合同归口管理部门、业务部门在纠纷处理过程中应当加强合同及相关资料的保管工作，及时收集仲裁或诉讼所需的相关证据；相关经办人员应当严守合同秘密，不得将合同内容及纠纷情况透露给无关人员或单位。

第三十条　合同结算事项由合同业务部门的经办人提出申请，填写"合同结算申请单"，并附相关凭证，经业务部门负责人审核同意后交合同归口管理部门审核。（略）

第三十一条　合同履行完成或者合同的权利与义务终止之后。（略）

第三十二条　合同档案的范围应当包括的内容。（略）

第三十三条　本单位合同档案按单位《档案管理办法》进行妥善保管，一般合同档案保管期限不低于十年，合同责任期超过十年的保管期限按合同责任期执行。

第三十四条　根据需要对合同进行科学分类，按照类别开展合同的登记、统计和分析工作，实现合同分级分类管理。（略）

第三十五条　单位内部审计岗位、纪检监察部门应充分发挥监督职能，对单位合同订立、履行、变更、纠纷处理等关键环节工作加强监控与监督检查，严防合同管理中的违规与舞弊行为与风险。

5. 附则

第三十六条　本制度经内部控制领导小组审议批准后执行。

第三十七条　本制度解释权归内部控制领导小组。

（二）某市政协合同控制流程、指引

1. 经济合同审批签订流程、指引

（1）流程图（见图 11 - 1）。

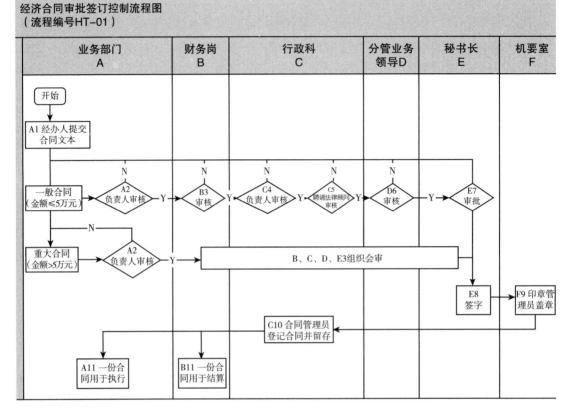

图 11 - 1　经济合同审批签订流程

（2）管控流程指引（见表 11 - 1）。

管控流程：经济合同审批签订。

业务范围：适用于对外签订的各类管理经营合同。

管理目标：确保本单位内部合同签订审批程序规范有序、合同内容真实完整、合同条款合法合规、符合本单位管理需要。

内控制度：《本单位合同内部控制制度》。

表 11 - 1　　　　　　　　　　经济合同审批签订管控流程指引

流程序号	流程环节	机构岗位	工作职责	主要风险	业务表单
A1	提交合同文本	业务部门/经办人	各相关行政科的合同经办人提交合同文本，例如，办公用品采购合同、工程装修承包合同、出让合同、征用合同等其他重大合同，和本单位内其他日常管理经营所需的一般零星合同，并编制合同审批单	未明确合同文本的范围和条件，提交的合同文本不符合单位经济业务需要，易造成单位经济损失	合同文本、合同审批单

流程序号	流程环节		机构岗位	工作职责	主要风险	业务表单
A2	一般合同	审核	业务部门/负责人	略	合同文本未按照规定程序进行审批，可能导致文本内容表述不准确、合同条款不符合法规，造成合同纠纷，给单位带来经济损失；未对合同签订人进行授权或授权不当，可能导致发生合同纠纷，带来法律风险	合同文本、合同审批单
B3 C4		审核	财务岗、行政科/负责人	应重点审核一般合同主体，合同内容是否对本单位有利，对方当事人是否具有履约能力，以及合同权利义务、违约责任及争议解决等主要条款是否明确，合同金额是否在本单位财政预算范围内，支付方式是否规范		合同文本、合同审批单
C5		审核	法律顾问	负责分析判断合同风险、与法律相关的内容，包括但不限于：变更、解除、违约、索赔、不可抗力、诉讼等条款		合同文本、合同审批单
D6		审核	分管业务领导	审核合同内容是否和本单位内基本经济业务范围相符合，审核合同金额的大小，合同内容是否齐全，审核后在审批单上签署意见		合同文本、合同审批单
E7		审批	秘书长	关注前面的审核意见是否落实，各相关行政科审核意见落实修改后，业务部门按照审批意见办理合同签署事宜		合同文本、合同审批单
A2	重要合同	审核	业务部门/负责人	略	略	合同文本、合同审批单
B C D E3		组织会审	分管领导	对经办人提供的合同文本，分管领导组织各业务相关行政科负责人、财务负责人、必要时聘请专家和法律顾问进行会审，主要审核合同的主要条款是否重大，是否合法、明确，文字表述有无歧义；合同的质量和技术条款是否符合要求；合同支付条款的经济性等事项，并出具会议纪要		合同文本、合同审批单
E8		签字	秘书长	经复核各相关行政科的修改意见后，确认无误，在合同文本及合同审批单上签字		合同文本

流程序号	流程环节	机构岗位	工作职责	主要风险	业务表单
F9	盖章	机要室/印章管理员	合同经办人持"合同审批单",修改完善并经单位主要领导签字的合同文本办理盖章手续。印章管理员按照规定登记后在合同落款处盖章,在合同各页加盖骑缝章,并在"合同审批表"签字确认	合同专用章保管不善、随意盖章,可能发生未经授权或者超越权限订立合同的情形	
C10	合同登记	行政科/合同管理员	合同管理员根据经审批签字后的合同文本和审批单,检查确定无误后,填写合同登记表。合同管理员登记合同管理台账,按规定归档	合同登记不规范,不齐全,易造成查找困难,合同台账混乱。合同及相关材料归档、保管不善,导致合同及相关资料丢失,影响合同的正常履行和纠纷的有效处理	合同登记表
A11 B11	留存使用	业务部门/财务岗	已审批生效的合同一份送财务作为账务处理的依据,一份递送业务部门执行		

(3)权限指引表(见表11-2)。

表 11-2   经济合同审批签订权限指引表

流程名称	事项	业务部门		行政科		机要室/印章保管员	财务岗	分管领导	秘书长
		经办人	负责人	负责人	合同管理员				
合同审批签订流程	合同签订	提供合同文本	审核一般合同	审核一般合同	合同登记;归档	盖章	审核一般合同	审批一般合同;审核重要合同	审批重要合同;签字

2. 经济合同跟踪及变更流程、指引

(1)流程图(见图11-2)。

(2)管控流程指引(见表11-3)。

管控流程:经济合同跟踪与变更。

业务范围:适用于对外签订的各类管理经营合同。

管理目标:确保本单位内部合同签订审批程序规范有序、合同内容真实完整、合同条款合法合规、符合本单位管理需要。

内控制度:《本单位合同内部控制制度》。

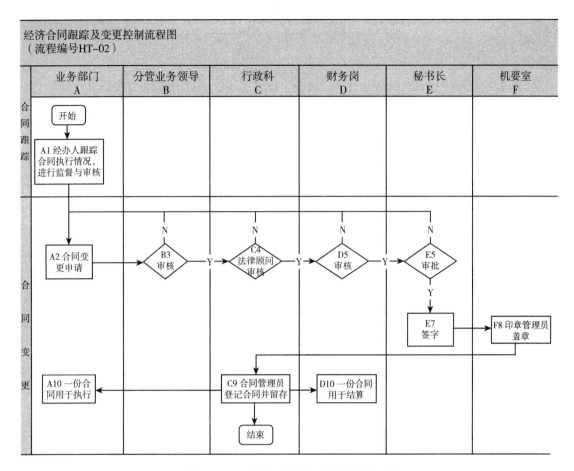

经济合同跟踪及变更控制流程图
（流程编号HT-02）

图 11-2　经济合同跟踪及变更流程

表 11-3　　　　　　　　经济合同跟踪与变更管控流程指引

流程序号	流程环节	机构岗位	工作职责	主要风险	业务表单
A1	跟踪监督审核	业务部门/经办人	根据合同条款履行合同规定的责任和义务，同时对合同对方的合同履行情况进行监督和审核	对合同履行缺乏有效的监督，可能导致单位经济利益受到损失	
A2	提交合同变更申请	业务部门/经办人	业务部门提交合同变更申请，并与合同对方协商变更条款	应变更合同内容或者条款但未采取相应变更措施，合同变更未经相应的程序审核审批，导致合同变更行为不当或者无效	
B3	审核	分管业务领导	审核合同变更内容是否和本单位内基本经济业务范围相符合，审核合同变更金额的大小，合同变更内容是否齐全		

流程序号	流程环节	机构岗位	工作职责	主要风险	业务表单
C4	审核	法律顾问	负责分析判断合同变更风险、与法律相关的内容	应变更合同内容或者条款但未采取相应变更措施，合同变更未经相应的程序审核审批，导致合同变更行为不当或者无效	
D5	审核	财务岗	审核合同变更金额是否在本单位财政预算范围内，支付方式是否规范		
E6 E7	审批、签字	秘书长	审核变更意见是否落实，各相关行政科审核意见落实修改后签字		
F8	盖章	机要室/印章管理员	略	略	
C9	合同登记	行政科/合同管理员	合同管理员根据经审批签字后的合同文本和审批单，检查确定无误后，填写合同登记表。合同管理员登记合同管理台账，按规定归档	合同登记不规范、不齐全，易造成查找困难，合同台账混乱。合同及相关材料归档、保管不善，导致合同及相关资料丢失，影响合同的正常履行和纠纷的有效处理	
A10 A11	留存使用	业务部门/财务岗	已审批生效的合同，一份送财务作为账务处理的依据，一份递送业务部门执行		

（3）权限指引表（见表 11 - 4）。

表 11 - 4　　　　　　　　经济合同跟踪与变更权限指引

流程名称	事项	业务部门	财务岗	行政科		机要室	分管业务领导	秘书长
				负责人	合同管理员	印章管理员		
合同跟踪及变更流程	合同跟踪及变更	跟踪监督审核；提交合同变更申请	审核变更合同	审核变更合同	合同登记；归档	盖章	审核变更合同	审批变更合同；签字

3. 经济合同档案及管理流程、指引

（1）流程图（见图 11 - 3）。

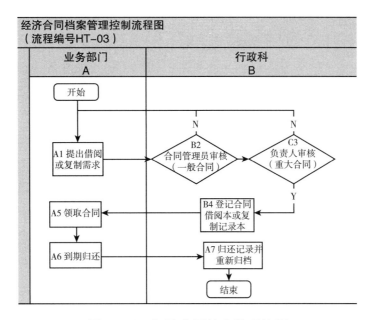

图 11-3 经济合同档案管理流程

（2）管控流程指引（见表 11-5）。

表 11-5 经济合同档案管理管控流程指引

流程序号	流程环节	机构岗位	工作职责	主要风险	业务表单
A1	提出借阅或复制需求	业务部门	业务部门因工作需要，向合同管理部门提出借阅或复制需求	合同管理部门未加强合同登记管理，合同终结未及时办理销号和归档手续进行全过程封闭管理，导致泄露合同订立与履行过程中涉及的国家或商业秘密	
B2 C3	审核	行政科	对于一般合同的借阅需求由合同管理员审核，重大合同的借阅需求由行政科负责人审核		
B4	登记借阅或复制记录	行政科/合同管理员	略		登记借阅或复制记录本
A5 A6 A7	领取合同、到期归还	业务部门、行政科/合同管理员	领取合同后使用，如是借阅合同原件，在到期时及时归还，并做归还记录，重新归档		登记借阅或复制记录本

管控流程：经济合同档案管理。

业务范围：适用于对外签订的各类管理经济合同。

管理目标：确保本单位内部合同签订审批程序规范有序、合同内容真实完整、合同条款合法合规、符合本单位管理需要。

内控制度:《本单位合同内部控制制度》。

（3）权限指引表（见表 11 - 6）。

表 11 - 6　　　　　　　　　　经济合同档案管理权限指引

流程名称	事项	业务部门	行政科	
			合同管理员	负责人
合同档案管理流程	合同档案管理	提出借阅或复制需求；领取合同；到期归还	审核一般合同借阅需求；登记借阅或复制记录本；登记归还记录；重新归档	审核重大合同借阅需求

4. 经济合同争议与纠纷处理

（1）流程图（见图 11 - 4）。

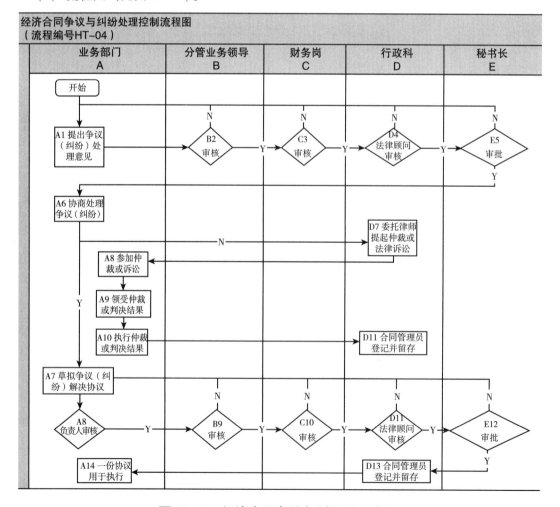

图 11 - 4　经济合同争议与纠纷处理流程

（2）管控流程指引（见表11-7）。

管控流程：经济合同争议与纠纷处理。

业务范围：适用于对外签订的各类管理经营合同。

管理目标：确保本单位内部合同签订审批程序规范有序、合同内容真实完整、合同条款合法合规、符合本单位管理需要。

表11-7 经济合同争议与纠纷处理管控流程指引

流程序号	流程环节		机构岗位	工作职责	主要风险	业务表单
A1	提出争议（纠纷）处理意见		业务部门	因工作出现争议（纠纷）时，将意见汇总并提出		
B2 C3 D4	审核		分管业务领导、财务岗；法律顾问	分级对于争议（纠纷）事项进行审核，所涉及的财务、法律等方面有一个分级管理审核	审核不及时或者未经过审核把关，导致控制失效	
E5	审批		秘书长	对处理意见进行综合审批		
A6 D7	未能成功协商处理	提起诉讼	法律顾问	略	略	
A8 A9 A10		参加、领受、执行仲裁或判决结果	业务部门	业务部门经办人参与仲裁或诉讼，并在诉讼或判决结束后，领受结果并执行		
D11		登记并留存	行政科/合同管理员	合同管理员对争议（纠纷）解决协议进行登记并存档，将一份协议交由业务部门用于执行		
A6 A7	成功协商处理	草拟争议（纠纷）解决协议	业务部门	在协商处理争议（纠纷）时，双方同意，协商拟定解决协议	略	
A8 B9 C10 D11		审核	业务部门负责人、分管业务领导、财务岗；法律顾问	略		

流程序号	流程环节	机构岗位	工作职责	主要风险	业务表单
E12	审批	秘书长	对争议（纠纷）解决协议进行综合审批	审核不及时或者未经过审核把关，导致控制失效	
D13 D14	登记并留存	行政科/合同管理员	合同管理员对争议（纠纷）解决协议进行登记并存档，将一份协议交由业务部门用于执行		

内控制度：《本单位合同内部控制制度》。

（3）权限指引表（见表11－8）。

表11－8 经济合同争议与纠纷处理权限指引

流程名称	事项	业务部门	财务岗	分管业务领导	行政科		秘书长
					法律顾问	合同管理员	
合同争议与纠纷处理流程	合同争议与纠纷处理	提出争议（纠纷）处理意见；参加、领受、执行仲裁或判决结果；草拟争议（纠纷）解决协议；负责人审核解决协议	审核争议（纠纷）处理意见；审核争议（纠纷）解决协议	审核争议（纠纷）处理意见；审核争议（纠纷）解决协议	审核争议（纠纷）处理意见；审核争议（纠纷）解决协议；提起仲裁或诉讼	登记协议或处理结果并留存	审批争议（纠纷）处理意见；审批争议（纠纷）解决协议

第十二章 内部控制评价与监督

【导入案例】

招标内控无监督，控制必然无效果

对单位内部控制的监督检查和自我评价是内部控制得以有效实施的重要保障。如单位内部控制建立的相关制度仅作为"摆设"，对其设计的有效性、实施的有效性不进行自我评价和监督检查，与实际工作形成"两张皮"，它的控制作用就无从谈起。下面这个案例就折射出内控无监督，控制必然无效果。

2018年7月31日，福建省龙海市东泗乡政府内一招标现场，几位竞标者发现桌上放着一个12号球，抽标箱的箱盖上还粘着一个12号球。据东泗乡政府通报，发现作弊后，派出所干警立即到现场对招标资料进行保全。目前，初步认定福建省明信德工程咨询有限公司涉嫌"招标代理机构与投标人串通"，情节严重，龙海市公安局已立案侦查，并对该公司三名工作人员采取刑事强制措施。(8月2日《北京青年报》)

公开、公平、公正和诚实信用是招投标活动应遵循的原则，也是招投标能否获得公信力的生命线。而发生在东泗乡政府内的这场招标，抽标箱粘球作弊，手段拙劣，再次向公众生动演绎了招投标"暗箱操作"的"猫腻"。

此次事件有这样一个细节值得注意：发现作弊问题的人，不是专门的监督人员，而是参与本次招投标的竞标者之一王先生。王先生发现箱子的一角翘了起来，里面好像有个东西，要求查看抽标箱，但工作人员不肯。强制打开抽标箱后，竞标者们才发现箱盖上粘着一个号码是12号的乒乓球。随后，东泗乡招投标监督服务中心立即终止本次开标并保护现场，民警到现场对招标资料进行保全。根据常理，王先生等竞标者只是参与竞投标，招投标活动现场的监督职责应该由东泗乡招投标监督服务中心等专门机构和人员负责。令人不解的是，这起手段如此拙劣、简陋的作弊，专业的招投标监督服务中心工作人员为何没能发现？这些监督者到底是监督不力，工作疏忽，还是另有"猫腻"？这些疑问有待解答。

资料来源：燕赵晚报：招投标暗箱操作揭示监督无力［EB/OL］. 2018 - 08 - 03. http：//opinion. people. com. cn/n1/2018/0803/c1003 - 30205129. html.

豆腐渣工程、问题工程的出现与招投标环节的种种乱象有着很大的关系。在行政事业单位招投标中，内部控制中的监督机制不畅等"制度梗阻"是关键因素。对内部控制制度设计的监督和对内部控制执行的监督不到位，以及内部控制的内部监督形同虚设，最终导致内部控制失效。可见加强内控监督是提升内控有效性的关键因素之一。

一、评价与监督规范解读

《单位内控规范》第五章第 60 条规定："单位应当建立健全内部监督制度，明确各相关部门或岗位在内部监督中的职责权限，规定内部监督的程序和要求，对内部控制建立与实施情况进行内部监督检查和自我评价。内部监督应当与内部控制的建立和实施保持相对独立。"该条款就单位如何建立健全内部监督制度和自我评价体系作出了原则性规定。

（一）内部监督

《单位内控规范》第五章第 61 条规定："内部审计部门或岗位应当定期或不定期检查单位内部管理制度和机制的建立与执行情况，以及内部控制关键岗位及人员的设置情况等，及时发现内部控制存在的问题并提出改进建议。"第 62 条规定："单位应当根据本单位实际情况确定内部监督检查的方法、范围和频率。"这两项条款就内部控制的内部监督主体、监督内容、监督方法、范围、频率作出了原则性规定。

1. 内部监督概述

（1）内部监督概念。内部监督是单位内部有关部门对内部控制建立与实施监督检查，及时发现内部控制存在的问题并提出改进建议的一项工作机制。内部监督是提高行政事业单位管理效率和效果的重要途径，也是改进行政事业部门内部控制的重要手段和实现行政事业单位自我约束的重要方式，更是行政事业单位运行过程中的免疫系统或"防火墙"。

（2）内部监督实施主体。内部审计部门或专门的内部审计岗位是内部监督的实施主体。因为内部审计部门或岗位在行政事业单位内部处于相对独立的地位，加上其工作内容和业务专长与内部控制的监督检查工作密切相关，对于没有设立内部审计部门或岗位的单位，或者内部审计部门因人手不足、力量薄弱等原因无法有效履行内部控制监督检查职能，单位可以成立内部监督联合工作小组来履行相应职能。

（3）内部监督实施方式。根据监督实施对象的不同，行政事业单位内部控制的内部监督可分为例行监督和专项监督。其中，例行监督是指对建立和实施内部控制的情况进行常规的监督检查；专项监督是指在单位组织结构、经济活动、业务流程、关键岗位员工发生较大调整或变化的情况下，对单位内部控制的某一方面或某些方面进行的有针对性的监督检查。由于行政事业单位内部控制体系是一个整体，且内部控制体系的各组成部分要相互配合才能发挥作用，行政事业单位必须结合例行监督和专项监督，有效监督行政事业单位内部控制的有效性。

按照监督实施时间的不同，内部监督可分为事前监督、事中监督和事后监督。其中，事前监督是指为了防范风险事件的发生而对单位将要发生的经济活动进行的监督检查；事中监督是指为了将风险事件控制在萌芽状态而对单位正在发生的经济活动进行监督检查；事后监督则是为了纠正错误和危机处理对单位已经发生的经济活动进行的监督检查。从监督检查的效果来看，事后监督不如事中监督，事中监督不如事前监督。这三种监督方法互相补充、相互配合。行政事业单位在实务操作中，应结合具体情况，综合运用这三种方法。

此外，按照监督检查实施期限的不同，内部监督还可以分为定期监督和不定期监督；按照审计监督检查价值取向的不同，内部监督可以分为合规性监督和合理性监督等。这些不同的监督方式，共同构成了一个有效的内部监督方式体系，满足了不同层次和不同种类的监督活动的需要，为实现行政事业单位内部监督目的提供了有力保障，行政事业单位在实践中要根据自身实际情况，灵活运用不同监督的实施方式。

2. 内部监督内容与要求

（1）内部监督的内容。内部监督的内容是建立和实施内部监督机制的前提和基础。根据我国行政事业单位的特点，单位内部监督的内容一般包括行政事业单位内部控制、行政事业单位财务信息及行政事业单位的运行管理等。

行政事业单位内部控制的内部监督重点是内部控制的有效性，即行政事业单位建立与实施内部控制对实现控制目标提供合理保证的程度。该有效性包括内部控制建立的有效性和内部控制执行的有效性。其中，内部控制建立的有效性是指为实现控制目标所必需的内部控制要素都存在并且得到恰当的体现；内部控制执行的有效性是指现有内部控制按照规定程序和标准得到了正确执行。内部控制设计有效性是内部控制运行有效性的前提和基础，内部控制运行有效性是内部设计有效性的体现和反映。此外，财务信息的审计重点是财务信息的真实性和完整性，运行管理的审计重点是运行管理的效率和效果。

按照行政事业单位内部控制的要素分类，本书将单位内部控制的内部监督也划分为单位层面和业务层面。

单位层面的内部监督的具体内容为：①单位经济活动的决策、执行和监督是否实现有效分离；权责是否对等；议事决策机制是否建立；重大经济事项的认定标准是否确定并一贯地执行；②内部管理制度是否符合国家有关规定尤其是国家明确的标准、范围和程序；内部管理制度是否符合本单位实际情况；③授权审批的权限范围、审批程序和相关责任是否明确；授权审批手续是否健全；是否存在未经授权审批就办理业务的情形；是否存在越权审批、随意审批的情况；④岗位责任制是否建立并得到落实；关键岗位轮岗制度是否建立或采取了替代措施，是否存在不相容岗位混岗的现象；⑤内部控制关键岗位工作人员是否具备与其工作岗位相适应的资格和能力；⑥现代科学技术手段的运用和管理情况等。

业务层面内部监督的具体内容为：①预算业务方面：预算编制、预算执行、资产管理、基建管理、人事管理等部门之间的沟通协调机制是否建立并得到有效执行；预算执行分析机制是否建立并得到有效执行；预算与决算相互反映、相互促进的机制是否建立并得到有效执行；全过程的预算绩效决策与管理机制是否建立并得到有效执行。②收支业务方面：收支是否实施归口管理并得到有效执行；印章和票据的使用、保管是否存在漏洞；相关凭证的审核是否符合要求；定期检查的机制是否建立并得到有效执行等。③政府采购业务方面：政府采购活动是否实施归口管理并得到有效执行；政府采购部门与财会、资产管理等部门之间是否建立沟通协调机制并得到有效执行；政府采购申请的审核是否严格；验收制度是否建立并得到有效执行；是否妥善保管政府采购业务相关资料等。④资产管理方面：各类资产是否实施归口管理并得到有效执行；是否按规定建立资产记录、实物保管、定期盘点和账实核对等财产保护控制措施并得到有效执行等。⑤建设项目管理方面：与建设项目相关的议事决策机制和审核机制是否建立并得到有效执行；是否对项目投资实施有效控制；项目设计变更是否履行相应的审批程序；工程款项的支付是否符合有关要求；是否按规定办理竣工决算、组织竣工决算审计；相关资产是否及时入账等。⑥合同管理方面：是否对合同实施归口管理并得到有效执行；合同订立的范围和条件是否明确；对合同履行情况是否实施有效监控；合同量登记制度是否建立并得到有效执行；合同纠纷协调机制是否建立并得到有效执行等。

此外，行政事业单位内部监督的内容还应包括单位自我评价机制是否有效；自我评价制度设计是否有效；自我评价的执行是否有效。

（2）内部监督的相关要求。负责内部监督的部门或岗位应当定期或不定期检查单位内部管理制度和内部控制措施的建立与执行情况，以及内部控制关键岗位及人员的设置情况等，及时发现内部控制存在的问题，对单位建立和实施内部控制的情况做出评价，对于内部控制存在重大缺陷的，应当向单位领导班子提出要求整改。单位应当根据本单位实际情况确定内部监督检查的方法、范围和频率，通常不能少于一年一次。

①内部监督的范围：根据内部控制的全面性原则的要求，内部监督检查的范围不仅要涵盖单位经济活动所有业务和业务的所有环节，还应当包括单位内部管理制度和机制的建立与执行情况、内部控制关键岗位及人员的位置情况等。

根据内部控制的重要性原则和适应性原则的要求，内部监督还应该根据本单位外部环境的变化、单位经济活动的调整、管理要求的提高、经济活动的重要性和经济活动的重大风险等因素来确定内部审计监督的方法、范围和频率。

②内部监督的频率：负责内部监督的部门或者岗位应当定期或者不定期检查，及时发现内部控制存在的问题并提出改进建议。

内部审计的时间没有硬性要求，为了促进行政事业单位内部控制建立和实施的改进和完善，单位可以根据其内部控制建立和实施的阶段和实际情况，建立定期监督检查制度。例如，在内部控制初建阶段，单位可以每3~6个月进行一次全面性监督检查和自我评价，待内部控制体系建立和执行情况逐渐稳定后，检查频率可以降至一年一次全面性监督检查和自我评价。此外，单位还应该根据单位的具体情况不定期地对内部控制开展各项专项检查、抽查等监督检查工作，及时发现内控建设和实施过程中的问题。

③内部监督的原则：是内部审计必须遵循的基本准则，包括独立性、客观性、效益性和谨慎性。这里需要说明的是，内部审计的独立性是指内部审计部门对内部各部门及下属单位独立，而对领导层是不独立的，这是单位内部监督和国家审计监督的重要区别之一。

④内部监督的依据：主要是行政事业单位内部监督相关法规政策、单位内控规范、政府会计准则、制度等。

⑤内部监督的权限：包括审查权和建议处理权，审查权是按照要求开展审计工作的权力，建议处理权是指对内部监督发现的问题可以提出解决建议的权力。但是，最终能否按照解决建议执行还要经过领导层的决策批准。

目前，我国行政事业单位内部监督体系尚不完备：一方面，内部监督机构设置不合理。行政事业单位普遍采用的内部监督机制仍然停留在控制主体内部，虽然该监督机制是建立在同一体系的不同部门之间，但其本质上还是一种"自己监督自己"的模式，而且行政事业单位的管理层普遍对内部审计的认识不足，在这种情况下，内部监督机构的设置就不是很理想。另一方面，内部监督缺乏独立性、权威性，检查监督流于形式。①

随着改革的进一步深化，政府的管理水平不断提高，行政事业单位内部监督部门作为行政事业单位内部控制的重要组成部分和内部控制有效性的确认者，将会越来越发挥其重要作用。

3. 内部监督程序和方法

（1）内部监督的程序。通常来说，行政事业单位内部控制的内部监督应该经过制定监督检查工作方案、实施监督检查、报告与整改等步骤。

①制定监督检查工作方案：应当明确检查的依据、范围、内容、方式、实施计划、人员构成等相关内容，该方案应当经过单位负责人的批准。

②实施监督检查：第一，应当获取与内部控制建立相关的文件和资料，通过查阅相关文件和资料，了解内部控制在建立上是否覆盖了单位的全面经济活动，是否符合单位的实际情况，是否对风险点选择了恰当的控制措施，以及之前发生的问题是否及时采取措施整改等。

第二，根据了解的经济活动业务流程，确定监督检查的范围和重点，开展现场检查测试。根据单位实际情况，综合运用内部监督的方法，对内部控制建立和执行的有效性进行测试，记录测试结果，分析查找内部控制缺陷。

③报告与整改：对于在监督检查过程中发现的内部控制缺陷，内部监督部门的工作人员要遵循客观、公平、公正的原则，如实反映检查测试中发现的问题，并及时与相关业务部门沟通，分析缺陷的性质和产生的原因，提出整改方案。监督检查的结果和改进建议应当经过相关工作人员的复核和验证，并采取适当的形式及时向单位领导报告。此外，单位也要积极跟踪内部控制缺陷的整改情况，并就内部监督中发现的重大缺陷，追究相关责任单位或者责任人的责任。

在实践中，行政事业单位负责人通常应当指定内部监督部门在执行监督检查的基础上，负责对单位内部控制的有效性进行评价并出具单位内部控制自我评价报告。内部监督部门在

---

① 张庆龙. 新编行政事业单位内部控制建设原理与操作实务［M］. 北京：电子工业出版社，2017.

实施监督检查、分析查找内部控制缺陷后，应当对内部控制的有效性进行评价，提出内部控制改进意见和建议，并出具单位内部控制自我评价报告。

（2）内部监督的方法。一般来说，内部监督的方法主要包括个别访谈法、实地观察法、证据检查法、重新执行法、穿行测试法等。本书主要从内部监督的角度来具体介绍这些方法。

①个别访谈法，主要用于了解行政事业单位内部控制的现状。检查人员可以向行政事业单位的相关工作人员询问，并对答复进行评价，以便获取与内部控制建立和执行相关的信息。例如，向负责复核银行存款余额调节表的会计人员询问如何进行复核，向负责政府采购申请内部审核的人员询问如何进行申请的审核等。除了询问以外，检查人员还需要将获取的答复与相关文件、凭据两相印证，也要注意对于同一问题不同人员的答复是否相同。

②实地观察法，是指检查人员查看相关工作人员正在从事的活动或实施的程序，适合检查不留下书面记录的控制措施的有效性。该方法的一大缺点是其提供的证据仅限于观察发生的时点，如果相关工作人员事先得到通知，极有可能在只在检查人员在场的情况下采取控制措施，导致检查人员做出错误结论。因此，检查人员在使用实地观察法时，应该尽可能不通知相关工作人员，采取突击检查，确保检查的效果。

③证据检查法，是指检查人员对行政事业单位内部或外部生成的，以纸质、电子或其他介质形式存在的记录和文件进行审查。该方法通常用于审查那些内部控制执行留有书面记录的检查，例如，单位为开展经济活动提交的请示报告，审核、复核、审批时留下的记号，等等。检查人员可以通过抽取一定数量的书面证据来验证单位的内部控制是否在实际工作中得到有效执行。

④重新执行法，又称重复执行法，是指检查人员通过独立执行作为行政事业单位内部控制组成部分的控制措施，来判断内部控制建立和执行的有效性。例如，在检查支出报销审核人员是否认真执行审核时，检查人员不仅要检查审核人员是否在相关文件或凭据上签字，还要抽取一部分支出凭证，重新执行审核控制，审核单据来源是否合法，内容是否真实、完整，使用是否准确等。

⑤穿行测试法，是指在内部控制流程中任意选取一笔具体业务事项作为样本，追踪该业务事项从最初起源直到最终在财务报告或内部管理报告中反映出来的过程，即该流程从起点到终点的全过程，以此来了解内部控制建立和执行的有效性。

此外，单位还可以利用信息系统开发检查方法或利用实际工作检查测试经验等方法进行内部控制监督。

（二）自我评价

《单位内控规范》第五章第 63 条规定："单位负责人应当指定专门部门或专人负责对单位内部控制的有效性进行评价并出具单位内部控制自我评价报告。"该条款就行政事业单位应定期由相对独立的人员对内部控制的有效性进行评价并出具自我评价报告作出了原则性规定。

1. 自我评价主体

单位内控主体为单位负责人指定的专门部门或专门负责人。确定其为内控主体时，应考虑是否具备以下条件：①具备充分的权威性。评价机构能够独立行使对单位内部控制系统建立与实施过程及结果进行监督的权力。②具备相应的专业胜任能力。评价机构必须具备评价内部控制系统相适应的专业胜任能力和职业道德素养。③具备相应的协调管理能力。评价机构应与单位其他部门就评价内部控制系统方面保持协调一致，在工作中相互配合、相互制约、相互促进，在效率效果上满足单位对内部控制进行评价所提出的有关要求。

2. 自我评价内容

根据单位内部控制的体系结构，行政事业单位内部控制自我评价的内容可以确定为两个方面：单位层面内部控制和业务层面内部控制。单位可根据《单位内控规范》的要求，以及单位内部控制各构成要素的控制目标、主要风险和关键控制措施，在单位和业务两个层面，分别从设计和执行两个维度来设计内部控制自我评价指标。需要注意的是，评价内部控制执行有效性的前提必须是内部控制设计有效，如果评价证据表明内部控制设计存在缺陷，那么即使内部控制按照设计得到了一贯执行，也不能认为其运行是有效的。

（1）单位层面内部控制自我评价内容。根据单位层面内部控制各要素的控制目标、主要风险点和控制措施，行政事业单位层面内部控制自我评价的内容包括：一级指标组织管理工作、决策与管理机制、岗位设置、人员配备、会计系统和信息系统和各一级指标的二级指标。

其中，组织管理工作的二级指标具体分为：内部控制机构设置，岗位职责设置，内部控制相关职能部门设置。决策与管理机制的二级指标具体分为：决策、监督、执行分离机制，集体研究，专家论证和技术咨询相结合的议事决策机制。岗位设置的二级指标具体分为：关键岗位轮岗机制和关键岗位问责机制。人员配备的二级指标具体分为：关键岗位人员资格，关键岗位人员培训，关键岗位人员职业道德和关键岗位人员惩戒。会计系统的二级指标具体分为：会计机构设置，会计人员配备，会计政策制定和会计业务管理。信息系统的二级指标具体分为：会计核算系统建设系统，内部控制信息系统，信息内部公开机制和信息技术安全管理。

（2）业务层面内部控制的自我评价。根据预算业务、收支业务、采购业务、资产、建设项目和合同控制六大业务层面内部控制各要素的控制目标、主要风险点和关键控制措施，行政事业单位业务层面内部控制自我评价的内容按控制类比分为：预算业务、收支业务、采购业务、资产业务、建设项目业务和合同业务。

①预算业务。预算业务的一级指标具体分为：组织控制、预算编制与批复、预算下达与追调、预算执行、决算管理和绩效评价。

其中，组织控制的二级指标分为：建立健全预算业务管理制度、管理机构与岗位职责、预算归口管理和组织领导和协调机制。预算编制与批复的二级指标分为：预算编制责任、预算编制合规、预算编制依据、预算编制审批、预算方案依据。预算下达与追调的二级指标分为：预算指标分解和预算调整审批。预算执行的二级指标分为：预算执行方式、预算执行申请、预算执行审批、资金支付控制、预算执行分析和预算执行监控。决算管理的二级指标分为：决算报告编制和决算分析运用。绩效评价的二级指标分为：预算考评指标和预算绩效决策与管理机制。

②收支业务。收支业务的一级指标具体分为收入控制、票据控制、支出控制和债务控制。

其中，收入控制的二级指标分为：制定收入管理制度、收入归口管理和岗位责任制、建立健全收费公示、公开制度、落实收支两条线管理和收缴登记和收入分析机制。票据控制的二级指标分为：建立票据管理制度，建立票据申领、管理、核销机制以及票据稽核和监督管理。支出控制的二级指标分为：制定支出管理制度、支出归口管理和岗位责任制、支出事项管理、支出过程控制、借款与专项资金支出管理和支出分析决策与管理机制。债务控制的二级指标分为：建立健全债务管理制度、债务集体论证决策程序以及债务对账和检查监督控制。

③采购业务。采购业务的一级指标分为：组织控制、预算与计划、采购活动、采购合同、采购验收、采购信息和监督控制。

其中，组织控制的二级指标分为：建立健全政府采购制度和流程、组织机构与职责分工、采购归口管理与岗位责任以及组织领导和协调机制。预算与计划的二级指标分为：预算的编制与审核和计划的编制与审核。采购活动的二级指标分为：采购需求申请管理、采购组织形式确定、采购方式与采购申请的审核、采购代理机构选择、供应商选择与确定和招投标控制。采购合同的二级指标分为：订立与备案和履行与变更。采购验收的二级指标分为：明确验收标准、规范验收程序，验收执行与验收报告，验收异常处理和验收监督检查。采购信息的二级指标分为：信息公开管理和信息记录与统计。监督控制的二级指标分为：质疑与投诉管理、监督检查管理和建立采购业务后评估机制。

④资产业务。资产业务的一级指标分为：组织控制、货币资金、实物资产、无形资产和对外投资。

其中，组织控制的二级指标分为：建立健全资产内部控制和合理设置资产管理岗位。货币资金的二级指标分为：货币资金岗位责任制、货币资金支付控制、建立库存现金管理控制机制、建立银行账户决策与管理机制、建立印章管理控制机制、建立票据管理控制机制和建立货币资金的核查机制。实物资产的二级指标分为：资产管理组织控制、资产取得与配置控制、资产使用与维护控制和资产报废与处置控制。无形资产的二级指标分为：无形资产取得控制、无形资产使用控制和无形资产处置控制。对外投资的二级指标分为：投资岗位控制、投资决策控制、投资实施控制和建立责任追究制度。

⑤建设项目业务。建设项目业务的一级指标分为：组织控制、立项控制、勘察设计与概

预算控制、建设项目招标控制、施工控制和竣工控制。

其中，组织控制的二级指标分为：建立健全项目内部管理制度、设置建设项目管理岗位、业务流程控制和建设项目审核机制。立项控制的二级指标分为：议事决策机制和建设项目决策责任追究机制。勘察设计与概预算控制的二级指标分为：勘察、设计过程的控制和概预算控制。建设项目招标控制的二级指标分为：招标过程控制机制、投标过程控制机制和开标、评标和定标控制机制。施工控制的二级指标分为：建设项目监理控制、建设项目施工进度控制机制、建立项目施工质量控制机制、安全生产控制机制、建立项目施工成本控制机制、工程物资采购控制机制和建立项目变更控制机制。竣工控制的二级指标分为：竣工验收控制机制、竣工决算控制机制、竣工结算控制机制、项目资产交付控制机制、会计核算控制机制、项目资料归档控制机制和建设项目后评估控制机制。

⑥合同业务。合同业务的一级指标分为：合同管理组织控制、合同前期准备控制、合同订立控制、合同执行控制和合同后续管理控制。

其中，合同管理组织控制的二级指标分为：监理合同管理制度、设置合同业务岗位和建立合同归口决策与管理机制。合同前期准备控制的二级指标分为：合同策划与调查环节控制和合同谈判控制机制。合同订立控制的二级指标分为：一是合同文本拟定和审核控制；二是合同文本签署和登记控制。合同执行控制的二级指标分为：建立合同履行监控机制、合同变更控制机制、建立合同纠纷控制机制和建立合同结算控制机制。合同后续管理控制的二级指标分为：合同保管与归档控制和合同管理检查评估。

3. 自我评价流程

单位开展内部控制评价工作时，其评价方法、范围和频率，应根据单位自身的性质、业务范围、业务规模、管理模式和实际风险水平来确定。内部控制自我评价作为行政事业单位内部控制建设的自我检查、自我纠正和自我完善机制，不仅是行政事业单位内部控制系统的不可缺少的有机组成部分，同时也自成体系。内部控制自我评价流程的规范化是日常工作能够有序、有效、科学开展的关键，也为最终形成自我评价报告奠定了基础。内部控制自我评价的步骤一般包括评价准备阶段、评价实施阶段和评价及整改阶段，具体流程如图 12 - 1 所示。

（1）评价准备阶段。

①制订自我评价工作方案。内部监督部门应当根据本单位实际情况及外部监管要求，结合内部控制构成要素，分析单位开展经济活动过程中的高风险和重要业务事项，编制内部控制自我评价工作方案，单位负责人审核，单位领导班子集体审议批准。

内部控制评价工作方案应当包括：内部控制评价范围、工作任务、人员组织、进度安排和费用预算等内容。评价工作方案可以以全面评价为主，也可以根据需要采用重点评价的方式。一般单位在内部控制建设初期，应当开展全面综合评价以推动单位内部控制工作的深入有效开展；内部控制建设趋于成熟后，单位可在全面综合评价的基础上，以重点评价或个别评价为主，从而提高内部控制评价工作的效率和效果。

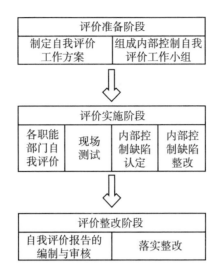

图 12 – 1　内部控制自我评价的基本流程

②组成内部控制自我评价工作小组。内部监督部门根据批准的评价方案，挑选各职能部门中具备专业胜任能力、形式上和实质上都独立、职业道德素质高的评价人员，组成评价工作小组。评价工作小组主体人员的选择需要进行综合考虑，应该涵盖内审部门、注册会计师管理层、政府专员等，以综合他们的优势，避开他们的劣势，获得更加公正、客观、合理的评价结果。

进行内部控制评价时要确保这些人员掌握单位内部控制评价相关的规章制度、工作流程、评价方法、工作底稿的填制要求、缺陷认定标准、评价人员权利和义务、评价工作的纪律要求、评价中的重点领域等，必要时可聘请外部专业机构参与评价。

（2）评价实施阶段。

①各职能部门自我评价。各职能部门对本部门涉及的控制活动进行自评，出具《内部控制自评报告》，各职能部门负责人审核后，提交内部控制评价小组。各职能部门进行自评时，内部控制评价工作小组需要进行相关指导，对各职能部门自评过程中遇到的问题予以解决。

②现场测试。现场测试开始时，评价工作组首先根据各部门的自评报告，同单位各职能部门进行充分沟通，了解单位内部控制设计和执行的基本情况、主要业务风险点和关键控制措施。

根据了解到的内部控制现状，按照评价人员具体分工，综合运用定性和定量的评价方法对内部控制设计和执行的有效性进行现场测试，按要求填写工作底稿、记录相关测试结果、研究分析内部控制缺陷。评价人员应遵循客观、公正公平的原则，如实反映检查测试中发现的问题，并及时与相关部门人员沟通。

评价工作底稿应详细记录评价人员执行评价工作的内容，主要包括测试人员、测试时间、测试样本、测试评价等，评价工作底稿应进行交叉复核签字，并由评价工作组负责人审核后签字确认。评价工作组将评价结果及现场评价报告提交被评价单位，由被评价单位相关负责人签字确认后，提交单位内部监督部门。

③内部控制缺陷认定。评价工作小组根据现场测试结果，编制内部控制缺陷认定汇总表，说明内部控制缺陷及其成因、表现形式、影响程度等，由评价工作小组组长审核，对于汇总表中的重大缺陷，需要提交单位决策机构集体审议认定。

单位对内部控制自我评价过程中发现的问题，应当从定量和定性等方面进行衡量，判断是否构成内部控制缺陷。根据内部控制缺陷影响整体控制目标实现的严重程度，将内部控制缺陷分为重大缺陷、重要缺陷和一般缺陷，它们之间的关系如表 12 − 1 所示。

表 12 − 1 　　　　　　　　　　不同内部控制缺陷类别之间的关系

设计缺陷	缺陷的严重程度	运行缺陷
个别不重要的设计缺陷	一般缺陷	个别不重要的执行缺陷
若干个一般设计缺陷的组合，其严重程度低于重大缺陷，但导致单位无法及时发现或有效控制重要风险，须引起单位管理层的关注	重要缺陷	若干个一般执行缺陷的组合，其严重程度低于重大缺陷、但导致单位无法及时发现或有效控制重要风险，须引起单位管理层的关注
控制设计，可能严重影响内部整体控制的有效性，进而导致单位无法及时发现或控制重大风险	重大缺陷	控制执行，可能严重影响内部整体控制的有效性，进而导致单位无法及时发现或控制重大风险

定性分析就是对评价对象从总体上运用归纳和演绎、分析与综合以及抽象与概括等方法进行"质"的方面的分析与把握，以确定内部控制缺陷的程度。表 12 − 2 列示了三种类型缺陷的定性分类标准。

表 12 − 2 　　　　　　　　　　三种类型缺陷的定性认定标准

缺陷分类	影响内部控制的可能性	且/或	影响的严重程度
重大缺陷	可能或很可能	且	严重影响
重要缺陷	可能或很可能	且	介于重大缺陷与一般缺陷之间
一般缺陷	极小可能	或	一般

定量分析就是对评价对象进行量化处理与分析。例如，"基本确定"为大于 95% 但小于 100%；"很可能"为大于 50% 但小于等于 95%；"可能"为大于 5% 但小于或等于 50%；"极小可能"为大于 0 但小于等于 5%。错报金额大小的量化方法可以借鉴《中国注册会计师审计准则第 1221 号——重要性》的规定，根据以下参考数值，确定重要性水平：对于以盈利为目的的单位，来自经常性业务的税前利润或税后净利润的 5%，或总收入的 0.5%；对于非营利组织，费用总额或总收入的 0.5%；对于共同基金公司，净资产的 0.5%。读者还可参考接下来的内容中，某单位内部控制缺陷认定的具体标准。

④内部控制缺陷整改。单位应将执行的程序和评价的结果列示于自我评价报告中，就发现的全部缺陷汇总、分析缺陷产生的原因并提出改进建议，对重要和重大缺陷提出整改建议，提请单位领导班子组织实施整改工作。为了确保整改成功，单位应制定切实可行的整改方案，包括整改目标、内容、步骤、措施、方法和期限。整改期限超过一年的，整改目标应明确近期和远期目标以及相应的整改工作内容。

认定内部控制缺陷后，不仅要登记在工作底稿和内部控制自我评价报告上，还需要单位采取措施进行整改，才能把风险降低到可控范围之内。如单位在自我评价报告中列式执行的程序和评价的结果，汇总、分析发现的全部缺陷，找出产生的原因并提出改进建议，并对重要和重大缺陷提出整改建议，提请单位领导班子组织实施整改工作。同时单位应制定切实可行的整改方案，包括整改目标、内容、步骤、措施、方法和期限。整改期限超过一年的，整改目标应明确近期和远期目标以及相应的整改工作内容。

（3）评价整改阶段。内部监督部门汇总评价工作组的评价结果，对工作组现场初步认定的内部控制缺陷进行全面复核、分类汇总，对控制缺陷的成因、表现形式及风险程度进行定性和定量的综合分析，按照对控制目标的影响程度判定缺陷等级。对于认定的内部控制缺陷，内部评价部门应当结合单位领导班子的要求，提出整改建议，要求责任单位及时整改，并跟踪整改落实情况；已经造成损失和负面影响的，应当追究相关人员的责任。

①自我评价报告的编制与审批。内控评价小组根据评价结果和认定的内部控制缺陷，编制内部控制自我评价报告，单位负责人审核、单位决策机构集体审议通过后对外报送。

②落实整改。内控评价小组将审批后的内部控制评价报告正式下达单位各职能部门及附属单位。各职能部门及附属单位根据内部控制评价及整改意见进行整改，并于收到内部控制评价报告之日起在限定期限内将整改情况书面反馈至内控评价小组。内控评价小组将评价过程中相关资料进行归档保存。

4. 自我评价方法

自我评价方法分为定性评价方法和定量评价方法，具体方法如图12-2所示。

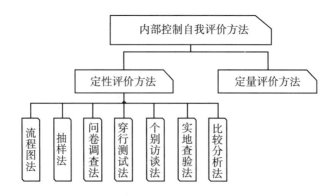

图12-2　内部控制自我评价方法

（1）定性评价方法。

①流程图法。流程图法指利用符号和图形来表示被评价机构组织结构、职责分工、权限经营业务的性质及种类，各种业务处理规程、各种会计记录等内部控制状况的方法。该方法可以帮助评价人员清晰地看出被评价机构内部控制体系如何运行、业务的风险控制点和控制措施，有助于发现各内部控制体系设计的缺陷。

②抽样法。抽样法是指通过抽取一定有代表性的样本进行调查和测试，根据样本来推断总体状况的一种评价方法。这个方法常用于行政事业单位业务流程内部控制有效性的评价。比如收支业务、采购业务、实物资产、合同管理等流程。使用这种方法的重点在于确定抽样总体的范围和样本的选取方法。其中，抽样总体应该适合测试的目标且包括了所有的样本，样本的选取方法包括随机数表或计算机辅助技术选样、系统选样、随意选样。

③问卷调查法。问卷调查法是指评价者利用问卷工具使得受访者只需做出简单的"是/否"或"有/无"的简单回答，通过问卷调查结果来评价内部控制系统的方法。调查问卷要放宽受访者的选取口径，将行政事业单位各个层级的员工都包含在内，从单位负责人到部门领导、基层员工要全层级覆盖，这样的调查结果才更具有可信度，利于内部控制有效性的评价。

④穿行测试法。穿行测试法是指通过抽取一份全过程的文件，按照被评价单位规定的业务处理程序，从头到尾地重新执行一遍，以检查这些经济业务在办理过程中是否执行了规定的控制措施，并通过其处理结果是否相符，来了解整个业务流程执行情况的评价方法。业务流程检查要求样本尽量贯穿整个流程，一些抽样可以选择逆向检查，即先从会计凭证着手抽取样本向前追溯，以保证贯穿业务流程，进而对业务流程控制设计和运行的有效性作出评价。一般情况下只需要选择若干重要环节进行验证即可，但是对特别重要的业务活动，则必须进行全面的检查验证，以免造成不应有的失误。

⑤个别访谈法。个别访谈法是指根据评价的需要，对被评价单位员工进行单独访谈，以获取有关信息。该方法主要用于了解行政事业单位内部控制的基本情况。评价人员在访谈前应根据内部控制评价目标和要求形成访谈提纲，如有必要可先提供给被访谈者以便做好准备，被访谈人员主要是单位领导、相关机构负责人或一般岗位员工。评价人员在访谈结束后应撰写访谈纪要，如实记录访谈内容。

⑥实地查验法。实地查验法主要针对业务层面内部控制，它通过使用统一的测试工作表，与实际的业务、财务单证进行核对的方法进行控制测试，如对财产进行盘点、清查，以及对存货、出入库等控制环节进行现场查验。现场核对现金、存货、固定资产。票据盘点，入库单是否及时录入管理信息系统，再如检查收取票据"被背书人"栏是否及时注明本单位名称、印鉴是否分开保管、网银卡和密码是否由不同人员保管等。实地查验法的结果有多种体现方式：对某一业务流程的控制评价，可以通过评估现有记录的充分性来评价控制程度；描绘出常规业务的处理流程图，直观发现流程图中可能出现的错误，评价控制流程的风险点；通过文字描述反映相关控制情况。

⑦比较分析法。比较分析法是通过数据分析针对同一内部控制内容和指标，在不同的时间和空间进行对比，来说明实际情况与参照标准的差异。比如对行政事业单位采购控制进行分析时，可以采用本期实际采购数据和本期预算数据做对比，找到超预算的项目进行重点审查。

（2）定量评价方法。定量法是通过引入数学计量方法和系统工程学方法来设计模型对指标进行量化，目前学术界并没有定论，还处于探索阶段。

5. 自我评价报告

（1）自我评价报告的内容。行政事业单位内部控制自我评价机构应当根据内部控制自我评价结果，结合内部控制评价工作底稿和内部控制缺陷汇总表等资料，按照规定的程序和要求，及时编制内部控制自我评价报告。

内部控制自我评价报告是内部控制自我评价工作的结论性成果。行政事业单位应当根据《单位内控规范》及单位实际情况，对内部控制自我评价实施的过程及结果进行总结和汇报。内部控制自我评价报告应包括如下内容：

①明确内部控制评价的目标和主体。单位内部控制评价的目标是合理保证单位经济活动合法合规、资产安全和使用有效、财务信息真实完整、有效防范舞弊和预防腐败、提高公共服务的效率和效果。内部控制评价的主体是行政事业单位。

②管理层声明。声明单位领导对报告内容的真实性、准确性、完整性承担个别及连带责任，保证报告内容不存在任何虚假记载、误导性陈述或重大遗漏。

③内部控制评价工作的总体情况。包括单位内部控制评价工作的组织、领导体制、工作总体方案和进度安排、组织协调和汇报途径及评价工作小组的独立性情况等。

④内部控制评价的依据。说明单位开展内部控制评价工作所依据的法律、法规和规章制度。如《单位内控规范》和单位相关内部管理制度。

⑤内部控制评价的范围。内部控制评价主要对被评价的单位、重点关注的高风险领域和纳入评价范围的业务事项进行评价，主要分为全面检查评价和就某特定业务内部控制的检查和评价。内部控制评价的范围涵盖本级及所属单位的各种业务和事项，单位应该在全面评价的基础上突出重点，确保不存在重大遗漏。

⑥内部控制评价的程序和方法。即内部控制评价工作遵循的基本流程及评价过程中采用的主要方法。

⑦以前期间检查中发现的内部控制缺陷及其整改情况。如果单位以前期间内部控制评价中发现了内部控制存在缺陷，要把缺陷的具体情况、认定标准和现在的整改情况予以说明。

⑧本次检查中发现的内部控制缺陷及其认定。说明本次检查中单位内部控制缺陷的具体认定标准和认定程序，并对与以前标准一样或做出的适当调整及其原因做出声明；根据内部控制缺陷的认定标准，判断本次检查中内部控制存在的重大缺陷、重要缺陷和一般缺陷。

⑨内部控制缺陷的整改情况及拟采取的整改措施。对于评价期间发现的重大缺陷但是在评价期末已完成整改的，说明单位与该重大缺陷相关的内部控制还是有效的。对于评价期末

存在的内部控制缺陷，应阐明拟采取的整改措施及对整改后的预期效果进行了解。

⑩内部控制建立和执行有效性的评价、结论及改进意见和建议。对单位内控不存在重大缺陷的情形，可以出具评价期末内部控制有效性结论；对于存在重大缺陷的情形，不能作出内部控制有效的结论，并应该对该重大缺陷的性质，以及其对实现相关控制目标的影响程度、可能给单位经济活动带来的相关风险进行描述。自内部控制评价报告基准日至内部控制评价报告发出日之间发生的重大缺陷，评价工作小组应该对此进行核实，根据核查结果调整内部控制评价报告的结论。

（2）内部控制自我评价报告的编报。

①内部控制自我评价报告的编制时间。单位应当根据本单位实际情况确定内部控制自我评价的方法、范围和频率。根据内控评价开展的范围和频率，自我评价报告可分为定期报告和不定期报告。定期报告是指单位按固定周期如每年一次开展内部控制自我评价工作，编制自我评价报告，并由单位领导对外发布或以其他方式合理利用。不定期报告是指单位针对特定事项而临时开展的内部控制自我评价工作并编制形成自我评价报告。不定期报告的编制时间和编制频率由单位根据具体情况确定。

②内部控制自我评价报告的报送与使用。行政事业单位内部控制自我评价报告完成后可以征求内部纪检监察部门的意见，然后提交单位负责人审核，由单位负责人对拟采取的整改计划和措施作出决定，以改进单位内部控制体系。

内部控制自我评价报告应当作为行政事业单位完善内部控制的依据和考核评价相关工作人员的依据。对于内部控制成效显著的相关部门及工作人员提出表扬表彰，对违反内部控制的部门和人员提出处理意见；对于认定的内部控制缺陷，内部控制职能部门或牵头部门应当根据单位负责人的要求提出整改建议，要求责任部门或岗位及时整改，并跟踪其整改落实情况；已经造成损失或负面影响的，行政事业单位应当追究相关工作人员的责任。

内部控制评价报告按规定需要报送各级财政、审计等监管部门的，应当报送给相关部门，接受监督检查。国务院财政部门及其派出机构和县级以上地方各级人民政府财政部门应当对单位内部控制的建立和实施情况进行监督检查，根据单位的自评报告，有针对性地提出检查意见和建议，并督促单位对内控体系进行整改和完善。

国务院审计机关及其派出机构和县级以上地方各级人民政府审计机关对单位进行审计时，应当调查了解单位内部控制建立和实施的有效性，参考单位的自评报告，揭示相关内部控制缺陷，有针对性地提出审计处理意见和建议，并督促单位对内控体系进行整改和完善。

（三）外部监督

《单位内控规范》第五章第64条规定："国务院财政部门及其派出机构和县级以上地方各级人民政府财政部门应当对单位内部控制的建立和实施情况进行监督检查，有针对性地提出检查意见和建议，并督促单位进行整改。国务院审计机关及其派出机构和县级以上地方各级人民政府审计机关对单位进行审计时，应当调查了解单位内部控制建立和实施的有效性，揭示相关内部控制的缺陷，有针对性地提出审计处理意见和建议，并督促单位进行整改。"该条款就行政事业单位内部控制的外部监督主体、监督内容、监督结果处理等方面作出了基本规定。

1. 财政部门监督

财政部门包括国务院财政部门及其派出机构和县级以上地方各级人民政府财政部门。根据国家相关法律法规，各级财政部门应当对行政事业单位内部控制的建立和实施情况进行监督检查。《财政部门监督办法》（财政部令第 69 号）规定："县级以上人民财政部门依法对单位和个人涉及财政、财务、会计等事项实施监督。"

一般而言，财政部门实施监督的方式可分为专项监督和日常监督两种方式。其中，专项监督是由财政部门专职监督机构实施的监督，如财政部驻各地监察专员办事处对行政事业单位开展的内部控制监督检查工作。日常监督是指由财政部门业务管理机构在履行财政、财务、会计等管理职责过程中实施的监督，如会计管理机构对行政事业单位开展的内部控制监督检查工作。在实践中，财政部门可以将专项检查和日常管理工作相结合，例如，财政部驻各地监察专员办事处对行政事业单位实施综合财政监管，或在开展经费支出业务专项检查时，可以同时将被检查单位内部控制情况列入监督内容进行监督检查。

财政部门对行政事业单位内部控制的监督检查，既包括对单位内部控制建立与实施进行监督检查，又包括对单位报送的内控报告内容的真实性、完整性和规范性进行监督检查。

财政部门应当对监督检查中发现的问题提出有针对性的意见和建议，并督促被检查单位根据检查意见和建议进行整改，以便进一步健全被检查单位的内部控制体系。对在内控建设中，违反规定，提供虚假内控信息的单位及相关负责人，按照《中华人民共和国会计法》《财政违法行为处罚处分条例》等相关法律法规规定追究责任。

2. 审计部门监督

审计机关包括国务院审计机关及其派出机构和县级以上地方各级人民政府审计机关。作为法定的审计机构，审计机关应当依法对行政事业单位内部控制实施审计监督。

审计署在国务院总理领导下，主管全国的审计工作，履行审计法和国务院规定的职责。地方各级审计机关在本级人民政府行政首长和上一级审计机关的领导下，负责本行政区域的审计工作，履行法律、法规和本级人民政府规定的职责。省、自治区人民政府设有派出机关的，派出机关的审计机关对派出机关和省、自治区人民政府审计机关负责并报告工作，审计业务以省、自治区人民政府审计机关领导为主。

按照《中华人民共和国审计法》第四章规定，审计机关具有以下权限：

（1）有权要求被审计单位按照审计机关的规定提供预算或者财务收支计划、预算执行情况、决算、财务会计报告，运用电子计算机储存、处理的财政收支、财务收支电子数据和必要的电子计算机技术文档，在金融机构开立账户的情况，社会审计机构出具的审计报告，以及其他与财政收支或者财务收支有关的资料，被审计单位不得拒绝、拖延、谎报。

（2）有权检查被审计单位的会计凭证、会计账簿、财务会计报告和运用电子计算机管理财政收支、财务收支电子数据的系统，以及其他与财政收支、财务收支有关的资料和资产，被审计单位不得拒绝。

（3）有权就审计事项的有关问题向有关单位和个人进行调查，并取得有关证明材料。有关单位和个人应当支持、协助审计机关工作，如实向审计机关反映情况，提供有关证明材料。审计机关经县级以上人民政府审计机关负责人批准，持县级以上人民政府审计机关负责人签发的协助查询单位账户通知书，有权查询被审计单位在金融机构的账户。审计机关有证据证明被审计单位以个人名义存储款的，经县级以上人民政府审计机关主要负责人批准，持县级以上人民政府审计机关主要负责人签发的协助查询个人存款通知书，有权查询被审计单位以个人名义在金融机构的存款。

（4）审计机关对被审计单位违反前款规定的行为，有权予以制止；必要时，经县级以上人民政府审计机关负责人批准，持县级以上人民政府审计机关负责人签发的封存通知书，有权封存有关资料和违反国家规定取得的资产，在依法收集与审计事项相关的证明材料或者采取其他措施后解除封存。封存的期限为7日以内；有特殊情况需要延长的，经县级以上人民政府审计机关负责人批准，可以适当延长，但延长的期限不得超过7日。对封存的资料、资产，审计机关可以指定被审计单位负责保管，被审计单位不得损毁或者擅自转移。对其中在金融机构的有关存款需要予以冻结的，应当向人民法院提出申请。审计机关对被审计单位正在进行的违反国家规定的财政收支、财务收支行为，有权予以制止；制止无效的，经县级以上人民政府审计机关负责人批准，通知财政部门和有关主管部门暂停拨付与违反国家规定的财政收支、财务收支行为直接有关的款项，已经拨付的，暂停使用。

（5）审计机关认为被审计单位所执行的上级主管部门有关财政收支、财务收支的规定与法律、行政法规相抵触的，应当建议有关主管部门纠正；有关主管部门不予纠正的，审计机关应当提请有权处理的机关依法处理。

（6）审计机关履行审计监督职责，可以提请公安、监察、财政、税务、海关、价格、工商行政管理等机关予以协助。

国家各级审计机关对行政事业单位实施各类审计过程中，均可同时对单位内控建立和实施的有效性审计，提出审计处理意见和建议，形成监督检查结论。

此外，会计师事务所及其注册会计师，可接受财政部门等有关机构的委托，对单位的内控建立与实施进行审计或专项检查，这也是利用社会专业力量对单位内控进行外部监督的一种形式。

二、应用范例——某市社保局内部控制建设自查自评报告

根据市社保局《关于转发省社保中心〈开展社会保险经办机构内部控制工作检查评估

的通知〉的通知》文件要求，我局高度重视，抽调精干人员组成检查评估小组，认真自查评估，现就自查有关情况汇报如下：

（一）某市社保局自查情况

加强社会保险经办机构内部控制工作，是确保社会保险基金安全的本质要求，也是规范经办机构各种行为，实施自动防错、查错和纠错，实现自我约束、自我控制的重要手段。为切实做好这项工作，我局从社会保险工作制度化、规范化、科学化出发，形成了一套事事有复核、人人有监督，行之有效、科学规范的社保工作内控制度和业务流程，建立对社保基金事前、事中、事后全过程的监督机制。

1. 合理设置岗位，明确责任分工，建立内部制衡机制

根据工作需要，按照不相容岗位不能一人兼任的原则，设置了财务、业务、稽核和待遇审批等部门。在各部门内部再进行岗位细分，财务部门要求会计与出纳分设，业务部门要求设立业务受理、复核、系统管理员等岗位，待遇审批部门要求设立受理、复核岗位，建立岗位责任制度，形成责任明确、相互制约的内部制衡机制。

突出加强对资金结算过程的监督。一是靠财务部门内部的监督，出纳经手的每一笔资金收付业务必须经另一财务人员复核，每天下班前，另一财务人员对出纳当天收缴的社会保险费存入开户银行的情况要再次进行复核；二是靠对账制度来约束，每天、每月、全年都要进行对账，业务部门每天开出的票据与财务部门实际收到的资金核对一致，不一致的查明原因及时解决，月份、年度终了，财务和业务部门分别由不同的人员核对月份和年度发生额，确保月发生额与当期日发生额累计数核对一致；三是靠内部稽核来监督，充分发挥稽核部门职能作用，采取定期检查和不定期抽查的方式，对社保基金的运行进行稽核，提出稽核意见和改进建议，促进内控制度的不断完善。这形成了对社保基金全方位、全过程的监督。

2. 工作程序化、规范化，建立组织严密、可操作性强的工作流程和业务规范

按照既高效便捷又安全严密的原则，建立涵盖社保基金从进口到出口，涉及财务、业务、待遇、稽核等各部门工作流程和业务规范。要求加大复核、审核、稽核作用，强化内部控制功能，最终达到一个人不能办理社保业务的要求。

参保单位到业务部门办理缴费基数调整、社保待遇调整等业务，受理人审核后，必须经复核人复核，并经稽核部门稽核后，方能办理；业务经办人每月都要对社会保险待遇本月发放情况与上月发放情况进行对比分析，并经复核人、业务负责人、财务负责人复核，稽核部门稽核，局领导审核后转财务部门办理支付。财务部门出纳收取社会保险费、拨付社保待遇必须经另一财务人员复核；财务专用章和个人名章由两人分开管理；安排专人从源头抓好社会保险费专用收款票据的管理；每月与开户银行和财政部门对账，财务负责人对对账情况进行复核。待遇审批部门应建立档案联合审查制度，审批社保待遇必须经四人审核小组共同查查档案，经稽核部门稽核后，报局领导召开办公会审批。

3. 加强内部稽核，确保各项规范和流程得到贯彻落实

有了好的规范和流程是做好工作的基础，但把规范和流程贯彻落实好则是关键所在。根据社会保险政策法规，对照《内部社会保险业务规范和流程》，采取定期检查和不定期抽查的方法，对财务部门、业务部门、待遇审批部门执行社保政策和工作流程情况进行稽核。稽核完毕后，向单位领导汇报、分析稽核发现的问题，并提出改进意见，向被稽核部门反馈稽核情况，促进社会保险管理水平的不断提高。

4. 建立工作流程运行分析制度

社会保险工作政策性强，制度不断发展完善，必须根据出现的新情况、新问题不断修订完善。我局从自身工作实际出发，在已有的业务规范和工作流程基础上，应建立工作流程运行分析制度，并由主要领导亲自抓。定期召开会议，财务、业务、稽核、信息网络技术人员等相关人员参加，工作人员结合工作分工，对当期工作流程运行情况进行分析，逐条梳理，对不能适应当前工作的流程，及时进行修改，从而保证了工作流程的严密性和适用性。

5. 加强队伍建设，提高社保基金管理能力

社会保险干部队伍是社保基金的直接管理者，其整体素质高低，直接影响着社保基金管理的质量。结合我局工作实际，将定期组织人员进行培训，进行适当的岗位交流，熟悉社保基金从入口到出口的业务流程，加深对社保政策的理解。平时要注重利用反面教材开展警示教育，通过分析经济案件犯罪心理、犯罪过程，加深对经济犯罪危害性的认识，保持警钟长鸣，使每一位工作人员都成为"政治过硬、业务熟练、一专多能、廉洁勤政"的工作能手。

（二）某市社保局存在的问题

社保经办机构内部控制尚处于初级发展阶段，对于社保经办机构，内部控制可以说是一个新的课题，部分人对内部控制的重要性认识程度不高。内部控制与长期形成的习惯和思维定式必然会有冲突，形成各种各样的矛盾和问题，内部控制建设需要解决好这些矛盾和问题。

1. 控制执行人与控制对象之间的矛盾

控制执行人即社保经办机构的稽核部门及稽核人员，控制对象是社保经办机构业务经办人员（包括负有审批职责的人员）、参保单位等。这方面的矛盾表现在：当社保经办机构和经办人员以习惯思维处理业务分工和办理各项社会保险业务，处理和办理的方式、方法和结果不符合内部控制的要求时，由于稽核人员按工作职责进行纠正、要求整改而产生的对立和冲突。如缴费基数核定，大多数社保经办机构和经办人员仍然沿袭参保单位申报多少即核定多少。因此而产生错核、漏核，产生少报、瞒报，这种核定方式违反了《经办业务规程》的规定和上级文件的要求。又如社会保险待遇支付环节的审核，内部控制要求严格履行审核

职责，不仅要核查待遇审批表、养老金发放名册，还必须核查相关的支付依据和计算过程，以控制经办环节的舞弊和失误。但现实中审核、复核、签批流于形式，经办环节出现的失误得不到及时发现和纠正的现象依然存在。另外，参保单位瞒报缴费基数、人数，少缴社会保险费，或是恶意欠费，也属于控制执行人与控制对象的矛盾。解决这类矛盾需要刚性的法律支持，但是社保经办机构仅有稽核检查权，没有行政处罚权，纠正的难度大，这又形成了矛盾的另一方面。

2. 专业人员不足的客观现实与实际需求之间的矛盾

内部控制要求科学合理设置岗位、不相容岗位分离；要求部分岗位专职、不得兼任和包办风险控制岗位的工作；要求岗位与岗位之间要形成必要的相互制约关系，这是社会保险发展的必然要求。也就是说，社保经办机构需要足够的人员编制，能够合理地设置岗位，配置人员，才能满足内部控制基本的条件。而目前我市专业人员不足又是客观存在的现实。因此，内部控制建设还必须解决好这个问题。

（三）加强社保经办机构内部控制建设的建议

1. 加大执法力度

根据劳动保障部颁发的《社会保险稽核办法》的规定，社会保险经办机构是稽核的责任人，所以我们社保机构必须运用该办法赋予的权力，加大宣传力度，鼓励职工来监督企业申报缴费基数，让他们知道企业少报、瞒报的后果。加大执法力度，真正有效遏制瞒报、冒领等违规行为。

2. 加快制度规范

建议尽快建立社会保险稽核工作规范，从制度上、程序上、处罚上进一步规范社会保险稽核行为，使社会保险经办机构的稽核行为规范化，切实做到依法稽核、依法处罚。同时，建议劳动保障行政部门授权社保机构对稽核中发现的问题行使行政处罚。

3. 健全和完善内部控制制度

内部控制制度必须在工作实践中不断补充、修改完善，以保持其时效性。就我局目前的情况来说，除了按实际情况的变化修改、补充现有的内控制度外，还应增加部分内控制度。一是建立不相容岗位分离制度，明确规定哪些岗位是不相容岗位，要严格分离。哪些岗位要专职，不得兼职。哪些职位不得兼任和包办其他职位的工作。二是建立审批制度，规定哪部分业务必须经过审批，哪些职位的人员承担审核、复核、审批的职责。经办人员必须提供哪些资料给审核、复核、审批人，审核、复核、审批人必须核查哪些资料后才能签字。三是建立执行内控奖惩制度，规定部门和个人定期对执行内控制度情况进行自查和自评，稽核部门定期开展内控执行情况检查，并综合自查自评和检查情况作出评价。执行内控制度好的部门和个人给予奖励。执行内控制度差，或是业务操作违反内控制度规定，造成社保基金损失的，视情节给予诫勉谈话、通报批评、责令追回损失、赔偿、警告、记过等处分，直至追究刑事责任。

4. 建议组织异地交叉稽核

在稽核工作中，大多数能够客观公正核定单位和个人的缴费基数。但是有时候，"人情基数"也可能发生，另外碰到"钉子户"拒绝或阻碍稽核工作也有可能发生。杜绝此类事件发生最好的办法是异地交叉稽核。

5. 加强队伍建设

一方面要加强和充实专业化的稽核工作人员队伍；另一方面要对现有人员进行专业培训。

第十三章 内部控制报告的管理

一、内部控制报告概述

（一）内部控制报告的概念及种类

1. 内部控制报告的概念

行政事业单位的内部控制报告，是指行政事业单位在年终，结合本单位实际情况，依据《指导意见》和《单位内控规范》，按照本制度规定编制的能够综合反映本单位内部控制建立与实施情况的总结性文件。

2. 内部控制报告的种类

行政事业单位内部控制报告分为行政事业单位内部控制报告、各部门行政事业单位内部控制报告以及各地区行政事业单位内部控制报告。其中行政事业单位内部控制报告由财政部负责组织编报，各部门行政事业单位内部控制报告由地方各级财政部门负责组织编报，各地区行政事业单位内部控制报告由各行政主管部门负责组织编报。

（二）内部控制报告的编制原则

1. 全面性

行政事业单位内部控制报告的全面性原则是指内部控制报告应当包括行政事业单位内部控制的建立与实施、覆盖单位层面和业务层面各类经济业务活动，能够综合反映行政事业单位的内部控制建设情况。

2. 重要性

行政事业单位内部控制报告的重要性原则是指内部控制报告应当重点关注行政事业单位重点领域和关键岗位，突出重点、兼顾一般，推动行政事业单位围绕重点开展内部控制建设，着力防范可能产生的重大风险。

3. 客观性

行政事业单位内部控制报告的客观性原则是指内部控制报告应当立足于行政事业单位的实际情况，坚持实事求是，真实、完整地反映行政事业单位内部控制建立与实施情况。

4. 规范性

行政事业单位内部控制报告的规范性原则是指行政事业单位应当按照财政部规定的统一报告格式及信息要求编制内部控制报告，单位不能自行修改或删减报告及附表格式。

（三）内部控制报告的主体

1. 编报主体

行政事业单位内部控制报告的编报主体分别为财政部、地方各级财政部门和各行政主管部门。

（1）财政部。财政部负责组织实施全国行政事业单位内部控制报告编报工作。其职责主要是制定行政事业单位内部控制报告的有关规章制度及全国统一的行政事业单位内部控制报告格式，布置全国行政事业单位内部控制年度报告编报工作并开展相关培训，组织和指导全国行政事业单位内部控制报告的收集、审核、汇总、报送、分析使用，组织开展全国行政事业单位内部控制报告信息质量的监督检查工作，组织和指导全国行政事业单位内部控制考核评价工作，建立和管理全国行政事业单位内部控制报告数据库等工作。

（2）地方各级财政部门。地方各级财政部门负责组织实施本地区行政事业单位内部控制报告编报工作，并对本地区内部控制汇总报告的真实性和完整性负责。其职责主要是布置本地区行政事业单位内部控制年度报告编报工作并开展相关培训，组织和指导本地区行政事业单位内部控制报告的收集、审核、汇总、报送、分析使用，组织和开展本地区行政事业单位内部控制报告信息质量的监督检查工作，组织和指导本地区行政事业单位内部控制考核评价工作，建立和管理本地区行政事业单位内部控制报告数据库等工作。

（3）各行政主管部门。各行政主管部门（以下简称各部门）应当按照财政部门的要求，负责组织实施本部门行政事业单位内部控制报告编报工作，并对本部门内部控制汇总报告的真实性和完整性负责。其职责主要是布置本部门行政事业单位内部控制年度报告编报工作并开展相关培训，组织和指导本部门行政事业单位内部控制报告的收集、审核、汇总、报送、分析使用，组织和开展本部门行政事业单位内部控制报告信息质量的监督检查工作，组织和指导本部门行政事业单位内部控制考核评价工作，建立和管理本部门行政事业单位内部控制报告数据库等工作。

2. 责任主体

行政事业单位是内部控制报告的责任主体。单位主要负责人对本单位内部控制报告的真实性和完整性负责。行政事业单位应当根据《行政事业单位内部控制报告管理制度》，结合本单位内部控制建立与实施的实际情况，明确相关内设机构、管理层级及岗位的职责权限，按照规定的方法、程序和要求，有序开展内部控制报告的编制、审核、报送、分析使用等工作。

内部控制报告编报工作应按照"统一部署、分级负责、逐级汇总、单向报送"的方式，由财政部统一部署，各地区、各垂直管理部门分级组织实施并以自下而上的方式逐级汇总；

非垂直管理部门向同级财政部门报送，各行政事业单位按照行政管理关系向上级行政主管部门单向报送。

3. 监督主体

行政事业单位内部控制报告的监督主体是各级财政部和各行政主管部门。各地区、各部门汇总的内部控制报告报送后，各级财政部门、各部门应当组织开展对所报送的内部控制报告内容的真实性、完整性和规范性进行监督检查。

二、行政事业单位内部控制报告的编报

（一）行政事业单位内部控制报告的内容和格式

行政事业单位内部控制报告的内容和格式如表 13 - 1 和表 13 - 2 所示。

表 13 - 1   **××年度行政事业单位内部控制报告**

组织机构代码：□□□□□□□□□		隶属关系（国家标准：隶属关系 - 部门标识代码）：□□□□□□□□□	
单位预算级次：□		单位所在地区（国家标准：行政区划代码）：□□□□□□	
单位基本性质：□□ (10. 行政单位 21. 参照公务员法管理事业单位 22. 财政补助事业单位 23. 经费自理事业单位 90. 其他单位)		预算管理级次：□□ (10. 中央级 20. 省级 30. 地（市）级 40. 县级 50. 乡镇级)	
支出功能分类：			
内设机构数量：		××年度支出总额：	
年末实有人数：		单位编制人数：	
一、单位内部控制情况总体评价			
本单位内控总体运行情况：			
二、单位内部控制总体成果			
（一）单位层面			
1. 单位内部控制领导小组负责人		2. 单位内部控制领导小组会议次数	3. 单位主要负责人参加会议次数
4. 班子成员是否在单位内部控制领导机构中任职		5. 单位内部控制工作小组负责人	6. 单位内部控制工作小组会议次数

7. 单位开展内部控制专题培训次数		8. 本年是否开展内部控制风险评估		9. 是否建立内部控制手册	
10. 内部控制牵头部门		11. 内部控制评价与监督部门		12. 内部控制建设方式	
13. 内部控制开展进度					
14. 内部控制适用的管理业务领域					
15. 内控信息系统涵盖业务领域					

（二）业务层面

权力集中的重点领域和关键岗位建立制衡机制的情况

1. 分事行权	
2. 分岗设权	
3. 分级授权	
4. 定期轮岗	
5. 专项审计	

内部控制流程与制度建立情况

1. 内控流程建立领域	
2. 内控流程未建立领域	
3. 内控制度建立领域	
4. 内控制度未建立领域	

职责分离和主要风险管控情况

业务类型	工作职责分离情况	主要管控风险点
1. 预算业务管理		
2. 收支业务管理		
3. 政府采购业务管理		
4. 资产管理		
5. 建设项目管理		
6. 合同管理		

内部控制制度执行情况

业务类型	评价要点	评价指标结果/指标值
预算业务管理	1. 预算绩效目标设定比例	
	2. 预算批复细化程度	
	3. 预算执行控制程度	
	4. 绩效评价工作执行情况	
收支业务管理	1. 非税收入管控情况	
	2. 支出管控情况	
政府采购业务管理	采购预算完成情况	
资产管理	1. 国有资产安全性	
	2. 资产配置预算完成率	
	3. 人均行政资产配置情况	
建设项目管理	1. 建设项目资金控制情况	
	2. 投资计划完成情况	
合同管理	合同订立规范情况	

（三）内部控制工作的经验、做法及取得的成效

（四）内部控制工作中存在的问题与遇到的困难

（五）下一步内部控制工作计划

（六）对当前行政事业单位内部控制工作的意见或建议

三、单位内部控制存在问题和建议

问题领域	问题分类	存在问题	完善建议
单位层面	1. 单位对内部控制的重视程度		
	2. 内部控制组织机构		
	3. 重点领域和关键岗位制衡机制建设		
	4. 内部控制评价监督		
	5. 内部控制信息化		
	6. 工作职责分离		
预算业务管理	1. 建立健全内部控制制度		
	2. 内部控制制度执行		

续表

收支业务管理	1. 建立健全内部控制制度		
	2. 内部控制制度执行		
政府采购业务管理	1. 建立健全内部控制制度		
	2. 内部控制制度执行		
资产管理	1. 建立健全内部控制制度		
	2. 内部控制制度执行		
建设项目管理	1. 建立健全内部控制制度		
	2. 内部控制制度执行		
合同管理	1. 建立健全内部控制制度		
	2. 内部控制制度执行		

表 13 – 2　　　　　　　　　**行政事业单位内部控制报告填报表**

一、单位层面

单位内部控制领导小组负责人	单位一把手（法人）□　分管财务领导□　其他分管领导□　未成立内部控制领导小组□		
单位内部控制领导小组会议次数	0 次□　1 次□　2 次及以上□	单位主要负责人参加会议次数	0 次□　1 次□　2 次及以上□
班子成员是否在单位内部控制领导机构中任职	是□　否□ 如是，请详列姓名及行政职务：		
单位内部控制工作小组负责人	单位一把手（法人）□　分管领导□　牵头部门负责人□　其他负责人□　未成立内部控制工作小组□		
单位内部控制工作小组会议次数	0 次□　1 次□　2 次及以上□	单位开展内部控制专题培训次数	0 次□　1 次□　2 次及以上□
本年是否开展内部控制风险评估	是□　否□	是否建立内部控制手册	是□　否□
内部控制牵头部门	行政管理部门□　财务部门□　纪检部门□　内审部门□　其他部门：		
内部控制评价与监督部门	行政管理部门□　财务部门□　纪检部门□　内审部门□　其他部门：		
内部控制建设方式	单位自建□　外部协助□　协助单位名称：		
内部控制开展进度	内部控制建立阶段□　内部控制实施阶段□　内部控制信息化阶段□		

内部控制适用的管理业务领域	预算业务管理	收支业务管理	政府采购业务管理	资产管理	建设项目管理	合同管理
	是□ 否□	是□ 否□	是□ 否□	是□ 否□	是□ 否□	是□ 否□

内部控制信息系统是否建立	预算业务管理□　收支业务管理□　政府采购业务管理□　资产管理□ 建设项目管理□　合同管理□

二、业务层面

权力集中的重点领域和关键岗位建立制衡机制的情况	1. 分事行权	对经济和业务活动的决策、执行、监督，是否明确分工、相互分离、分别行权	是□ 否□ 不适用□
	2. 分岗设权	对涉及经济和业务活动的相关岗位，是否依职定岗、分岗定权、权责明确	是□ 否□ 不适用□
	3. 分级授权	对管理层级和相关岗位，是否分别授权，明确授权范围、授权对象、授权期限、授权与行权责任、一般授权与特殊授权界限	是□ 否□ 不适用□
	4. 定期轮岗	对重点领域的关键岗位，是否建立干部交流和定期轮岗制度	是□ 否□ 不适用□
	5. 专项审计	不具备轮岗条件的单位，是否对关键岗位涉及的相关业务采用专项审计等控制措施	是□ 否□ 不适用□

工作职责分离情况	预算业务管理	收支业务管理	政府采购业务管理	资产管理	建设项目管理	合同管理
	1. 预算编制与预算审批	1. 收款与会计核算	1. 采购需求制定与审核	1. 办理货币资金业务的各岗位	1. 项目建议和可行性研究与项目决策	1. 合同的拟订与审核
	是□ 否□ 不适用□	是□ 否□ 不适用□	是□ 否□ 不适用□	是□ 否□ 不适用□	是□ 否□ 不适用□	是□ 否□ 不适用□
	2. 预算审批与预算执行	2. 支出申请与内部审批	2. 采购文件编制与复核	2. 无形资产研发与管理	2. 概预算编制与审核	2. 合同的审批与订立
	是□ 否□ 不适用□	是□ 否□ 不适用□	是□ 否□ 不适用□	是□ 否□ 不适用□	是□ 否□ 不适用□	是□ 否□ 不适用□
	3. 预算执行与分析评价	3. 付款审批与付款执行	3. 合同签订与验收	3. 对外投资的可行性研究与评估	3. 项目实施与价款支付	3. 合同的审核与审批
	是□ 否□ 不适用□	是□ 否□ 不适用□	是□ 否□ 不适用□	是□ 否□ 不适用□	是□ 否□ 不适用□	是□ 否□ 不适用□
	4. 决算编制与审核	4. 业务经办与会计核算	4. 验收与保管	4. 实物资产管理的决策、执行与监督	4. 竣工决算与竣工审计	4. 合同的执行与监督
	是□ 否□ 不适用□	是□ 否□ 不适用□	是□ 否□ 不适用□	是□ 否□ 不适用□	是□ 否□ 不适用□	是□ 否□ 不适用□

续表

业务类型	环节（类别）	不适用	是否建立制度	是否编制流程图	主要管控风险点
预算业务管理	1. 预算编审与批复	□	是□　否□	是□　否□	
	2. 预算执行与分析	□	是□　否□	是□　否□	
	3. 预算追加调整	□	是□　否□	是□　否□	
	4. 决算管理	□	是□　否□	是□　否□	
	5. 绩效评价	□	是□　否□	是□　否□	
收支业务管理	1. 财政拨款收入	□	是□　否□	是□　否□	
	2. 事业收入	□	是□　否□	是□　否□	
	3. 经营收入	□	是□　否□	是□　否□	
	4. 票据管理	□	是□　否□	是□　否□	
	5. 借款管理	□	是□　否□	是□　否□	
	6. 报销管理	□	是□　否□	是□　否□	
	7. 支出申请与资金支付	□	是□　否□	是□　否□	
	8. 公务卡管理	□	是□　否□	是□　否□	
	9. 银行账户管理	□	是□　否□	是□　否□	
	10. 财务印章管理	□	是□　否□	是□　否□	
政府采购业务管理	1. 采购预算及采购计划编审	□	是□　否□	是□　否□	
	2. 采购执行申请与审核	□	是□　否□	是□　否□	
	3. 采购组织形式确定	□	是□　否□	是□　否□	
	4. 采购方式确定及变更	□	是□　否□	是□　否□	
	5. 采购合同与采购档案管理	□	是□　否□	是□　否□	
	6. 采购验收与支付	□	是□　否□	是□　否□	

（建立健全内部控制制度情况）

				是☐ 否☐	是☐ 否☐	
建立健全内部控制制度情况	资产管理	1. 库存现金管理	☐	是☐ 否☐	是☐ 否☐	
		2. 实物资产配置管理	☐	是☐ 否☐	是☐ 否☐	
		3. 资产使用与维修管理	☐	是☐ 否☐	是☐ 否☐	
		4. 资产清查盘点管理	☐	是☐ 否☐	是☐ 否☐	
		5. 实物资产处置管理	☐	是☐ 否☐	是☐ 否☐	
		6. 资产报告管理	☐	是☐ 否☐	是☐ 否☐	
		7. 对外投资立项管理	☐	是☐ 否☐	是☐ 否☐	
		8. 对外投资过程管理	☐	是☐ 否☐	是☐ 否☐	
		9. 对外投资资产评估管理	☐	是☐ 否☐	是☐ 否☐	
		10. 对外投资处置管理	☐	是☐ 否☐	是☐ 否☐	
		11. 对外投资绩效评价管理	☐	是☐ 否☐	是☐ 否☐	
	建设项目管理	1. 项目立项管理	☐	是☐ 否☐	是☐ 否☐	
		2. 项目设计与概预算	☐	是☐ 否☐	是☐ 否☐	
		3. 招投标管理	☐	是☐ 否☐	是☐ 否☐	
		4. 项目实施与变更管理	☐	是☐ 否☐	是☐ 否☐	
		5. 建设项目资金支付	☐	是☐ 否☐	是☐ 否☐	
		6. 竣工结算与验收	☐	是☐ 否☐	是☐ 否☐	
		7. 竣工决算审计	☐	是☐ 否☐	是☐ 否☐	
		8. 绩效评价	☐	是☐ 否☐	是☐ 否☐	
	合同管理	1. 合同拟订与审批	☐	是☐ 否☐	是☐ 否☐	
		2. 合同履行与监督	☐	是☐ 否☐	是☐ 否☐	
		3. 合同档案管理	☐	是☐ 否☐	是☐ 否☐	
		4. 合同纠纷处理	☐	是☐ 否☐	是☐ 否☐	
	其他领域管理		☐	是☐ 否☐	是☐ 否☐	

续表

	业务类型	评价要点	不适用	数据一	数值	数据二	数值
内部控制制度执行情况	预算业务管理	1. 预算绩效目标设定比例	☐	预算项目数（标注口径）		设定绩效目标的预算项目数	
		2. 预算批复细化程度	☐	内部预算分解指标总金额		预算细化分解至各部门（或附属单位）项目的指标金额	
		3. 预算执行控制程度	☐	—		预算执行分析的月份数	
		4. 绩效评价工作执行情况	☐	预算项目总数		实施绩效评价的项目数	
	收支业务管理	1. 非税收入管控情况	☐	应上缴非税收入		实际上缴非税收入	
		2. 支出管控情况	☐	财政资金支出预算批复总金额		财政资金支出金额	
	政府采购业务管理	采购预算完成情况	☐	本年采购预算金额		本年实际采购金额	
	资产管理	1. 国有资产安全性	☐	处置资产入账价值		合规处置资产入账价值	
		2. 资产配置预算完成率	☐	行政办公资产配置预算数		行政办公资产配置总金额	
		3. 人均行政资产配置情况	☐	单位编制人数		本年年底资产总额	
						其中：通用办公设备	
						家具	
	建设项目管理	1. 建设项目资金控制情况	☐	批准的概算投资额		建设项目决算投资额	
		2. 投资计划完成情况	☐	年度投资计划		年度实际投资额	
	合同管理	合同订立规范情况	☐	合同总个数		合同审批个数	

三、内部控制工作的经验、做法及取得的成效

四、内部控制工作中存在的问题与遇到的困难

五、下一步内部控制工作计划

六、对当前行政事业单位内部控制工作的意见或建议

（二）行政事业单位内部控制报告的编制要求

1. 填报要求

此报告由各单位根据本单位内部控制建设情况如实填写。各单位应按照本报告附表（行政事业单位内部控制报告填报表）在行政事业单位内部控制报告填报软件中填报相关内容，软件自动生成"行政事业单位内部控制报告"。各单位报送的纸质版内部控制报告仅包括软件自动生成的内部控制报告，附表内容无须报送。

2. 封面填报方式

（1）表内的年、月、日一律用公历和阿拉伯数字表示。

（2）"单位名称"应填写单位的全称；单位填报本级报告时，应在单位名称后加"（本级）"。

（3）"电话号码"应填写填表人的联系电话号码。

（4）"报送日期"应填写内控报告单位负责人审批通过时间。

（5）"组织机构代码"应根据各级技术监督部门核发的机关、团体、事业单位代码证书规定的 9 位码填写。如果单位只有社会统一信用代码，应填写其中的 9 位主体标识码（第 9 位至 17 位）。

（6）"隶属关系"由"隶属关系"和"部门标识代码"组成，以 9 位代码表示。其中，中央单位前六个空格均填零，后三个空格根据国家标准《中央党政机关、人民团体及其他机构代码》（GB/T 4657—2009）编制；地方单位前六个空格根据国家标准《中华人民共和国行政区划代码》（GB/T 2260—2007）编制，后三个空格按照单位财务或归口管理的部门、机构，比照国家标准《中央党政机关、人民团体及其他机构代码》（GB/T 4657—2009）填报。

（7）"单位预算级次"应按照预算管理权限和经费领拨关系确定预算级次。非预算单位此项填报"无"。

（8）"预算管理级次"应按照单位预算分级管理的级次选择填写。

（9）"××年度支出总额"应与××年决算数一致，金额单位为"元"，结果保留整数；若单位在填报内部控制报告时点尚未统计出××年年度支出总额，则填列××年年度支出总额，并在金额后标注，如"××年度支出总额：×元"，若未标记则默认为××年金额。

3. "××年度行政事业单位内部控制报告填报表"填报方式

（1）单位层面。

① "单位内部控制领导小组负责人"中的分管财务领导包括单位总会计师。

② "单位内部控制领导小组会议次数""单位主要负责人参加会议次数""单位内部控制工作小组会议次数""单位开展内部控制专题培训次数"栏填写内容均需附会议纪要等作

为佐证材料；若单位内部控制领导小组与工作小组共同召开会议，则每项各计1次。

③"本年是否开展内部控制风险评估""是否建立内部控制手册"栏填写内容需附相关佐证材料。

④在"内部控制评价与监督部门"中，若存在多部门参与评价监督的情况，仅勾选内部控制评价与监督的牵头（归口）部门。

⑤在"内部控制开展进度"中，内部控制建立阶段是指单位六大经济业务领域内部控制制度体系正在建立或已完成建立，但未付诸实施的阶段。内部控制实施阶段是指涵盖六大经济业务领域的内部控制制度体系已完成建立并付诸实施，但尚未采用信息化手段执行的阶段；内部控制信息化阶段是指单位内部控制已进入内部控制实施阶段，并采用信息化手段执行的阶段。

（2）业务层面。

①在"建立健全内部控制制度情况"栏中，如单位不涉及某项业务领域或业务领域下属的部分环节或类别，则在该项业务领域对应的环节或类别勾选"不适用"。如单位涉及该业务领域及下属环节或类别，需要判断业务领域建立的内部控制制度和流程图中是否细化至相关环节或类别。此部分需附相关业务领域内控制度和流程图等作为佐证材料。

②"内部控制制度执行情况"涉及填写金额的部分，单位为"元"；如单位不涉及某项业务，则在该项评价要点行勾选"不适用"。该部分内容填写需附系统截图或数据来源资料作为佐证材料。各评价要点取数规则如下：

• "预算业务管理"中的"预算绩效目标设定比例"，主要评价预算项目绩效目标设定情况。"预算项目数"，是指纳入单位项目库管理范围的财政拨款预算事项数，预算项目数统计口径参照中央单位预算目标报送应统计到"项"级，如果单位有更加精细的管理可以按照更细致的分类统计，并标注统计口径。另外，对于跨年度事项，以预算年度为口径，凡根据项目库动态调整要求纳入当期预算安排，且应完成阶段性绩效目标的财政拨款预算事项，均纳入本指标评价范围；该指标建议参考"项目立项申请表及附件"等资料进行填报。"设定绩效目标的预算项目数"，是指根据《财政支出绩效评价管理暂行办法》（财预〔2011〕285号）要求设定绩效目标的项目数量；该指标建议参考"绩效目标申报表"等资料进行填报。

• "预算业务管理"中的"预算批复细化程度"，主要评价支出预算金额细化至部门情况。"内部预算分解指标总金额"，是指单位支出预算总金额；该指标建议参考"预算报表"等资料进行填报。"预算细化分解至各部门（或附属单位）项目的指标金额"，是指结合业务实际开展计划，严格按照功能科目和经济科目分类要求，将支出预算细化至资金使用责任主体的金额。该指标建议参考"预算指标内部分解表"等资料进行填报。

• "预算业务管理"中的"预算执行控制程度"，主要评价预算分析执行情况。"预算执行分析的月份数"，是指进行预算分析的月份数量；该指标建议参考"执行分析报告"等分析类资料进行填报。

- "预算业务管理"中的"绩效评价工作执行情况",主要评价预算项目进行绩效评价情况。"预算项目总数",参考"预算绩效目标设定比例"对应的数据进行填报。"实际绩效评价的项目数",是指预算执行事后绩效评价项目,而非事前预算绩效目标审定项目。对于仅对部分内容进行绩效评价的项目,不计入实施绩效评价项目数。对于跨年度执行的预算项目,可以在统计中剔除。该指标建议参考"项目绩效评价报告"等资料进行填报。

- "收支业务管理"中的"非税收入管控情况",适用于存在非税收入的行政事业单位。主要评价非税收入上缴情况。"应上缴非税收入",是指存在非税收入上缴职能的单位,按照规定项目和标准征收政府非税收入的金额;该指标建议单位根据非税收入相关规定结合本单位收入情况进行计算。"实际上缴非税收入",是指单位报告年度实际上交的非税收入;该指标建议参考"会计记录"等资料进行填报。

- "收支业务管理"中的"支出管控情况",主要评价支出预算实际执行情况。"财政资金支出预算批复总金额",是指单位"二下数"与预算追加数合计金额;该指标建议参考"预算调整记录、预算批复表"等资料进行填报。"财政资金支出金额",是指报告年度单位实际执行支出财政资金金额;该指标建议参考"决算报表"等资料进行填报。

- "政府采购业务管理"中的"采购预算完成情况",主要评价采购预算实际执行情况。"本年采购预算金额",是指本年度部门预算批复中的政府采购预算金额和预算执行中调剂的政府采购预算金额合计,包括货物、工程、服务的政府采购预算金额。"本年实际采购金额",是指依据政府采购预算,按照政府采购有关程序组织完成采购活动后的采购金额,包括货物、工程、服务的采购金额。"本年采购预算金额"和"本年实际采购金额"建议参考本单位填报的"政府采购信息统计报表"进行填报。

- "资产管理"中的"国有资产安全性",主要评价单位资产处置管理情况。"处置资产入账价值",是指报告年度发生的资产处置事项的入账金额;该指标建议参考"资产处置清单、会计记录"等资料进行填报。"合规处置资产入账价值",是指报告年度处置事项中按照资产处置要求执行的处置事项入账金额。资产处置要求包括:一是资产处置年限、性能等标准制定合理合规,被处置资产经论证满足处置要求;二是资产处置严格按照审核审批程序办理手续,有相应的资产处置审批予以佐证;三是资产处置实物账与资产处置财务账已进行账务处理;四是处置收入已登记入账且计价准确,严格按照外部制度规范及内部管理的要求;该指标建议参考"资产处置清单、会计记录"等资料进行填报。

- "资产管理"中的"资产配置预算完成率",主要评价资产配置预算完成情况。"行政办公资产配置预算数",是指报告年度单位对于资产配置的预算数额;该指标建议参考"预算报表、预算指标内部分解表"等资料进行填报。"行政办公资产配置总金额",是指报告年度单位在资产配置中的资产实际入账价值;该指标建议参考"资产配置账面价值(会计报表)、资产配置记录"等资料进行填报。

- "资产管理"中的"人均行政资产配置情况",主要评价行政资产配置管理情况。"单位编制人数",是指经政府编制管理部门核定的人员编制数,包括工勤编制数;该指标建议参考"三定"方案等资料进行填报。"本年年底资产总额",是指××年年底行政办公资产会计账面总金额。通用办公设备、家具资产范围参照《中央行政单位通用办公设备家具配置标准》相关规定;该指标建议参考"资产清查报告"等资料进行填报。

● "建设项目管理"中的"建设项目资金控制情况",主要评价建设项目投资管理情况。"批准的概算投资额",是指当期已完工并办理项目决算的建设项目的概算投资额,既包括项目立项时批复的概算数,也包括在项目实施过程中项目变更导致的预算调整数;该指标建议参考"项目概算批复表"等资料进行填报。"建设项目决算投资额",是指单位当期建设项目决算金额;该指标建议参考"项目决算表"等资料进行填报。若单位评价期间不存在已完工项目,该指标作为不适用指标。

● "建设项目管理"中的"投资计划完成情况",主要评价建设项目投资计划完成情况。"年度投资计划",是指以预算年度为统计口径的建设项目计划投资额;该指标建议参考"投资计划、预算报表"等资料进行填报。"年度实际投资额",是指以预算年度为统计口径的建设项目实际投资额;该指标建议参考"工程结算记录、决算报表"等资料进行填报。

● "合同管理"中的"合同订立规范情况",主要评价合同订立管理情况。"合同总个数",是指单位报告年度签订合同的数量;该指标建议参考"合同台账"等资料进行填报。"合同审批个数",按照合同管理要求严格依规审核审批合同的数量。合同审核审批应按照分级授权要求执行,重大合同的审核审批要有策划调查文件、会议纪要等文本作为佐证,其中,重大合同标准以各单位合同管理办法中确定的重大合同为标准;该指标建议参考"合同审批表、会议纪要"等资料进行填报。

4. 经验、问题、计划和建议

(1)"内部控制工作的经验、做法及取得的成效"栏中应主要填写单位在建立与实施内部控制的过程中总结出的经验、做法,以及在预算业务管理、收支业务管理、政府采购业务管理、资产管理、建设项目管理、合同管理等业务领域中建立与实施内部控制后取得的成效。

(2)"内部控制工作中存在的问题与遇到的困难"栏中应主要填写单位在建立与实施内部控制过程中出现的问题、单位在自我评价过程中发现的问题以及工作中遇到的困难。纪检、巡视、审计、财政检查等外部检查发现的与本单位预算业务管理、收支业务管理、政府采购业务管理、资产管理、建设项目管理、合同管理等经济业务领域相关的内部控制问题,也应一并反映。

三、部门(地区)行政事业单位内部报告的编报

(一)部门(地区)行政事业单位内部报告的内容和格式

部门(地区)行政事业单位内部报告的内容和格式如表13-3所示。

表 13 – 3 　　　　　**地区（部门）行政事业单位内部控制情况汇总表**

单位内部控制领导小组负责人情况（单位数）	单位一把手（法人）	分管财务领导		其他分管领导		未成立内部控制领导小组
单位内部控制工作小组负责人情况（单位数）	单位一把手（法人）	分管领导	牵头部门负责人	其他负责人		未成立内部控制工作小组

召开内部控制会议情况（单位数）	内部控制领导小组会议次数			内部控制工作小组会议次数		
	0 次	1 次	2 次及以上	0 次	1 次	2 次及以上
	单位主要负责人参加会议次数			单位开展内部控制专题培训次数		
	0 次	1 次	2 次及以上	0 次	1 次	2 次及以上

班子成员在单位内部控制领导机构中任职的单位数	

开展内部控制风险评估的单位数		建立内部控制手册的单位数	

内部控制牵头部门情况（单位数）	行政管理部门	财务部门	纪检部门	内审部门	其他部门
内部控制评价与监督部门情况（单位数）	行政管理部门	财务部门	纪检部门	内审部门	其他部门

内部控制建设方式情况（单位数）	单位自建	外部协助

内部控制开展进度情况（单位数）	内部控制建立阶段	内部控制实施阶段	内部控制信息化阶段

内部控制适用的管理业务领域情况（单位数）	预算业务管理	收支业务管理	政府采购业务管理	资产管理	建设项目管理	合同管理

内部控制信息系统建立情况（单位数）

续表

权力集中的重点领域和关键岗位建立制衡机制的情况（单位数）

权力制衡机制		已建立	未建立	不适用
分事 行权	对经济和业务活动的决策、执行、监督，是否明确分工、相互分离、分别行权			
分岗 设权	对涉及经济和业务活动的相关岗位，是否依职定岗、分岗定权、权责明确			
分级 授权	对管理层级和相关岗位，是否分别授权，明确授权范围、授权对象、授权期限、授权与行权责任、一般授权与特殊授权界限			
定期 轮岗	对重点领域的关键岗位，是否建立干部交流和定期轮岗制度			
专项 审计	不具备轮岗条件的单位，是否对关键岗位涉及的相关业务采用专项审计等控制措施			

不相容岗位或职责分离的建立与实施情况（单位数）

业务 领域	不相容岗位或职责	同一人担任	不同人担任	不适用
预算 业务 管理	1. 预算编制与预算审批			
	2. 预算审批与预算执行			
	3. 预算执行与分析评价			
	4. 决算编制与审核			
收支 业务 管理	1. 收款与会计核算			
	2. 支出申请与内部审批			
	3. 付款审批与付款执行			
	4. 业务经办与会计核算			
政府 采购 业务 管理	1. 采购需求制定与审核			
	2. 采购文件编制与复核			
	3. 合同签订与验收			
	4. 验收与保管			
资产 管理	1. 办理货币资金业务的各岗位			
	2. 无形资产研发与管理			
	3. 对外投资的可行性研究与评估			
	4. 实物资产管理的决策、执行与监督			

建设项目管理	1. 项目建议和可行性研究与项目决策			
	2. 概预算编制与审核			
	3. 项目实施与价款支付			
	4. 竣工决算与竣工审计			
合同管理	1. 合同的拟订与审核			
	2. 合同的审批与订立			
	3. 合同的审核与审批			
	4. 合同的执行与监督			

建立健全内部控制制度情况（单位数）

业务类型	业务环节（类别）	不适用	已建立制度	未建立制度	已编制流程图	未编制流程图
预算业务管理	1. 预算编审与批复					
	2. 预算执行与分析					
	3. 预算追加调整					
	4. 决算管理					
	5. 绩效评价					
收支业务管理	1. 财政拨款收入					
	2. 事业收入					
	3. 经营收入					
	4. 票据管理					
	5. 借款管理					
	6. 报销管理					
	7. 支出申请与资金支付					
	8. 公务卡管理					
	9. 银行账户管理					
	10. 财务印章管理					
政府采购业务管理	1. 采购预算及采购计划编审					
	2. 采购执行申请与审核					
	3. 采购组织形式确定					
	4. 采购方式确定及变更					
	5. 采购合同与采购档案管理					
	6. 采购验收与支付					

续表

资产管理	1. 库存现金管理				
	2. 实物资产配置管理				
	3. 资产使用与维修管理				
	4. 资产清查盘点管理				
	5. 实物资产处置管理				
	6. 资产报告管理				
	7. 对外投资立项管理				
	8. 对外投资过程管理				
	9. 对外投资资产评估管理				
	10. 对外投资处置管理				
	11. 对外投资绩效评价管理				
建设项目管理	1. 项目立项管理				
	2. 项目设计与概预算				
	3. 招投标管理				
	4. 项目实施与变更管理				
	5. 建设项目资金支付				
	6. 竣工结算与验收				
	7. 竣工决算审计				
	8. 绩效评价				
合同管理	1. 合同拟定与审批				
	2. 合同履行与监督				
	3. 合同档案管理				
	4. 合同纠纷处理				
其他领域管理					

续表

内部控制制度执行情况（汇总数值）

业务类型	评价要点	不适用	数据一	总值	数据二	总值
预算业务管理	1. 预算绩效目标设定比例		预算项目数（标注口径）		设定绩效目标预算项目数	
	2. 预算批复细化程度		内部预算分解指标总金额		预算细化分解至各部门（或附属单位）项目的指标金额	
	3. 预算执行控制程度		—		预算执行分析的月份数（平均数）	
	4. 绩效评价工作执行情况		预算项目总数		实施绩效评价项目数	
收支业务管理	1. 非税收入管控情况		应上缴非税收入		实际上缴非税收入	
	2. 支出管控情况		财政资金支出预算批复总金额		财政资金支出金额	
政府采购业务管理	采购预算完成情况		本年采购预算金额		本年实际采购金额	
资产管理	1. 国有资产安全性		处置资产入账价值		合规处置资产入账价值	
	2. 资产配置预算完成率		行政办公资产配置预算数		行政办公资产配置总金额	
	3. 人均行政资产配置情况		单位编制人数		本年年底资产总额	
					其中：通用办公设备	
					家具	
建设项目管理	1. 建设项目资金控制情况		批准的概算投资额		建设项目决算投资额	
	2. 投资计划完成情况		年度投资计划		年度实际投资额	
合同管理	合同订立规范情况		合同总个数		合同审批个数	

（二）部门（地区）行政事业单位内部报告的编报要求

（1）此报告由地方各级财政部门按本地区所属单位的情况如实填写，并对所填情况的真实性、完整性负责；或由各行政主管部门按本部门所属单位的情况如实填写，并对所填情况的真实性、完整性负责。

（2）表内的年、月、日一律用公历和阿拉伯数字表示。

（3）"电话号码"应填写填表人的联系电话号码。

（4）如内部控制工作方案、典型案例等内容较多，无法在报告中详述的，可作为报告附件一并报送，并在报告中的相应位置作简要说明。

四、行政事业单位内部控制报告的使用与监督检查

（一）行政事业单位内部控制报告的使用

行政事业单位应当加强对本单位内部控制报告的使用，通过对内部控制报告中反映的信息进行分析，及时发现内部控制建设工作中存在的问题，进一步健全制度，提高执行力，完善监督措施，确保内部控制有效实施。

各地区、各部门应当加强对行政事业单位内部控制报告的分析，强化分析结果的反馈和使用，切实规范和改进财政财务管理，更好发挥对行政事业单位内部控制建设的促进和监督作用。

（二）行政事业单位内部控制报告的监督检查

各地区、各部门汇总的内部控制报告报送后，各级财政部门、各部门应当组织开展对所报送的内部控制报告内容的真实性、完整性和规范性进行监督检查。

行政事业单位内部控制报告信息质量的监督检查工作采取"统一管理、分级实施"原则。中央部门内部控制报告信息质量监督检查工作由财政部组织实施，各地区行政事业单位内部控制报告信息质量监督检查工作由同级财政部门按照统一的工作要求分级组织实施，各部门所属行政事业单位内部控制报告信息质量监督检查由本部门组织实施。

行政事业单位内部控制报告信息质量的监督检查应按规定采取适当的方式来确定对象，并对内部控制报告存在明显质量问题或以往年份监督检查不合格单位进行重点核查。

各地区、各部门应当认真组织落实本地区（部门）的行政事业单位内部控制报告编报工作，加强对内部控制报告编报工作的考核。行政事业单位应当认真、如实编制内部控制报告，不得漏报、瞒报有关内部控制信息，更不得编造虚假内部控制信息；单位负责人不得授

意、指使、强令相关人员提供虚假内部控制信息，不得对拒绝、抵制编造虚假内部控制信息的人员进行打击报复。对于违反规定、提供虚假内部控制信息的单位及相关负责人，按照《中华人民共和国会计法》《中华人民共和国预算法》《财政违法行为处罚处分条例》等有关法律法规的规定追究责任。

各级财政部门及其工作人员在行政事业单位内部控制报告管理工作中存在滥用职权、玩忽职守、徇私舞弊等违法违纪行为的，按照《公务员法》《行政监察法》《财政违法行为处罚处分条例》等国家有关规定追究相应责任；涉嫌犯罪的，移送司法机关处理。

五、×省×厅内部控制报告应用范例

2017 年度行政事业单位内部控制报告

单位公章

单 位 名 称：×省×厅(本级)

单 位 负 责 人：王××（签章）

分管内控负责人：李××（签章）

牵头部门负责人：张××（签章）

填 表 人：孙××（签章）

电 话 号 码：××××××

单 位 地 址：×省×市×街×号

邮 政 编 码：××××××

报 送 日 期：2018 – 3 – 12

组织机构代码：×××	隶属关系（国家标准：隶属关系 – 部门标识代码）：×区×部门		
单位预算级次：一级预算单位	单位所在地区（国家标准：行政区划代码）：×区		
单位基本性质：行政单位	预算管理级次：省级		
支出功能分类：××			
内设机构数量：12	2017 年度支出总额：××元		
年末实有人数：43	单位编制人数：53		
一、单位内部控制情况总体评价			
本单位内控总体运行情况：良			
二、单位内部控制总体成果			
（一）单位层面			
1. 单位内部控制领导小组负责人	单位一把手（法人）	2. 单位内部控制领导小组会议次数	1 次	3. 单位主要负责人参加会议次数	1 次

续表

4. 班子成员是否在单位内部控制领导机构中任职	组　长：王××（党组书记、厅长） 副组长：刘××（党组成员、副厅长、民族艺术剧院党委书记、院长） 赵××（自治区文化厅党组成员、副厅长） 李××（党组成员、副厅长） 周××（文化厅党组成员）	5. 单位内部控制工作小组负责人	牵头部门负责人	6. 单位内部控制工作小组会议次数	2次及以上
7. 单位开展内部控制专题培训次数	1次	8. 本年是否开展内部控制风险评估	否	9. 是否建立内部控制手册	是
10. 内部控制牵头部门	财务部门	11. 内部控制评价与监督部门	其他部门，具体部门：机关党委	12. 内部控制建设方式	外部协助，协助单位：某会计师事务所

13. 内部控制开展进度	内部控制实施阶段
14. 内部控制适用的管理业务领域	预算业务管理、收支业务管理、政府采购业务管理、资产管理、建设项目管理、合同管理
15. 内控信息系统涵盖业务领域	无

（二）业务层面

权力集中的重点领域和关键岗位建立制衡机制的情况	
1. 分事行权	对经济和业务活动的决策、执行、监督，明确分工、相互分离、分别行权
2. 分岗设权	对涉及经济和业务活动的相关岗位，依职定岗、分岗定权、权责明确
3. 分级授权	对管理层级和相关岗位，分别授权，明确授权范围、授权对象、授权期限、授权与行权责任、一般授权与特殊授权界限
4. 定期轮岗	对重点领域的关键岗位，建立干部交流和定期轮岗制度
5. 专项审计	不具备轮岗条件的单位，对关键岗位涉及的相关业务采用专项审计等控制措施

内部控制流程与制度建立情况	
1. 内控流程建立领域	预算业务管理、收支业务管理、政府采购业务管理、资产管理、建设项目管理、合同管理
2. 内控流程未建立领域	无
3. 内控制度建立领域	预算业务管理、收支业务管理、政府采购业务管理、资产管理、建设项目管理、合同管理
4. 内控制度未建立领域	无

续表

职责分离和主要风险管控情况

业务类型	工作职责分离情况	主要管控风险点
1. 预算业务管理	已全部分离	（1）预算编审与批复：预算编制不科学、不合理，业务活动与其财力支持相脱节。 （2）预算执行与分析：未按规定的额度和标准执行预算。 （3）预算追加调整：资金收支和预算追加调整随意无序。 （4）决算管理：未按规定编报决算报表；不重视决算分析工作；决算分析结果未得到有效运用；单位预算与决算相互脱节。 （5）绩效评价：未按规定开展预算绩效管理；评价结果未得到有效应用
2. 收支业务管理	已全部分离	（1）财政拨款收入：岗位设置不合理导致错误或舞弊发生；收入金额不实、应收未收或者私设"小金库"的情形时有发生。 （2）事业收入：无。 （3）经营收入：无。 （4）票据管理：岗位设置不合理导致错误或舞弊发生；票据、印章管理松散，存在收入资金流失的风险。 （5）借款管理：借款未按相关规定进行审核审批。 （6）报销管理：报销时单据审核不严格，存在使用虚假票据套取资金的风险。 （7）支出申请与资金支付：支出申请未按相关规定进行审核审批。 （8）公务卡管理：不符合公务卡结算等规定。 （9）银行账户管理：开立、变更和撤销银行账户未按规定的审批权限和程序执行。 （10）财务印章管理：一人保管收付款所需的全部印章
3. 政府采购业务管理	已全部分离	（1）采购预算及采购计划编审：政府采购活动与业务活动相脱节，出现资金浪费或资产闲置等问题。 （2）采购执行申请与审核：政府采购需求审核不严格，需求参数不公允。 （3）采购组织形式确定：政府采购活动不规范，未按规定选择采购方式、发布采购信息。 （4）采购方式确定及变更：政府采购方式不合理，采购方式变更未经有效审核。 （5）采购合同与采购档案管理：政府采购业务档案管理不善，信息缺失。 （6）采购验收与支付：政府采购未经有效验收
4. 资产管理	已全部分离	（1）库存现金管理：岗位设置不合理导致错误或舞弊发生。 （2）实物资产配置管理：资产领用未履行审批手续、资产发出未正确登记。 （3）资产使用与维修管理：因保管不善、操作不当导致资产被盗、发生毁损等；因日常维护不当降低了资产使用年限；长期闲置，造成资产使用效率低下、资源浪费。 （4）资产清查盘点管理：缺乏有效的资产记录和清查盘点机制。 （5）实物资产处置管理：资产处置行为不合法、不合规或者存在舞弊。

4. 资产管理	已全部分离	（6）资产报告管理：资产报告未按审批权限和程序进行审核。 （7）对外投资立项管理：无。 （8）对外投资过程管理：无。 （9）对外投资资产评估管理：无。 （10）对外投资处置管理：无。 （11）对外投资绩效评价管理：无
5. 建设项目管理	已全部分离	（1）项目立项管理：立项缺乏可行性研究或流于形式、决策不当、审批不严；违规或超标建设楼、堂、馆、所。 （2）项目设计与概预算：项目设计方案不合理，概预算脱离实际，技术方案未能有效落实。 （3）招投标管理：招投标过程中存在串通、"暗箱操作"或商业贿赂等舞弊行为。 （4）项目实施与变更管理：项目变更审核不严格、工程变更频繁。 （5）建设项目资金支付：建设项目价款结算管理不严格、不及时，资金管理混乱。 （6）竣工结算与验收：竣工验收不规范、最终把关不严，可能导致交付后存在重大隐患。 （7）竣工决算审计：虚报项目投资完成额、虚列建设成本或者隐匿结余资金；建设项目未及时办理资产及档案移交、资产未及时结转入账。 （8）绩效评价：绩效评价指标设计不合理
6. 合同管理	已全部分离	（1）合同拟订与审批：未明确合同订立的范围和条件，应订立但未订立合同；违规签订担保、投资和借贷合同；将需招标或需更高级别领导审批的合同拆分成若干较小的合同；对合同对方的资格审查不严格；未组织熟悉技术、法律和财会知识的人员参与谈判等工作；对合同条款、格式审核不严格；未明确授权审批和签署权限；合同专用章保管不善；其他。 （2）合同履行与监督：合同生效后，对合同条款未明确约定的事项没有及时协议补充；违反合同条款，或未按照合同规定的时限、金额和方式付款；未能及时发现已经或可能导致单位经济利益受损的情况，或未能采取有效措施；未按规定的程序办理合同变更、接触等。 （3）合同档案管理：合同及相关资料丢失，影响到合同的正常履行和纠纷的有效处理；国家秘密、工作秘密或商业秘密泄露。 （4）合同纠纷处理：合同纠纷处理不当，可能损害单位利益、信誉和形象；未收集充分的对方违约行为的证据；未按照合同约定追究对方的违约责任
7. 其他领域管理	—	无

内部控制制度执行情况

业务类型	评价要点	评价指标结果/指标值
预算业务管理	1. 预算绩效目标设定比例	100%
	2. 预算批复细化程度（预算批复分解比例）	100%
	3. 预算执行控制程度	12 个月
	4. 绩效评价工作执行情况（项目绩效评价预算完成率）	38%
收支业务管理	1. 非税收入管控情况（非税收入上缴比例）	100%
	2. 支出管控情况（财政资金支出占预算比例）	100%
政府采购业务管理	采购预算完成情况（实际采购占预算比例）	95%
资产管理	1. 国有资产安全性（资产合规处置比例）	100%
	2. 资产配置预算完成率	100%
	3. 人均行政资产配置情况	—
建设项目管理	1. 建设项目资金控制情况（建设项目超概算率）	—
	2. 投资计划完成情况（实际投资占投资计划比例）	77%
合同管理	合同订立规范情况（合同合规审核比例）	100%

（三）内部控制工作的经验、做法及取得的成效

1. 列入年初部门计划，将内控建设与实施作为 2017 年重点工作推动实施。

2. 年初预算安排专项资金，通过招投标委托专业机构参与 2017 年机关内部控制梳理和制度建设工作。

3. 制订详细方案，建立了单位一把手任组长的领导小组，明确牵头负责处室和各处室职责职能，提升了单位对内部控制管理工作的重视程度。

4. 结合单位实际，梳理业务流程，针对性提出内部控制制度及流程，并与业务负责部门进行意见交流，进一步明晰业务风险点及需要控制的流程，形成了适用于单位的内控体系。

5. 组织培训，使机关工资人员较好地理解制度要求，并在实际工作中运用实施

（四）内部控制工作中存在的问题与遇到的困难

1. 2017 年以制度建设和流程设计为主，制度完成时间较晚，实施时间较短，故尚未开展内部控制实施情况的评估。

2. 由于单位办公信息化实施较晚，单位所有人员对办公信息化实施需要一个时间段适应和掌握，全面实施内部控制信息化条件尚不成熟。

3. 政府采购方式选择参与内控管理服务的专业机构的标准和采购预算不好准确把握

（五）下一步内部控制工作计划

1. 2018 年加强内部控制制度和流程的宣传与学习，让单位每个经办人员充分了解相关制度规定和流程要求。

2. 开展单位内部控制执行分析，进一步完善内控制度及流程。

3. 2018 年将继续聘请专业机构参与机关内部控制管理，同时加强单位人员内部控制的理论与方法的专业学习，与中介服务相结合共同推进单位内控管理工作

（六）对当前行政事业单位内部控制工作的意见或建议

1. 内部控制管理工作是单位管理层面的重要工作，是全局性工作，建议开展单位法定代表人方面的培训和培养，便于内部控制工作更好推动落实。

2. 建议财政部门统筹考虑，将单位内部控制建设与实施工作纳入考核指标等工作，进一步提升单位对内部控制管理工作的重视程度。

3. 以范例形式，对行政事业单位内控管理人员开展专业培训，增强行政事业单位人员专业水平。

4. 建议尽快设立行政事业单位内部控制服务行业收费、从业机构和人员资历、服务验收等管理标准

三、单位内部控制存在问题和建议

问题领域	问题分类	存在问题	完善建议
单位层面	1. 单位对内部控制的重视程度	—	—
	2. 内部控制组织机构	—	—
	3. 重点领域和关键岗位制衡机制建设	—	—
	4. 内部控制评价监督	—	—
	5. 内部控制信息化	内控建设领域信息化程度有待加强	推进内控建设领域信息化，保障内控建设成果有效落地
	6. 工作职责分离	—	—
预算管理	1. 建立健全内部控制制度	—	—
	2. 内部控制制度执行	实施绩效评价项目有待完善	全部预算项目应实施绩效评价
收支业务管理	1. 建立健全内部控制制度	—	—
	2. 内部控制制度执行	—	—
政府采购业务管理	1. 建立健全内部控制制度	—	—
	2. 内部控制制度执行	—	—
资产管理	1. 建立健全内部控制制度	—	—
	2. 内部控制制度执行	—	—
建设项目管理	1. 建立健全内部控制制度	—	—
	2. 内部控制制度执行	—	—
合同管理	1. 建立健全内部控制制度	—	—
	2. 内部控制制度执行	—	—

六、×省×部门内部控制情况汇总应用范例

2017 年度地区（部门）行政事业单位
内部控制报告

汇总单位公章

地区（部门）名称：×厅

汇总单位负责人：张××（签章）

牵头部门负责人：王××（签章）

填　表　人：张××（签章）

电 话 号 码：××××××

单 位 地 址：××××××

邮 政 编 码：××××××

报 送 日 期：2018 - 3 - 23

地区（部门）名称	×厅
所属单位总数	0
其中：实际汇总的单位数	11
其中：汇总报送决算报表的单位数	0
预算管理层级	省级

文化厅内部控制报告

为贯彻落实《财政部关于全面推进行政事业单位内部控制建设的指导意见》（财会〔2015〕24 号）的有关精神，依据《单位内控规范（试行）》（财会〔2012〕21 号）和《行政事业单位内部控制报告管理制度（试行）》（财会计〔2017〕1 号）的有关规定，现将本地区（部门）2017 年行政事业单位内部控制工作情况报告如下：

（一）组织开展内部控制建立与实施工作的总体情况

（1）本地区（部门）对内部控制建立与实施工作的组织情况。

（2）本地区（部门）对内部控制建立与实施工作的动员情况。

（3）本地区（部门）对内部控制建立与实施工作的部署情况。

（4）所属单位的落实及执行情况等。

（二）组织开展内部控制工作的主要方法、经验和做法

（1）地区（部门）层面工作协调机制的建立情况。

（2）地区（部门）层面组织开展内部控制工作的工作方案。

（3）地区（部门）层面的内部控制评价与监督情况。

（4）在组织本地区（部门）所属单位建立与实施内部控制的过程中总结出的经验、做法等。

（三）开展内部控制工作取得的成效

（1）本地区（部门）在内部控制意识及管理水平上的整体成效。

（2）本地区（部门）在预算业务管理、收支业务管理、政府采购业务管理、资产管理、建设项目管理及合同管理在内的六大经济业务领域中建立与实施内部控制后取得的整体成效。

（3）本地区教育、医疗和科研行业在预算业务管理、收支业务管理、政府采购业务管理、资产管理、建设项目管理及合同管理在内的六大经济业务领域中建立与实施内部控制后取得的整体成效。

（4）本地区（部门）在内部控制评价与监督中取得的整体成效。

（四）下一步工作计划

（1）本地区（部门）拟采取的进一步推进内部控制工作的计划，一般应包括工作计划中工作的牵头单位或部门、相关时间规划、拟实现的阶段性目标及实现各阶段性目标的工作方案等内容。

（2）本地区教育、医疗和科研行业拟采取的进一步推进内部控制工作的计划，一般应包括工作计划中工作的牵头单位或部门、相关时间规划、拟实现的阶段性目标及实现各阶段性目标的工作方案等内容。

（3）本地区（部门）针对纪检、巡视、审计、财政检查等外部检查中发现的问题，将内部控制作为整改措施的有关情况及实施效果。

（五）意见及建议

本地区（部门）所属单位在内部控制推进过程中提出的对内部控制工作的意见及建议。

（六）典型案例

本地区（部门）按单位类别（行政单位、教育事业单位、科学事业单位、文化事业单位、卫生事业单位、其他单位）推荐可复制、可推广的行政事业单位内部控制建立与实施典型案例，包括单位名称及案例名称，以上六种类型单位的案例每类不超过3家。

附表：地区（部门）行政事业单位内部控制情况汇总表（2017）

附表： 地区（部门）行政事业单位内部控制情况汇总表（2017）

单位内部控制领导 小组负责人情况 （单位数）	单位一把手 （法人）	分管财务领导	其他分管领导	未成立内部控制 领导小组
	11	0	0	0

单位内部控制工作 小组负责人情况 （单位数）	单位一把手 （法人）	分管领导	牵头部门负责人	其他负责人	未成立内部控制 工作小组
	5	4	2	0	0

召开内部控制会议 情况（单位数）	内部控制领导小组会议次数			内部控制工作小组会议次数		
	0 次	1 次	2 次及以上	0 次	1 次	2 次及以上
	0	8	3	0	8	3
	单位主要负责人参加会议次数			单位开展内部控制专题培训次数		
	0 次	1 次	2 次及以上	0 次	1 次	2 次及以上
	3	4	4	4	5	2

班子成员在单位内部控制领导机构中任职的单位数	11

开展内部控制风险评估的单位数	4	建立内部控制手册的单位数	9

内部控制牵头部门 情况（单位数）	行政管理部门	财务部门	纪检部门	内审部门	其他部门
	2	7	0	0	2

内部控制评价与监督 部门情况（单位数）	行政管理部门	财务部门	纪检部门	内审部门	其他部门
	2	0	4	0	5

内部控制建设方式 （单位数）	单位自建		外部协助	
	4		7	

内部控制开展进度 情况（单位数）	内部控制建立阶段	内部控制实施阶段	内部控制信息化阶段
	9	2	0

内部控制适用的管 理业务领域情况 （单位数）	预算业务 管理	收支业务 管理	政府采购 业务管理	资产管理	建设项目 管理	合同管理
	11	11	11	11	7	11

内部控制信息系统 建立情况（单位数）	0	0	0	0	0	0

续表

权力集中的重点领域和关键岗位建立制衡机制的情况（单位数）

	权力制衡机制	已建立	未建立	不适用
分事行权	对经济和业务活动的决策、执行、监督，是否明确分工、相互分离、分别行权	11	0	0
分岗设权	对涉及经济和业务活动的相关岗位，是否依职定岗、分岗定权、权责明确	11	0	0
分级授权	对管理层级和相关岗位，是否分别授权，明确授权范围、授权对象、授权期限、授权与行权责任、一般授权与特殊授权界限	11	0	0
定期轮岗	对重点领域的关键岗位，是否建立干部交流和定期轮岗制度	4	6	1
专项审计	不具备轮岗条件的单位，是否对关键岗位涉及的相关业务采用专项审计等控制措施	10	1	0

不相容岗位或职责分离的建立与实施情况（单位数）

业务领域	不相容岗位或职责	同一人担任	不同人担任	不适用
预算业务管理	1. 预算编制与预算审批	0	11	0
	2. 预算审批与预算执行	0	11	0
	3. 预算执行与分析评价	0	11	0
	4. 决算编制与审核	0	11	0
收支业务管理	1. 收款与会计核算	0	11	0
	2. 支出申请与内部审批	0	11	0
	3. 付款审批与付款执行	0	11	0
	4. 业务经办与会计核算	0	11	0
政府采购业务管理	1. 采购需求制定与内部审核	0	11	0
	2. 采购文件编制与复核	0	11	0
	3. 合同签订与验收	0	11	0
	4. 验收与保管	0	11	0

续表

资产管理	1. 办理货币资金业务的各岗位	0	11	0
	2. 无形资产的研发与管理	1	1	9
	3. 对外投资的可行性研究与评估	1	0	10
	4. 实物资产管理的决策、执行与监督	0	11	0
建设项目管理	1. 项目建议和可行性研究与项目决策	0	7	4
	2. 概预算编制与审核	0	7	4
	3. 项目实施与价款支付	0	7	4
	4. 竣工决算与竣工审计	0	7	4
合同管理	1. 合同的拟订与审核	0	11	0
	2. 合同的审批与订立	0	11	0
	3. 合同的审核与审批	0	11	0
	4. 合同的执行与监督	0	11	0

建立健全内部控制制度情况（单位数）

业务类型	业务环节（类别）	不适用	已建立制度	未建立制度	已编制流程图	未编制流程图
预算业务管理	1. 预算编审与批复	0	11	0	10	1
	2. 预算执行与分析	0	11	0	10	1
	3. 预算追加调整	0	10	1	9	2
	4. 决算管理	0	11	0	9	2
	5. 绩效评价	0	11	0	9	2
收支业务管理	1. 财政拨款收入	0	10	0	8	3
	2. 事业收入	5	6	0	6	0
	3. 经营收入	9	2	0	2	0
	4. 票据管理	0	11	0	7	4
	5. 借款管理	0	11	0	10	1
	6. 报销管理	0	11	0	10	1
	7. 支出申请与资金支付	0	11	0	9	2
	8. 公务卡管理	0	11	0	9	2
	9. 银行账户管理	0	10	1	7	4
	10. 财务印章管理	0	10	1	8	3

续表

政府采购业务管理	1. 采购预算及采购计划编审	0	11	0	10	1
	2. 采购执行申请与审核	0	11	0	10	1
	3. 采购组织形式确定	0	11	0	9	2
	4. 采购方式确定及变更	0	11	0	8	3
	5. 采购合同与采购档案管理	0	11	0	8	3
	6. 采购验收与支付	0	11	0	9	2
资产管理	1. 库存现金管理	0	11	0	7	4
	2. 实物资产配置管理	0	11	0	9	2
	3. 资产使用与维修管理	0	11	0	8	3
	4. 资产清查盘点管理	0	11	0	9	2
	5. 实物资产处置管理	0	11	0	8	3
	6. 资产报告管理	0	10	0	6	4
	7. 对外投资立项管理	11	0	0	0	0
	8. 对外投资过程管理	11	0	0	0	0
	9. 对外投资资产评估管理	11	0	0	0	0
	10. 对外投资处置管理	11	0	0	0	0
	11. 对外投资绩效评价管理	11	0	0	0	0
建设项目管理	1. 项目立项管理	4	7	0	7	0
	2. 项目设计与概预算	4	7	0	7	0
	3. 招投标管理	4	7	0	6	1
	4. 项目实施与变更管理	4	7	0	6	1
	5. 建设项目资金支付	4	7	0	6	1
	6. 竣工结算与验收	4	7	0	7	0
	7. 竣工决算审计	5	6	0	5	1
	8. 绩效评价	5	4	2	4	2
合同管理	1. 合同拟定与审批	0	11	0	11	0
	2. 合同履行与监督	0	11	0	10	1
	3. 合同档案管理	0	11	0	10	1
	4. 合同纠纷处理	0	9	2	8	3
其他领域管理		3	3	8	1	10

内部控制制度执行情况（汇总数值）

业务类型	评价要点	不适用	数据一	总值	数据二	总值
预算业务管理	1. 预算绩效目标设定比例	0	预算项目数（标注口径）	106	设定绩效目标预算项目数	106Z
	2. 预算批复细化程度	0	内部预算分解指标总金额	—	预算细化分解至各部门（或附属单位）项目的指标金额	—
	3. 预算执行控制程度	0	—		预算执行分析的月份数（平均数）	12
	4. 绩效评价工作执行情况	0	预算项目总数	103	实施绩效评价项目数	70
收支业务管理	1. 非税收入管控情况	8	应上缴非税收入	—	实际上缴非税收入	—
	2. 支出管控情况	0	财政资金支出预算批复总金额	—	财政资金支出金额	—
政府采购业务管理	采购预算完成情况	0	本年采购预算金额	—	本年实际采购金额	—
资产管理	1. 国有资产安全性	6	处置资产入账价值	—	合规处置资产入账价值	—
	2. 资产配置预算完成率	4	行政办公资产配置预算数	—	行政办公资产配置总金额	—
	3. 人均行政资产配置情况	11	单位编制人数	0	本年年底资产总额	0
					其中：通用办公设备	0
					家具	0
建设项目管理	1. 建设项目资金控制情况	10	批准的概算投资额	—	建设项目决算投资额	—
	2. 投资计划完成情况	10	年度投资计划	—	年度实际投资额	—
合同管理	合同订立规范情况	0	合同总个数	172	合同审批个数	172

参 考 文 献

1. 财政部 . 单位内控规范 [M] . 上海：立信会计出版社，2017 .

2. 财政部 . 企业内部控制基本规范 [M] . 北京：中国财政经济出版社，2007 .

3. 财政部国际财金合作司 . 国际金融组织项目绩效评价典型案例 [M] . 北京：经济科学出版社，2015 .

4. 财政部会计司 . 单位内控规范讲座 [M] . 北京：经济科学出版社，2013 .

5. 财政部会计准则委员会 . 政府绩效评价与政府会计 [M] . 大连：大连出版社，2005 .

6. COSO. Enterprise Risk Management Framework，2014 [EB/OL] . http：www. coso. org .

7. 爱德华·卡尼等著，王光远等译 . 联邦政府内部控制 [M] . 北京：中国时代经济出版社，2009 .

8. 陈少华 . 内部控制与会计职业道德 [M] . 厦门：厦门大学出版社，2005 .

9. 陈艳，于洪鉴，衣晓青 . 行政事业单位内部控制有效性评价框架研究基于AHP与FCE的视角 [J] . 财经问题研究，2015（9）.

10. 程晓陵，王怀明 . 用公共部门内部控制理论解读"交通厅长现象" [J] . 生产力研究，2018（15）.

11. 戴安荣，徐啸川 . 基于内部控制下的事业单位合同管理实务操作设计探讨 [J] . 商业会计，2014（11）.

12. 戴德明 . 财务会计学（第五版）[M] . 北京：中国人民大学出版社，2009 .

13. 方周文，张庆龙，聂兴凯 . 单位内控规范实施指南（修订版）[M] . 上海：立信会计出版社，2013 .

14. 冯斌，杨玉芳 . 事业单位合同业务内部控制研究 [J] . 会计师，2016（6）.

15. 冯迎冬 . 刍议行政事业单位建设项目的财务管理和控制 [J] . 商，2015（50）.

16. 高玉荣 . 借鉴COSO监督指南完善行政事业单位的内部监督 [J] . 中国商贸，2014（2）.

17. 国际内部控制协会（ICI）编著，张玉编译 . 内部控制管理技能 [M] . 北京：企业管理出版社，2017 .

18. 郝建国，陈胜华，王秋红 . 单位内控规范实际操作范本 [M] . 北京：中国市场出版社，2015 .

19. 贺敬燕 . 行政事业单位内部控制风险评估——基于模糊综合评价法 [J] . 全国商

情，2015（21）.

20. 侯静. 改革开放以来中国行政体制改革目标研究［D］. 东北师范大学，2014.

21. 胡家宾，浅议行政事业单位事务资产的管理对策［J］. 管理视野，2014（8）.

22. 黄国成，张玲. 行政事业单位内部控制［M］. 北京：新华出版社，2010.

23. 黄艳霞. 行政事业单位无形资产管理探析［J］. 广西财经学院学报，2013（2）.

24. 贾民强. 对电力建设项目后评价工作的认识［J］. 企业改革与管理，2016（7）.

25. 杰罗尔德·L·齐默尔曼. 决策与控制会计（第5版）［M］. 北京：北京大学出版社，2007.

26. 雷阳昆. 面向业务、风险的行政事业单位内部控制审计探析——基于内部审计视角［J］. 审计与理财，2015（1）.

27. 李琼. 试论我国政府预算管理制度改革的路径取向［J］. 技术经济与管理研究，2008（4）.

28. 李雪芬. 政府收支科目与行政事业单位会计科目关系探讨［J］. 财政监督，2014（9）.

29. 刘怒. 事业单位内控机制研究［D］. 厦门大学，2013.

30. 刘秋明. 基于公共受托责任理论的政府绩效审计研究［D］. 厦门大学，2006.

31. 刘永泽，唐大鹏. 关于行政事业单位内部控制的几个问题［J］. 会计研究，2013（1）.

32. 刘永泽，唐大鹏. 行政事业单位内部控制实务操作指南（第三版）［M］. 大连：东北财经大学出版社，2016.

33. 刘玉延，王宏. 美国政府部门内部控制建设的情况和启示［J］. 会计研究，2008（3）.

34. 刘正君，张良秋. 我国预算资金管理存在的问题及对策［J］. 财经界，2010（8）.

35. 陆建岐. 浅析行政事业单位债权债务管理的优化［J］. 会计师，2015（9）.

36. 聂少林. 地方政府非税收入管理创新研究［D］. 东北财经大学，2011.

37. 秦荣生. 内部控制与审计［M］. 北京：中信出版社，2008.

38. 秦荣生. 深化政府审计监督完善政府治理机制［J］. 审计研究，2007（1）.

39. 丘晓文. 行政事业单位收支业务核算若干问题研究［J］. 行政事业资产与财务，2014（8）.

40. 全国人大常委会预算工作委员会调研组. 关于规范地方政府债务管理工作情况的调研报告［J］. 中国人大，2016（5）.

41. 上海财经大学公共政策研究中心. 中国财政发展报告——重建中国公共预算体系研究［M］. 上海：上海财经大学出版社，2003.

42. 孙玉梅. 新形势下加强行政事业单位预算管理工作的对策［J］. 当代经济，2016（1）.

43. 唐大鹏，李鑫瑶，王晨阳．行政事业单位内部控制要素创新分类方式应用实践 [J]．财务与会计，2016（1）．

44. 唐大鹏，李怡，周智朗．政府审计与行政事业单位内部控制共建国家治理体系 [J]．管理现代化，2015（3）．

45. 唐大鹏．我国行政事业单位内部控制要素分类的创新 [N]．中国会计报，2013－11－1.

46. 唐麦．事业单位资产管理信息化中的内部控制问题研究 [J]．中国内部审计，2015（5）．

47. 唐晓玉．我国行政事业单位内部控制制度研究 [D]．财政部财政科学研究所，2013.

48. 田祥宇，王鹏，唐大鹏．我国行政事业单位内部控制制度特征研究 [J]．会计研究，2013（9）．

49. 田志刚，郑斌．基于内部控制视角下的地方财政管理 [J]．财政研究，2009（1）．

50. 王斌，张庆龙．行政事业单位内部控制实务操作指南/迪博内部控制与风险管理系列丛书 [M]．北京：中国电力出版社，2014.

51. 王德敏．行政事业单位内部控制精细化管理全案 [M]．北京：中国劳动社会保障出版社，2010.

52. 王雍君．政府预算会计问题研究 [M]．北京：经济科学出版社，2004.

53. 魏凯．行政事业单位政府采购管理机制探析 [J]．中国集体经济，2014（24）．

54. 徐鹤田．行政事业单位政府采购常见问题及审计对策 [J]．中国内部审计，2016（5）．

55. 徐晓婷．行政事业单位内部控制评价指标体系构建与实施——以某交通部门为案例 [D]．东北财经大学，2015.

56. 徐耀星．新会计制度下行政事业单位固定资产和无形资产的核算及管理 [J]．财政监督，2015（3）．

57. 颜复勇．行政事业单位货币资金的内部控制 [J]．现代经济信息，2009（14）．

58. 杨柳青．行政事业单位政府采购管理机制研究 [D]．武汉理工大学，2012.

59. 姚燚雯．行政事业单位内部控制信息化建设探讨 [J]．财会学习，2016（8）．

60. 张超．行政单位内部控制应用研究 [D]．首都经济贸易大学，2014（3）．

61. 张春延．行政事业单位合同管理内部控制探讨 [J]．交通财会，2014（11）．

62. 张国清，李建发．美国政府机构内部控制的发展及其启示 [J]．厦门大学学报，2009（4）．

63. 张珂．强化事业单位对外投资的监管 [J]．现代企业，2016（2）．

64. 张庆龙，聂兴凯．政府部门内部控制研究述评与改革建议 [J]．会计研究，2011（6）．

65. 张庆龙．审计监督与政府部门内部控制的有效运行 [J]．中国内部审计，2012

（8）.

66. 张庆龙．新编行政事业单位内部控制建设原理与操作实务［M］．北京：电子工业出版社，2017.

67. 张庆龙．政府部门内部控制：框架构建与有效运行［M］．北京：化学工业出版社，2012.

68. 张水波，吕思佳．工程合同对承包商索赔成功的影响研究［J］．工程管理学报，2016（3）.

69. 支博．行政事业单位内部控制评价研究［D］．东北财经大学，2012.

70. 中国内部审计协会准则与学术部．COSO 启动修订内部控制整合框架项目［J］．中国内部审计，2011（1）.

71. 周峰．新预算法视角下行政事业单位财务管理问题的研究［D］．首都经济贸易大学，2015.

72. 周颖．行政事业单位内部控制若干问题研究［D］．厦门大学，2014.

73. 紫藤．如何编制内部控制手册［N］．财会信报，2016－01－11.